教員の異文化体験

──異文化適応・人間的成長・教員としての成長──

鈴木京子 著

風間書房

目　次

序　章　異文化接触による人間的成長と教員としての成長の
　　　　関係を研究するにあたって ……………………………………… 1
　第一節　研究の課題と目的 ……………………………………………… 1
　第二節　本書における基本的な用語 …………………………………… 5
　第三節　本書の構成 ……………………………………………………… 8

第一章　異文化体験による人間的成長と教員としての成長を
　　　　とらえるための視座の設定 ……………………………………… 13
　第一節　異文化接触に関する先行研究の整理 ………………………… 14
　　1．異文化間学習モデルのレビュー　14
　　2．個人の内部に焦点を当てた最新の研究のレビュー　23
　第二節　振り返りに関する先行研究の整理 …………………………… 36
　第三節　教員の成長に関する先行研究の整理 ………………………… 39
　第四節　本研究の研究枠組み …………………………………………… 47
　　1．研究枠組みⅠ：異文化接触によるゲストとホストの変化への着目　47
　　2．研究枠組みⅡ：異文化接触による自己の振り返り　49
　　3．研究枠組みⅢ：人間的成長から教員としての成長へ　50
　第五節　研究方法論 ……………………………………………………… 52
　　1．異文化接触による人間的成長および教員としての成長のプロセスを追う
　　　ための解釈的アプローチ　52
　　2．データ収集と分析方法　54
　　3．調査方法　58
　　4．異文化接触による【人間的成長】と【教員としての成長】のプロセス

結果図　65
　5．異文化接触による【人間的成長】と【教員としての成長】のプロセス
　　　ストーリーライン　69

第二章　ゲストとホストが異文化接触により変化していく
　　　　　プロセス ……………………………………………………………… 75
　第一節　〈教員としてのキャリア〉 ……………………………………… 78
　第二節　［差異の認知］ …………………………………………………… 80
　　1．〈日本語教育への従事〉　81
　　2．〈ホスト言語〉　82
　　3．〈教育システムの違い〉　83
　　4．〈ホストの行動〉　91
　　5．〈生徒の気質〉　99
　　6．〈人間関係の違い〉　107
　　7．〈物理的状況の違い〉　112
　　8．［差異の認知］が見られなかったケース　113
　　9．［差異の認知］の総括　114
　第三節　［差異の認知］から〈肯定的な評価・感情〉、
　　　　　［ゲストの変化］へ ……………………………………………… 115
　　1．〈肯定的な評価・感情〉　115
　　2．〈肯定的な評価・感情〉から［ゲストの変化］へ　131
　第四節　〈否定的な評価・感情〉から〈受け入れる心〉へ …………… 148
　　1．〈否定的な評価・感情〉　148
　　2．〈否定的な評価・感情〉から〈受け入れる心〉への変化　153
　　3．〈受け入れる心〉の［形成促進要因］　155
　　4．〈受け入れる心〉が形成されない場合　159
　　5．〈否定的な評価・感情〉から〈受け入れる心〉へのプロセスの総括　161

第五節　〈受け入れる心〉から［ゲストの変化］、
　　　　〈日本の文化実践の採用〉へ ……………………………………………… 164
　　1．〈受け入れる心〉から［ゲストの変化］へ至る〈肯定的な評価・感情〉　165
　　2．〈受け入れる心〉から〈日本の文化実践の採用〉へ　168
　　3．〈受け入れる心〉から［ゲストの変化］、〈日本の文化実践の採用〉への
　　　　総括　170
第六節　〈否定的な評価・感情〉から［強要されたゲストの変化］へ ……… 171
　　1．〈強要された日本語教育への適応〉　172
　　2．〈強要されたホスト言語への適応〉　173
　　3．〈強要された教育システムへの適応〉　174
　　4．〈強要された生徒の気質への適応〉　176
　　5．〈強要された人間関係への適応〉　176
　　6．〈強要された物理的状況への適応〉　178
　　7．［強要されたゲストの変化］のストレスを緩和する〈愚痴の共有〉　179
　　8．［強要されたゲストの変化］の総括　180
第七節　〈否定的な評価・感情〉、〈抵抗〉、〈日本の文化実践の採用〉、
　　　　［ホストの変化］ ……………………………………………………………… 183
　　1．〈否定的な評価・感情〉から〈抵抗〉、〈日本の文化実践の採用〉へ　183
　　2．［ホストの変化］　187
第八節　〈教員としてのキャリア〉、〈日本の文化実践の採用〉、
　　　　［ホストの変化］ ……………………………………………………………… 195
　　1．〈教員としてのキャリア〉から〈日本の文化実践の採用〉、
　　　　［ホストの変化］へ　196
　　2．〈受け入れる心〉から〈日本の文化実践の採用〉へ　197
　　3．〈日本の文化実践の採用〉から［ホストの変化］への総括　198
第九節　［ゲストの変化］、［強要されたゲストの変化］、
　　　　［ホストの変化］の関係 ……………………………………………………… 199

1．〈肯定的評価・感情〉と［ゲストの変化］　199
　　2．［ゲストの変化］、［強要されたゲストの変化］と［ホストの変化］　200
　　3．［ホストの変化］の析出　201
　第十節　異文化適応のプロセス結果図 ……………………………………… 205

第三章　異文化接触による【人間的成長】 ……………………………… 211
　第一節　〈自己の振り返り〉 ……………………………………………… 213
　　1．［差異の認知］があったときの〈自己の振り返り〉　213
　　2．［ゲストの変化］を伴う〈自己の振り返り〉　214
　　3．〈自己の振り返り〉の総括　235
　第二節　［人間理解の深化］ ……………………………………………… 236
　　1．〈自己理解の深化〉　237
　　2．〈他者理解の深化〉　239
　　3．［人間理解の深化］の総括　241
　第三節　〈バイカルチュラリズムの萌芽〉 ……………………………… 242
　　1．派遣教員たちの中に表れたバイカルチュラリズム　243
　　2．バイカルチュラリズムの表れ方　246
　　3．教員による〈バイカルチュラリズムの萌芽〉の意味は何か　250
　　4．帰国後に教育現場でバイカルチュラルな要素を持っていることの
　　　　問題点　251
　第四節　〈新たな目標の設定〉 …………………………………………… 255
　　1．生徒の教育に関する〈新たな目標の設定〉　255
　　2．教員の働き方に関する〈新たな目標の設定〉　260
　　3．〈新たな目標の設定〉の総括　263
　第五節　〈反面教師〉 ……………………………………………………… 265
　第六節　［強要されたゲストの変化］、［ホストの変化］と
　　　　　〈バイカルチュラリズムの萌芽〉 …………………………………… 272

1．［強要されたゲストの変化］と〈バイカルチュラリズムの萌芽〉 272

2．［ホストの変化］と〈バイカルチュラリズムの萌芽〉 273

3．〈バイカルチュラリズムの萌芽〉に至らない場合の派遣体験の意味 274

第七節　異文化接触による【人間的成長】のプロセス結果図と

コア・カテゴリー 278

第四章　異文化接触による【教員としての成長】 281

第一節　［教職技術上の変化］ 282

1．〈教育技術上の変化〉 282

2．〈指導技術上の変化〉 296

3．［教職技術上の変化］の総括 303

第二節　〈自己受容感の育成〉による［心理的な変化］ 303

1．自己肯定感 304

2．自己主張 306

3．自信の獲得 310

4．忍耐力の獲得 313

5．ポジティブシンキング 315

6．精神的な自立 319

7．〈自己受容感の育成〉が成立しない場合 320

8．〈自己受容感の育成〉の総括 323

第三節　〈成長の後に〉 326

1．派遣体験が生かされていると感じている場合 326

2．派遣体験が生かされていないと感じている場合 328

3．派遣体験が生かされない理由 335

4．〈成長の後に〉の総括 344

第四節　異文化接触による【人間的成長】と【教員としての成長】の

関係 347

第五節　異文化接触による【人間的成長】と【教員としての成長】の総括 ……………………………………………………………… 348

終　章　異文化適応・人間的成長・教員としての成長
　　　　－本書のまとめ ……………………………………………………… 351
　第一節　異文化適応＝人間的成長理論再考 …………………………… 353
　　1．異文化接触による個人の変化のプロセス　353
　　2．異文化接触による個人の変化　354
　　3．異文化接触と【人間的成長】の関係　362
　　4．異文化接触と【教員としての成長】の関係　368
　第二節　本書の意義 ………………………………………………………… 370
　　1．「適応する≠成長する」　371
　　2．「適応する＝成長する」　372
　　3．〈自己の振り返り〉の視点の導入　373
　　4．〈バイカルチュラリズムの萌芽〉の視点の導入　374
　　5．〈馴化〉の概念の導入　375
　　6．異文化接触体験理解ツールとしての現象のネーミング　376
　　7．〈自己受容感の育成〉の重要性の指摘　377
　第三節　本書の教員派遣プログラムへの示唆 ………………………… 377
　　1．派遣する側への示唆　378
　　2．今後派遣される教員への示唆　379
　　3．過去に派遣された教員への示唆　381
　第四節　今後の研究の課題と展望 ……………………………………… 382

引用文献 ……………………………………………………………………… 387
資料 1 ………………………………………………………………………… 397
資料 2 ………………………………………………………………………… 400

資料3	401
あとがき	405

序章　異文化接触による人間的成長と教員としての成長を研究するにあたって

第一節　研究の課題と目的

　21世紀は人・モノ・情報の移動がそれまで以上に活発に行われ、経済・社会・文化の様々な局面で国際交流が進展し国際的な相互依存関係がより深まっていると言われている。国際化が急速に展開する中で、国際社会の中で広い視野を持ち国境を越えて相互理解を進めることは喫緊の課題であると考えられるようになってきた[1]。このような国際化した社会の中で教育においては、子どもたちの中に国際的な視野を持ち、異文化を理解し、異なる人々を尊重するような態度や共生する資質能力を育成すること、日本人としての自己の確立を図ること、国際社会で相手の立場を尊重しつつ自分の考えや意志を表現できるコミュニケーション能力の育成を図ることが目指されるようになった。このことは、単に英語を始めとした外国語運用能力を高めるだけではなく、多様な文化を背景に持った人々の生活・習慣・価値観について違いを認識し、共生を目指して葛藤や対立を乗り越えて人間関係を構築できる態度、能力を育成する重要性を指摘するものである。
　このような国際化した社会に対応できる態度、能力を生徒に育成するためには、学校や地域の実態に応じた教育実践の工夫が必要である。日本の教育実践を国際化に適合したものにしようとする試みの中には、国際体験をした人々の経験を生かそうとするものが含まれていた。まず過去には、帰国子女教育において帰国子女が持つ特性[2]を学校の国際化に役立てようとした時期があった（佐藤，2005：20）。しかし帰国子女教育は、「海外で育った子どもの

特性を実体化することですべての子どもに同じようにそうした特性が備わっているものとして規範化」(同：20)し、「それに当てはまらない子どもたちを切り捨ててきた」(同：27)という帰結をもたらした。そこで「「帰国子女」というあらかじめ与えられた差異」(同：27)ではなく、「帰国子女たち自身が尊重して欲しい差異」を積極的に伸長する(渋谷, 1999：127-128)必要性が指摘されるようになり、現実には帰国子女教育が学校の国際化にどれほど貢献したかは明らかではない[3]。

　帰国子女という異文化を背負って日本の学校に参入してきた生徒の次に着目され始めたのが、教員の中に国際化の意識を芽生えさせるとする考え方である。佐藤(2005：32)は、教育の世界の異文化理解[4]では、「単に異文化に触れ、他者を理解するためだけではなく、自己の内面を見つめ、自分の持つ準拠枠を広げていくという側面を重視しなければならない」と述べるが、このような能力を生徒の中に育成することは大人の重要な責務である(中央教育審議会, 2008)。すなわち指導的立場に立つ教員の中に新しい状況に柔軟に対応し日々模索するような意識を芽生えさせる必要がある(恒吉, 1999：97)と考えられているのである。

　だが、新学習指導要領に基づいて2002年度から本格実施になった総合的な学習の時間では「国際理解」が課題の一例として取り上げられ様々な学校で取り組みが行われた一方で、時を経るに従って「関心のある教員が取り組めばよいものとして捉えられる傾向があり、学校全体の取り組みとなっていないことや英語活動が国際理解であると考えられたり、国際理解活動が単なる体験や交流に終わってしまう」など、矮小化が指摘されるようになった(文部科学省, 2005)。この理由として、国際教育に関する教員研修が体系的なものになっていないこと、実践的指導力の育成に資するものになっていないこと、国際教育に関する研究の重要性があまり認識されていないこと、国際教育に関する優れた実践者が育っていないこと、国際教育に関わる中核的立場の教員が不足していることなどの理由が挙げられている。すなわち、国際教

育の重要性は指摘されているものの国際教育を指導する教員の育成が十分に行われていないという現状があることが認識され始めたのである。

　文部科学省はこのような現状に鑑みて、2005年に今まで海外に派遣された体験を持つ教員の国際理解教育への活用を提言する報告書を発表した[5]。学校には、日本人学校等への派遣教員[6]や青年海外協力隊「現職教員特別参加制度」に参加した教員[7]、本研究で取り上げるREXプログラム（外国教育施設日本語指導教員派遣事業)[8]による派遣教員[9]、独立行政法人教員研修センターによる海外派遣研修[10]に参加した教員などの海外派遣体験を持つ教員がいる。文部科学省は、この報告書でこれらの人材の国際教育資源を最大限に活用し、身近なところから世界とのつながりを感じ、学校における国際教育の充実・活性化を図ることの重要性を指摘した。また、このような教育資源を活用するための体制の整備の必要性もこの報告書で指摘された。その背景には、派遣教員たちが海外経験を生かす場がない、経験や能力が十分生かされていないという現状があり、それは教育委員会や学校、他の教員の理解が不十分である、海外派遣教員の経験を評価し、活用するという方針が教育委員会や校長にないことなどがあると同報告書は述べている。

　報告書で指摘されたように海外派遣された教員が学校に在籍しているが、彼らがなぜ学校で経験を評価されたり活用化されていないのか、なぜ教育委員会や学校、他の教員の理解が不十分であるのかという理由は明らかにされていない。これには海外派遣体験を評価する基準が今まで明確に示されたことがなかったので、なにをどのように評価すればよいのかが分かってこなかったということが考えられる。だがこのことは逆に、いくら派遣体験を持つ教員を学校で活用しようとしても、生徒に何を教えれば国際化に対応した態度、能力が育成できるのかも分からないことにもなるだろう。このような状況で、上に述べたような国際教育の矮小化が起こっても不思議ではないし、地方自治体の財政状況が悪化するとともに教員派遣プログラムが縮小化の傾向に陥るのも無理はない[11]。実際本研究で対象とするREXプログラムの場

合には、一時期派遣人数目標を50名と設定していたにもかかわらず、最盛期には22名の派遣が行われた年もあったのだが、2008年以降では5名から8名を推移し、プログラム自体は2013年度で終了した。青年海外協力隊「現職教員特別参加制度」では、毎年100人程度の派遣を目標としているが、ここ数年の実績は80人台であり（斉藤、2007, 2010)、応募者も徐々に減少傾向にある（文部科学省, 2009[12]）。国際化の重要性はますます指摘されているのに、現状では生徒の国際化を指導すべき教員自身の国際化のための派遣プログラムはむしろ縮小、停滞傾向にある。

またもう一方で日本人の「内向き志向」な態度が近年指摘され始め[13]、留学する日本人学生数が減っていることが問題とされてきている[14]が、「内向き志向」は留学生に限らず、大人にも見られるという[15]。

このような文部科学省による報告書の提出は、国際化した社会に対応した人物育成の必要性が認識されそのための施策が練られている一方で、実際にそのような人的資源の育成が必ずしも成功裏に行われていないし、またその可能性を秘めている教員海外派遣プログラムの実施も期待された成果を収めていないことを意味する。異文化コミュニケーションの分野では、既に異文化接触による人間的成長があることが指摘されている。けれどもその中では人間的成長の意味は必ずしも明確ではない。教員派遣プログラムにおいても期待される国際化した社会に対応できる態度、能力とは何かが明確ではなく、模索は各教員に任されていて評価もできない状態がある。また各教員も、自らの体験を文脈に即して語るためのメタ言語を持っていない。そこで個人的体験記という形を取って体験が語られることはあっても[16]それを評価する物差しがないために、体験の意味づけが困難になっているという現状が推察される。しかし国際化に対応する人的資源の育成は喫緊の課題であり、生徒を教育できる教員の育成がまず問題になると考えられる。日本の大学制度や就業状態を考えてみると、学生時代のギャップ・イヤー[17]という制度も定着しておらず、海外旅行などの短い体験を除けば教員の中で長期に

わたる海外体験をして、自分なりに国際化に関して考えたことがあるものは限られるのではなかろうか。教員海外派遣制度によって教員自身がまず自ら海外での体験を持ちその意味を明確に捉えることが今後の学校における教育の国際化に非常に重要な役割を果たすのではないかと考えるのである。

そこで本研究は、海外に派遣された経験を持つ教員を対象に調査を行い、教員が海外に派遣されたときにどのようなプロセスを経て態度の変化や能力の育成が起こるのか、それが教員としての成長にとってどのように貢献するのかを探ることを目的とする。すなわち、教員は海外派遣によってどのような変化を体験しその変化が彼らの人間的成長や教員としての成長にどのような意味を持つのかをリサーチクエスチョンとする。

教員自らが派遣体験から学んだ点が明らかになれば、国際教育においてそれと同じような能力を生徒の中に育てればよいということが教員の中に明確になり、国際教育の意味づけがより確固たるものとなるだろう。教員海外派遣プログラムの意味も明らかになり、結果の評価の仕方も明らかになる可能性がある。また今後の教員派遣プログラムへの応募を考える教員にとっても、派遣によってどのような能力が伸長されるのかが明確になり、派遣中に何を学習すれば良いかの指針を与えることになる。ひいてはこれらの派遣プログラムの継続のための意義付けともなり衰退の危機を救うことにもなると考えられる。このような教員の育成はグローバル化した社会に必須であり、この研究がその一助となることを願って行うものである。

第二節　本書における基本的な用語

本書においては、「国際化」という言葉は、「グローバル化」と同義に用い、政治・経済・文化の交流の世界的規模の拡大に伴う急激な社会的変化と捉える。ここで用いる「文化」の定義には様々なものがあるが、異文化コミュニケーション論において用いられる「全生活中の活動に浸透している知

識、態度、価値観、認知、行動のすり込まれた型」(Kim, 1995, 2008) と定義し、価値観、思考様式のような精神文化、言語および非言語行動のような行動文化、衣食住のような物質文化を含むものとする。これは「異文化接触が全人格的な深い体験（手塚, 1997)」であるため、全生活中の活動を覆うすべての分野を考察対象にすべきであると考えるからである。そしてそのような活動を「文化実践」、それをもたらす心理的要因を「文化規範」と呼ぶ。さらに異文化接触とは「2つ以上の異なった文化が直接的または間接的に接触すること」として、異文化接触する経験を異文化体験と呼ぶ。異文化適応という表現の定義の多くは、たとえば「人が新しい異文化の要求に応え、生活環境と調和した関係を確立及び維持し、日常生活を無事に送れるようになること」(石井等, 1997：215) に見られるように、「無事」、「快適に」などの主観的表現を含むが、本研究では、第二章で述べるように接触する文化の要求に応えてゲスト、ホストが変化することと定義づける。

　ここで「異文化」という言葉にも注目する必要がある。「異文化」と聞くと「異なる文化」が実体として存在すると捉えられ、各々の文化は明確な境界を持っていると考えられがちである。このような文化観を馬渕 (2002：55) は「文化本質主義」と呼ぶ。しかし同一集団の中には脱中心性[18]、ハイブリディティ[19]、多様性の多様化[20] (松尾, 1999) があることが近年明らかにされて、国の名前で表される文化の名前が実体としてあるという考え方は退けられるようになった。すなわち、たとえば日本文化と言っても日本人全員が日本文化の特徴を同じように持っているとは言えない。また日本文化と一言で言える文化も実体的には存在しないし、誰が日本人であるかも政治的な問題である (小熊, 1998) と考えられるようになってきた。

　本研究ではこのような文化の考え方に即して、調査対象者がどのように異文化滞在者 (本研究ではこれらの人々を「ゲスト」と呼ぶ) である自らを受け入れる人々 (本研究ではそれらの人々を「ホスト」と呼ぶ) の文化を解釈し、自分の文化と違っていると感じているかに注目する。すなわち調査対象者それぞ

れが、ホストの文化実践や文化規範を主観的に捉えて自分の中で解釈して、そこで生起する感情もまた個々人によって異なると考えるのである。従って調査対象者がホストの文化を「正しく」解釈しているか否かを問題にするのでもなく、どのような感情を持つのが「正しい」かを問題にするのでもなく、異文化接触することで個々の教員に人間的成長が促されるプロセスを解明することに本研究の目的を置く点を強調したい。なぜならば、このことは本研究が統計を用いる量的な分析手法ではなく、解釈的アプローチを採用する理由に直接的に関係するからである。この点に関しては第一章第五節研究方法論、で詳しく説明する。

　さらに、本研究では異文化接触がどのように人間的成長に繋がるかに関心を寄せる。ここでいう「人間的成長」とは、人間が子どもから大人になるという一般的な意味で用いるのではない点に注意を喚起したい。本研究では「人間的成長」という表現を英語の personal growth の訳として用いる。しかしこれは異文化コミュニケーションの分野で定着している訳ではない。Growth という英語の表現には nurture（育てる、育む）というニュアンスが込められているが、日本語の成長という言葉には、自然にそうなっていくというニュアンスがある。そのようなズレがあり、しかも「人間的成長」がどのようなことを指すのかは哲学的な問題であって、簡単に一対一の訳を決められるものではない。そのことを十分承知した上で、本研究では Adler (1986) を参考にして、人間的成長を「自己と他者の理解を深め新たな態度や行動が取れるようになって、以前とは違った意識と理解のレベルに到達すること」と定義して操作的に用いる[21]。

　最後に異文化間学習という言葉について説明を加えたい。本研究においては、異文化間学習とは異文化接触時の様々な状況の中で適切に行動したり人々と関係作りをしたりする能力を育成するための学習であると考える。

第三節　本書の構成

　第一節で述べたように、本研究は教員が海外派遣によってどのような変化を体験し、その変化が人間的成長や教員としての成長にどのような意味を持つのかをリサーチクエスチョンとする。このような大きなリサーチクエスチョンに答えるために、さらに先行研究では明らかにされていない4つの小さな問いに答える必要がある。それらを箇条書きにすると以下のようになる。
①　異文化接触ではゲストとホストのどちらが変化を遂げるのか
②　ゲストやホストの変化を促進する要素は何か
③　異文化接触による変化から人間は具体的にはどのような点で人間的成長を遂げるのか
④　異文化接触による変化が具体的にどのような教員としての成長に結びつくのか

これらの問いに対して先行研究では異文化接触体験は人間的成長に貢献すると曖昧に示唆はされているのだが、具体的な形で何が異文化接触による成長なのか、何が成長を促進するのかは提示されていない。そこで本研究では、これらの小さな問いに答えつつ異文化接触と人間的成長、教員としての成長という大きなリサーチクエスチョンへの解答を明らかにするために、本書の構成を以下のように示す。

　第一章では、上記の①に答えるために、異文化に適応すれば人間的成長を遂げると今まで考えられてきたような異文化適応観に異議を唱え、異文化適応にはいくつかの種類があり、それによって人間的成長が異なる方向に向かう可能性があるという本研究の根本的視座を設定する。そのために、第一節で異文化接触による人間発達モデルを扱う先行研究の整理を行う。さらに問題点を指摘して、それらの問題に迫る最近のモデルを紹介した上でまだ説明されていない点を明らかにする。第二節では、③に応える上で重要な「振り

返り」[22]という概念を提案するために振り返りに関する先行研究の整理を行って異文化適応と振り返りが人間的成長に貢献する点を示す。第三節では、④の質問に答えるために教員の成長[23]に関する先行研究の整理を行って教員の成長研究でまだ明らかにされていない点を指摘する。

　第四節では、第一節、第二節、第三節の先行研究整理から導出された本研究の研究枠組みⅠ、Ⅱ、Ⅲをそれぞれ異文化接触によるゲストとホスト双方の変化への着目、異文化接触によるゲスト自文化の振り返り、人間的成長から教員としての成長へという3点から提示する。

　第五節では、本研究の研究方法論を述べる。まず本研究は、個々の調査対象者がどのようにホストの文化を解釈し自分の文化と違っていると感じているかに注目するために解釈的アプローチを採用することを説明する。次にデータ収集法と分析方法、更に調査方法について述べる。最後に、本研究の結論となる異文化接触による【教員としての成長】のプロセス結果図とストーリーラインを示す。これは、本研究をこの結果図に基づいて構成するための見取り図となる。

　第二章では第一章で設定した視座に基づいて、①の問いに対する答え明らかにしていく。具体的には、教員が異文化に接触した時にどのような変化を遂げるかもしくは遂げないかのプロセスを被面接者が語ったデータをもとに分析する。ホストの文化実践や文化規範に見出した差異、それに対して持った評価・感情、またそれぞれの評価・感情によってゲスト・ホストどちらに変化が見られたのかを明らかにする。さらに、②の問いに答えるためにそれぞれの変化に貢献する要素を提示していく。また、従来の異文化接触研究ではゲストの変化にのみ焦点が当てられてきたが、異文化接触はゲスト・ホストの相互作用である点を考慮に入れてゲストとホストの双方の変化、またその帰結を描く必要性を指摘する。

　第三章では、③の問いに答えるためにバイカルチュラリズムの萌芽が人間的成長を促進することに繋がることをデータから提示する。まずゲストがホ

ストの文化を鏡として自分の文化を振り返ることがバイカルチュラリズムの萌芽のキーワードになるため、ゲストが自分の国で行っていた文化実践や文化規範に関して振り返る点を分析し、それがバイカルチュラリズムの萌芽と新たな目標の設定に繋がることで人間的成長に繋がるプロセスを明らかにする。

　第四章では、④の問いに答えるために第三章で明らかにされた人間的成長が教員としての成長にも繋がるプロセスを示す。

　終章では、異文化に適応することがすなわち個人が成長するという先行研究で見られた言説に対して、必ずしも適応が人間的成長を保証するわけではなく、適応の種類によっては人間的成長が阻まれる場合もあること、ホストの文化実践や文化規範に肯定的な評価・感情を持つことが人間的成長にとって要の概念であるという第二章から第四章で明らかにされた知見から、結果図で示した新たな異文化接触による成長プロセスモデルの的確性を確認する。またこれらの知見から、異文化接触による発達モデルへの提言を行って異文化を鏡とした振り返りの重要性、バイカルチュラリズムの萌芽による個人の人間的成長という新たな視点の貢献を述べる。さらに、教員としての成長を問う際には認知・行動面だけではなく情動面にも注目する必要性を指摘する。次に、本研究の知見から教員としての成長の道筋が明らかにされたことで、教員の海外派遣の意義とそのような海外派遣体験を持つ教員が教育の国際化に貢献できる可能性を記す。最後に本研究の残した課題を提示する。

注

1）　中央教育審議会2008年12月4日。(http://www.mext.go.jp/b_menu/shingi/12/chuuou/toushin/960701n.htm)（2013年5月11日参照）。
2）　たとえば、「外国語の言語能力に優れ、授業への参加が積極的である」、「国際感覚を身につけている」など（佐藤，2005：20）。
3）　馬渕（2002：99）は、1980年代にかけて書かれた一連の論考で、日本社会や教育は変わらなければならないという課題に帰国子女やその教育が貢献しうるという

ディスコースがその後広まっていったと指摘する。
4）異文化理解教育、国際理解教育、国際教育は必ずしも区別されておらず、相互互換的に使用されている。
5）文部科学省2005年8月3日。(http://www.mext.go.jp/b_menu/shingi/chousa/shotou/026/)（2013年5月11日参照）。
6）今のような形態の日本人学校への教員派遣は、昭和37年度にバンコク日本人学校への派遣で始まった（長野県国際教育研究協議会，2000：285）。海外教員派遣で最も長い歴史を持つ。
7）http://www.jica.go.jp/volunteer/application/seinen/incumbent_volunteer/teacherに詳細がある。平成14年に始まり年間およそ80人程度の派遣を行っている。
8）詳細は第一章第五節で述べる。
9）以下ではREX教員と呼ぶ。
10）http://www.nctd.go.jp/PDF3/10_kenshu_guide2.pdf（2013年5月11日参照）。派遣期間は2ヶ月のものと2週間程度の2つがあり、他のプログラムと比して短期間である。
11）たとえば本研究で取り上げるREXプログラムの予算は、平成16年度145百万円、平成17年度139百万円、平成19年度77百万円、平成20年度18百万円、平成21年度9.4百万円、平成22年度9百万円、平成23年度8百万円、平成24年度8.3百万円、平成25年度7.8百万円、平成26年度0円と激減した。(出典：文部科学省
http://www.mext.go.jp/a_menu/hyouka/kekka/04083003/082.pdf
http://www.mext.go.jp/component/a_menu/other/detail/__icsFiles/afieldfile/2010/08/27/1295317_11.pdf
http://www.mext.go.jp/component/a_menu/other/detail/__icsFiles/afieldfile/2012/09/06/1322995_12.pdf
http://www.mext.go.jp/component/a_menu/other/detail/__icsFiles/afieldfile/2013/08/28/1336915_11.pdf
http://www.mext.go.jp/component/b_menu/other/__icsFiles/afieldfile/2010/08/30/1297091_09.pdf（2015年5月10日参照）。
12）http://www.mext.go.jp/b_menu/shingi/chousa/kokusai/004/shiryou/__icsFiles/afieldfile/2009/05/07/1263224_6.pdf（2013年2月3日参照）。
13）日本から海外への留学者数の推移は、2004年をピークに減少しているためにこのような言説が始まったと考えられる。
14）「内向き留学下降線」（朝日新聞2011年1月29日朝刊）。

15) 「内向き伝説」(朝日新聞2012年5月17日夕刊)。
16) たとえば長野県国際教育研究協議会 (2000)、小林 (2009) など。
17) ギャップ・イヤーとは、高等学校卒業から大学への入学、あるいは大学卒業から大学院への進学までの期間のことで、英語圏の大学の中には入試から入学までの期間を敢えて長く設定してその間に大学では得られない経験をすることが推奨されている。この時期にアルバイトをして勉学のための資金を貯める人もいるが、外国に渡航してワーキング・ホリデーとして過ごしたり、語学留学したり、ボランティア活動をする人も多い。
18) 中心－周縁構造から中心が外され他の新たな中心に置き換えられない構造。
19) 集団に純粋で固有な文化が存在するという集団観を排し、雑種性を基本的性質とする考え方。
20) 集団内の多様性・異質性を尊重し、集団内の多様な主体の存在を概念化して歴史的・社会的に形成され、文脈的に表出する主体として捉える考え方。
21) Adler (1986:25) は、異文化接触が「高度な自己理解と人間的成長を容易にする経験的認知的な学習ツールである」と論じ、7項目にわたる具体的な学習内容を挙げている (p.30-31)。本研究における「人間的成長」の定義はそれらをまとめたものである。本定義の最後にある「以前とは違った意識や理解のレベルに到達すること」は、藤永等 (1987) がいうところの誰からの指示でもなく理想の自己を構想しその実現への主体的努力によって自らを育てる人間の成長とも重なると考えられる。
22) 「振り返り」とは「省察」と近い意味を持つと考えられるが、本研究では実践現場で振り返ったのではなく、インタビューによって過去を顧みることが促された可能性があるので、その場で振り返るという意味を持つ「省察」という言葉を用いずに、「振り返り」もしくは「振り返る」という表現を用いる。
23) 多くの先行研究では「教員の成長」もしくは「教師の成長」という表現が用いられているが、本研究ではより正確に現象を捉えられると考えられる「教員としての成長」という表現を用いる。しかし先行研究に言及するときには「教員の成長」を用いる。

第一章　異文化体験による人間的成長と教員としての成長をとらえるための視座の設定

　Oberg（1960：177）が「ホスト国においては、母国文化で慣れ親しんだサインやシンボルが失われてしまい、心理的ストレス状態となる」と言って以来、異文化接触はカルチャーショックを引き起こしストレスをもたらす病気のようなものでそれを克服することを目指すことが提唱された（小柳，2006：10）。もう一方でAdler（1975：14）がカルチャーショックは「異文化間学習（彼の言葉ではcultural learning）、自己開発（self-development）、人間的成長（personal growth）という重要な側面を持っている」という肯定的側面を捉えてから、異文化接触による人間発達を重要視する立場が出現した（江淵，2002：87）。異文化間学習（intercultural learning）という概念は最初に異文化間コミュニケーションという学問分野を創始したHall（1959，日本語の翻訳は1966）によって提案されたものであるが、Oberg（1960）やAdler（1975）では引用されておらず、その時代にはエドワード・ホールのような考え方がまだ認知されていなかったことがわかる。本章では、第一節で異文化間学習[1]モデルの概要を説明すると同時に、これらのモデルでは人間の全体的な成長を問う点が問題となっていることを指摘する。そして、この問題に新しい視点をもたらした個人の様々な変化に焦点を当てるShaules（2007）と小柳（2006）による最新のモデルを紹介する。さらに、それらでもなお異文化適応のプロセスが説明されておらず人間的成長が説明できない点を指摘して、本研究で明らかにすべきことを確認する。そして本研究の研究枠組みⅠを示すことにする。

　第二節では振り返りという概念を用いた先行研究のレビューを行う。本研究では「振り返り」という言葉を用いるが、先行研究では類似した意味を持

つ「省察」という用語が用いられることもある。本節では異文化接触では振り返りによって自分の持ち込んだ文化が相手の文化に映し出され、それにより文化の「枠組み」が見えてくることを振り返りに関する先行研究から導き出す。これを分析枠組みⅡとして用いる。

第三節では教員の成長研究のレビューを行う。そこでは、今までの教員成長研究では教員の認知・行動に焦点化されて教員研修が組み立てられてきたが、異文化接触研究から示唆を受けた個人の認知・行動・情動3面からのアプローチが必要であることを指摘する。そして、岡村（2000）による「自己受容感の育成」という考え方を切り口にして、教員の成長研究に情動の変化も入れることを組み込んだ分析枠組みⅢを提案する。

第一節　異文化接触に関する先行研究の整理

異文化接触時に個人がどのように反応するかという問題は1970年代から顕著に議論され始めた。本節では、異文化における差異への対処の仕方を学習し個人は成長していくとする、異文化間学習からの成長論的立場から提起されてきたモデルをレビューする。本章の構成は、1．異文化間学習モデルのレビュー、2．新しい理論紹介、3．先行研究の問題点の指摘、となる。

1．異文化間学習モデルのレビュー

異文化は学ぶものであるという立場に立つ異文化間学習に関する文献において、intercultural competence という言葉がよく用いられる。これは日本語では「異文化能力」、「異文化対応能力」、「異文化間能力」など様々に翻訳されている。それは、そのもとになる英語の intercultural competence がどのような現象を指すのかが未だに明らかではないためである（Deardorff, 2009：xi）。本書では、日本語にも「異文化間教育」という言葉が存在し intercultural education という英語が当てられていることに鑑みて、訳語と

して「異文化間能力」を採用することにする。異文化間能力がどのようなものであるかという議論は様々な分野で出されているが、どのようなモデルを考察するにしても、「能力」や「適応」という言葉がどのように定義づけられるのかが重要になってくる。しかし総合すると、異文化間能力とは「異なる感情的、認知的、行動的な志向を持つ人々との間で起こる適切で効果的な相互作用のマネッジメント」(Spitsberg and Changnon, 2009：7) という意味で用いられることが多い。そのような能力を学習していくことを異文化間学習と呼ぶ。

　本章では、まずこのような意味で用いられている異文化間学習を表す代表的なモデルを概観し、それらが見逃してきた点を明らかにする。なお、過去の文献において異文化間学習研究の対象者は異文化接触を持つと考えられる留学生を始めとして、そのような職業を持つ人々、たとえば平和部隊の隊員、宣教師、技術者、ビジネスマン、学者、観光客、企業海外駐在員、移民、難民 (Church, 1982；Taft, 1977；Ward et al., 2001；Spitzberg and Changnon, 2009) などで、教員が研究対象となったものはほとんど見られない[2]。本研究で教員の異文化体験に着目するのは、派遣前と派遣後に同一の職場もしくは異動があってもほとんど同質の職場、職業内容に戻るために、派遣後に自らの変化を認知しやすいという点があるためである。

　Spitsberg and Changnon (2009) は、異文化コミュニケーションの分野から先行研究の整理を行い、重なり合うことがあることも認識しつつ以下の5つ、すなわちCompositional Models（構造モデル：異文化間能力が態度 (attitude)、知識 (knowledge)、技術 (skills) によって構成されるとする）、Co-orientational Models（共志向モデル：共感的理解、重なり合う世界観、正確さ、直接性、明晰さを含む相互作用のプロセスからくる理解の結果を表す）、Developmental Models（発達モデル：異文化間能力は時が経つに従って発達するものと考える）、Adaptational Models（適応モデル：構造モデルを発達させたもので、異文化への適応過程が異文化間能力の基準であると考える）、Causal Path

Models（因果関係パスモデル：異文化間能力を理論的な線形のシステムと捉えて因果関係から異文化接触の結果を表す）に分類した。Spitsberg and Changnon も指摘するが、実際これらはどれもが関連していて厳密に区別することは難しい。これらの中でも最も注目を集めてきたのが発達モデルと適応モデルであるが、別々に考えるより異文化間能力は異文化に適応していく過程で個人が発達して獲得するものと考えた方がよいだろう。

　ゲストがホスト国に入った初期には気分が高まる（ハネムーン期）が、それに続いて気分が落ち込む時期があり、適応が進むに連れてまた気分が高まるという形で適応が線を描いて進んで行くモデルを最初に提案したのは Lysgaard（1955）である。Lysgaard は一般的に言われる適応を調整（adjustment）と呼んでおり、その定義を緩やかに「滞在の異なる局面に関する満足の感覚」(p.46)としている。適応は異なる項目全般に起こり、ゲストの心理的な変化が時間軸に沿ってアルファベットの U 字の曲線を描いて訪問先のコミュニティとの接触レベルに従って増していくと考えた。Lysgaard の U 曲線モデルを敷衍し、Gullahorn and Gullahorn（1963）が海外滞在から帰国後への適応までを視野に入れて帰国後もまた同様の U 曲線の適応を示すとして W 曲線の適応過程を提示したこともよく知られている。

　しかし Church（1982：542-543）は、曲線モデルを検証した様々な研究を総括して「U 曲線研究で取り扱われたデータはほとんどが横断的なものであり、適応が曲線を描くかどうかは長期にわたる個人の時間軸に沿った研究が必要である」（同：543）と結論づけた。すなわち、曲線モデルは個人の適応過程をつぶさに追った研究の蓄積がない限り、どの人も必ず曲線を描いて適応するという結論には至らないという指摘がなされたのである。Pedersen（1995：4）は、これらの曲線モデルは現実とはほど遠いとし、実証的研究では Ward et al.（1998）が縦断的な研究によって、実際の文化間移動では適応（adjustment）に伴う問題は入国当初に一番大きく、時間が経つに従って減っていくことを明らかにした。

これらの曲線モデルと前後して適応の段階モデルが提案された。カルチャーショックとは病理であると考えた人類学者のOberg（1960）はさらに、カルチャーショックを経験しうまく適応した人はそのプロセスを段階的に区分できると言う。これが最初の段階モデルである。Obergは明確に適応（adjustment）の定義はしていないが、慣れる（accustomed: p.179）という言葉と同義で使用していると考えられる。

　Obergによる適応の段階は、①最初の数週間は新しい環境でわくわくする（ハネムーン段階）、②実際に現実の生活に対処しなくてはならなくなると、ホスト国に対する敵意や攻撃的な態度が見られる、③ホスト国の言語をいくらか獲得し自分で動き回れるようになると、「これが自分の十字架であり、それを背負って行かなくてはならない」という態度を持つ段階に達する、④ゲストはホスト国の習慣をもう1つの生活様式であると受け入れるようになる、という4つで示される。

　これに対して、先に述べたようにAdler（1975：4）は、カルチャーショックが異文化間学習、自己開発、人間的成長という重要な側面を持っていることを指摘した。Adlerにとって文化とは、「価値観・前提・信念を含めた世界観」である（同：14）。またAdlerにとっての適応（adaptation）とは、言語の学習、都市、食べもの、歴史的な人物の名前を認識すること、人々の重要な風俗習慣を実際に使える知識を持つことを含む文化的な調整（adjustment）である（同：21）。

　Adlerは適応には連続した5つの位相（phases）があると唱えた。自文化中心的に新しい環境を捉える接触期（contact）が第1の位相で、この時期はまた新しい経験によって興奮したり幸福感に満たされた時期である。第2は崩壊（disintegration）の位相で、混乱したり方向を見失ったりする段階である。この段階では、自分が持っていた文化的な理解が適切ではなく期待した結果が得られなくなり、自分は違う、孤立している、新たな状況からの要求に適切に応えられない、と感じるようになる。第3は再統合（reintegration）

の位相で、第2の文化を強く否定し経験したことに敵意を抱くが、自分の言葉では経験が理解できない状況である。しかしながら、否定的な感情の原因となる文化の拒絶は新たな直感・感情・認知的経験の基盤となると考えられている。第4は自律（autonomy）の位相で、感受性が高まり第2の文化でうまくやるための技術や理解が獲得され、言語的にも非言語的にも他者を理解できるようになって個人は柔軟になり、第2の文化に適切に対処する技術を発達させる。最後は独立（independence）の位相で、どの人も文化や育ち方に影響されていることを認め人間の多様さを進んで体験することができるようになる。このように異文化との接触から独立までの位相を経ることで、新たな自己を発見するとAdlerは考えた。

　このような自文化中心の考え方からより高次の感受性の高まりを段階的に捉えたのがBennett（1993）である。Bennettは異文化に対する感受性（intercultural sensitivity）を人間的成長の段階と捉え、個人が文化の違いを自文化中心主義（ethnocentrism）から、差異をより認識し受容する文化相対主義（ethnorelativism）へと洗練されていく連続した段階モデルを提示した。Bennettの提案する異文化に対する感受性とは、「人々が文化的な差異を解釈する時の経験」（同：24）と定義づけられ「人間の発達を構成するのは文化的な差異を受け入れる時の現実の解釈」であると考えられる。モデルは線的な段階を想定し、個人は1つの段階からもう1つの段階に移行するときに前の段階に逆行することはあっても進行は一方向で永久的なものであると考えられている。

　Bennettによると自民族中心主義とは「自文化の世界観がすべての現実の中心にあると想定すること」と定義される（同：30）。すなわち「自らの所属集団の優位性を感じ、その価値基準で他の集団の考え方や行動様式を解釈・評価すること」（小松，2001）である。これに対して文化相対主義は「文化は相互の関係において理解すべきで、特定の行動は文化的な文脈でのみ解釈できる」と考える（Bennett, 1993：46）。すなわち「他の考え方や行動様式の存

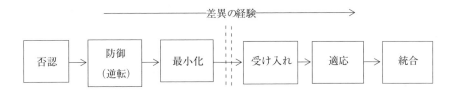

図1-1　異文化間能力発達モデル（Bennett（1993）より筆者が作成）

在を認め、どれが絶対的に正しいとも間違っているとも限らないとして中立的に捉えること」（小松，2001）である。これを図示すると図1-1のようになる。

　Bennettによる発達モデルは6つの段階を想定しており、前の3段階が自文化中心主義で後の3つが文化相対主義とされる。自文化中心主義の最初は文化的な差異の存在を認めない「否認（denial）」で、孤立（isolation）と分離（separation）からなる。次の段階は「防御（defense）」で、文化的な差異を認めるが脅威として捉える。この中には自分の文化よりも他者の文化の方がよいと考える「逆転」（reversal）3)も含まれる。最後は「最小化（minimization）」で、文化の差異を明白に認めるが、文化的な類似性を強調して差異を軽視する。

　自文化中心主義を越えた文化相対主義の最初の段階は「受け入れ（acceptance）」で、文化の差異が認識され、しかも尊重される。差異は人間の存在にとって必要かつ好ましい姿として受け入れられる。次の段階は「適応（adaptation）」で、異文化の人々との関係づけやコミュニケーションのスキルが向上した段階である。この場合の適応という言葉は、新しい文化に個人のアイデンティティが吸収されてしまう同化（assimilation）という意味を含まず、異なる世界観に対応するスキルが加算的に獲得されるという意味である。それまでの段階説は、新たな段階に進むとそれまで持っていたアイデンティティがどうなるかについての言及がなかったが、暗黙裏に古いスキル

は新しいスキルに取って代わられると示していた。しかしBennettは、「適応」は以前持っていたスキルを失うことなく加算的に新しいスキルを獲得していくとした点で大きな貢献をしたと考えられる。最後の段階は「統合(integration)」で、個人のアイデンティティの中でも別々の複数の局面を持ったものが1つに合わさっている状態なので、自由に切り替えることができる。これらの段階を経つつ個人は、異文化に対する感受性を発達させ人間的成長を遂げるとBennettは考える（同：66）。Bennettのモデルはその後、Intercultural Development Inventory（IDI）と呼ばれる異文化に対する感受性の測定装置として発展した（Hammer, 1999）。

　Church（1982：541）は、段階モデルにはもともと概念上、方法論上の問題がつきまとうと言う。すなわち段階の順番は不変なのか、段階を飛ばした発達はないかという疑問、ゲストがもともと持っている文化の違いによりそれぞれの段階の特徴が異なるのではないかという疑問、初期の表層的な調整と後期の新しい文化との「折り合い」（coming-to-terms）をつけた時期とでは違いがあるのではないかという疑問である。

　Bennettのモデルは、初期の調整と後期の調整を区別している点でChurchの疑問の一部に応えており他のモデルよりも一歩進んでいる。しかしShaules（2007：119-125）はBennettのモデルに関して、それ以前のモデルが準拠する行動や主観的な感情を基準とせずに個人の異文化に対する感受性を決定する明確な基準を認知的な枠組みに基づいて設定することのメリットを認識しつつ、いくつかの疑問を呈する。それらは、段階が6つでなくてはならないことへの疑問、段階を経なくてはならないことへの疑問、異なる文化的背景を持つ人すべてに当てはまるかどうかの疑問である。実際Hammer et al.（2003）では6段階ではなく5段階が示され、「否認」と「防御」は1つのグループ、「逆転」は「防御」とは異なるグループ、「最小化」はそれ自体が独立したグループ、「受け入れ」と「適応」は似たグループ、「周辺化」[4]は「統合」とは別のグループであると判断された。Shaules（2007）

はまた、個人の中でも異なる段階が現れるときに（mixed reactions）Bennettの段階モデルは説明できないことを指摘する。さらに、Bennettの発達モデルは他の段階説と同様個人が一方向に発達していくという仮定の下に構築されているが、個人が発達しない部分も持つ点が見過ごされているために、異文化間学習のどの要因が個人を発達させどの要因が発達させないのかも分けられていないことを指摘しておくべきであろう。

　段階モデルは異文化接触による個人の発達のプロセスを提示した点で評価される。また異文化間学習には人を成長させる要素があることを指摘したことには意義があると考えられる。しかし、いずれも個人が一方向に段階的に発達することを想定しているために発達が見られない場合や個人の中でも発達にばらつきがあることは見過ごされ、その結果何が発達を促すのか阻害するのかは視野に入らない。

　異文化接触による個人の発達への指摘は異文化間コミュニケーションの分野以外にも文化人類学からもなされているので妥当な考え方であると判断される。たとえば、McFee（1968）は2文化的な環境のもとでは何かが失われるのではなく、どちらもが75％の能力を持った人間が形成され150％人間になると提唱している（p.1101-1102）[5]。

　このような異文化間学習が個人を発達させるという考えを発展させて、異文化コミュニケーションの分野から Kim（1995, 2008）は、文化（culture）を「全生活中の活動に浸透している知識・態度・価値観・認知・行動のすり込まれた型」と定義し、社会化（enculturation：文化が個人にコミュニティの生活における地位と個人としての役割を付与すること）、文化変容（acculturation：ホストの文化的要素を学習して獲得するプロセス）、文化喪失（unlearning/deculturation：以前持っていた文化的習慣を失ったり脇に置いておくこと／以前の反応に変わって新しい反応をすること）を区別する。Kimは「個人はコンピュータでいうところのオープンシステムであり、コミュニケーションを通じて情報を交換し、変化する環境とともに進化するものである」（2008：362）と考

えて、ストレス-適応-成長モデルを提案した。Kimによるストレスとは、変化への抵抗から起こる一種のアイデンティティの葛藤であり、一方ではもともとのアイデンティティを保ちたいと思う「引き」(pull)と他方で新しい状況との調和を求めて変化したいと望む「押し」(push)との間から起こると考えられる。このように考えると、カルチャーショックとは個人の内面の能力が新しい環境の要求に応えられないときに起こると規定される。「適応(adaptation)」とは、「環境と直接的、間接的な接触をすることによって、個人が環境と比較的安定し相補的で機能的な関係を作り維持する努力をする現象」であると定義づけられる。そしてストレスと適応の不均衡を上手に乗り切ると、個人内部のシステムに複雑さが増加して、自分では気がつかないうちに心理的な成長に繋がるとKimは考え、ストレス-適応-成長ダイナミズムとして表した。ストレス-適応-成長のダイナミズムは直線的に進むのではなく、循環を繰り返すものである。

このダイナミズムをもとにして、Kimは適応モデルを提案した。異文化適応過程では、ホストのコミュニケーション能力（ホストの認知能力（cognitive competence）、情動能力（affective competence）、行動能力（operational competence）、ホストの社会的なコミュニケーション（ホストの対人関係コミュニケーション、マスコミュニケーション）、民族的社会的コミュニケーション（民族の対人コミュニケーション、民族マスコミュニケーション）、環境（ホストの差異への許容量、ホストの優性文化に従う圧力、民族グループの力）、性格（ゲストの覚悟、民族、パーソナリティ）という5つの次元がゲストの異文化における変容を促す（もしくは阻害する）。このモデルでは、異文化適応とはゲストとホスト双方が取り組む共同作業であると考えられている。

それにも関わらず、このモデルでは適応の結果としてゲストの変化だけが記述されており、ホストはゲストの変容に協力はするがホスト自体の変容があるのかは不明である。またこのモデルでは異文化に入るとなぜストレスが起こるのかが解明されていない。またゲストの変容が起こるときと起こらな

いときとの違いがゲストの性格と環境に帰されているが、同じ環境に置かれた異なるゲストが同じ変容過程を遂げるとは限らないことは説明できない。異文化にいれば必ず適応し時間が経過するにつれて成長を遂げると考えるダイナミズムの図式も、成長を遂げないこともあるのではないかという疑問を説明しない。「ストレスと適応の不均衡を上手に乗り切ると、個人内部のシステムに複雑さが増加する」と言うが、どのようなメカニズムで個人内部のシステムに複雑さが増加するのかも明確ではない。結局 Kim の異文化間コミュニケーション能力モデルは、異文化に入れば「ストレスがある」や「適応する」ことを前提にしているが、なぜストレスが起こるのか、またすべての場合に適応が見られるのか、適応には1種類の適応しかないのかという根本的な問題の解明には至っていない。

　以上のように異文化間学習モデルは、適応を通して全般的に個人が発達する成長モデルを提示し適応に貢献する要素を提案してきたが、ストレスの原因は何なのか、適応を一枚岩のように捉えてよいのか、個人はすべての面で適応するのか、適応すれば必ず成長するのか、個人が変化しないとどうなるのかなどの様々な問題には答えられない。これは、個人の中での多様な変数に対するバリエーションを考察するような新たな研究の必要性があることを意味しており、ここまでの先行研究は個人全般や民族的特徴を明らかにしようとしたことで同一個人内の様々な局面を見てこなかったために、これらの点を説明する力を持たなかったことを表す。そこで次に、個人に焦点を当てた Shaules（2007）と小柳（2006）の2つの研究をレビューしそれらが明らかにした点とまだ明らかではない点についての考察を行う。

２．個人の内部に焦点を当てた最新の研究のレビュー

　1．では異文化接触が人間を発達させるというモデルが、なぜストレスが起こりどのようにストレスが適応に結びつき人間を発達させるのかというメカニズムを説明できないことを指摘した。そこで本節では、そのメカニズム

に迫る2つの先行研究を紹介して、発達モデルで説明しきれない人間的成長がどのようなプロセスを経てなされるのかという問いに答える枠組みを作るための考察を行う。いずれの研究も、異文化間学習を個人の内部で起こる変化と捉え個人が様々な変数に対して異なる反応を示すこと、それゆえ差異に対する反応は個人によって異なることを明らかにした点で、それ以前の研究と一線を画している。最初にShaules (2007) のディープ・カルチャー・モデルを、次に小柳 (2006) の感情心理学モデルを説明する。

　Taft (1977:138) は、異文化で能力を発揮するためには試行錯誤しながら異文化に関する学習を行うことが重要であることを指摘している。このような学習をShaules (2007:246) は「新しい文化的な環境から来る適応要求への継続的な応答プロセス」であるとして「異文化間学習 (intercultural learning)」と呼ぶ。また、Bennettが提案する自文化中心主義から文化相対主義への移行という可能性を含むために、人間の発達を促す学習であると捉える。ここでの文化とは、「所与のコミュニティで相互作用する時に、差異の枠組みとしての役割を果たす共有された産物や意味」を指す（同:138）。Shaluesにとっての「適応 (adaptation)」とは、「異なる文化的環境からくる適応要求への応答として個人の変化を許容すること」（同:238）とされている。この定義の中には「適応要求」(adaptive demand) という表現が含まれているのでトートロジーであることは否めないが、「適応要求」の定義は「個人が内面化している能力と環境からの要求、すなわち文化的な差異との間の不一致」とされている（同:237）。「適応要求」があったとき個人は文化的な差異に「抵抗 (resistance)：新しい文化の環境からくる適応要求に反応して変化することに気が進まないこと・技術的困難があること」、「受け入れ[6] (acceptance)：新しい文化的事象もまた有効であると解釈すること」もしくは「適応 (adaptation)」という選択肢があるが、同一個人の中でもある差異は受け入れ別の差異には抵抗するというような、入り交じった反応が可能であると考えられている。このような入り交じった状態 (mixed states) は図

第一節　異文化接触に関する先行研究の整理　25

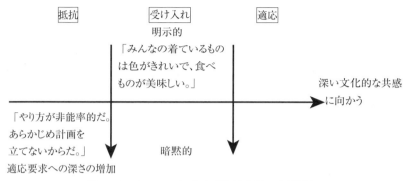

図1-2　Shaulesによる「入り交じった状態」
（Shaules（2007：247）より筆者が作成）

1-2のように示される。

　図1-2では、同一人物が明示的（表層的）なレベルではホストの服装を受け入れているが、暗黙的（深層的）なレベルではホストの計画性のなさに対して抵抗を示すことが表されている。Shaulesのいう表層的と深層的の違いは、表面に現れて明白なもの（たとえば服装や食べもの、建築物など）と表面には現れないもの（たとえば価値観、規範、信念など）である。Shaulesは、「個人は経験した文化的な差異の程度に応じて受け入れたり適応したりする。旅行者は目に見える簡単な差異を受け入れられるかもしれない。しかし長期間滞在するとより深い文化的な差異の要素を経験して、それを受け入れ続けられるとは限らない」と言う（同：126）。そこからShaulesは、異文化間学習の通常のプロセスとして「抵抗」、「受け入れ」、「適応」という好ましい、好ましくないというニュアンスを含まない中立的な用語を用いて（同：129）、図1-3のようなディープ・カルチャー・モデルを提案する。ディープ・カルチャー・モデルは、適応要求に対して個人が反応する継続したプロセスを記述するものであり、異文化間学習の深さを目に見える形で示すことができると言う。

　図1-3の上段は、目に見える文化からの要求を表す。たとえば、「生魚だ

26　第一章　異文化体験による人間的成長と教員としての成長をとらえるための視座の設定

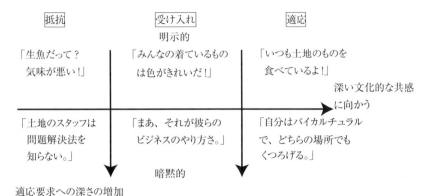

図1-3　Shaulesによるディープ・カルチャー・モデル
（Shaules（2007：148）より筆者が作成）

って？気味が悪い！」で表されるのは表層的な「抵抗」で目に見える文化の差異を否定するものである。「みんなの着ているものは色がきれいだ」は、否定的な判断を伴わない目に見える差異の「受け入れ」である。3番目の「いつも土地のものを食べているよ！」では、異なる環境に個人が行動を変化させ適応したことを表す。

　下段は、より深層的な適応要求への反応を示す。1番左の「土地のスタッフは問題解決法を知らない。」では、ホストコミュニティの問題解決の心的態度を取り込めていないので、ホストの基準に対して「抵抗」を示す結果となっている。第2番目は「まあ、それが彼らのビジネスのやり方さ。」であり、ビジネスを行う途中でホストの暗黙的な文化のパターンに気づき、批判せずに（それを行いたいかどうかに関わらず）「受け入れ」ている状態である。最後の「自分はバイカルチュラルで、どちらの場所でもくつろげる」では、ゲストが深いレベルで文化的な差異に対して自らを変化させるという反応を示したことを表す。

　Shaulesは、「適応」はゲストの側の新しい環境への変化であると考えるが、その1番の功績は「強要された適応」（enforced adaptaion）の存在を指摘

第一節　異文化接触に関する先行研究の整理　27

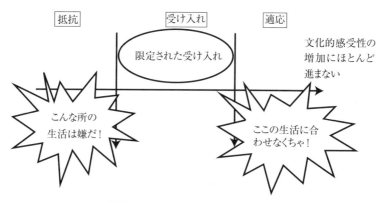

図1-4　Shaulesによる「強要された適応」（Shaules（2007：148）より筆者が作成）

したことであると考えられている（Kirchhoff, 2010）。Shaulesは通常適応のプロセスには選択が不可欠であるが、その選択ができずに心理的に「抵抗」を感じているにもかかわらず「適応」しなければならないことを「強要された適応」と名づけた。「強要された適応」は極度にストレス度が高く、認知能力の不調和を招く。そして異文化間学習の最悪の結果を生み出すと考えられている。これを図示すると図1-4のようになる。

この図では、「こんな所の生活は嫌だ！」と深層で「抵抗」しているにもかかわらず、何らかの理由で「ここの生活に合わせなくちゃ！」と「適応」を迫られている状態を表す。そこでは「受け入れ」は限定され、このような状態では文化的感受性の増加にはほとんど進まないと考えられている。

以上のように、Shaulesのディープ・カルチャー・モデルは「抵抗」、「受け入れ」、「適応」という3つが表層的・深層的レベルで行われているかどうかという点で構成されており、それまでのモデルには組み込まれなかった「抵抗」を感じているにもかかわらず「適応」しなければならない「強要された適応」の場合も、ゲストが変化するという意味では「適応」の一種であることを明らかにした点で重要である。すなわち、それまで「適応」は1種類で「満足を感じている状態」と暗黙に理解されていた点を、満足を感じて

いないにもかかわらず「適応」している状態もあることを明らかにしたのである。それは、Shaulesが「適応」の定義を「異なる文化的環境からくる適応要求への応答として個人の変化を許容すること」として「同一個人の内部の変化」に着目したからだと言えるだろう。つまり、「適応」とは個人が変化するか否かを基準に判断すべきであるとShaulesは提案し、同一個人の中でもある差異には「受け入れ」を、ある差異には「抵抗」を、またある差異には「適応」を示すこととして、個人の中にもバリエーションがあることを明らかにしたのである。この点においてShaulesのディープ・カルチャー・モデルの貢献は大きいと考えられる。

　しかしながら、何が「抵抗」や「受け入れ」の心理的現象の原因となるかがこのモデルには組み込まれていない。結局どのようなメカニズムで異文化からの適応要求が「抵抗」や「受け入れ」を必要とするのかは曖昧なままに、ストラテジーのラベルが記述されていることになる。また個人の変化を表層的なものと深層的なものに分ける根拠が曖昧であり、表層的な変化よりも深層的な変化の方がよいという暗黙の価値判断がなされているのではないかとも思われる。ホスト国の食べものなどの表層的と判断される局面では体質が受けつけないので「拒否」を示すが、ホストの文化規範や文化実践は好ましいものとして「受け入れ」ゲスト自らも「適応」することも考えられる。さらに異文化間学習が人間的成長に大きく貢献すると明言されてはいるものの、「抵抗」、「受け入れ」、「適応」の結果が個人にどのような変化をもたらすかという点もこのモデルからは明らかではない。

　Shaulesとは異なり、差異への表層的・深層的変化の区別ではなく文化を対人関係における文化規範、心理的ストレスを否定的感情と限定的に定義し、ホスト文化の対人関係における差異に対するゲストの肯定的な評価とそれに伴う肯定的な感情、否定的な評価とそれに伴う否定的な感情が中心となって、ゲストが母国規範による行動を取るかホスト規範の行動を取るかが規定されるとしたのが、次に述べる小柳の感情心理学モデルである。

小柳 (2006) は、「文化の違いがストレスを発生させる」という様々な理論は結局の所「異文化研究は「『文化の違い』を前提とし『文化の違い』を理由とすることに終わっている」という中柴 (1997) を引用して、「異文化接触での問題発生源を文化の違いに求める思考はトートロジーに終わる可能性が高い」と結論づける (p.14)。そして、そのような矛盾を引き起こすのは、「母国での習慣や行動パターンといった文化規範が失われるとなぜ心理的問題が起こるのか、また、どのようにして起こるのか」が明らかにされていないためであるとし、さらにカルチャーショックに陥っていない、又は克服した状態を適応状態と考える研究が多く、「カルチャーショックの症状がない＝文化規範の違いから来る問題を抱えていない＝適応した状態」という見方が取られているからであるとする。そこで、文化規範が異なることでなぜ、どのように心理的問題が発生するのかという点が解明されていないことを指摘する。

　小柳は、心理人類学、文化心理学、文化人類学からの知見をもとにして、従来生物学的反応として人類普遍であるとされてきた人の感情にさえ文化という環境が大きく影響していると考えられるに至っていることを踏まえて、「異文化接触においては、ホスト社会の人々との交流での出来事を母国の文化規範（ルイス (1993) による SRGs〈Standards (基準)、Rules (規則)、Goals (目標)〉）によって評価してしまうため、ホスト社会で適切とされる規範と母国でのそれとの内容が食い違い、そのズレから否定的な感情が発生する」(同：28) という文化規範の違いに対する評価が否定的感情を引き起こし心理的ストレスとなるというメカニズムを明らかにした。これを表にすると表1-1のようになる。

　さらに小柳はエスニック・バウンダリー理論をもとにして、「ホスト社会の人々の対人交流での出来事を評価する際には、母国の文化規範以外に集団間の関係性が関与してくる」という関係性も考慮して、感情心理学に基づくカルチャーショック・モデルを提供した。これを図示すると、図1-5のよ

表1-1　文化規範の理解パターン（小柳（2006：90-91））

パターン	ホスト文化規範理解						母国文化規範理解	
	パターン							
パターン	①	②	③	④	⑤	⑥	⑦	⑧
	認識がないことによる混乱	否定的感情と則らない行動	否定的感情と合わせた行動	自分が行動することには否定的	肯定的感情と伴わない行動	ホスト規範の内在化	母国規範への否定的感情	文化規範の選択
認識	ホスト×母国〇	ホスト〇母国〇	ホスト〇母国〇	ホスト〇母国〇	ホスト〇母国〇	ホスト〇母国〇	ホスト〇母国〇	ホスト〇母国〇
評価	?	ホストー	ホストー	ホストが行動＋自分が行動ー	ホスト＋	ホスト＋	母国ー	母国△
感情	?	ホストー	ホストー	ホストが行動＋自分が行動ー	ホスト＋	ホスト＋	母国ー	母国△
行動	母国	母国	ホスト	母国	母国	ホスト	母国	自分の様式
ストレス	非常に高	中程度	非常に高い	低い・中程度	低い・中程度	低い	高い	低い

注　"〇"…認識がある、"×"…認識がない、"?"…混乱、"-"…否定的、"＋"…肯定的、"△"…中立的

うになる。

　このモデルでは、文化を対人関係における文化規範、心理的ストレスを否定的感情と限定的に定義し、ゲストが自分の国の自分の環境で培われた文化規範に則してホストの文化規範をどのように評価するかが感情の質や自己の行動、ストレスのレベルを決定することを示す。ゲストはホストの行動に直面するとホスト国の文化規範として"認識"する。

　パターン①は、ホストの行動がホスト文化規範に則っているという認識がない場合で誤解や混乱が起きることを表す。認識されたホスト文化規範か

第一節　異文化接触に関する先行研究の整理　31

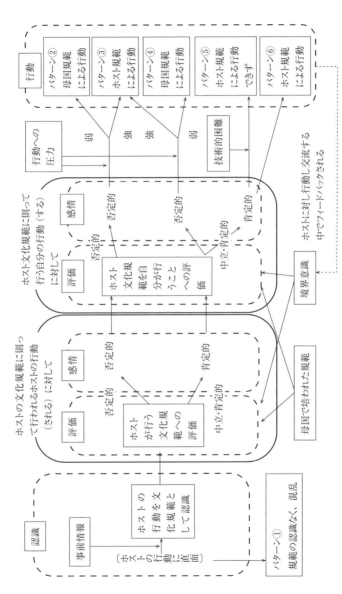

図1-5　文化規範と感情の関係についてのモデル（小柳（2006：189））

ら、「その規範に沿ってホストが行動すること」への"評価"（肯定または否定的）がなされ、それに準拠して肯定的または否定的な"感情"が発生する。その後「その規範に沿って自分が行動すること」への"評価"（肯定又は否定的）がなされ、次に"感情"が評価に準じて発生する。相手の行動を解釈し評価する基準は、"母国での文化化を通して培われた文化規範"で個人の生育環境や体験により習得した規範の内容は同国出身者であっても同一ではない。

　認識された文化規範に則って、ホストが行動することにも自分が行動することにも否定的な場合、行動への圧力が弱ければ感情に従って母国規範に則った行動が取られる。これはパターン②で表される。圧力が強ければホスト規範に則った行動を取らざるを得ない。これはパターン③である。ホストが行動することには肯定・中立的な評価をし、感情的にも肯定的だが、自分がそれに則って行動することには否定的な場合はパターン④で、ホスト規範による行動は行われない。自分がそれに沿って行動することに肯定的な場合には、肯定的な感情が生まれてホスト規範による行動が取られるようになる。これがパターン⑥である。しかし技術的な困難がある場合はホスト規範に則った行動は難しい。これがパターン⑤である。このようなホストの文化規範に対する認識や評価・感情・行動はホストとの交流を通してゲストの持つ境界意識に反映され、ホストとの関係性が変わったり境界意識が変化したりすると小柳は考える。

　小柳の感情心理学モデルは、同一個人の中にも様々なホストの文化規範に対して肯定的な評価を下して肯定的な感情を持つ場合と、否定的な評価を下して否定的な感情を持つ場合があること、そのような感情に基づいて個人が行動を変化させたりさせなかったりすることがあることを明らかにした点で評価される。すなわちそれ以前の異文化適応モデルやストレス・モデルが見落としていた個人の評価と感情の関係に光を当てたこと、個人の評価や感情は絶対的なものではなく人との関係性の上に成り立っていること、さらに異

文化が個人に与えるストレスの原因が否定的な評価や感情であるという新しい知見を示し、それまでの研究が見落としてきた点を浮かび上がらせ解決策を提示した点で大きな貢献をしたと考えられる。

　小柳の研究とShaulesの研究では、同じ表現は使っていないが同じ現象について重なりが見られる。たとえば表1-1で小柳が言う②否定的感情と則らない行動、すなわちホスト文化規範と母国文化規範どちらにも認識があり、ホスト文化規範に対して否定的な評価と感情を持っていて行動は母国規範によるものは、Shaulesの「抵抗」に相当する。③否定的感情と合わせた行動、すなわちホスト文化規範と母国の文化規範の認識が両方あり、ホスト文化規範に対して否定的な評価を下し感情も否定的なのに行動はホスト文化規範に合わせている場合ストレスが非常に高いのは、Shaulesがいうところの「強要された適応」に相当する。また小柳の⑥ホスト規範の内在化、すなわちホスト文化規範と母国の文化規範の認識が両方あり、ホスト文化規範に肯定的な評価を下し感情も肯定的で行動もホスト規範に合わせている場合ストレスが低いのは、Shaulesがいうところの「適応」に相当する。だがShaulesの「受け入れ」は、小柳によって2種類に分類されている。すなわち④自分が行動することには否定的、つまりホスト文化規範と母国文化規範の双方を認識し、ホストが行動することへの評価と感情が肯定的であるが、自分が行動することへの評価と感情が否定的な場合、行動は母国の文化規範に則りストレスは低い・中程度の場合と、⑤肯定的感情と伴わない行動、すなわちホスト文化規範と母国文化規範に認識があり、ホスト文化規範への評価と感情が肯定的だが、技術的な困難があるので自分は母国文化規範に則りストレスは低い・中程度という2つの場合に分けられている。技術的困難はShaulesでは「抵抗」の中に含められているが、小柳は技術的困難の背後には肯定的評価・感情があることを認めている。この点は、小柳が肯定的評価・感情と否定的評価・感情を取り上げたために明らかにされたものでありShaulesに再考を促すものである。さらに小柳では、①認識がないことによ

る混乱、すなわちホスト文化規範の認識がないために評価も感情もよく分からない状態で行動は母国の文化規範に則っておりストレスが非常に高い場合、②否定的感情と則らない行動、すなわちホスト文化規範と母国の文化規範の認識があるが、ホスト国の文化規範への評価と感情が否定的で行動が母国の行動に則っておりストレスが中程度の場合も考察されている。これらに加えて小柳は、⑦母国規範への否定的感情、すなわちホスト文化規範と母国文化規範に認識があり、母国文化規範への評価と感情が否定的で、行動は母国文化規範に則りストレスが高い場合を考察している。これは Shaules の「逆転」とは異なる新たな知見のように思われるが、挙げられた例から考えると、Shaules の「逆転」を意味しているようだ。また⑧文化規範の選択、すなわちホスト規範と母国文化規範の認識があり、母国文化規範への評価も感情も中立的で行動は自分の様式に則りストレスが低い場合も小柳では検討されている。

　このように小柳の分析は Shaules の分析よりもよりきめ細かく、それぞれの場合のストレスレベルも考察しており、異文化接触、その中でも特に対人関係という Shaules のいう深層的な局面における行動の変化の原因をホスト文化規範や母国文化規範への評価と感情に求めている点で、より一層踏み込んだ分析である。これまで異文化接触時の認知・行動・情動における変化やズレは様々に検討されてきた（Taft, 1977；箕浦, 1984；Ward et al., 2001など）が、評価を統合したモデルはこれが初めてである。ただし小柳の分析は Shaules でなされている表層的な文化的差異を含んでいないので、対人関係以外の局面で持たれる評価・感情を今後どのように統合していくかという問題を残している。

　このように多くの新しい知見を提供した Shaules も小柳も、異文化接触が人間的成長に繋がる可能性を秘めていることを認識し示唆する一方で、何が人間的成長を促すのか、また促さないものは何か、同じような異文化接触体験をしても大きく成長する個人とそれほど成長しない個人の違いは何かとい

表1-2　先行研究の問題点

研究	問題点
Oberg（1960）	異文化適応の段階が守られるのか、提案された以外の段階はないのか、全員が同じ段階を踏むのか、何が変化を起こすのかが不明である
Adler（1975）	段階は守られるのか、それ以外の段階はないのか、全員が同じ段階を踏むのか、何が変化を起こすのかが不明である
Bennett（1993）	個人の変化の進行は一方向で永久的なものなのかという疑問を提起する。また何が個人の変化を起こすのかが不明である
Kim（1995, 2008）	「適応」は1種類と考える点、ストレスの原因が不明な点、すべての場合に適応が起こるのかという疑問がある
Shaules（2007, 2010）	何が「抵抗」や「受け入れ」という心理的現象の原因となるかが不明。個人の変化を表層的・深層的と判断する根拠が曖昧である
小柳（2006）	人間的成長を促すのか促さないかという要因は何か、個人の人間的成長を促すプロセスはどのようなものかが不明である

うことは明示していない。すなわち、上記のKimによるストレス‐適応‐成長のダイナミズムが示すように直感的にこれまでの様々な研究で示唆しているのと同様に異文化接触が個人を成長させると述べているが、何が成長に貢献するのかしないのかという点は伏されているために全員が同様に異文化体験をすれば成長するという一般的な結論で終わっている。また、ひとたび「抵抗」を示すとそれは固定化して「受け入れ」や「適応」には変化しないのかという点も明示されていない。すなわちこれらの研究では、異文化接触が人間的成長にどのようなプロセスで貢献するのかという問題の解明は未だなされていないのである。さらに、異文化適応がゲストとホスト双方の共同作業であると指摘されてきたがこれらのモデルはゲストの変化のみを軸足として構成されている。

以上で先行研究の指摘してきた点とまだ解明されていない点を明らかにしてきたが、これらを図示すると表1-2のようになる。これらの問題点を解明するためには、異文化接触があったゲスト個人の内部で、変化がどのような道筋をたどって起こるのか、またゲストをホストがどのように受け止めるのかを明らかにする必要がある。本研究ではそれらの点を明らかにし、異文化接触によって起こると今まで直感的に感じられていた人間的成長をよりよく遂げるための示唆を得たいと考える。

第二節　振り返りに関する先行研究の整理

本研究は研究対象者を教員に限定している。教員の力量形成に関しては、およそ1980年代に教員の専門性の捉え方が大きく変化したことが先行研究で指摘されている。たとえば教職をある一定の決められた内容を決められた方法において伝達すると捉える考え方では、教員はそれを担うルーティーンワーカーと位置づける（島田，2009：11）「技術的合理性モデル」（ショーン，2007）が描かれていた。島田（2009：11-12）は、「教師が、必要とされる知識を習得し、ある一定の行為を行うことによって、児童・生徒にある特定の成果が生み出されるとするリニアなプロセスとしての教授-学習活動を前提とした「過程-成果研究」が失敗に終わったことは周知の通りである。加えて、専門的に教師が学ぶべき内容を整備した「知識ベース」でさえも、実践への直接的な適用は困難であるという事実が明らかになった」と指摘する。このような反省に立って、近年では機械のような教員像は姿を消し、むしろ経験から獲得した実践的知識を用いて複雑な文脈の中での問題状況に対処していく「反省的実践家」（reflective practitioner: Schön, 1983）としての教師像が描かれるようになった。

三輪（2009：152）はショーン（2007）を引用して、「ある実践者が実践の中で（in）、そして実践について（on）省察するとき、省察の対象は、目の前に

ある現象や、持ち込んでくる実践の中の知の生成システムに応じて多様である。実践者は判断の土台となる暗黙の規範や認識について、あるいは行動パターン内に暗黙のうちに横たわっている戦略や理論について省察するかもしれない。さらに、ある状況の中である行為を選択しようとする際に用いる感触について、解決しようとする問題に枠組みを与える方法について、あるいはより大きな制度的文脈での自分の役割について省察することもある」(p.64-65)と述べて省察の重要性を指摘している。三輪においては reflection という英語に対して「省察」という訳語が当てられている。

省察と類似した用語である「振り返り」を用いて、その重要性が近年の教育学、特に教員の成長研究の分野で指摘されることもある。たとえば藤岡(1998：230)は、「教師は理論を実践に適用しているのではなく、実践行為の中で自分自身を振り返りながら、行為によって実践を改善していく「反省的実践」(reflection in action)を行っているという考え方が注目を集めるようになってきた」と述べる。これは「子どもの側に立つにはまず教師が自分の「枠組み」を知らねばならない」(同：234)からである。

このようなショーンの「省察」概念の日本への紹介以前に、省察もしくは振り返りという言葉を使わずにその概念を提示していたのが西(1990)である。西は、「『話題の文脈が一定範囲内に限定されている』とみなし、その限定を越えてものごとを考えることは社会的に許されないとみなしてしまう考え方」(p.78)に立脚する教え方を「枠組み」設定の教え方、また「一切の知識を『やり方』の集合とみなし、その『やり方』そのものの根拠をあえて問わない考え方」を「知識の手順化」の教え方と定義する。そして、このような教師の教育行為を「ルーティン化」と名づける。このような「ルーティン化」の背後には、今日の学校教育の体制を是認し学校学習の内容と様式を正当化する「暗黙の知識(tacit knowledge)」が働いていると西は指摘する(同：78-79)。そして、「教師自身が「行為の知られざる条件」に目を注ぎ、自分自身の行為の「合理化」の層に介在する「暗黙の知識」の存在を知覚すると

き、新たな行為の方向が見えてくる」（同：81）、「自己そのものを対象化し、自己を深く捉え返すことが「ルーティン化」克服の第一歩なのである」（同：82）と述べて、振り返りの重要性を既に指摘している。

　異文化コミュニケーションの分野でも1959年に Hall が、「異質な文化を研究する究極の目的は自分の文化の体系がどのように機能するかについて、知見を広めることにある」（ホール，1966：51）と述べて異文化を鏡として自分の文化を振り返ることの重要性を指摘している。さらに近年でも、「行動中に自分を振り返ってその経験と対話する」自己の振り返り（self-reflexivity）という概念が提案されている（Nagata, 2005）。Nagata は、異文化コミュニケーションの方法を学ぶことでコミュニケーション能力を高めその結果個人が成長していくと考える。そのためには個人は自己の感情や思考にその場でメタレベルで従事することが必要であり、それを行うために自己の振り返りを行わなければならないと言う。

　しかし島田（2009：14）は Schön（1983：61）や Elbaz（1987）を引用して、実践が反復的になったりルーティン化することで『実践の中の知』は暗黙的、無意識的になるので、実践者がその時点で行っていることに対して無意識になってしまうことがあると指摘する。そして、教師の実践的知識は彼らの信念や実践史に深く関わっており、それらを明示的に言語化することが難しいという。そこでどのように教師の実践的な知識を言語化することができるのかという命題に対しての方策として、会話やストーリーテリング、図画、メタファー、ジャーナル、ストーリーライティング、ピア・ディスコースなどを挙げている（島田：15）。それぞれが教師の振り返りにとって効果的であると示唆するが、決定的にどれが優れているのかという結論には至っていない。

　これほどに振り返りの重要性が指摘されているにもかかわらず、なぜ振り返ることが難しいのかという理由に関しては、実践者がその時点で行っていることに対して意識的になるための手立てが実践的に編み出されていないこ

とが考えられる。第四節で、本研究ではこのような意識化のプロセスとして異文化接触が有効であることを示す。

第三節　教員の成長に関する先行研究の整理

そもそも「教師の成長」研究は、教師教育をどのように整備するかという観点から核として捉えられてきたもので教師教育の在り方と密接な関係にある（今津, 1996b：83）。教師教育を語る上でどのような資質を高めるかが問題になるのだが、通常教師の質は専門的な知識・技術といった能力の側面と、責任感や奉仕の精神といった人間的資質の側面で論じられる。「教師の質に関して、この二面を含む概念として「力量」という用語を用いる」（日本教師教育学会編, 2002：81）と規定して、教師の力量を高めること、すなわち教師の成長を明らかにしようとする著書も存在する。だがもう一方で、教師教育の核となる「教師の成長」の定義を明確に述べている論文や著作が意外に少ないことも指摘しておかねばならないだろう（たとえば浅田等, 1998；木原, 2004；小高, 2010などではそのような定義をせずに教師の成長を論じている）。「「教師の成長」概念の再検討」という題名の論文を書いている安藤（2000：99）ですら「教師になっていく過程」という曖昧な表現を使用している。

用語の定義を論じているものの代表に今津（1996a）が挙げられる。今津は「教師の成長」ではなく「教師の発達」という用語を用いている（p.75-76）。今津は、「従来「発達」は青少年期の問題として考えられてきたが、現在ではむしろ成人期も重視する「生涯発達」の捉え方が広がってきている。教師の「発達」という把握をすれば、ライフサイクル論、発達課題論、成人発達論、成人学習論など「生涯発達」についての研究成果を積極的に取り入れやすい」と述べて、「発達」の概念に付与される意味の変遷を指摘している。本書も「生涯発達」の捉え方に立脚することにおいて今津を踏襲する。ただし、「発達」という言葉が含みとする「ある限度まで」という立場は共有し

ない。

　今津は、「「発達」概念に関して、「誕生から死に至るまでの間」という生涯の期間が対象となること、「心身の形態や構造、機能」というのは、身体だけでなく、精神活動や社会生活のすべてを含む個人の生活（生命活動）全体の変容に注目していること、「変容」には外から観察しやすい量的な変化と観察が難しい質的な変化の2つの側面があり、前者を「成長（growth）」と呼び、後者を「成熟ないし円熟（maturity, maturation）」と呼び分けてみると、日常の生活経験レベルで「発達」の意味を理解しやすくなるだろう」と言う（同：70）。しかし「成熟」や「円熟」という言葉の定義は、「人間の体や心が十分に生育すること」、「人格・技能などが十分に熟達して、ゆたかな内容を持つに至ること」（いずれも広辞苑）として「十分に」という一定の上限を示しており、それ以上も変化が続くという意味合いは見られないので、「誕生から死に至るまでの間」という限度を区切らない向上とは自己矛盾しているのではないかと考えられる。「成長」に関しても、「育って大きくなること。育って成熟すること」（広辞苑）と定義されており、「成長」、「発達」、「成熟」、「円熟」という言葉は、トートロジーとなって日本語では極めて曖昧に使われているようだ。むしろ英語のgrowthに対する定義には、'the development of the physical size, strength, etc. of a person, animal, or plant over a period of time' という定義並びにpersonal development: 'the development of someone's character, intelligence, emotions, etc.'（Longman Advanced American Dictionary）があり、growth（日本語では「成長」）がdevelopment（日本語では「発達」）を包括すると考えられる。

　近年ではむしろ「教師の成長」が「教師の発達」よりも使用されるようになってきているが、それでもほぼ同じ意味に使われているのではなかろうか。たとえば山﨑（2012：451）などでは、教師の発達を「直面する新たな状況に対して、それまでの旧い衣（中略）を脱ぎ捨てながら、進みゆくべき新たな方向を自己選択しつつ非連続を伴って変容していく」高次学習のような

変容的な成長である（田中，2013）というように捉えている。この研究はそれ以前の何十年にもわたる研究をまとめているものなので、以前から使用している「発達」という言葉を使い続けていると考えられる。このように「発達」という言葉も「成長」という言葉も、「人間が死に至るまで変容を続ける」という意味ではほぼ同義である。本研究では、近年の多くの文献に見られる「教師の成長」という表現を文献レビューで使用する。そしてこれらを念頭に置きながら、本節では「教師の成長」や「力量形成」に関する諸論文のレビューを行っていく。

　教師の成長をどうとらえるかに関して2つの時期に分けられる（今津，1996b：83）ことに対しては、教員の成長研究のレビューで意見の一致が見られる（耳塚等，1988；安藤，2000；姫野，2002）。すなわち第1期は1970年代以前で、教師の社会的地位、たとえば教師の資格要件や役割、地位、それらの基盤となる養成教育の在り方や内容に関する研究がもっぱら行われた。教員の出自を明らかにすることで教師集団を社会学的に把握すること、また教職がどこまで専門職としての要件を備えているかに関心が寄せられた（たとえば市川，1969）。

　しかし、1970年代ごろから「教師になる」過程への関心が寄せられるようになり教職に就いた後も試行錯誤の過程があると考えられ始めて、「教師になっていくこと」への研究の拡大が始まった。たとえば就職後も職業認識が成長し続けるものであるという認識が徐々に高まってきて（スーパー，1960など）、従来「職業選択」、「職業適応」という言葉で捉えられていた研究がキャリア・ディベロップメントという枠組みで再定義されるようになった（安藤，2000：101）。この訳語として「職能成長」、「プロフェッショナル・グロース」、「職能発達」などがあるという（同：102）。「職能成長」研究では、キャリア・パス、キャリア・ラダー、スタッフ・ディベロップメントなどの概念を用いて教師が専門的な知識を獲得していく過程を描こうとした（たとえば国立教育研究所内日本比較教育学会「教師教育」協同研究委員会，1980）。

しかし安藤（2000：103）は、キャリア強調モデルに準拠する職能成長研究は教師1人1人の能力差やパーソナリティの相違といった個人差までは考慮に入れてこなかったこと、個々の教師の生活歴や教職経験、学校毎に異なる課題状況などの環境の個別性を考慮に入れてこなかったこと、教師のキャリアが暫定的に校長へ至るプロセスとして描かれていることなどから、個々の教師に個性的な能力の獲得過程を描ききれなかったという。

教職の専門性を高めるための方法を議論するにあたって、生涯教育という概念を背後においた（姫野，2002：48）教師の職業的社会化研究においては、教職を選択する過程を扱う予期的社会化の研究（たとえば今津，1979）と、就職後の成長に関する研究（たとえば山﨑等，1990）がある。予期的社会化の研究は、「全体社会であれ、学校であれ、それに対する教師の職業的社会化の機能を問題とする視点は欠如しており、ほとんど見るべき成果がない」（耳塚等，1988：97）という批判を受けている。しかし就職後の教師を対象とする研究（たとえば永井，1977）などは、同僚教師をどのような点で高くもしくは低く評価するかを調べることによって教員文化を探ろうとし、日本の教員文化の中に「同僚を評価する際の基準については特に学年教師集団の「調和」を乱さないことが最低条件となっており、また、文化の規範的要素の内在化において重要な役割を果たしている「意味ある他者」は同僚教師であることを指摘した」ことが、他の「教師の成長」アプローチとは大きく異なるとして評価されている（安藤，2000：105）。

姫野（2002：49）は、教師の発達・成長を短期間でとらえるのではなく生涯発達（成長）という観点から明らかにする必要があって1980年代後半にライフコース研究が登場した、と指摘する。ライフコース研究は、それまでの教師像をとらえる立場と一線を画して教師を個人として分析する。その代表に稲垣等（1988）がある。この研究では、長野師範学校の昭和6年卒業生の40年にわたる教師の力量分析を、質問紙や聞き取り調査によって描こうとしている。このようなライフコース研究は、①個人を中心に据えていること、

②人間の発達に注目していること、③個人をコーホートでまとめて観察していること、④歴史的事件のインパクトを重視していること、という特徴を持つ（山﨑，1993：179）。これらの特徴があるにせよ、「完全な個人の着目では具体的な事例研究に止まってしまい」、「コーホートの設定は、そもそも個人の個別的な発達よりもコーホートの発達という社会的要因に着目する」という批判を受けている（安藤，2000：107）。

これとは別の動きとして、教師の知識構造や信念体系を明らかにする研究がある。教師の知識構造に関する研究として Shulman（1986，2008）が挙げられる。Shulman は教職に必要な知識ベースとして、教育内容に関する知識、教育一般に関する知識、カリキュラムに関する知識、教材そのものだけでなく他者が理解できることを想定した教材についての知識（pedagogical content knowledge）、学習者とその特性に関する知識、教育的文脈に関する知識、教育目標・価値とその哲学的・歴史的背景に関する知識を挙げている。このような研究は、教師の知識すなわち認知ならびにそれを教える行動を対象としている。しかし、このような知識を教師教育に導入しようとしても「学習者とその特性に関する知識」を具体化し系列化する必要があって行き詰まったことが指摘されている（姫野，2002：53）。姫野は、このような背景から近年では状況的学習論が議論されるようになってきたと言う（同：53）。

状況的学習論はレーブとウェンガー（1993）によって打ち出された考え方で、学習は個人の頭の中で起こるだけではなく共同参加が必要であるとする。ちょうど徒弟制で徒弟が仕事を学習するように、学校を学習者の共同体と捉え、学生は徒弟的な学習を行う。このような場を「実践コミュニティ」と呼ぶこの研究は、それまで教師の知識を明らかにして知識を蓄えることを主眼としてきた教師教育に対して、教師個人ではなく教師集団に目が向けられることになるきっかけを与えた点で貢献をしたと考えられており（姫野，2002：53）、教師の行動が対象とされている。実践コミュニティ概念を教師の

成長の場と捉える研究には小高（2010）があるが、先にも指摘したようにこの研究では教師の成長の定義がなされておらず、実践コミュニティにおける教員の成長が教員の社会化や山﨑（1993：179）が convoy（人生の同行集団：もともとはプラース（1985）によって最初に使われた用語）と呼ぶものとどのように異なるのかなど明らかではない点もある。

　また別の流れから今津（1996：84）は、教師の実践記録報告、生活史のような教師発達の記録のやり方、それらの問題点をまとめている。そこで指摘された問題点として、「誰に対してどのように報告するのかが未分化だった」、「記述が恣意的で、主観的性格が勝っていた」、「教師教育の観点がほとんど持たれていなかった」、「今後実践記録方法を教師教育と関連づけていくことが課題である」などが挙げられている。

　しかし振り返りに関する前項で指摘したように、島田（2009：14）は、教師の実践的知識は明示的に言語化することが難しいという。実践記録をつけるやり方は、記録することによって自己の振り返りの手段とすることを目的とするのであろうが、それが困難であることは今津の時代にはまだ認識されていなかったものと考えられるのである。そこで、いかにして教員が自らの教育実践を振り返りそこから何を学んでどのように力量をつけ教員としての成長を示すのかという研究が必要になってくる。この点は前項で既に述べたので、ここでは割愛する。

　次に教師のライフサイクルという考え方が採用されたことがある（たとえば山﨑, 2002）。これは、時間的に長期に及び幅広い問題を視野に入れるために採用された認識枠組みであり、教師のライフサイクルを個人の生涯にわたる職業人の生活周期として表すものである。この山﨑の研究では、個人の変化を歴史的文脈の中で年齢コーホートとして一定のパターンを表す試みがなされている。しかし、現在のように多様化がキーワードとなっている時代に、大学を出てすぐに教員になり定年退職を迎えるまで教員を続けるという以前に多く見られたパターンから外れている教員が多くなっていることを考

えると、一定のパターンを描き出そうとする努力に価値を見出すことは困難になりつつあると考えられる。

一方で、パターンを描く試みは自治体が教員の研修制度の体系化をするためのヒントを提供することになった（今津, 1996：97）。しかしこのような研修制度が必ずしも成功してこなかった理由として、研修方法が講義、討議が中心であり、演習やプロジェクト、フィールドワーク、実験などの方法の検討が見落とされがちであったと今津は指摘する（同：97）。けれども問題はそこにとどまらないのではないか、と本研究では考える。たとえば最近の研究（山﨑, 2012：454）では、学校・教育関係者以外の様々な職種・専門の人々とのインフォーマルな交流機会でインフォーマルな関係性の下にあるものが教師の発達と力量形成を支え促してきたことが指摘されている。だが、インフォーマルな関係性が教師の発達と力量形成の何に貢献してきたのかまではこのような最近の研究でも明確ではない。

結局上でレビューした研究はどれもが教員の知識（認知）、教育技術（行動）を変化させることにのみ関心を払ってきた点が問題なのではないか、と本研究では考える。本章第一節の異文化コミュニケーションに関わる先行研究では、個人が新たな環境に入ったとき認知・行動・情動の3側面からのアプローチが必要であることを指摘した。この点は、異文化コミュニケーション研究では先行研究で既に指摘されてきたことである（たとえば Taft, 1977；箕浦, 2002, 2003；小柳, 2006等）。これを応用することによって、今までの教員の成長研究で欠けていたのが教員の情動方面からの成長に関わる点であると指摘できるのではないだろうか。山﨑等（2012：38）は、教師がより高いパフォーマンスを実現するには「自分の認知と感情の両方におて高いマネジメントの力を要することが、いっそうふまえられなければならない」と言う。これは教師の感情にまで言及した数少ない先行研究であるが、ここでも認知と感情のマネジメントの詳しい内容には触れていない。

このように、教員の情動に関しては今までほとんど注目されてこなかっ

た。その結果、教員の研修で情動面の成長が見られないということが指摘されている。教員の長期研修における力量形成に関する泊野等（n.d.）の研究では、平成14年度から24年度の長期研修終了者に対する質問紙調査とヒアリング調査に基づいて長期研修がどのような成果を上げたかを問うている。その結果、「指導助言力」、「役割自覚」、「教育研究力」、「協働する力」、「教育的愛情」という5つの因子の中で、「教育的愛情」は長期研修以前の日常の業務遂行で、「役割自覚」は長期研修で、「協働する力」は長期研修後の日常業務遂行で身につけたということが明らかにされている。だが、「指導助言力」は研修以降も他の力量に比べて身についておらず、「教育研究力」は長期研修終了までに身につけるべきであると考えていながらも研修後にも身についていないと考えられていた。ここから、教員の力量の中で教育的愛情という生徒に対して精神的に対応することが要求される分野で、教員の心理的な側面の成長は長期研修では効果を上げられないことが指摘されていると言えるだろう。

　このような問題は、教員の心理的な成長の側面の研究が今まで問題とされてこなかったこと、教員の成長が俎上に載せられるときに多くの先行研究では教育技術の向上すなわち行動面の変化や自覚などの認知上の変化に目が向けられることが多く、その反省として振り返る教員という姿が描かれたにもかかわらず、どうすれば振り返りが可能かという具体的な方法が提示されてこなかったこと、振り返りだけでは教員としての成長に限界があることが原因ではないかと考えられる。むしろこれからは、どのようにすれば教員が心理的に変化を遂げるのかという方法や、それが生徒への教育的愛情を育てることに繋がるという側面を研究し証明しなくてはならないのではないか。そしてその知見に基づいて、教育技術上も生徒指導上も心理的にも成長する教員という姿が絵描かれなくてはならないと考えられるのである。

第四節　本研究の研究枠組み

1．研究枠組みⅠ：異文化接触によるゲストとホストの変化への着目

　前節では、「異文化接触が人間的成長を促す」という理論に基づいた先行研究を整理し問題点をレビューした。その結果、異文化接触がストレスを生じるメカニズムについては最新の研究で明らかにされたことを紹介した。しかし異文化接触がストレスを生じ、それを克服すると人間的成長に結びつくと言われてきたことのメカニズムは未だ明らかではなく、そのプロセスの解明が必要なことを指摘した。また、異文化適応がゲストとホスト双方が取り組む共同作業であると言われているにもかかわらず、どのモデルでも異文化適応はゲストの変化を軸にして捉えられており、ゲストとホスト双方が取り組む異文化適応のプロセスが明らかでないことも指摘した。すなわち「変化」が成長のキーワードであることが過去の研究で明らかにされてきたが、問題はそのプロセスが明らかではないことである。そこでこれらのプロセスを明らかにするために、本節ではこれらの最新の研究の知見に基づいて本研究の研究枠組みを提示する。

　Shaulesと小柳のモデルから、異文化接触で同一個人の中でも変化する点と変化しない点があることが明らかになった。すなわちShaulesの「強要された適応」＝小柳のパターン③とShaulesの「適応」＝小柳のパターン⑥の場合で、前者はホストの文化規範に否定的評価と感情を持っているにもかかわらず、行動はホストの文化規範に沿っておりストレスが非常に高い場合である。後者はホストの文化規範に肯定的な評価と感情を持っていて行動をホストの文化規範に沿わせており、ストレスは低い場合である。しかしこの２つの変化だけでは「抵抗」をする場合＝小柳のパターン②、すなわちゲストが母国の文化規範に則った行動を取った場合、その結果として文化摩擦は起きないのかという疑問が残る。そこから、ゲストが変化しないときにホスト

の側に何が起こるかということを検討する必要が出てくる。

またShaulesの「受け入れ」は1種類であり、ゲストが自分の行動をホストの文化規範に照らしてどう決定するかは明示されていない。一方小柳では、ホストが行動することには肯定的な評価・感情を持つが自分が行動することには否定的な評価・感情を持つ場合と、ホストが行動することに肯定的な評価・感情を持って自分も行動することに肯定的な評価・感情を持っている場合とに分けられている。これら2種類の「受け入れ」の間には一方からもう一方へと変化する可能性がある。この変化も成長の一部分と考えてよいだろう。それにはこの場合にもどのようなプロセスによる変化が起こるのかを説明する必要がある。

そこで、これらの先行研究から導かれた本研究の研究枠組みⅠを図示すると図1-6のようになる。

すなわち、異文化に接したときにゲストは様々な差異を認知するが、それぞれの差異に対して母国の文化規範に基づいて肯定的な評価を下しそれに伴って肯定的な感情が生起する、もしくは否定的な評価を下しそれに伴って否定的な感情が生起する。このような評価・感情の生起は、その後4つのプロセスを取る。まず肯定的な評価・感情はゲストがホストの文化規範に沿って

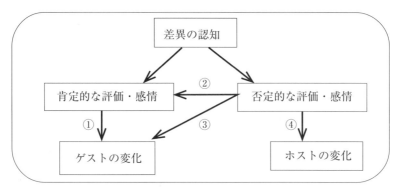

図1-6　研究枠組みⅠ　異文化接触によるゲストとホストの変化

行動を変える動機づけとなる（図1-6の①）。また、ゲストがホストの文化規範に対して最初は否定的な評価・感情を持っても、それが肯定的な評価・感情に変化することもある（図1-6の②）。さらに、ゲストが否定的な評価・感情を持っているままにホストの文化規範に沿って行動することもある（図1-6の③）。一方、否定的な評価・感情はゲストに「抵抗」させるのでゲストは変化しない。だがゲストが変化しないとき、2つの異なる文化が接触するのであるから何らかの調整をするのはホストの側になる。そこでホストの変化が起こる（図1-6の④）ことがある。

　以上のように、異文化接触によるゲスト、ホスト双方の変化のプロセス、すなわち誰が何に対してどのようなプロセスを経てどのような変化を遂げるのかを精緻化して、本研究の研究枠組みⅠが成立する。

2．研究枠組みⅡ：異文化接触による自己の振り返り

　本章第二節では、振り返りに関する先行研究の整理を行った。そこで指摘したことは、自らの行動に意識的になることの難しさであった。そこで本研究では、自らの意識や行動を意識化して人間的成長を遂げるためのプロセスとして、異文化接触による個人の変化を可能にする振り返りという概念が有効であることを第2の研究枠組みとする。

　本章第一節で異文化接触が異文化間学習、自己開発、人間的成長という重要な側面を持っているということを先行研究が指摘してきたことを論じた。そこで研究枠組みⅡでは、研究枠組みⅠで扱ったゲストの変化の結果からどのように個人の人間的成長が導かれるかをデータに即して明らかにする。その際に、差異を鏡として個人が行う振り返りという概念を用いる。すなわち、異文化接触によって個人が人間的成長を遂げるプロセスを解明するには、差異を認知したゲストが差異を鏡としてどのような振り返りを行うのかまたそれによってどのような自分の「枠組み」を明確にしていくのかを明らかにする必要がある。そして、そのような「枠組み」を持った人間が2つの

50　第一章　異文化体験による人間的成長と教員としての成長をとらえるための視座の設定

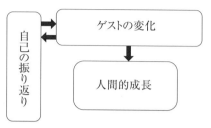

図 1-7　研究枠組み Ⅱ　異文化接触による自己の振り返り

文化の「枠組み」に精通するようになる、すなわちバイカルチュラリズムに近づくことによって人間的成長を遂げることを明らかにする必要があると考えるのである。本研究では、海外に派遣された体験を持つ教員が振り返りによって認識する自己の「枠組み」とそれによってそれまでは見えていなかった教育を振り返るプロセスを考察する。さらに、派遣教員は自分の行動を変化させることと相まって振り返りによって人間的成長を遂げると考える。これが本研究の第2の研究枠組みであり、図示すると図1-7のようになる。

3．研究枠組みⅢ：人間的成長から教員としての成長へ

　鈴木（2006：179）は企業駐在員の異文化適応研究のレビューから、教員海外派遣の場合には、日々の教育実践の中からの振り返り（論文では「省察」を使用している）作用が重要な職業である教員という職業柄、異文化体験で何を学び、学んだことをそれ以降の教育実践でどう生かしていくかを問うことの必要性を指摘している。本章第二節で振り返りによって2つの文化の「枠組み」を知る、すなわちバイカルチュラリズムの萌芽に繋がる体験をすることが重要であることを指摘したが、教員たちが様々な側面に人間的成長を遂げたことが教員としての成長に繋がることを考察する必要がある。さらに本章第三節では、教員の成長に関する先行研究レビューによって、教員の成長研究において行動の変容や認知の変容は今まで論じてこられたが情動的な側面からの成長は研究俎上に載せられてこなかったことを指摘した。そこで本

研究では、教育技術上の変化や生徒指導上の変化とともに心理的にどのような変化を教員が遂げるかを明らかにしたい。

岡村（2000：318）は、心理臨床におけるクライアント中心療法の創始者ロジャーズの「自己受容」という概念に着目している。ロジャースは、「自己受容的な人は他者とよりよい相互的な人間関係を持つ」と提唱している（Kirschenbaum & Henderson, 1984）。そして自己受容的な人間は、「他者を価値ある人間として、基本的な人間性を持つものとして、また、自分自身の意見・信念・価値観および行動の基準を持つ権利のある人として、さらに、独立した自己指示的な人間として知覚する。要するに、他者を受容するということである」（岡村：318）と述べている。だが過剰自己受容状態は、自己不信に対する防衛的態度の表れなので必ずしも良好な対人関係はできない。「良好な自己受容にある人は、対人場面において自分の立場をハッキリさせたうえで他者の立場を尊重し、また、対人関係を自分の利益中心に考えない」。そこから岡村は、教員の資質ないし要件の1つに生徒受容の基盤として教員の「適正な」自己受容が要請されると考える（同：319）。すなわち、生徒を教えることや指導する技術も教員に求められる資質であるが、それと同様に重要なのが自己を受容する人間としての資質であると岡村は考えているのである。

本研究ではこの自己受容感という概念に着目しながら、異文化接触によって人間的成長を遂げた結果派遣教員にもたらされた心理的な変化を明らかにする。さらに、教職技術上の変化と心理的な変化の両面からの教員としての成長という研究枠組みⅢを設定する。これを図示すると図1-8のようになる。

図 1-8　研究枠組みⅢ　人間的成長から教員としての成長へ

第五節　研究方法論

1. 異文化接触による人間的成長および教員としての成長のプロセスを追うための解釈的アプローチ

　異文化接触でどのような経験をしそれが人間的成長や教員としての成長にどのようなプロセスで貢献するかを問う本研究では、被調査者本人が異文化での体験をどのように理解し解釈しているかが重要になる。すなわち、異文化で自らが置かれた状況との相互作用から個人がどのようにその意味を解釈するかを明らかにする必要がある。そこから本研究は、これまでの多くの先行研究が依拠してきた社会的現実を捉える際の実証的アプローチではなく、解釈的アプローチを採択する。

　箕浦（1999：16-17）によれば、実証主義的アプローチはコントやデュルケームの流れを汲み、すべての人間に共通する行動法則を解明する普遍主義に支配された方法論である。実証主義的アプローチでは現実は誰が見ても同じ「客観的事実」と考えて、様々な側面を測定・分析して記述してきた。これに対して解釈的アプローチは、ウェーバーの流れを汲み、人間行動を人が生きる社会的・文化的文脈に位置づけて理解しようとするものである。

　箕浦は LeCompte & Preissle（1993：128-133）を参照して、実証的アプローチと解釈的アプローチの暗黙の前提を5点に整理した（箕浦，1999：17）。まず実証主義では研究目的が人間行動を支配する普遍的な法則を発見するこ

第五節　研究方法論　53

とであるが、解釈的アプローチでは特定の状況における人間行動に見られる規則性に関する理解を共有することである。次に、実証主義では研究の焦点とプロセスが観察可能な行動を測ることに主に関心があり正しく測るため条件を統制することを重視するが、解釈的アプローチでは意味を研究者と対象者がともに理解することが肝要とされ、観察対象者の生活世界をそのまま与件として受け入れる。さらに社会的現実を把握するとき、実証主義では誰が見ようと同じに見える「本質的なもの」であるただ１つの現実を前提としてその現実についての法則を定立しようとするが、解釈的アプローチでは社会的現実は人々が世界に対して付与する意味によって構築されたものと考え、人々が自分の生きている社会をどう解釈しているか（どう構築するか）を知ることが研究の目的の１つであると考える。また、研究の対象者を見るときに実証主義的アプローチでは、被験者を実験者の教示通りに動く受動的なインフォーマントと見なしているのに対し、解釈的アプローチでは観察対象者は意味の共同構築者として能動的な人間と考える。最後に研究者のスタンスも、実証的アプローチでは研究対象との間に距離を置き相手を客観的に見ようとするのに対して、解釈的アプローチでは、研究対象のいるセッティングに身を置き、相手に共感しながら対象を文脈もろとも理解することに努める。

　本研究が目指すのは、異文化体験に対して海外派遣教員自らが意味を付与して解釈し、行動を変化させたりしなかったりするというプロセスを明らかにすること、さらに個人が自らの変化をどのような成長と捉えているかを明らかにすることである。そのようなテーマを追求するには、個人の内面的な世界が個人と社会の相互作用の結果として構築されると考え、上記の「人々が自分の生きている社会をどう解釈しているか（どう構築するか）を知る」解釈的アプローチがふさわしいと考える。

2．データ収集と分析方法

　本研究では、まず海外派遣教員たちが派遣国の学校でどのような差異を認知してその差異に対してどのような評価・感情をもったかを捉え、自らの行動をどのように決めたのか、それによってどのような変化を遂げたのか、というプロセスを海外派遣教員たちへのインタビューによって把握しようと試みる。そして、そのような変化が教員としての成長にどのような意味を持つかを調査者である筆者が分析し解釈するという方法を採る。これらの点から、本研究は派遣教員たちへの個別インタビューによる質的データの収集と分析を中心に行う。

　本研究のデータ分析には、要因間の関係を探るために行ったインタビューをもとにして、修正版グラウンデッド・セオリー（M-GTA）に基づいたカテゴリー分析を行った。M-GTA はグレーザーとシュトラウスによって開発された GTA（Grounded Theory Approach, Glaser & Strauss, 1967）の基本特性を継承しつつ、より実践しやすいように改善した分析方法である（木下，1999，2003，2005，2007）。その特徴は、データの切片化を行わずにデータを文脈の大きなまとまりとして捉えること、データに基づいて限定された範囲内において一般化しうる知識（グラウンデッド・セオリー）の生成を目的とすること、【研究する人間】の視点（誰が、何のために、社会的活動としての研究を行うのか）を重視し、その立ち位置を明確にして分析を行うこと、そして分析の対象となるデータを限定的に確定することで分析の最小単位（すなわち限定された集団）において理論的飽和化の判断が可能である、とすることである。

　M-GTA では質的研究を「質的データを用いた研究」であると定義する。すなわち「研究しようとしていることがらについて、現実の多様性や複雑さをできるだけ忠実に捉えたディテールの豊富なデータであると定義」（木下，2007：123）する。そしてそのようなデータを説明力のある概念を生成するための素材として使用し、結果は概念とカテゴリーの統合された関係として提

示する。ここでいう概念とはデータから直接得られる解釈内容（木下，1999：224）であり、カテゴリーは複数の概念のまとまり（木下，2007：127）と定義される。

　M-GTAでは、データの収集と分析を交互に同時並行的に進めるのではなく、始めに一定程度のデータを収集してそれを基礎データ（ベース・データ）とし、その上で必要に応じて追加データの収集をするという方式をとる（同：163）。ディテールの豊富なデータを収集するために、半構造的面接法を用いたインタビューが多く用いられる。その際決められた項目だけを守るわけではなくて、挿入質問も必要に応じて採用することが認められている。調査協力者の同意を得てインタビューを録音し逐語訳をするという方法が多くの場合とられる。

　基礎作業は分析ワークシートを使い、データから直接生成する概念を分析の基本単位とする。データの分析は、分析テーマと分析焦点者という2つの点から進められる。分析焦点者は実際にインタビューをする個人ではなく、対象者を抽象化した集団と考える。本研究の場合には、「日本人の現職教員で海外に日本語教員として派遣された体験を持つ人々」が分析焦点者である。そして、データのある部分が分析焦点者から見たらどういう意味になるだろうかという視点で分析を行う。分析テーマとは、研究テーマを分析に即して分析していけるように絞り込んだものであり、1つの研究テーマに対して分析テーマは複数ありうる。分析することで何を明らかにしていこうとするのかという大きな方向を設定するものが分析テーマである。また、分析テーマの設定作業は実際にデータ分析をしながら行っていく。本研究では海外に派遣された教員がどのように変化していくか、変化した結果はどのようなものか、海外での変化がどのような教員としての成長をもたらすか、という分析テーマを持つ。このように、M-GTAでは分析テーマと分析焦点者の視点からデータを見て関連すると考えられる箇所に着目する。

　分析ワークシートの作成のときには、まずデータのある部分に着目し、他

に類似例がある場合それも説明できる概念を立ち上げて分析ワークシートに記入し概念名をつけてその定義も記入する。この際重要なことは、1つの概念がある程度多様な現象を説明できるような抽象度をもつことである。また、M-GTA 以前のグラウンデッド・セオリー・アプローチで採用されていたような切片化はしない。同じデータ部分を複数の概念の具体例とすることもある（同：262）。次にデータに現れている具体例をバリエーションとして記入していく。ワークシートは概念毎に作成する。さらに解釈時のアイデアや疑問は理論的メモ欄に記入していく。本書末の資料3に、〈教員としてのキャリア〉という概念を立ち上げた際の分析ワークシートの例を添付する。

　分析ワークシートを作成するにつれて、複数の概念のまとまりであるカテゴリーが見えるようになる。そうすると、次にカテゴリー相互の関係の検討に入ることができる。最後に分析結果全体の中心としてのコア・カテゴリーを検討することができるようになる。この間、常にデータとの確認作業が必要になる。また、類似例とともに対極例もデータに見られるかも気をつける。

　概念同士の関係を比較対照すること、さらにカテゴリー間の関係を比較対照することで理論的飽和化が可能になる。つまり分析ワークシート1つひとつについて理論的飽和化の判断とデータとの関係を判断すること、また分析結果全体で見たときのデータとの関係というより大きな理論的飽和化という2段階で理論的飽和化を判断する。このように分析テーマ、分析焦点者の設定、分析ワークシートの作業、多重の同時並行比較、2段階の理論的飽和化、執筆前の確認事項などの一連の手順でいくつものチェックポイントを組み込んで、データに関する問題、解釈上の問題が自動的にチェックされる安全装置となっている（同：171）。このように概念同士の関係を理論的に比較対照しつつ作業をすすめることで恣意性が排除され、量的な研究が担保していると考えられる信頼性、妥当性を言葉で説明していく。

　もう1点重要なのは、現象特性である。現象特性とは、「個々の研究にお

第五節　研究方法論　57

いて具体的な内容部分を抜き取った後に見えるであろう"うごき"の特性」（同：217）である。これは領域密着型理論からフォーマル理論につながるヒントとも考えられているが（同：219）、解釈的思考を習慣化できるのでまとめにつながる着想を得るために重要であると考えられている。

　本研究は、調査対象者が日本人の現職教員で海外に派遣された体験を持つものという限定された集団であり、その変化のプロセスを問うという立場が明確であったために、以上でまとめたM-GTAの分析手続きが適していると考え採用した。

　分析手続きとしては、最初に、海外に派遣されると教員はどのような変化をすることで教員としての成長を遂げるのかという研究テーマを立て、インタビューを行った。データの分析はまず、インタビューで1番派遣先の生活に馴染んだと考えられるデータを選択し、深く読み込んで分析ワークシートを作成した。次にそれと対局例と考えられるデータを分析し、継続的な対局比較分析を行ってメモを分析ワークシートの理論的メモ欄に記述した。4例の大局的な比較を行ったところで、その時点までに浮き上がってきた概念の定義、カテゴリー生成、結果図の作成を行い、ストーリーラインを書きあげてM-GTA研究会で発表した。発表に対するコメントや質問からさらに対局例を探したり、カテゴリー間の関係を考えるきっかけとなった。さらに残りのデータを分析し続けて、理論的飽和化に達したと判断した時点で結果図を作成した。本研究ではデータから立ち上がった概念を〈　　〉、概念を統括するカテゴリーを［　　］、サブ・コア・カテゴリーを【　　】、コア・カテゴリーを《　　》で表す。また、先行研究やデータからの直接の引用は「　　」で表す。M-GTAでは概念名の中に「　　」がある場合を、データで使用された言葉をそのまま概念名として使用するin-vivo概念と呼ぶ。

3. 調査方法
3-1. 調査対象者

　本研究の研究テーマが「教員の異文化体験」であるため、調査対象者は海外に教員派遣プログラムで派遣された体験を持つ教員とした。序章でも述べたように、学校には在外教育施設（いわゆる海外の日本人学校）派遣教員、本研究で取り上げる REX プログラムの派遣教員、青年海外協力隊「現職教員特別参加制度」による派遣教員、独立行政法人教員研修センターによる海外派遣研修の教員など、様々な海外派遣経験を持つ教員がいる。予備調査では在外教育施設派遣教員も含めたが、条件を統一するために本研究では REX プログラムで海外に派遣された体験を持つ教員を調査対象者として限定した。

　REX プログラムとは、1990年から文部科学省（当時は文部省）が総務省（当時は自治省）、外務省や地方公共団体と協力して行ってきた「外国教育施設日本語指導教員派遣事業」（Regional and Educational Exchanges for Mutual Understanding：下線をつなげて REX プログラムと呼ばれる）を指す。このプログラムは、近年の急速な学校教育の国際化に伴う国際交流の促進、海外における日本語学習への協力、国際化時代に見合った教員養成の必要性を満たすために始められた[7]。

　REX プログラムは、文部科学省による海外教師派遣制度の1つであり教員研修制度とは区別される。教員研修では各教員の資質能力の向上を目的とするが、REX プログラムは海外における日本語学習需要への対応、日本の学校教育の国際化、地域レベルの国際交流の促進という3つの公的な目的を持って行われた制度である。派遣先では日本語授業の担当、日本文化・社会の紹介等を行い、帰国後は学校や地域において派遣先での経験を生かし、学校の国際化の中心として異文化理解や国際交流を推進する教育その他諸活動への従事が期待されてきた[8]。このことは、派遣先でよりよく日本語を教え、日本文化・社会の紹介ができるようなスキルや人間関係を構築すること

を派遣教員に要求し、帰国後には派遣先での経験を生かせるように十全に派遣先で経験を積み能力の伸長を図ること、また日本の学校の国際化のために経験を還元できることを要求してきたものである。しかし異文化接触という学習的要素を含む体験をするために、意図せざる結果として教員派遣プログラムは教員研修的な要素をも多々含む性質を持つ。本プログラムで海外に派遣された経験を持つ教員たちの第 1 の目的である日本語教育技術の向上に関しては、既に星野（2003）によって研究がなされている。そこで本研究では後者すなわち派遣によってどのような能力が伸長されたのかを探る。

　派遣教員の条件は、教職経験 3 年以上、年齢概ね35歳以下の全国の公立中学校・高等学校の若手教員で、海外の日本語教育を行う初等・中等教育施設に 2 年間派遣した事業である。どの科目の教員でも応募できるという特徴を持っていた。 2 年間の中には、東京外国語大学における 4 ヶ月間の事前研修も含まれる場合が多かった[9]。この事前研修では、日本語教授法を始めとする外国人に対する日本語教育に必要な専門的知識・能力を身につけ、日本文化・日本事情を学び、教育実習を行って現地の言語の初歩を学んだ。海外派遣中は、地方公務員の身分を保有したまま、海外の初等・中等教育施設において日本語教育に従事した。派遣先は派遣元の地方公共団体と姉妹都市交流関係がある都市であった。日本から派遣された教員は、現地の学校で日本語を教えるほか、日本の社会や歴史、文化を紹介する活動などを行った。2013年までに米国、カナダ、豪州、ニュージーランド、英国、ロシア、フランス、中国、パラオ、韓国、ブラジル、ドイツの12カ国に25の県、 1 府、 3 市の地方自治体から合計388名の教員が派遣された（東京外国語大学留学生日本語教育センター，2013）。表 1 - 3 は本研究の調査対象者の詳細である。

60　第一章　異文化体験による人間的成長と教員としての成長をとらえるための視座の設定

表1-3　調査対象者の詳細

仮名	現在の担当教科	面接時の年齢	派遣時の年齢	派遣時の在職年数	派遣期*	派遣国	授業形態	家族の有無
A	高校英語	44	34	11	隆盛期	アメリカ合衆国	単独	家族同行
B	高校地歴公民	43	33	10	隆盛期	アメリカ合衆国	単独	単身
C	高校英語	41	34	12	隆盛期	アメリカ合衆国	単独	単身
D	高校英語	39	33	6	隆盛期	アメリカ合衆国	単独	単身
E	中等学校英語	36	37	10	後期	アメリカ合衆国	単独	家族同行
F	中学英語	39	34	10	後期	アメリカ合衆国	単独	家族同行
G	中学英語	34	32	9	後期	アメリカ合衆国	単独	単身
H	中学数学	36	34	8	後期	アメリカ合衆国	単独***	家族同行
I	中学国語	44	35	13	前期	中国	単独	家族同行
J	高校英語中国語、韓国語	47	35	13	隆盛期	中国	単独	単身
K	高校国語	40	33	10	隆盛期	中国	単独	単身
L	中学英語	36	31	6	後期	中国	単独	単身
M	高校国語	44	39	14	後期	中国	単独	単身
N	高校国語	42	38	13	後期	中国	単独	家族同行
O	高校国語	50	46	21	後期	中国	単独	単身
P	中学国語	36	34	6	後期	中国	単独	単身
Q	高校地歴公民（世界史）	52	37	15	前期	連合王国	単独	単身
R	高校英語	40	30	6	隆盛期	連合王国	単独	単身
S	高校英語	37	32	8	後期	連合王国	単独	単身

T	高校英語	31	28	4	後期	連合王国	単独	単身
U	高校英語	47	36	10	隆盛期	豪州	T.T.＊＊	家族同行
V	高校工業	38	30	7	隆盛期	豪州	T.T.	単身
W	中等学校英語	39	29	6	隆盛期	ロシア	単独・T.T.	単身
X	中学社会高校ロシア語	38	34	11	後期	ロシア	単独＊＊＊	家族同行
Y	高校英語	37	32	9	後期	ニュージーランド	T.T.	単身
Z	中等学校国語、韓国語	44	39	15	後期	韓国	単独	家族同行

注）＊派遣期の分類は東京外国語大学留学生日本語教育センター（2010）を参考にした
　　＊＊T.T.はティームティーチングを表す。これらの派遣国では日本の教員免許しか持たない教員は、単独で教えられないために現地教員とのティームティーチングを行った
　　＊＊＊教員Hと教員Xは、派遣前ティームティーチングだと言われていたが派遣後に単独で教えることになった

3-2．調査対象者の応募動機

　3-1．で調査対象者の詳細を表1-3に表したが、表1-4に各々の応募動機を表す。表1-4にある自薦・他薦の区別は、自薦が自ら応募したもの、他薦は校長や教育委員会から直接声をかけられて派遣に同意したもの（これは「一本釣り」と呼ばれる）を表す。自薦・他薦の両方にまたがるものは、自ら応募したがそのときは落選し後年直接声をかけられて派遣されたものである。応募動機に関しては第二章で分析の対象とする。

3-3．データ収集の手続き

　本研究では、REXプログラムで海外に派遣された現職教員[10]への半構造化面接を筆者自身が行い収集したデータをもとに分析を行う。データ収集は2009年8月から2011年7月まで行った。事前研修の見学や派遣教員が帰国し

表1-4 調査対象者の応募動機

教員名	自薦・他薦	応募動機
教員A	自薦	日本の学校でやってきたことが海外で通用するかどうかを試したかった
		英語の力をブラッシュアップしたかった
教員B	自薦	海外で仕事をしてみたかった
		チャレンジしてみたかった
教員C	自薦	長期に外国で暮らしてみたかった
		留学生を担当クラスに持つ体験をして、日本語教育に興味を持っていた
教員D	自薦	以前海外にいたことがあるが、もう1度行きたかった
		目標が見いだせないときに海外派遣のチラシを見た
		生徒を海外に送り出したかったので、自分も海外の経験をしたかった
教員E	他薦	海外で経験ができるのはありがたいと思った
教員F	自薦	マンネリを感じていて変えたかった
		外国に行きたかった
教員G	自薦	以前海外にいたことがあるが、もう1度住みたかった
		英語の力をブラッシュアップしたかった
		TESOLの資格を取りたかった
教員H	自薦	海外での生活をしたかった
		アメリカン・フットボールが好きだった
教員I	他薦	外国に行きたかった
		日本人学校に応募したことがあるのを知っていた校長から日本人学校派遣として話しがあった
教員J	自薦	マンネリを感じていた
		漠然と海外で働きたいと思っていたし、日本人学校で働くことも考えたことがあった
		東アジアに興味があった
教員K	自薦	教員としての倦怠期にあって退屈していた
		国語教員として漢文を教えるので、中国と接点があった
		発展著しい中国に身を投じたかった
教員L	自薦	好奇心が旺盛で、何でもやってみたいと思った
		英語教員なのでブラッシュアップしたかったが、アメリカ派遣に行けなかったので、中国に行くことにした
		文化紹介に興味があってインターンシップの説明会にも行ったことがある
教員M	自薦・他薦	修学旅行の引率で行った中国で大きな衝撃を受け、いつか中国で生活をしたいと思っていた

教員N	他薦	最初の募集で落選したが、その次のときに県から話しがあって受けた
		海外派遣経験者の校長に冗談で派遣の話しがあったら教えてくださいと言っておいたら、本当に声をかけられた
		韓国の話しが来たが断ったところ、中国の話しが来て中国に興味があるので話しを受けた
教員O	他薦	校長室に呼ばれて頼まれた
		以前中国に滞在した経験があったので楽しみであり、期待に応えなくてはという気持ちになった
教員P	自薦	5年目にこのまま教員をやっていく上で、生徒たちに伝えることが少ないと感じた。もっと経験をすることが大事だと思った
		自分が教師としてどっちの方向に走っているのかが分からなくなっていた
		自分を磨きたかった
教員Q	他薦	ドイツ語を勉強していたので、管理職にドイツに行けないかと聞いていたが、外国に行きたいと思われていたらしく管理職から話しがあった
		プログラムが面白そうだと思った
教員R	自薦	魅力ある人になりたかったので、経験を積みたかった
		外国を見てみたかった
		英語教員としてのコンプレックスを克服したかった
教員S	自薦	教育困難校でもっと学びたい、経験を高めたいと思った
		国際交流や英語の教授法を伸ばしたかった
教員T	自薦	それなりの日常に刺激が欲しかった
		日本語を教えることに魅力を感じた
		新しいことに挑戦したかった
教員V	自薦	英会話学校に通っていたので英語を話すのが楽しかった
		違う世界でやってみたいと思った
		生徒指導上で精神的にきつかったので違うことをしたかった
教員W	他薦	環日本海に関わる国際交流的なことをしたいと思っていた
教員X	自薦	アイスホッケー部の監督をやっていたので最初カナダに行きたかった
教員Y	他薦	以前海外に住んでいたことがある。初任者研修のときに話を聞いていて指導主事にどうしたら行けるかを聞いていた
		前々から行きたかった
教員Z	他薦	家族が賛成した
		いろいろ経験を積むと、いろいろな話ができると考えた
		国語学習に関係するという期待があった

た年に開催される東京外国語大学の帰国報告会に参加した折に知り合った教員と連絡を取り、スノーボール・テクニックで同期や同郷の派遣時期が異なる教員を紹介してもらうことに加えて、東京外国語大学の事前研修担当教員からの紹介や、中国語や韓国語の教員のためのプログラムを主催する公益財団法人国際文化フォーラムからの紹介など、様々な方法で筆者自身が26名のREX派遣教員とコンタクトを取った。事前研修や帰国報告会などを通してインタビューまでに面識のあった派遣教員は10名で、それ以外の派遣教員はインタビュー当日に初対面であった。

　これらの教員へのインタビューは、面接時間が1～3時間、そのうち2名は2回にわたってインタビューを行った。1名は遠くに住んでいるという理由から、スカイプを使用してのインタビューであった。REX派遣教員たちは全国に散らばっているので、1回の調査でまとめて同一地域や近隣地域で教えている教員たちをインタビューするという手法を採った。普段多忙を極める現職教員たちが落ち着いて話せるのは学校が長期休暇中であるので、主に夏休みや春休みに調査は集中した。

　調査手順は、まず対象教員に筆者がe-mailで調査参加の承諾を取り彼らの都合に合わせて調査の日時を決定した。その前にe-mailで事前調査表（資料1）を送付し、記入してもらってインタビュー当日に持参してもらった。インタビューは、調査対象者の勤務する学校や、近くの喫茶店、場合によっては筆者宅で行った。インタビューは大まかな質問事項（資料2）に沿って行い、会話は許可をもらってICレコーダーに録音した。その後録音した会話をパソコンに取り込んで文字興しし、ワードでデータとして保存した。面接者自身が逐語録の作成を行ったが、このことでそれ以降の面接や概念生成の上で示唆を得ることが多くなったと考える。論文の中で引用している語りは教員たちの語りをそのまま使用しており、明らかな間違いはかっこの中に訂正を、また聞き取り不可能な部分は（聞き取り不可）と書き込んだ。

　これらのインタビューの他に、東京外国語大学留学生日本語教育センター

が毎年開催する帰国報告会に出席し、派遣教員たちの発表を聞いたり懇親会で直接話を聞いたりもしたし、その後に出版される派遣教員帰国報告会報告書を参考にして派遣教員たちの体験をより深く理解しようと努めた。また、ある地方自治体では新たに派遣される教員の送別会を利用して過去の派遣教員たちの同窓会も兼ねた会合を毎年行っていたので、それに参加させてもらってさらに話を聞く機会を持った。しかし、これらのデータは許可を与えられているわけではなく筆者と調査対象者のラポールを築くための機能として役立つ機会として捉えているので、本研究の直接のデータとしては使用していない。

4．異文化接触による【人間的成長】と【教員としての成長】のプロセス結果図

上で述べたように、本研究ではREXプログラムに派遣された経験を持つ26名の日本人現職教員に半構造的インタビューを行い、彼らが派遣国で体験した異文化接触からどのような成長を遂げたのかを明らかにしようと試みた。本研究が採用する研究分析方法であるM-GTAを用いてこのようなインタビューデータを分析した結果、図1-9で表される「異文化接触による【人間的成長】と【教員としての成長】のプロセス結果図」を得た。M-GTAのやり方に倣って、本研究でもまず結果図を提示する。後続の章で、図の各概念やカテゴリーがどのようにして生成されたのか、またどのように関係づけられるのかを詳述していく。ここでは結果図1-9の後に、各章で結果図のどの部分を分析対象とするのかを図1-10、図1-11、図1-12で示す。

図1-9、図1-10、図1-11，図1-12では、派遣教員の人間的成長と教員としての成長に関わる大きな道筋を太い矢印（➡）で示し、それ以外の変化は通常の太さの矢印（→）で示している。また点線の矢印（⋯⋯＞）は促進要因が関わるときに用いている。図1-9は分析後の結果図であるため《肯

66　第一章　異文化体験による人間的成長と教員としての成長をとらえるための視座の設定

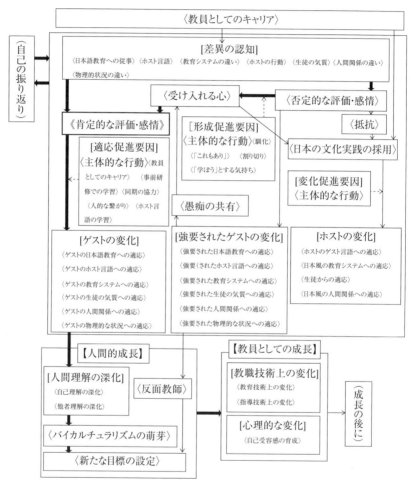

図1-9　異文化接触による【人間的成長】と【教員としての成長】プロセス結果図

第五節　研究方法論　67

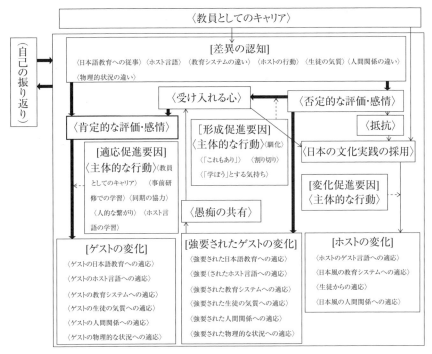

図1-10　第二章の分析対象部分

定的な評価・感情》と二重山括弧を用いて示しているが、この概念はコア・カテゴリーであることが第三章第七節で明らかになるので、分析途中の図1-10では〈肯定的な評価・感情〉と一重山括弧を用いて表している。

第二章では、図1-9の異文化接触による【教員としての成長】のプロセス結果図で表されている上半分の部分の〈自己の振り返り〉を除いた部分を取り出して分析する。第二章で取り上げる分析対象部分は図1-10で示す。第三章では、図1-10に〈自己の振り返り〉を加えた部分と、図1-9の下の左半分を加えた部分を分析対象として図1-11で示す。図1-12は図1-9の第四章で分析する残りの部分を図示したものである。

68　第一章　異文化体験による人間的成長と教員としての成長をとらえるための視座の設定

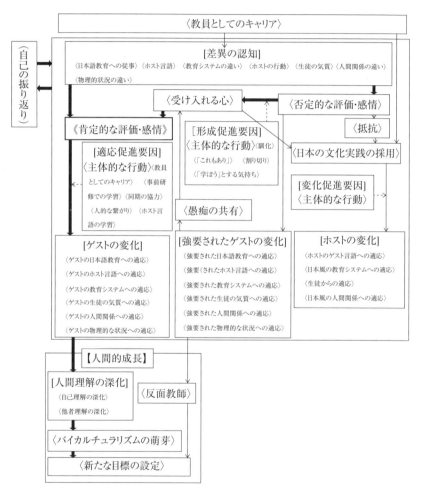

図1-11　第三章の分析対象部分

第五節 研究方法論 69

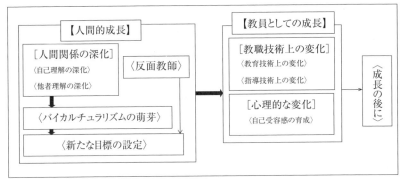

図1-12 第四章の分析対象部分

5．異文化接触による【人間的成長】と【教員としての成長】のプロセス　ストーリーライン

　M-GTAでは、分析結果を概念とカテゴリーで簡潔に文章化するストーリーラインが必要とされる。それは、論文をどの順番で書いていくのかを明らかにすることが確認できるからである（木下，2007：229）。そこで図1-9に表された異文化接触による【人間的成長】と【教員としての成長】プロセスのストーリーラインを以下に記する。

異文化接触による【人間的成長】と【教員としての成長】のプロセス　ストーリーライン

　日本で〈教員としてのキャリア〉を積んでいたREXプログラムの派遣教員たちは、派遣先で〈日本語教育への従事〉、〈ホスト言語〉、〈教育システムの違い〉、〈ホストの行動〉、〈生徒の気質〉、〈人間関係の違い〉、〈物理的状況の違い〉からなる［差異の認知］を多くの場合することになる。

　［差異の認知］が起こったときに〈肯定的な評価・感情〉が持たれると［ゲストの変化］が起こる。［ゲストの変化］の内容には〈ゲストの日本語教育への適応〉、〈ゲストのホスト言語への適応〉、〈ゲストの教育システムへの適応〉、〈ゲストの生徒の気質への適応〉、〈ゲストの人間関係への適応〉、〈ゲ

ストの物理的な状況への適応〉があった。またゲストの適応を促進する［適応促進要因］には、〈主体的な行動〉、〈教員としてのキャリア〉、〈事前研修での学習〉、〈人的な繋がり〉、〈同期の協力〉、〈ホスト言語の学習〉があった。

　一方、［差異の認知］が起こったときに〈否定的な評価・感情〉が持たれることもあった。〈否定的な評価・感情〉が持たれたときに、それが〈受け入れる心〉へと変化することがあった。このような〈受け入れる心〉の［形成促進要因］には、〈主体的な行動〉、〈馴化〉、〈「これもあり」〉、〈割り切り〉、〈「学ぼう」とする気持ち〉が見出された。〈受け入れる心〉が形成されたとき、ゲスト自らが行動することに対して〈肯定的な評価・感情〉が持たれると、［ゲストの変化］に繋がっていた。しかしホストの行動に対しては〈肯定的な評価・感情〉があっても、ゲスト自らの行動には〈否定的な評価・感情〉があると、ゲストの行動は変化せず、〈日本の文化実践の採用〉に繋がっていた。

　〈否定的な評価・感情〉が起こったとき、そのままゲストが自らの行動を変化させる場合もあり［強要されたゲストの変化］となっていた。［強要されたゲストの変化］には〈強要された日本語教育への適応〉、〈強要されたホスト言語への適応〉、〈強要された教育システムへの適応〉、〈強要された生徒の気質への適応〉、〈強要された人間関係への適応〉、〈強要された物理的な状況への適応〉があった。［強要されたゲストの変化］は、違いに対して〈否定的な評価・感情〉を持つというストレスに自分が嫌なことをしなくてはいけないというストレスが加わって、2重に苦しい。そのときに〈愚痴の共有〉をすることで、嫌な状況を〈受け入れる心〉が形成されることがあり、1つのストレスマネジメントになっていた。

　〈否定的な評価・感情〉が起こったときに、その感情に正直に〈抵抗〉を示して日本の文化実践の採用〉をすることがあった。それがホストに受け入れられて［ホストの変化］を招いて、結果的に滞在が心地よいものである場

合があった。［ホストの変化］は、〈ホストのゲスト言語への適応〉、〈日本風の教育システムへの適応〉、〈生徒からの適応〉、〈日本風の人間関係への適応〉という点で見られた。しかしゲストが何もしなくても［ホストの変化］が起こるわけではない。ホストの［変化促進要因］としてゲストの〈主体的な行動〉がなくてはいけないのである。

このようにゲストの〈主体的な行動〉は、［ゲストの変化］、〈受け入れる心〉の形成、［ホストの変化］に共通してみられる重要な要素であり、異文化滞在者はただいればいいのではなく自ら積極的にホストと交わって働きかけなくてはいけないことを意味する。

最後に［差異の認知］が見られなかった場合があり、このときには日本で培った〈教員としてのキャリア〉がそのまま持ち込まれて〈日本の文化実践の採用〉となり、それがホストに受け入れられて［ホストの変化］を招くこともあった。

このように異文化接触の場では［ゲストの変化］、［強要されたゲストの変化］、［ホストの変化］、という3種類の変化があることが明らかになった。

［差異の認知］にゲストの〈自己の振り返り〉が加わったとき、ゲスト自らが必ずしも変化しなかった場合とゲストが変化した場合があった。［ゲストの変化］があった場合には、〈自己理解の深化〉と〈他者理解の深化〉が起こって［人間理解の深化］となり、ゲスト自身の行動や価値基準の「枠組み」とホストの行動や価値基準の「枠組み」が見えてきて〈バイカルチュラリズムの萌芽〉に結びついていた。このような2つの「枠組み」が見えてくると〈新たな目標の設定〉が行われるという結果となっていた。

一方、［強要されたゲストの変化］が起こったときにも、時にはその辛い体験が〈反面教師〉となって同じことを他の人にはさせないようにしようという〈新たな目標の設定〉が行われることがあった。つまり〈新たな目標の設定〉には、〈肯定的な評価・感情〉に支えられた［ゲストの変化］と〈否定的な評価・感情〉に支えられた［強要されたゲストの変化］の2種類の経

路がある。だが［強要されたゲストの変化］から導かれる〈新たな目標の設定〉は限定的であり、多くの場合は［ゲストの変化］から起こっていた。このように２つの「枠組み」が見えるようになり〈新たな目標の設定〉ができることを本研究では【人間的成長】と名づけた。【人間的成長】が起こるとき［ゲストの変化］があるので、［ゲストの変化］を遂げるための〈肯定的な評価・感情〉が必要である。そこで、これ以降コア・カテゴリーとして《肯定的な評価・感情》として記述することにした。図１-９で《肯定的な評価・感情》と示しているのはそのためである。

　このように２つの「枠組み」が見えるようになった〈バイカルチュラリズムの萌芽〉の結果、派遣教員たちの中に【教員としての成長】も見られた。【教員としての成長】には、〈教育技術上の変化〉と〈指導技術上の変化〉からなる［教職技術上の変化］と、〈自己受容感の育成〉からなる［心理的な変化］の両方が見られた。しかしこのような【教員としての成長】を遂げて帰国しても、〈成長の後に〉は派遣体験が生かされていないと感じる場合も多く、派遣プログラムには問題が残ることが指摘できる。

注

１）　Shaules（2010：246）は、異文化間学習（intercultural learning）とは「新しい文化的な環境の適応要求に応答する継続的なプロセスである」としている。
２）　日本の大学の修士論文には異文化体験と教員の成長をテーマにしたものが見られる（星野，2003；喜多，2003）。更に異文化体験が教員の成長に貢献することを示唆した論考もある（高木，1997）。しかし、これらの研究では異文化間能力を規定したりそれがどのように教員を成長させるかという視点からの考察はない。
３）　「防御」の中の３つの側面のうちの１つで、ゲスト自身の文化の否定とホスト文化の優越性を特徴とする。
４）　Bennett の言葉では「建設的周辺化（Constructive Marginality）」で、「統合」の２つの側面の１つである。通常の文化的境界を越えて活動する人々の立場を表す。
５）　この点に関して江淵（2002：112-113）は、「「二文化人」といっても文化のすべての面で二文化的というわけではなく、そこには自ずからある程度の偏りがあると

いうことになる」ことから、McFee（1968）が"200% Man"という表現を使わずに"150% Man"と言ったと考えている。初期のアメリカの文化人類学では、Stonequist（1937）がいう「境界人」に代表されるように2文化にまたがって生きる人間をどこか欠けた存在として考えていたことの影響を受けている可能性も指摘できる。

6）Acceptという言葉の訳には「受容する」というものもあるが、「受容する」には「受け入れて取り込むこと」（広辞苑）というadaptの意味も含まれるので、ここでは「受け入れる」を採用する。

7）http://www.mext.go.jp/a_menu/shotou/rex/main.htm（2013年3月9日参照）に詳細がある。

8）http://www.mext.go.jp/b_menu/shingi/chousa/shotou/026/shiryou/05060703/002.htm（2013年10月23日参照）。

9）ある地方自治体では、派遣自体が2年間あり事前研修は2年に含めないところがあった。

10）「現職教員」とは派遣後のインタビュー当時も継続して教員を続けている人々という意味で使用している。1名は事情により、派遣自治体の教員を辞職して別の自治体の教員になったが、教員を継続しているので調査対象者に含めた。また帰国後に産休を取ってしばらく休んだ教員も2名いるが、これも教員を継続しているので調査対象者に含めている。

第二章　ゲストとホストが異文化接触により
　　　　変化していくプロセス

　本章では、前章の最後に提示した図1-10で表される部分に焦点を当てて分析を進める。まず図1-10を図2-1として簡略化して示す。図2-1では、変化の過程を→で表し変化に貢献する要素を┄┄→で表す。図が複雑なため、あらかじめ本章でどのように論を進めるかを説明してから本論に入る。

　まず第二章第一節で示すような日本での〈教員としてのキャリア〉を持って異文化に参入した（図2-1では①の矢印で表される）派遣教員たちが、どのような点で［差異の認知］を行ったのかを第二章第二節で考察する。あらかじめ述べておけば、これには1.〈日本語教育への従事〉、2.〈ホスト言語〉、3.〈教育システムの違い〉、4.〈ホストの行動〉、5.〈生徒の気質〉、

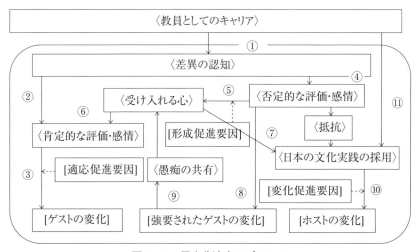

図2-1　異文化適応のプロセス

6．〈人間関係の違い〉、7．〈物理的状況の違い〉がある。しかしこれらが見られなかったケースもあるので、8．［差異の認知］が見られなかったケースとして考察する。最後に9．［差異の認知］の総括、を行う。

　第二章第三節では、［差異の認知］から〈肯定的な評価・感情〉が生じて［ゲストの変化］へと向かう道筋を考察する。これは図2-1の②と③の経路である。まず1．〈肯定的な評価・感情〉が見られた項目を考察する。そして2．〈肯定的な評価・感情〉から［ゲストの変化］へ、では、肯定的な評価や感情を持ちつつゲストがホストの文化規範や行動規範に従って自らを変えていく［ゲストの変化］について考察する。その際に［ゲストの変化］を招く［適応促進要因］を明らかにする。

　第二章第四節では、［差異の認知］があったときに〈否定的な評価・感情〉が持たれても、〈受け入れる心〉へと変化していく経路（図2-1の④と⑤）を考察する。まず1．〈否定的な評価・感情〉が持たれた項目を考察する。2．〈否定的な評価・感情〉から〈受け入れる心〉への変化、では、ゲストの変化を語りから考察する。その際に3．〈受け入れる心〉の［形成促進要因］、をまとめる。さらに対極例として4．〈受け入れる心〉が形成されない場合、をも考察し、最後に5．〈否定的な評価・感情〉から〈受け入れる心〉へのプロセスの総括、を行う。

　第二章第五節では、〈受け入れる心〉から［ゲストの変化］に至る道筋（図2-1の⑥）と〈日本の文化実践の採用〉に至る道筋（図2-1の⑦）の2つを考察する。具体的には、〈受け入れる心〉から［ゲストの変化］に至るには〈肯定的な評価・感情〉を持つことが必要であることを、1．〈受け入れる心〉から［ゲストの変化］へ至る〈肯定的な評価・感情〉、という道筋で示す。次に2．〈受け入れる心〉から〈日本の文化実践の採用〉へ、では、ホストの行動は受け入れるが自分がホストの規範に従って行動することは受け入れないことがあることを示す。最後に3．〈受け入れる心〉から［ゲストの変化］、〈日本の文化実践の採用〉への総括、を行う。

第二章第六節では、〈否定的な評価・感情〉を持ったままゲストと同じように行動する［強要されたゲストの変化］への道筋を考察する（図2-1の⑧）。ここで考察するのは、1．〈強要された日本語教育への適応〉、2．〈強要されたホスト言語への適応〉、3．〈強要された教育システムへの適応〉、4．〈強要された生徒の気質への適応〉、5．〈強要された人間関係への適応〉、6．〈強要された物理的状況への適応〉、である。さらにこのような苦しい状況を緩和するためのストラテジーとして、7．［強要されたゲストの変化］のストレスを緩和する〈愚痴の共有〉（図2-1の⑨）、を提示する。これがあると〈受け入れる心〉が形成されることがある。最後に8．［強要されたゲストの変化］の総括、を行う。

　第二章第七節では、〈否定的な評価・感情〉を持ち差異に対して〈抵抗〉を示して〈日本の文化実践の採用〉を行ったところ、ホストの方がゲストを受け入れてくれて［ホストの変化］が見られるという経路（図2-1の⑩）を考察する。まず1．〈否定的な評価・感情〉から〈抵抗〉、〈日本の文化実践の採用〉へ、では、抵抗を示した例と採用された文化実践を考察する。そして2．［ホストの変化］、では、ホストが変化してくれた項目をまとめる。具体的には〈ホストのゲスト言語への適応〉、〈日本風の教育システムへの適応〉、〈生徒からの適応〉、〈日本風の人間関係への適応〉がある。さらに［ホストの変化］を招くには、ゲストが〈主体的な行動〉を取るという［変化促進要因］が必要であることを論じる。

　第二章第八節では、〈教員としてのキャリア〉から［差異の認知］を経ずに〈日本の文化実践の採用〉に至り、その結果、［ホストの変化］を招くことがあることを考察する（図2-1の⑪）。1．〈教員としてのキャリア〉から〈日本の文化実践の採用〉、［ホストの変化］へ、ではその例を、2．〈受け入れる心〉から〈日本の文化実践の採用〉へ、では、〈受け入れる心〉があっても自ら変化しないとき［ホストの変化］がある例を考察する。最後に3．〈日本の文化実践の採用〉から［ホストの変化］への総括、を行う。

第二章第九節では、［ゲストの変化］、［強要されたゲストの変化］、［ホストの変化］の関係を論じる。まず１.〈肯定的評価・感情〉と［ゲストの変化］、では、〈肯定的な評価・感情〉が［ゲストの変化］を支えることを示す。さらに２.［ゲストの変化］、［強要されたゲストの変化］と［ホストの変化］、ではこの３種類の変化の関係を論じ、３.［ホストの変化］の析出、で本研究では派遣教員を研究対象としているために［ホストの変化］が立ち上がったことを示す。

考察を始める前に強調しておきたい点がある。それは、ここで示す変化のプロセスは、１人の派遣教員の全部の側面を等しく提示するわけではないことである。すなわち、同じ派遣教員の中でもある側面はある経路をたどって変化するが、別の側面では別の経路をたどって変化をしないということがありうるのである。このことは、人間が様々な側面を同時並行して持ちつつ生きていることを考えると当然のことのように思えるが、先行研究では往々にして１人の人が１つのモデルで表現されてくることが多かった。そこで本研究では、同一人物の中でも変化する部分としない部分があると考えていることを重ねて強調しておきたい。

第一節〈教員としてのキャリア〉

派遣教員たちは、派遣前には既に日本で４年から21年間の〈教員としてのキャリア〉（平均10.1年、SD3.8）を持って派遣されていた。そのような〈教員としてのキャリア〉は派遣後の様々な局面で「役に立った」と感じられていた場合と、それがあるために派遣後の新しい状況に自分を合わせることに「苦労した」と感じられていた場合があった。まず前者の「役に立った」という語りの例を見ていく。この語りは〈教員としてのキャリア〉があったために生徒コントロールができたというものである：

「だから多分Ｎ先生は高校で、その結構いい高校だったから、そういう

第一節 〈教員としてのキャリア〉　79

免疫がなかったんだと思うんですけど、私は結構転々としている分、免疫があったので、まあまあまあまあ可愛いぐらいで、全然問題なかったですね。クラスルームコントロールはもちろん、はい。授業中に最初はやっぱり、もの食べてたりとか、もう彼らは普通なので、習慣だから、はい、もう普通にこの辺バナナとかリンゴが置いてあるし、まあ、飲み物はもちろん向こう乾燥がひどいから、飲まざるを得ないので、もうそれも普通ですし、あと最初やっぱガムかむ子がすごく多かったんですけど、それだけはもう最初にいけないって言って、いけないとこはいけないと。で、それ以外はま、お茶は絶対いい。で、果物も置いててもいいけど食べちゃいけないとか、<u>その辺のルール作りっていうのは、ちゃんとしましたね。だからもうそういうところが、やっぱここでの経験、今までの教員の経験がなければ、そのもう１人の日本人の先生のように、その学級崩壊ですよね。授業、まあ、授業崩壊ですよね、してたと思うんですけど。まあ、その辺は全然問題なかったですねえ。</u>」（教員Ｐ：中国派遣）

　ここでは生徒指導上、日本の〈教員としてのキャリア〉があったおかげで生徒コントロールができたこと、また〈教員としてのキャリア〉がなかった別の日本人教員は、生徒コントロールができずに学級崩壊を招いていたことが語られている。これは日本での〈教員としてのキャリア〉があったために派遣国で教育活動がうまくいった例である。

　もう一方で、日本での〈教員としてのキャリア〉があったために、それが派遣地での様々な教育活動に適応する阻害要因となり「苦労した」と感じた例があった：

「特に僕なんか36、7ぐらいの年に行きましたから、もう若者にあるような柔軟性っていうのはなくて、<u>ええ、ある程度自分で仕事も一通りやってきたっていう自負もあるからですね、頑固ですよね。ええ、切り替えができないっていうか、捨てられない自分が重すぎるっていうか、そ</u>

ういうのがあってですね、ええ、苦労したんですね、半年ぐらいは。」

（教員M：中国派遣）

これは日本での〈教員としてのキャリア〉が自負を生み新しい環境になかなか「切り替え」ができずに「苦労した」という語りで、〈教員としてのキャリア〉があったために新しい状況に合わせることが難しかった例である。

これらの例は、日本で〈教員としてのキャリア〉があることが海外派遣になったときにそのまま応用できて役に立つ面と、逆に慣れ親しんだものがあるがゆえに新しいものへの切り替えを困難にする面があることを示す。日本でのこのような〈教員としてのキャリア〉からの影響が海外に派遣されたときにはあることを念頭に置いて、以下で実際に［差異の認知］が見られた項目を分類し、それが派遣教員の変化に繋がっていくプロセスをデータに従って考察していく。

第二節　［差異の認知］

〈教員としてのキャリア〉を背負って派遣された教員は、派遣国に到着するやいなや教育実践の場においても日常生活においても様々な［差異の認知］に直面していた。公募により自らの意志で応募した教員も「一本釣り」で管理職や教育委員会からの勧めによって応募した教員も等しく、［差異の認知］を経験していた。つまり異文化体験は、第一章の表1-4で示した応募動機がどのようなものであれ、異文化に突入したいずれの個人をもその全体を取り巻く環境とのインタラクションであると考えられる。

データから［差異の認知］は、1.〈日本語教育への従事〉、2.〈ホスト言語〉、3.〈教育システムの違い〉、4.〈ホストの行動〉、5.〈生徒の気質〉、6.〈人間関係の違い〉、7.〈物理的状況の違い〉、として語られた。ここでは図2-1の①で表される線に沿って到達する［差異の認知］のそれぞれの概念についてデータから考察する。各概念に共通して言えることは、

差異を認知する際に基準となるのが教育実践を含む自らの日本での文化実践や文化規範となっていることであった。

1．〈日本語教育への従事〉

　〈日本語教育への従事〉は、派遣教員が海外に派遣される第1の目的であるが、日本では他の教科の教員であったために第1に違いが見出されるべきものである。しかし、派遣教員の中には派遣以前に海外で日本語教育に従事した経験があるもの（教員D：アメリカ派遣、教員O：中国派遣）や留学中に日本語教育を手伝った経験があるもの（教員Y：ニュージーランド派遣）がいたり、事前研修以前に大学や各種施設で日本語教育の講座を取った経験があるもの（教員F：アメリカ派遣、教員P：中国派遣、教員S：連合王国派遣）や日本語教育能力検定試験に合格して（教員J：中国派遣）、日本語教育とはどのようなものか知っているものもいた。そのような経験がないものにとっても、4ヶ月にわたる事前研修は未知の日本語教育がどのようなものであるかの大まかな知識を与える場となっていたので、派遣後に〈日本語教育への従事〉が大きな驚きをもたらすものではなかった。そうではあっても、事前研修で教えられた日本語教授法が主に初心者向けであったために中国における日本語の学力が高い生徒を前にして「中級以上の子にどうやっていいのかは、わからない」（教員N：中国派遣）と感じるものはいた。

　このように大半の教員にとって〈日本語教育への従事〉は、心の準備ができたものであったがそうではなかった場合もある。それは、派遣以前に言われていた条件と現地に行ってからの条件が大きく異なったときである。たとえば教員H（アメリカ派遣）は、派遣前にはティームティーチングで教えるのでクラスルームコントロールはしなくてよい、という申し送り事項があったが、実際に派遣された学校では日本語が開講されておらず開講された後も単独で教えることになった。同様に教員X（ロシア派遣）は、前任者から「日本語を教えることはない、文化紹介だけでいいから」と言われていたので、

事前研修も真面目に受けていなかった。ところが派遣直後に現地人日本語教員が辞めてしまったために単独で日本語教育に従事するという事態となった。教員U（豪州派遣）や教員Y（ニュージーランド派遣）はアシスタントティーチャーとして派遣されたが、短期間メインティーチャーとして日本語教育に携わった。このように派遣後の条件が派遣前に言われていたことと大きく異なっている場合、教員たちは予想と違うことで調整を余儀なくされた。

2．〈ホスト言語〉

〈ホスト言語〉に関しては、主に教員たちの派遣地の言語の能力について考察する。

英語圏に派遣された英語科教員の中で教員になる前に英語圏に留学していた経験がある教員G（アメリカ派遣）、教員S（連合王国派遣）、教員Y（ニュージーランド派遣）は、最初からかなりの能力があると自己評価していた。留学経験はないものの派遣以前に英語圏にホームステイした経験を持つ教員B（アメリカ派遣）は、その時の体験から自分の事を伝えたいという思いが強くあり、英語自体はまあまあできるという自己評価をしている。

アメリカ派遣の教員A、教員C、教員D、教員E、教員F、教員Gは、日本では英語教員だったので派遣以前に既にある程度英語の能力があったと考えられる。教員Hは日本では数学の教員だったので、英語の能力は英語教員とは同じ程度ではなかった可能性がある。

連合王国派遣の教員R、教員S、教員Tは英語科の教員で、教員Qは社会科の教員だった。教員Qは派遣前にドイツ語を学んだ経験があり、外国語学習についてはどのようなものか理解していた。また大学時代は英国史を専攻したので、英語の単語を多く知っていたと語っている。連合王国派遣の教員の場合、派遣先がウェールズで派遣校のうちの何校かはウェールズ語の学校であった。しかし、ウェールズ人は英語とウェールズ語のバイリンガルであったため授業は英語で行うことができた。

豪州派遣の教員Uは英語教員だった。教員Vは工業の教員で、派遣前に4年間英語学校に通っていた。

中国派遣の教員の中で、大学時代に中国語、中国文学を専攻した教員M、1年間大学で中国語を取った経験を持つ教員P、大学時代に自分で中国語を学習した教員Jの3名は、事前研修以前に中国語を知っていた。教員I、教員K、教員M、教員N、教員O、教員Pは国語科で、教員Jと教員Lは英語科の教員であった。教員Oは、REX派遣以前に中国に半年間派遣されて日本語教育に従事した経験を持ち、中国語学習歴を持っていた。教員I、教員K、教員L、教員Nは、事前研修で初めて中国語を学習した。中国派遣教員は大半が学力優秀な学校に派遣され、日本語教育は日本語だけで行った。そのため中国語を使うのは、主に学校の外と例外的に小学校に派遣されたとき（教員O）だった。

ロシア派遣の教員W、教員Xはともに、事前研修で初めてロシア語を学んだ。教員Wは海洋学校に派遣され、初級の授業はティームティーチングで日本語の部分を担当し、中上級の授業では日本語の直接法を使ったので、ロシア語は学校の外で使用した。教員Xは、授業でロシア語を使用した。

韓国派遣の教員Zにとっても、韓国語の学習は事前研修が初めてだった。

3．〈教育システムの違い〉

〈教育システムの違い〉は、派遣校で観察された制度上の違いや社会制度上の違いである。ここでは多くの派遣国で共通に見られる点を整理し、その後に独自の特徴を示す場合を考察する。

3-1．業務分担制度

日本では教員が多くの役割を担うことが通常行われている（久冨, 1994b: 244）が、海外の学校で教員の間における明確な業務分担制度を観察した教員も多い。アメリカ派遣教員の1例を見る：

「分かれてます。カウンセリングもね、メンタル面のカウンセリングから、進路のことのカウンセリングから、まいろいろね、分かれてたみたいですけど。業務分担は、そうですね、はっきりしてました。ま、部活なんかもそうですよね。」（教員Ｅ：アメリカ派遣）

　このような業務分担制度はアメリカ以外の学校でも見られ、その結果、３-２．授業中心の業務、で述べるように海外では派遣教員たちは授業をすることに専念していた。

3-2．授業中心の業務

　日本の教員の仕事は、教えること以外にも様々な指導も含んでいる。しかし、教員の業務の中心を占めるのが授業であることが複数の派遣国で観察され、そのことを肯定的に捉える場合と否定的に捉える場合があった。ここでは両方の例を見る。まず「楽だ」として肯定的に捉える場合を見る：

「Ｆ：ほとんどないですね。なんか音楽、たとえば、合唱コンクールとかそういったものもないですし、体育大会みたいなもの、運動会みたいのもないですし、ないですよね。あのう、トライアスロンみたいのはやってましたけど。トライアスロン、近くのスイミングプールで泳いで、学校まで自転車で来て、そしてトラックを走って、終了っていうのはあったです。それは希望制でやってたんですけど、それぐらいですよね。
筆者：ああ、そうですか。先生達はほんとに教えることに。
Ｆ：中心ですね。そう、楽ですよね。ほんとに。放課後も、子ども達はぱっと帰りますし。」（教員Ｆ：アメリカ派遣）

次に「やることがない」と否定的に捉える連合王国派遣の教員の場合を見る：

「すごく時間的に余裕があったので、向こうは。ほんとに授業しかやらないので、放課後になるとやることがないし、まあ、教材研究とかそういうことを含めたら何かしらあるんですけど、習い事をしました。」（教

員T：連合王国派遣）

前者は肯定的に捉えた語りであるが、逆に日本の多くの業務を抱えた形態に慣れている教員にとっては、教えることが中心の仕事には否定的に捉えることもあることが後者では語られた。教えることが中心の海外の学校に行って初めて、自分が日本では仕事しかしていなかったと気づいた教員は何名もいた。

3-3．校長による学校経営

　日本では様々な決定が教育委員会によってなされることが多い。しかし、校長が学校経営者としての権限を持っている制度が複数の派遣国で観察された。たとえば英語圏での観察として、校長がすべての裁量を持つということがあった：

　「校長先生は、ほんとに、なんだろう。校長先生中心ですよね。すべてなんかこう。職員の採用も、校長先生がするので、校長先生中心というか。で、その下に、副校長と、あとデプティっていうんですかね、いて、副校長とデプティが2人いたんですかね。でも、実際に生徒指導とか、何かやってくれるのは、副校長先生と下3人なんですけど、でも、校長先生って、なんだろう。最終的には日本と同じように、校長先生の所に何でも行くんですけど、日本はやっぱりそっからまた教育委員会へ行かなきゃ決められないことですけど、<u>向こうはすべて校長先生裁量ですべてが決まったので</u>、でも生徒指導とかで校長先生が出てくることは、まずなかったですかねえ。」（教員Y：ニュージーランド派遣）

この場合は英語圏ですべてが校長裁量で決まることが観察されているが、アジア圏の国でも校長が学校経営の責任者として教員の採用を始めとして学校を経営している姿が観察されていた。

3-4. 柔軟な学校行事計画の立て方

　日本の学校では、通常年度初めにその年の年間行事予定表が発表されてそれに従って授業と行事が行われていくが、多くの国ではそのような年間行事予定表が制度としてなかったり、行事そのものの組み方が綿密でなかったり、突然行事が組まれて授業がなくなることが起こっていた。このようなときには驚きをもって観察されていることが多かった。中国での一例を見る：

　　「<u>学校では、あれですよね、とにかく予定表がないんですよ。</u>（中略）で、ほんとに夏休みもいつから始まるか分からないとね、で、朝職員室に電話がかかってくるんですよ。で、電話を受けた先生がすごい喜んで、やったーとか言って、黒板に今日の午後から夏休みって書くんです。そうすると、職員室やったーとか言って、手たたいて喜んでるわけです。異文化ですよね。もう、いつから？早く決まれよっていうんじゃないの。電話1本で、今日の午後から夏休み。」（教員O：中国派遣）

ここでは年間行事予定表もなく、長期休みの始まる日すら分からなかったことが語られている。このように学校行事計画に関するシステムが緩いことは、柔軟なシステムであると一方では理解されているが、綿密な計画を立てて実行していく日本のシステムから入っていく日本人教員たちにとっては、変更がある度に調整を余儀なくされることを意味していた。

3-5. 罰則制度

　日本では生徒が規則を守らないときに罰則制度が適用されることは聞かれない。しかし、生徒が規則を守らなかったときに罰則が適用される制度があることが海外で観察された。ここではアメリカの例を見る：

　　「そこまでは使わなかったんですけど、ええ、<u>校長室送りとか、あるいはディテンションって言ったかな。あのう、居残りですよね。</u>ディテンションはすごくいやがりますよね。」（教員E：アメリカ派遣）

ここでは教員の言うことに従わない生徒を校長室に送ったり居残りをさせる

制度について語られている。日本ではそのようなことをしないために、驚きを持って観察されることが語りの中で見られた。罰則制度は形を変えてもほとんどの派遣国で観察されていた。

　このような罰則の適用に対して、そのような制度を持たない日本からの派遣教員たちが〈抵抗〉[1]を示すことが語られた。〈抵抗〉については第二章第七節で述べる。

3-6．学校行事、クラブ活動

　日本の学校では学校行事やクラブ活動があることが当たり前となっている。しかし、多くの派遣国で学校行事の少なさやクラブ活動を教員が世話しないことが指摘された。たとえば英語圏では以下のような観察があった：

　　「やっぱ4時に帰れるとか土日が仕事がないとか、夏休み2ヶ月半全く仕事をしないとか、ええ、リフレッシュしないでどうするの？っていうやっぱりその考え方ができるのは、部活がないからだと思うんです。で、たとえばそれを指導している人がいないわけじゃなくて、アメリカでも。それは別予算で、そのコーチをほんとに専門の人を雇っているので、だから日本みたいに、バレーの経験がないのにバレー部を見なきゃいけないとか、そういうことはあり得ない。」（教員C：アメリカ派遣）

ここでは、英語圏で部活は教員ではなく専門の人が担当することが語られている。アジア圏でも同様にクラブ活動の世話を教員がしないもしくはクラブ活動がないということが語られていた。

3-7．知識の定着を図る授業

　日本の教え方として、年間のカリキュラムを組みそれに従って行うことが多い。しかし、複数国の派遣教員が知識が定着するまで教える授業の制度を観察している。たとえば連合王国派遣の教員から以下の観察があった：

　　「ほんとに語学が習得したのをちゃんと見てから次に進むって感じだっ

たんですよ。なのでやっぱりそうじゃないとだめだよねっていうのが分かったっていうか、語学っていうのは、先週これ教えたでしょ。じゃ次行くわよ、次行くわよっていうのが日本の教育だとしたら、定着したのを見計らって次のやつ。で、前のやつをちょっと復習しながら次のやつを新しく紹介っていうかして、で、どんどん固めていってアセスメントっていう感じだった」（教員R：連合王国派遣）

この教員は、生徒の頭の中に知識が定着するまで教える語学教育のやり方を派遣校で自分でも行ったことを語っている。別の国に派遣された教員からも同様の観察があった。

3-8．多くの宿題

日本と比べて宿題を多く出すことも複数の国で観察された。中国の例を見る：

「生徒は勉強ばかりですよ、もう、忙しくて。宿題いっぱい出されるし。で、ほら、そういう風に結果至上主義だから、各担当の先生は、いろいろ宿題出すわけですよ。この先生はこれ以上の点を何人に取らせたとか、みんな自分が教えてる生徒にはいい点を取らせたいわけ。そうするとどうするかって言うと、授業以外の時間をどれだけ自分の科目の宿題をさせるかですよね。競ってっていうと変だけど、宿題を出すわけですよ。逆に宿題出さなければ、勉強しないわけだから。だから生徒は宿題が勉強だと思ってる節がありますよね。だって宿題のノルマがすごいんですもの。逆に大変だから出さないでおこうなんて思うと、結局その勉強しないから、下がりますよね。そうするとその先生は駄目な先生っていうレッテル貼られちゃう。」（教員O：中国派遣）

ここでは、生徒の成績が上がれば教員の評価も高くなるために宿題を多く出す派遣地教員の姿が語られている。宿題についてはアメリカ派遣の教員も同様のことを語っており、日本との比較において派遣地の方が多いと感じられ

ていた。

3-9．クラスの大きさ

　日本と比較してクラスが少人数であった派遣国は複数の国で見られた。ここでは中国の例を見る：

> 「K：だから自分のクラスはその優秀クラスで絞られてるんで、15から20ぐらいです。ものすごいやりやすかったですね。
> 筆者：そうでしょうねえ。
> K：これがほんとの現場の理想だと思いましたね。日本では考えられない。だから自分が日本に戻ってきてからのショックはそれでしたね。ああ、40人もいるよっていう。そのなんか、今もう慣れましたけど、うわ、また40人いるわっていうのがすごくあれでしたよね。それはほんとね、よく英語とかそういう科目は少人数制でやってるけど、少人数制ってこんなにいろいろできるんだってほんとに思いました。」（教員K：中国派遣）

ここでは日本よりも少ない生徒を教えることに対して「こんなにいろいろできる」と感じられているが、もう一方で余りにも少ない場合には「やりにくかった」と感じた派遣教員もいる：

> 「その空きコマの時間によって全然違って、多かったら10人ぐらいいるし、少なかったらほんとマンツーマンの時もあったし、時間割の組み方によって全然違ってたんで、それもやりにくかったことの1つですね。」
> （教員T：連合王国派遣）

このように「いろいろできる」と感じられた場合には自分もその教育実践に参加することは容易であったが、「やりにくい」と感じられた場合には参加に努力を要し、それに対応する工夫を余儀なくされていた。

3-10. 寄付金制度

　日本ではほとんど学校への寄付について語られないが、主に英語圏で学校の経営や行事を寄付によってまかなう制度が観察された。これは日本への旅行などを計画する際には、日本人教員たちに直接的に影響することであった。たとえばアメリカでは以下のような観察があった：

> 「で、<u>小学校だと、年に１回バザーとかをやって、たとえば、校長先生と１日過ごす券とか、校長先生とかがそういう商品を出したり、なんとか先生とアイスクリームに行く権利とかも全部売りに出したり、あと、子ども達が作った作品</u>。ちょっとたとえば、絵皿を作るとか、そんなのも全部オークションに掛けて、売って、お金を稼ぐ。それでなんか教員を１人雇ってるそうです、毎年。（中略）いえ、そうして、よりよい教育環境を作るんだと思うんです。」（教員Ｃ：アメリカ派遣）

ここでは学校もクラブも活動資金を募金によって集めることが観察され、「よりよい教育環境を作る」ためであると解釈されている。このような募金活動は英語圏の学校に限られて語られていたので、他の国での状況は今回のデータからは分からない。

3-11. 国別の〈教育システムの違い〉

　3-1.から3-10.まで複数の国で共通する〈教育システムの違い〉について考察した。これ以外の各国独特のシステムに関しても、様々な違いが語られた。たとえばアメリカ派遣教員からは、担任制度の不在、そのことから来る生徒への伝達事項の伝達方法の違いや教科担当教員による生徒の管理、時間割の組み方や担任が決める外国語の授業、レポートカードによる生徒評価制度、担任の裁量による学級規則、短い休み時間とそれに伴うトイレパス制度[2]、宗教によって影響される教育内容、が挙げられた。

　中国派遣教員からは、生徒の長い学習時間、早期進路決定制度、成績によるクラス分け制度、ネイティブスピーカーに任せる外国語教育、教員相互の

授業観察制度、が挙げられた。

　連合王国派遣教員からは、日本語教員が独自に組む時間割制度、少ない授業数、生徒の希望に基づく日本語履修制度、インクルージョン教育[3]、について語られた。

　豪州派遣教員からは、7年生の外国語必修制度、ティームティーチング制度、が語られた。さらにロシア派遣教員は、緩い教員雇用制度について、ニュージーランド派遣教員は、全国統一テストについて、韓国派遣教員は先生の日の制度、体罰の制度、について語っていた。

4．〈ホストの行動〉

　〈ホストの行動〉は、大きく分けて学校内と学校外で観察したり聞き及んだ派遣地の人々の行動を指す。学校内のホストの行動には、学校全体に関するもの、管理職に関するもの、一般教員に関するもの、生徒に関するもの、保護者に関するもの、があった。派遣国に共通に見られる教員たちの行動について、以下でデータから考察する。

4-1．教員の早い帰宅行動

　3-2．で考察したように、多くの国で教員たちの業務が授業中心であるため授業が終わるとすぐに帰宅する教員の行動が観察された。ここでは中国の例を見る：

> 「なんか向こうの教員ってもう職業人なんですよね。だからたとえば英語を教える教員は英語だけ教えてりゃいいっていう。それ以外のことを問うてないみたいなところがあって、それは生徒もあと職場も。<u>だから仕事が終わったらとっとと帰りゃいいし</u>」(教員K：中国派遣)

　帰宅時間に関してREX教員たちは、このように派遣地の教員たちの多くが授業時間の終了とともに帰宅するとほとんどの派遣国について語っていた。だが、日本人教員はそれに従わず海外の学校にいても遅くまで残ってい

ることがあることも語られた。

4-2．規則の遵守

3-5．で特に英語圏の派遣国では、生徒が規則を守らなかったときに指導室や校長室に送ったり居残り勉強をさせたりし、それを守らないと停学処分にするという段階的な罰則施行制度があることを考察した。そのような罰則を施行する態度は、厳しいときと緩いときが観察された。ここではスポーツクラブの所属に関する厳しい例を見る：

> 「厳しい。もう日本以上に厳しくて、びっくりしました。だからテスト終わったら、運動部の強いたとえばバレーとかアメフトの子ちゃあ、なんか紙持ってくるんですよ。コーチから手紙渡されて。そしたら宿題とかちゃんと出してますとか、いちいちサインして返さないと、部活の。」
> （教員B：アメリカ派遣）

ここでは、スポーツのクラブに入っていても学業に遅れないようにクラブのコーチが学業まで監督していることが観察されているが、もう一方で、校則はあるがその遵守をそれほど厳しくしない面もあることが観察された：

> 「でも多くの学校の場合は、実は結構あることが。ただし日本ほど、みんながすごい血眼になって守らせようとしないというか。そういう校則に。（中略）だから服装に関しては、基本的には何かほとんど校則あるかないかみたいな状態やけども、そういう犯罪とかに繋がるようなことに関して言うと、一気に細かく厳しくなっていく。」（教員B：アメリカ派遣）

ここでは、通常は校則の遵守は緩いが、犯罪に繋がることに対しては非常に厳しい面があることが観察されている。

4-3．外国人に対する態度

日本では外国人教員に特別な世話をすることがある。しかし、海外の学校

第二節　［差異の認知］　93

では外国人教員を特別扱いするときと特別扱いしないときが観察された。特別に扱われなかった例が以下である：

「忙し過ぎてっていうのと、あと、私ずっと英語教員やっていてJET[4])が来るときって、住まいとか最初生活のスタート全部一緒にやってあげなくちゃいけなかったんですよ。で、日本人の気質として、外国人の人が来るから世話してあげなきゃとかやってあげなきゃって感じなんだけど、悪い風に言うと、その人外国人だからってことじゃないですか。でもイギリス行くと、外国人だからってことは一切関係なくて、いい意味で1人の人間として見てくれてて、自分でやることは自分でやるのよみたいなことが、言われてないけどそれが当たり前すぎて。」（教員R：連合王国派遣）

ここでは派遣国では日本人だからという特別扱いを受けなかったことが語られている。だがもう一方で、外国人として扱われたという感覚を持った教員もいた：

「だからその中でやっぱり自分なんかちょっとそういう意味では優遇されてるんで、逆に気を遣うっていうか、ところは、あの、周囲の日本人とかにあったですね。気を遣うところもあったんですけど、やっぱそんなんでも、ま、逆に中国人から言わせれば、いやあなたはそのポジションを実力で勝ち取ったからいいんだよ、優遇されてみたいな。」（教員K：中国派遣）

ここではREX教員として外国人のためのパーティなどに呼ばれることが語られている。このような違いは、欧米では一般的に外国人であっても特別扱いをしないが、アジア圏では特別扱いするという、外国人を取り扱う際の習慣の違いであると考えられる。外国人として扱われることには、特別に親切にされて優遇されるという意味と仲間に入れてもらえないという両方の意味があり、諸刃の刃のような関係にあると考えられる。

4-4. 気持ちを察しない人々

　日本では他人の気持ちを察することが良いこととされる。しかし派遣国の人々と交流する際に、言葉で言えば親切にやってくれるがこちらが期待したことを察してやってはもらえないことが観察された。アメリカでの例である：

>　「あと、親切は親切なんですよ。親切だってことと思いやりがあるってことは全然別で、たとえば車のドアあけて待っててくれたりとかね、荷物持ってくれたりとかそういうことは普通にするんですけども、自分が今こういう状況だからこういう風にしてほしいなあってことは実現しないんですよね。期待して待ってても何にも起こらないんです。<u>要求すればやってくれたりとか、思いもかけない優しさがあったりするんですけど、相手のペースで親切にしてくれるだけで、思いやりがあるとかそういうことは全然なくて。</u>」（教員Ｄ：アメリカ派遣）

このように相手の察しを待っていてもやって欲しいことはやってもらえないことがわかってくると、次で考察するように派遣教員たちは自ら主張して行くことを学んでいったようだ。

4-5. 自己主張

　日本では自己主張することが必ずしもいいこととは捉えられていない。しかしいくつかの派遣国では、自分が持っている意見を明確に主張することが観察された：

>　「で、（場所）なんかは、<u>ほんとに自己主張しないとどんどん埋没していきますので。</u>特に日本人はマイノリティっていうかね、だっていうのをすごく痛感しましたのでね、どんどん言わないと、っていう部分。」（教員Ｅ：アメリカ派遣）

ここでは自己主張をする人間の間で負けないように自分も自己主張する必要性が語られている。極端な場合には、自己主張しないと存在自体もないもの

と見なされることも語られた：
　「その日本での人間的な成長っていうのは、自分を殺してできるだけ、たとえば客観的に判断するとか、ええ、思っててもすぐに言わずによく考えるとか、そういうのを大人やなって思われがちなところがあったんですけど、それしてたらね、オーストラリアでは存在しないのと同じなんですね。意見を言わないやつは存在しないも同然。で、段々意見を言わないとね、意見を聞く機会もスキップされるんですよね。当然なんも言わないだろうってスキップされる。」(教員V：豪州派遣)

ここでは、意見がないことは存在しないと見なされるということが語られている。これほど欧米圏では、意見を言うことが自分の存在を認識させることに繋がるようだ。それゆえこのような派遣国では、派遣教員たちは自己を主張することを学ばざるを得なかったと考えられる。

　もう一方でそれほど主張する必要のない派遣国に滞在した教員もいて、「過ごしやすかった」と語っている：
　「で、ドイツ人とかは結構ストレートに来るんですけれども、ウェールズの人はそこまで回らなくて、そこまでストレートではなくて、ちょっとやんわりぐらいの感じはあったので、とっても過ごしやすかったです。」(教員Q：連合王国派遣)

ここではあまりはっきりと主張しない国に派遣されて、「とても過ごしやすかった」と感じられている。すなわち日本的にあまり主張しない国では、第七節で述べるように派遣教員が［ゲストの変化］をしなくていいために、「過ごしやすかった」と感じられたのである。この例からも分かるように、先行研究に取り上げられる「個人が異文化で心身ともに概ね健康で、強度な緊張やストレスにさらされていない状態」(譚等，2011：97)という異文化適応の定義で誰の変化の結果か明らかにされていないことは不適切であると言える。

　さらに日本ならば校長を含めて話し合いができるところが、校長という権

力者に対しては主張しないホストの行動が観察される場合もあった：
> 「校長先生が決めたらなんかいろんなことが180度変わったり、でもそれは誰も文句は言わないし。もうちょっと日本は話し合いで校長先生たち、そんなそこまで権限はないというか、まあみんなで決めて、まあ運動会の日をここにしましょうってなったら、そんな校長先生の一存で変えたりは出来ないですけど、ま、校長先生の一存で、急に物事が変わったりしますね。それはその教員もあのう、生徒も、まそれは当然のことに受け止めるというか、誰も文句は言わないし。」(教員L：中国派遣)

この語りでは、校長という権力者が決めたことには誰もが文句を言わずに従っていたとされている。

このように自己主張をしないといけない国に派遣された場合はそれに従って自己主張することを学び、日本程度の国ならばそのまま、権力者に対して自己主張できない国に派遣された場合は、それに従って黙っているという、派遣国の状況に合わせて派遣教員の［ゲストの変化］が行われていることが語られていた。

4-6. 時間の感覚

日本では人と待ち合わせしたときに時間を守ることが期待される。しかし派遣先の人々と交際するときには、時間の感覚も異なり待たされるのが当たり前と感じられることがあった：

> 「たとえば4時に待ち合わせで、4時に来ないと。で、すぐに来ないのが当たり前の国なんで、で、約束時間の30分ぐらいは待つと。で、30分待って来なくて初めて、門番にあの来ないんだけど、どうなってるか連絡取ってくれないかって言うんで連絡取ってくれるので、で、連絡取ってから慌ててきても、結局1時間ぐらいは待ったとか。そういうのはざらですよね。」(教員K：中国派遣)

ここでは待ち合わせの時間に相手が現れないことが普通にあることが観察さ

れ、派遣教員たちは本を持って行くなどの対応策を考え出していた。このことは欧米圏派遣教員からは語られなかったので、アジア圏と欧米圏では時間の感覚が異なる可能性があるのかもしれない。

4-7．希薄なサービス精神

複数の国では日本で見られるようなサービスが受けられないことが観察された。たとえばロシアの例がある：

> 「向こうの人は、あまり言わない。基本的に言わない。サービスの概念がないんで。あのう、さっきの雑貨屋さんなんかに行くと、私の暇な時間をよく邪魔してくれたわねと言わんばかりの対応なんですよね。（中略）それでめんどくさそうに出てきて、下手なロシア語につきあってくれるわけですよ。で、両手で添えてものを出すとか、そういうのなくて、がーん、ぽーんってね。」（教員 W：ロシア派遣）

ここではロシアの店員のサービスのない態度が語られている。別の国、たとえば中国ではこのようなサービスの概念がないことが教育にも通底していて、学校で生徒に過剰なサービスを与えないことも観察された。

4-8．弱者を大事にする人々

多くの派遣国で、子ども、老人、障がい者、家族、友人、外国人を大切にする行動が見られた。たとえば連合王国では障がい者に対する優しさが語られていた：

> 「向こうに行って私がすごくお恥ずかしい話なんですけど、たとえば学習障がいとか、っていうことの知識が私にはあまりなくて、向こうへ行ってアスペルガーとか、まあ ADHD くらいは知ってましたけど、いろんな障がいがあるんだなあと思って。向こうは結構それをオープンというか、当たり前みたいな感覚で捉えてるところがあって、年度初めに生徒たちの学習障がいのリストみたいのをくれるんですけど、こんなにた

くさんの子たちが学習障がいを抱えてたんだっていうくらいたくさんの生徒たちの名前がリストに挙がってて、私が日本語を教えてる子たちの中にもいましたし、で、それを周りもこの子はこういう子だからみたいな感じで一緒に勉強できてるような環境とかも私にはすごく驚きでした。」（教員T：連合王国派遣）

ここでは学校でも障がいを持った子どもをオープンに扱うことが語られているが、これ以外の国でも、子ども、老人、家族、友達、外国人、女性を大切にすることが語られた。

4-9．自宅への招待

日本ではあまり自宅に客を招くことは多くないかもしれないが、積極的に客を自宅や別荘に招いてもてなす行動は複数の国で観察された。たとえば連合王国の例がある：

「でも、割と帰りにちょっとお茶飲んで行きみたいな感じで、学校の近くの方やったら、そのまま歩いて付いていったり、車で学校来られるので、そのまま乗せていただいて、お茶飲んで、じゃあ帰り送っていくわって家まで送ってくださったりとか。で、その中で歴史の教師やって言うたら、これ見たかとかいろいろ言われて、で知らないと言うと、それは見とかなあかんとか言われて、いろいろ連れて行ってくださったりとか、そんな感じでした。」（教員Q：連合王国派遣）

ここでは学校の教師が放課後自宅にお茶に招いてくれることが語られているが、他の国でも同じように自宅に招かれることが語られホストの「暖かさ」として捉えられていた。

4-10．〈ホストの行動〉のその他の点

4-1．から4-9．までは複数の派遣国で共通して観察されたホストの行動を見てきた。それ以外に挙げられたものとしてアメリカでは、生徒が廊下

第二節　［差異の認知］　99

で昼ご飯を食べている姿、教員に借りたものを返さない生徒の態度、が観察された。中国では、教員に能力がないと見なされた生徒がそれを差別ではなく１つの特徴と考えて従う点、生徒のカンニングを公表する学校の態度、休み時間に家庭教師として生徒から別料金をもらって教える教員の行動、学校の１室に監禁状態にされて試験問題を作る教員の行動、トイレのドアを閉めない人々の行動、学校の敷地内に住む教員、が観察された。連合王国では、犯罪なら警察を呼ぶ学校の態度、短い期間でも外国に行くとき現地の言葉を学習しようとする人々の態度、が観察された。豪州では、生徒が悪いことをするとき丁寧な言葉遣いで沈黙させる教員、深く考えすぎずに行動に移すことが大事だと考えて行動する教員、人からの見返りを期待せずに人のために行動する人々、休日のために働く人々、が観察された。ロシアでは、風邪を引くと直るまで休む教員たち、休み時間に殴り合いのけんかをしている生徒を止めない教員たち、自分たちで楽しむ時間を作り出す教員たち、一攫千金の夢を見て日本語を学習する学生たち、たくましい生き方をするロシアの男たち、窃盗が多いので自衛する人々、が観察された。韓国では、上に立つ人の威張る態度や女性蔑視の態度、一緒に飲みに行く教員たち、が観察された。

5．〈生徒の気質〉

〈生徒の気質〉は、派遣教員たちが教員の仕事を果たすことに関係する重要な要素である。ここでも複数の派遣国で共通の特徴として述べられた点を中心に、日本での経験と比してどのような点が異なると感じられているかを考察する。

5-1．コントロールの難しい生徒

近年生徒コントロールは日本でも難しくなる傾向にあるが、複数の派遣国でそれ以上に生徒のコントロールの難しさがあることが語られた。以下はア

メリカの例である：

> 「たとえば、「みんなではい言いましょう」って言っても、なかなか言わないし、「質問」って言ったら、はいって手が上がったりするんだけれども、会話の練習とかも「じゃ、2人ペアでやってください」とか言っても、成立しないんですよ。先生と1対1だと結構やるんです。で、その時間先生と1対1の所だけは一生懸命やるんだけど、他のときは全然遊んだりして、なかなか言ったとおりにやらないのもあるし、つまらなかったら「つまんない、ビデオ見よう」とかね、結構、アメリカじゃなくて、あそこが特別な場所だったのかもしれないんですけど、(学校名)が。だからクラスの子たちの興味を常に引きつけておくことか、クラスの活性化とか、すごい苦労しましたね。みんな自分勝手にあれするし、しゃべってて聞かないし、ワークはやらないし。」(教員D：アメリカ派遣)

ここでは日本のように教員の話を静かに聞いてくれる態度を生徒が持っていないので、生徒を教員がコントロールする必要があったことが語られている。

本来の目的である日本語学習自体に熱心でないので授業に飽きてしまう生徒に対処する派遣教員もいた：

> 「そうですねえ。なんかよく分からん学校でしたよね。子どもたち自体はすごいいい子たちが揃ってたんで、楽しかったのは楽しかったんですけど。あの難しい話を始めると、日本語覚えようやって言うと駄目なんです。だからよくあのう、文化とかその話をするときは盛り上がるんです。日本語教えようと思うと駄目なんです。要らないんです。日本に興味あるんですよ。それはあくまでも文化とか、その芸能とかああいうのには興味があるけど、日本語には興味がない。そういう学校にいました。」(教員Z：韓国派遣)

これは日本の文化や芸能には興味があるのだが、日本語学習自体には興味が

ない生徒を教えたときについての語りである。

　欧米、アジアにかかわらず多くの国の派遣教員たちは派遣国の生徒たちのコントロールが難しいことを見出していたが、これには〈ホスト言語〉の能力も関係する。派遣地の言語ができたからといって必ずしも生徒のコントロールができるとは限らないことは以下の教員Uの言説から明らかであるが、上記の教員Dが言うように派遣地の言語ができないと不自由だと感じられていた：

　「ええとねえ、正確にはめっちゃめちゃ上手に英語がしゃべれたとしても、マネージメントができるとは限れへんと思いますわ。あのう、日本語しゃべれる先生が、みんな日本語の生徒をマネージメントできるかというと、でけへんのと一緒やと思いますね。多少やっぱり居合抜きみたいなこう、こういう口きけるんのやぞこっちは、っていうのを相手に知らしめるっていうか、いう中で、できる部分っていうのはあると思うんです。で、その上で、日本語を学んだら、こんな利益があるぞとか、日本語を学ぶことによってこんなことができるようになったぞとか、いうある意味でのこう証明みたいなもんもないと、そのいわゆる居合抜きだけでは何ともなれへんというか。<u>両方がやっぱりそういう意味では必要やと思います。その上でだから語学力があれば、もう、鬼に金棒ですよね。</u>」(教員U：豪州派遣)

ここでは派遣地の言語の能力と生徒コントロールの能力は別のものではあるが、派遣地の言語ができれば非常に有益であることが語られている。

　生徒コントロールがうまくできないときに、担任や学級委員のような代わりに生徒を叱ってくれたりする人がいれば授業が成立したが、そのような人がいないときには授業を成立させるために派遣教員が自分で生徒コントロールする能力を身につけていかなければならなかった。これは派遣教員たちに大きな負担感を与えることが語られた。

5-2. 生徒の真面目な学習態度

　日本の生徒以上に生徒が真面目に学習に取り組む態度がアジア圏でも欧米圏でも観察された。中国の例を見る：

　　「それはやっぱり町の勢いもそうでしたけど、<u>やっぱり学生見てもね、こんなにがんばる奴らがいるんじゃ、やっぱりかなわんよ</u>っていう風に思いましたものね。朝からこう、朝１番こう、早起きして、誰もいない外に出て行って、一生懸命発音練習とかするんですよ。やっぱそういうがむしゃらにやるっていうかね、部活のようなハードな、体育会系の部活のように勉強するっていうような雰囲気がありましたもの。」（教員K：中国派遣）

ここでは中国で「がむしゃらに」勉強する生徒の姿が観察されているが、欧米圏でも真面目に学習に取り組む生徒の姿が観察されており、日本で真面目に学習しない生徒と比較されている。

　これらの様々な派遣教員の語りを見ていくと、生徒コントロールに問題がなかったのは、生徒に真面目な態度があったとき、生徒とうまく信頼関係が作れたとき、生徒が優秀なとき、生徒が自ら選択して日本語を学んだとき、であった。

5-3. 成績を気にする生徒

　日本ではあまり生徒のカンニング行動が語られることはないが、欧米圏、アジア圏にかかわらず複数の派遣国で生徒のカンニング行動や成績を気にする行動が観察された。たとえばアメリカでは以下のような観察があった：

　　「授業に関してでしたっけ。<u>あとは何だろう、カンニングをよくする。</u>（中略）<u>点数がすべてだから。</u>あの、日本の武士道ではないけれど、モラルがやはりないっていうか、日本の子たちはなんだかんだ言っても、日本人が言うところのモラルを持っているなっていう。そのカンニングをするのは、誰も見ていなければできるし、その方が点数が取れるけ

ど、それはやはりやってはいけないことだからっていう感覚がたぶんあると思うんだけど、それが意識が、アメリカ人の子は、偏見かもしれないけど薄い。だからいい生徒であっても平気でこう、チャンスがあれば隣の子のを見て書いたりしようっていう。だから点数に関しては非常にシビア、神経質ですよね。」（教員A：アメリカ派遣）

ここでは日本ではあまり見られないカンニングの行動が派遣国ではよく見られたことが語られており、それは「モラルがない」からだと解釈されている。他の国でもカンニングする生徒のことが語られており、カンニングは頻繁に起こることらしい。カンニングする生徒への対策を語る教員もいた。

5-4．教員に明確に意志を伝える生徒

4-5．「自己主張」とも関連するのかもしれないが、生徒が教員に対して気持ちを明確に表す態度もいくつかの派遣国で見られた。たとえばアメリカ合衆国の例がある：

「いろいろしますよ。このワークはつまんないからみんなでビデオ見ようとか、こうこうこういうことは、をしたいから、たとえば次の時間にテストがあるから勉強してもいいかとか。「駄目！」とか言って、で、じゃ、早くワークを終わったらやってもいいかとか食い下がってきたりとか。」（教員D：アメリカ派遣）

ここでは教員に対して授業が「つまんない」などとはっきり主張する生徒のことが語られている。アジア圏でも生徒が自分の意見をはっきりと言うことが語られていた。

5-5．礼儀正しい生徒の態度

日本の生徒に比べて生徒の礼儀が正しいと観察された国もある。たとえばアメリカの例がある：

「ああ、生徒が礼儀正しいと思いました。あの先生に対して、一定の尊

敬の念とまでは言わないけど、礼儀正しくはしてましたよね。（中略）それはほんとに、あ、で、授業で接してても、こうなんか宿題忘れたらほんと心の底から申し訳なさそうに明日必ずやってきますとかって言ったりだとか、なんかいい距離感を知ってるというか、それはほんとに思いましたね。」（教員G：アメリカ派遣）

ここでは生徒が教員に対して「礼儀正しい」態度を取っていたことが語られている。アジアの国でも生徒が「礼儀正しい」という語りが見られた。

5-6．精神的に成熟した生徒

　日本の生徒と比べて、派遣国の生徒たちが大人に見えたり精神的に成熟していると感じた教員たちもいる。中国の例を見る：

「台湾の問題であるとか、そういうことを聞いてくる生徒たちがいるわけですよ、やっぱり。だから生徒が最後にくれたメッセージの中に、先生は私たちを大人として扱ってくれました。ありがとうございました。みたいなメッセージがありましたけど、そういうのはすごくだから良かった、ちゃんと教えてきて良かったと思いましたよ。日本の学生よりも遙かにませてるというか、あのう、いろいろ現実的なことを考えていたんで、そういう点もまたすごいうああ、いいな、中国の学生ってと思いましたよね。」（教員K：中国派遣）

ここでは、政治的な自分の意見を持っている日本の生徒よりも精神的に大人の生徒の姿が語られている。このような大人に近い生徒を日本のように子どもとして扱うと、誤解を招くことが報告された：

「大学1年生の生徒に、私、先生の僕に対する気持ちは、ええ、生徒としてなのか、それとも男性として見てるのか、どっちだって聞かれたんですよ。だから、先生のつきあい方、生徒に対する接し方は、近すぎると。あのう、日本の高校では当たり前ぐらいの、その優しさとか、あのう、気遣いだったり、そういうのが、僕はちょっと、って私にすぐはっ

きり聞いてくるんですけどね、それは僕を男性として見てるのか、あのう生徒として見てるのか、どっちだって言うから、もちろん生徒としてよって言ったら、あ、わかったって言って。ちょっと分からなかったって言って。」（教員Ｖ：豪州派遣）

ここでは、日本でやるのと同じやり方で生徒を子どもとして扱って距離を近く持ったことが既に大人として取り扱われている派遣地の生徒に誤解されたと語られている。このことは、大人の感覚を持っている生徒に対してそれに気づいて大人として対応する必要があることを示している。

5-7．個人主義と集団主義[5]

日本の生徒と比べて、生徒が個人主義的だと感じられた派遣国と集団主義的だと感じられた派遣国は分かれる。まず個人主義だと感じられたのはアメリカである：

「ええと、やっぱり個人主義だなあと思いましたね。（中略）たとえば10人グループの、10人ぐらいのグループを組んで、いろんな体験をするんですけど、たとえば綱渡りみたいのをやったりとか。ええ、１人の生徒がそれを体験してるときに、他の子なんか見ちゃいないケース多いですよね。日本だとみんなずーっとこう見てるじゃないですか。で、もうちょっと自分の好き勝手なことやってるっていうところもありましたし、まあそれはちょっと印象に残ったことなんですけど、そこだけ特化されちゃってますけど、まあ集団訓練みたいな意味があるんでしょうけど、随所にやっぱり個人主義だなあってところはね、感じましたよね。」（教員Ｅ：アメリカ派遣）

ここでは校外学習のときの活動で、生徒が１人１人ばらばらであるために個人主義の国だと感じられたことが報告されている。個人主義であると感じられる派遣国がある一方で、生徒がより集団主義的だと感じられる派遣国もあった。中国の例である：

「こっちが指定した、しないと動けないっていう子たちがまだ多いんですよ、中国。やっぱりその辺は教育で統一されている部分だと思うんですよね。」(教員P：中国派遣)

ここでは教員が指示しないと動かない中国の生徒のことが報告されている。

このように見ると、アメリカは日本よりも個人主義で中国は日本より集団主義のように派遣教員たちには感じられている。これはホフステード（1995）の調査結果と一致する。それぞれの生徒の特性に応じて、派遣教員たちは対応を迫られていたことになる。

5-8．日本とは異なる常識

生徒の常識が日本の生徒の常識と異なることも複数の教員たちによって観察された。たとえばアメリカの例がある：

「あの、生徒指導の大変さっていう中でね、うちの学校、120カ国いたんですね。あのう、生徒の国籍がね。なので、考え方っていうかね、常識がいろいろなものですから、そのあたりから来る、指導の難しさっていうのもありましたよね。たとえば髭はやしてる子にね、髭はやすなとは言えない部分とか、ねえ、ちょっとイスラム圏で、何ていうかなあ、これだって神様にもらったものの1部であるっていうかね、ある年代になったらそれを大事にしなきゃなんていう発想があったりすると、剃りなさいなんて言えないし、ターバンかぶったような子が髭はやしてなんていうのは、当然ありますよね。だからそういう部分もありましたよね。常識がいろいろ違うっていう。」(教員E：アメリカ派遣)

これはインターナショナルスクールに派遣された教員のものであるが、120カ国からきている生徒が様々な常識を持っていたという語りである。他の国でも生徒の常識が異なることは様々に観察されていた。

5-9.〈生徒の気質〉の個別の例

上記以外には、アメリカ派遣の教員からは自分たちの校則がたくさんあることに気づいていない生徒、クラブ活動で帰宅が遅くなる生徒のこと、が語られた。中国派遣教員たちからは、学力が優秀な生徒、きれいな日本語を話す生徒のこと、が語られた。また連合王国派遣の教員は、優秀でシャイなよい子どもの姿、が語られ、豪州派遣教員からは、生活習慣が日本よりもきちんとしている生徒の姿、が語られた。

6.〈人間関係の違い〉

派遣教員たちは、派遣国では様々な状況で日本の学校とは異なる人間関係を見出し、それぞれに自分を合わせて行動する必要に迫られた。異なる人間関係のレベル毎に考察する。

6-1. 管理職と一般教員との関係

管理職に対して一般教員がはっきりと自分の意見を言うことが良いとされる派遣国と、言わないのが良いとされる派遣国で明確に分かれた。欧米でははっきりと意見を言うことが多かった：

> 「そうですねえ。向こうの方が普段やっぱりフレンドリーさっていうかね、そういうのは感じましたね。うん、こっちよりも、ま、校長に対して、気さくに話しかけますし、ま、誰に対してもそうなのかもしれないけども。(中略) あのう、<u>さっきね、管理職と一般教員がフレンドリーっていうのがありましたけど、その中にはものをどんどん言えるっていう部分もね、どんどん提案もできるしってこともあります</u>。」(教員E：アメリカ派遣)

ここでは管理職と一般教員が自由に話すことができる関係が見出されている。だが管理職と一般教員が同じようなレベルで話ができない派遣地もあった。中国の例である：

「あの、どうしようもないので、まあそうなったら、ああそうですかって。はい、それは、上に文句を言っても始まらないって言われたし、言わないでくださいっていう風に、はい、あの中国人の先生に。まあ1番困るのが中国人の先生たちなんで、で、まあ、じゃ、はい分かりましたって言って。あの、こんなこと言ったら怒られるかもしれんのですけど、Kさんが、割とその真っ直ぐにオクシーって言って、上に言っていかれたみたいなんですけど、お聞きになりましたか。(中略) で、<u>Kさんははっきりものを上に向かっておっしゃってたらしいんですけど、そうすると、あれはあとで困りましたって言って</u>、私が行ったときに中国人の先生たち、そうなんですかって言って、止めてくださいって、分かりましたって言って。」(教員N：中国派遣)

ここでは管理職が強い権限を持っていてトップダウンの態勢を取っているために、派遣教員が真っ直ぐ管理職にものを言ったことで中に入った派遣地の日本語教員が困った立場になったことが語られている。この場合は不平があっても派遣教員たちは正直な気持ちを管理職に言うことはなかった。

このように見ていくと、日本における管理職と一般教員の関係は、欧米とアジアの2つの立場の中間に位置しているようだ。いずれの場合も、日本における関係とは異なる関係を見出して、それにふさわしい態度で臨んでいたことが語られた。

6-2. 教員と生徒との関係

教員と生徒の関係も、日本の関係とは違うものと意識されておりそれは大人と子どもの関係と言ってよい。アメリカ派遣の例である：

「だけど、後から考えれば、<u>アメリカの場合は、割と先生と生徒っていうのは、大人と子どもっていう訳ではないですけれども、位に下がるっていうか</u>」(教員A：アメリカ派遣)

このような大人と子どもの関係では、日本であるような教員と生徒が親しく

つきあうのではなく、教員と生徒との間に距離が生まれることも観察された：

「で、イギリス（オーストラリア）もそうかもしれないんですけど、先生に対してあんまりこの、先生！って感じじゃないんですよ。なので逆に先生とあんまり関わり持ちたくないっていう人が多いから、私の友だちに高校のときの先生とご飯食べに行ったりとか、今度高校のときの先生が、イギリスに1度遊びに来たんですけど。女性の先生で。友だちと遊びに来てね。で、来るんだって言ったら、イギリス人の男の友だちが、イギリスでは、ウェールズではあり得ない、そんなこととか言って。だから日本て卒業してからも先生とかとのつきあいをやっている人とかいるけど、そんなの絶対にあり得ないとか言ってたから、イギリスでは先生に対しても線を引いているところがあったけれども。」（教員R：連合王国派遣）

ここでは、派遣地では教員と生徒が大人と子どもの関係で躾ける、躾けられるという関係にあるため、在学中も教員とはあまり関わりを持たず、卒業後は教員とは全く関わりがなくなることが語られている。

派遣教員たちが生徒とどのような関係を持っていたかについては、必ずしも派遣地の教員たちと生徒の関係と同じではなかったことが語られた：

「何だろう。日本語を教えてくれるお姉ちゃんみたいに思ってたんじゃないでしょうか（笑い）。なんかその、少人数の部分もあるし、日本語をその時間に教えるだけの関係というとなんか誤解があるんですけど、あんまりそのしつけのことに関しても私はそんなに言う必要もないし、どっちかというと友だちとかお姉さんとかみたいな感じでいたと思うんですよね。」（教員T：連合王国派遣）

この派遣教員は、派遣地では非常勤講師の扱いで日本語の教員は日本語を教えるだけの関係で、現地の教員とは違う「お姉さん」みたいな関係だったと感じていた。

6-3. 教員間の関係

　教員間の関係に関しては、ホスト教員と派遣教員との関係と、日本人教員間の関係が語られた。まずホスト教員と派遣教員との関係では、日本ならば外国人教員という枠に入れると考えられる。しかし日本人だからといって外国人の枠に入れられるのではなく、同等の関係だと思われていることが主に欧米派遣の教員によって語られた。豪州派遣の例である：

> 「で、そこでこれからこのチームをどうしていくかっていう話をするときに、やっぱりあのう、振られるでしょう。で、言うのも苦手やし、で、何て言うか、その毎週はなかったけど、月に1回ぐらいはそういうこれからどうしていくか会議があったんですけど、で、それでね、あの、どうせ自分は、勝手に自分で、どうせ自分はアシスタントやしと思っても、あっちはそうは思ってない訳で、1人のメンバーやから、でも何か言わないってことは、あのいないも同じみたいな感じでね。それはやっぱりね、あのう、どんなに不思議がられてもいいから、自分の思ってることをやっぱり言わなあかんっていういことを、すごく感じました。」（教員Ｖ：豪州派遣）

ここでは、たとえ派遣教員自身は短期間しか滞在しない外国人だと思っていても現地教員からは同等に扱われて同じように発言することが求められたことが語られている。

　しかし中国の場合は、「外国人教員」というくくりの中で教えていたので対等に行動しなくても許されていた：

> 「だから職員は、ティンクー、要するにさっき言ったほかの先生のティンクーノートっていう、それを出さなくちゃいけないし、そのほかにレポートも出さなくちゃいけないし、こういくつかあるんです。出さなくちゃいけない宿題。先生の。で、僕はティンクーノートだけ出してればよかった。で、日本語で書いてるので、みんな読み取れないからＡがついてくる。でも英語の先生も英語で書いてたら中国語で書けって直さ

れてた。」(教員O：中国派遣)

ここでは派遣地の教員は様々な仕事を期待されるが、「外国人教員」は中国語ができないので他の先生のような仕事に対する期待がされていなかったことが語られている。

　中国に限定されるが、立場の違う日本人教員が複数いる場では、日本人教員コミュニティでどのように振る舞うかが問われた。この場合には対処の仕方が2つに分かれた。1つはいろいろな形態で雇用されていることを認めることで、もう1つは自分を否定するやり方であった。最初に認めた例を見る：

「ええと、(派遣地名)には日本人教師が、日本語を教えている人または中国の大学でたとえば薬学を教えに来ているとか、とにかく日本人で教員のなんか仕事に就いている人のそういう集まりがあって、たとえばスピーチコンテストとかも運営をそこがやるんですね。で、その運営とか、あの月1回集まって、勉強会をしたり、あのそれが、ま、すごく1つつながりというか、学校の外の。で、さっきも言ったように、いろんな形態で、同じ日本語教師と言ってもいろんな採用のされ方、いろんな派遣できている、あの若い女性からほんとに退職して来たような幅広くいろんな人と知り合えたのも、あの、これも大きいです、すごく。」(教員L：中国派遣)

この場合には、多様な雇用形態できている日本人と知り合うことで、自分の世界が広がったと感じられている。もう1つの場合には、教員としての体験を話すと嫌がられると感じて、現地雇いの教員と同じように振る舞い、自分が日本で教員であったことを忘れようと試みた例があった：

「ええと、1、2、3、4人、僕以外に4人いましたね。あのう若い人は大学出たばっかりの人、あとは40代ぐらいで仕事辞めて行った人、とかですね、いましたけど。まあ要するに教員上がりの人っていうのは1人もいないっていうんですかね。だから僕が学校の話とか教員っぽい話

とかするといやがるわけですよ、その先生たちは。なんて言うんですかねえ。だからまず教員であることを忘れようということと、それから自分は外国人で中国人じゃないし、日本人だという風に主張することをやめようということと、あのう自分がそれまで自分の足場って言うんですかね、誇りの源だったことを全部捨て、ゼロにして、やっていくっていう。ええ、そういう意識の切り替えがやっぱり半年くらいかかったですかねえ。」(教員M：中国派遣)

ここでは「教員っぽい話」をすると嫌がられるので過去の自分の経歴を忘れようとし、新しい仕事をすると切り替えようと試みたことが語られている。中国の場合には、いくつかの形態で現地雇いになっている日本人教員がいるので、その人たちに対する気遣いがあったものと考えられる。これは現地雇いの人が同僚としていなかった欧米圏では見られなかったことである。

　これら2人は正反対の対処の仕方を物語っている。前者は新しい職場に対して〈肯定的な評価・感情〉を持っていて［ゲストの変化］に繋がるが、後者は〈否定的な評価・感情〉を持っていて［強要されたゲストの変化］に繋がる。［強要されたゲストの変化］については第二章第六節で詳しく考察する。

7．〈物理的状況の違い〉

　〈物理的状況の違い〉は、派遣教員たちが学校や学校以外の場で感じ意識した生活を余儀なくされるようなある程度のストレスの原因となるもので多方面にわたる。具体的には食べもの、気候、生活上の不便、学校の設備、治安への危機管理、国家による監視が挙げられた。たとえば食べものの例を見る：

「まああとは食べものですね。まあこれはまあ、これもだから文句言ってもしょうがないですしね。そのやっぱり油のきつさとか違うので、だから自分が行ったすぐの日本人の人は、多分あなたまずお腹壊すよって

第二節 ［差異の認知］　113

　　言われて、ほんと 1 週間もしないうちにお腹壊して、もう食べちゃ下る
　　っていう感じになって。それで下ったからって熱が出るとかじゃないん
　　ですけども。で、下ったまんまもう 1 週間も 2 週間も過ごしていると、
　　下ることが当たり前になっちゃうんですね。」（教員 K：中国派遣）
ここでは、中国の食べものが日本の食べものと違うのでお腹を壊したことが
語られている。このような物理的状況の違いは、欧米圏派遣よりもむしろア
ジア圏派遣の場合に多く語られており、日本の生活が欧米化していることを
改めて感じさせる。
　これ以外には、気候、生活上の不便、学校の設備、治安への危機管理、国
家による監視、が挙げられた。

8．［差異の認知］が見られなかったケース
　1．から 7．では、［差異の認知］があることが語られたデータを分析し
たが、差異を認知しなかったと判断されるデータがあった。中国派遣教員の
例で日本語教育と国語教育の差を見出していない：
　　「そうですね。あの、僕が教えてた生徒は高 1 と、高校 1 年と高校 2 年
　　なので、ええと小学校の高学年から中学校 1 年生ぐらいの国語の授業な
　　んです。すべて日本語だし、やってることも教材も、あのほんとレベル
　　の高い子だったらもう中学校 1 年生ぐらいのものを読んでるんです。で
　　すからほとんど苦労することはなかったです。<u>あのう、い－形容詞と
　　か、な－形容詞[6]っていう概念じゃなくて、彼らはもう形容動詞という
　　概念で日本語勉強してたんで</u>、はい。だからすごく楽でした。教材関係
　　で困ったことはないです、全然。」（教員 I：中国派遣）
ここでは、日本語教育と国語教育を区別しなくても派遣国の生徒が日本の文
法概念で日本語を勉強していたので、「教材関係で困ったことはない」と感
じたことが語られている。この教員は、日本で国語を教えていた。派遣国の
生徒が日本語文法ではなく国語文法の感覚で日本語を勉強していたので、日

本の中学校1年生ぐらいの教材を与えればよいと考え教材探しは「楽」だったと語っている。すなわち日本での国語の〈教員としてのキャリア〉をそのまま続けて〈日本の文化実践の採用〉を行えば、派遣地の生徒が［ホストの変化］を遂げてくれて授業が成立したということであった。他の教員はこれとは違って、国語文法と日本語文法の違いを認識していた。この点に関しては、第二章第八節で再び考察する。

9．［差異の認知］の総括

　1．から7．においてデータから考察したように、派遣教員たちは〈日本語教育への従事〉、〈ホスト言語〉、〈教育システムの違い〉（業務分担制度、授業中心の業務、校長による学校経営、柔軟な学校行事計画の立て方、罰則制度、学校行事、クラブ活動、知識の定着を図る授業、多くの宿題、クラスの大きさ、寄付金制度）、〈ホストの行動〉（教員の早い帰宅行動、規則の遵守、外国人に対する態度、気持ちを察しない人々、自己主張、時間の感覚、希薄なサービス精神、弱者を大事にする人々、自宅への招待）、〈生徒の気質〉（コントロールの難しい生徒、生徒の真面目な学習態度、成績を気にする生徒、教員に明確に意志を伝える生徒、礼儀正しい生徒の態度、精神的に成熟した生徒、個人主義と集団主義、日本とは異なる常識）、〈人間関係の違い〉（管理職と一般教員との関係、教員と生徒との関係、教員間の関係）、から教育実践における［差異の認知］を、また〈物理的状況の違い〉（食べもの、気候、生活上の不便、学校の設備、治安への危機管理、国家による監視）から、一般生活における［差異の認知］を行っていた。

　これらのことは、派遣教員たちが学校生活においても一般生活においても実に多岐にわたる［差異の認知］を行っており、その1つ1つに何らかの形で対応することを余儀なくされたことを意味すると考えられる。すなわち海外派遣は、応募動機がどんなものであっても派遣されたゲスト全体を包み込み、職業上の役割においても一般人としての役割においても日本にいたときとは異なることを何らかの形で感じさせたり行わせたりするものであると言

えるだろう。それゆえここでは非常に詳細なことまで［差異の認知］としてまとめた。

　次節からは［差異の認知］が行われたときに、派遣教員たちの差異への対応の仕方を図2-1の線②に沿って検討する。

第三節　［差異の認知］から〈肯定的な評価・感情〉[7]、［ゲストの変化］へ

　この節では、［差異の認知］が行われた後に〈肯定的な評価・感情〉が持たれる点を明らかにし、それが［ゲストの変化］に至る道筋を示す。これは図2-1の線②および線③で表される変化である。そのときに［ゲストの変化］に貢献する［適応促進要因］となる概念も提示する。具体的にはまず［差異の認知］から起こった〈肯定的な評価・感情〉をデータから考察する。この中には、日本語教育に対する〈肯定的な評価・感情〉、〈ホスト言語の学習〉に対する〈肯定的な評価・感情〉、〈教育システムの違い〉に対する〈肯定的な評価・感情〉、ホスト教員の行動に対する〈肯定的な評価・感情〉、〈生徒の気質〉に対する〈肯定的な評価・感情〉、〈物理的な状況の違い〉に対する〈肯定的な評価・感情〉、一般の人の行動に対する〈肯定的な評価・感情〉、派遣された場所に対する〈肯定的な評価・感情〉、があった。

1．〈肯定的な評価・感情〉
1-1．日本語教育に対する〈肯定的な評価・感情〉

　海外で日本語教育に従事することに対して「やりがいがあった」などと〈肯定的な評価・感情〉を表す語りはいくつも見られた。以下の語りは、そのような日本語教育に対する〈肯定的な評価・感情〉の1つの例である：

　　「だから聴解の練習がしたいとか、そういった本を読んでがつがつやっても、中国人に聞いても分からないことを知りたいわけですよね。だから僕は人気のある先生でした。はい、外国人ですし。日本に帰ってきた

らただの先生ですからね。人気はないです。すごいやりがいがありましたね。いつも存在を求められているというか。その学校ではやっぱり日本人は数人いましたけど、ま、M先生っていうのは、あのう、日本でも先生の経験があって、あの要するにスペシャリストだからっていうんでですね、ええ。認めて、生徒が認めてくれてるんで、あのう、やっぱり先生って仕事はある程度生徒からですね一目置かれたり、尊敬されてないと成り立たないところがあると思うんですよ。」（教員M：中国派遣）

ここでは、日本人のネイティブスピーカーとして現地人教員には教えられないことを教えることができ生徒に存在を求められているので、「やりがいがある」仕事であるという〈肯定的な評価・感情〉が持たれたことが語られている。

別の国に派遣された教員も、自分の教えた日本語が生徒の話す日本語すべてであるため、生徒がきちんと日本語が話せることが「うれしかった」と語っている：

「楽しかったですよ。特に日本人がいないでしょう？生徒がしゃべる日本語って言うのは、私が注入した言葉なんですよ。だから、「先生、さようなら」って言われたときは、「さよなら」って感じのその使い方とか、タイミングであったり、使い方であったり、すごくちゃんとできたときが、その生徒もほめたいけど、ああ、ちゃんと入っているとか思って、それがうれしかったですよね。やっぱり言葉を教えてるんだけど、自分が教えた言葉を使ってくれてるっていうのも見やすいところでしたよね。」（教員R：連合王国派遣）

ここでは海外で日本語を教えると、自分の教える日本語を生徒が使うという結果が見やすかったので、日本語教育に対して〈肯定的な評価・感情〉が持たれていた。

第三節　［差異の認知］から〈肯定的な評価・感情〉、［ゲストの変化］へ　　117

1-2.〈ホスト言語の学習〉に対する〈肯定的な評価・感情〉

　派遣地の言語を学習することについては考えが分かれた。学習に対して〈肯定的な評価・感情〉を持ったものは積極的に学習しようとしたが、そうでない場合には、積極的な学習はせずに自然習得をするにとどまった。積極的な学習をした場合を見てみよう：

　　「一年間準備して、そのTESOL[8]の学校に入るためにTOEFL[9]の点数を取るために、1年準備して、ようやく取れたんです。それが大変だった。思い出した。うん、大変でした。でも私の場合はほら、別に彼氏とかもね作るわけでもないし、だから週末の時間は、なんか<u>もともとそれがしたくて行ったっていうのも半分あったので、そういう時間に充てるのは、別に苦じゃなかったんです。</u>」（教員G：アメリカ派遣）

ここではTESOLの資格を取るために英語の能力を上げなくてはいけなかったので、英語を勉強することは「苦じゃなかった」と〈肯定的な評価・感情〉が語られている。これに対し〈ホスト言語の学習〉に対して〈肯定的な評価・感情〉を持っていない場合には、積極的に学校へ通うなどの学習をしなかったことが語られた。

1-3.〈教育システムの違い〉に対する〈肯定的な評価・感情〉

　日本とは異なる教育システムに対して「興味深い」などの〈肯定的な評価・感情〉を持った場合が様々にある。まず業務分担制度に関しては「ありがたい」という〈肯定的な評価・感情〉を表明するものがいた：

　　「うーん、まあ、<u>今やっぱりこっちのよく言われるちょっとあれもこれも1人の先生に来て、忙しいので、非常にそれはありがたかったなあと思いますよね。</u>まあ進路、教務、あるいはこっちで言う研修ですよね。研修、カリキュラムオフィスって言ったかな。向こうだとね。研修、あるいはこっちの事務に相当するのがありますし。あるいはメディア関係。こっちで言うと何課になるのかな。この頃こっちでも最近出てき

た、そのコンピュータ関係ですよね。のエキスパートですよね。それが全部分かれてるので。」(教員E：アメリカ派遣)

ここでは日本の教員はたくさんの仕事を抱え込むけれど、派遣校ではすべての業務が分かれて専門家がいるので「ありがたかった」と〈肯定的な評価・感情〉を持って捉えている。

校長による学校経営に関しては、「いい」と思ったと語る教員がいた：

「X：それで、生徒指導に関しては、日本だと校長先生が出てくることってあんまりないんだけど、主に管理職が担ってたような感じがしました。校長と生徒指導担当の副校長っていう感じで。それっていいなあと思いました、僕は。

I：どういう点で。

X：あの、まずは校長って授業持ってないから、でも、うちの校長、たまに授業やってたんだね。韓国語の授業。韓国語の授業だったか、物理だったか理科だったか忘れたけど。で、まず校長っていうのは、いろいろ決定権があるから、話が早いっていうのと、あと、あのう、結構時間を、何か突発的に起きたときに、校長はあんまり授業がないから、対応しやすいっていうことの2点で。」(教員X：ロシア派遣)

ここでは学校経営者として校長が授業を始め生徒指導や教員の採用などすべてに関する決定権を持っていることに対して、「いい」と〈肯定的な評価・感情〉が持たれたことが語られている。

柔軟な学校行事計画の立て方に関しては、慣れていない日本人派遣教員にとってはむしろ〈否定的な評価・感情〉が持たれたことが多い。これについては第二章第四節で述べる。しかし逆に「そっちの方がよかったな」と〈肯定的な評価・感情〉を持つ教員もいた：

「システム的な部分でも、ちょっとありますけども、それはやっぱり、中国は少なくともちょっと日本よりはそのシステムとしてはかなりアバウトな世界だったので。だからそっちの方がよかったな、いいねって見

第三節　［差異の認知］から〈肯定的な評価・感情〉、［ゲストの変化］へ　119

えることが多かったわけですよ。」(教員K：中国派遣)
　この場合、日本人から見たら「アバウト」なシステムに対して、逆に重要な点は押さえてあり細かいことを気にしないので「いいね」と〈肯定的な評価・感情〉を持ったことが語られている。
　罰則制度に関しても、それに慣れていない日本人派遣教員が〈否定的な評価・感情〉を持つことが多かった。これに関しても第二章第四節で述べる。しかしその中でも「合理的」と〈肯定的な評価・感情〉を持ったものがいた：

「したらまあ後日、次の日にでもカウンセラーの先生がその子を呼んで、指導してくれるわけですよね。で、ま、しばらくはおとなしくなるんですけども。ま、その辺が一貫しているって言うか、統一されているのは、向こうのやり方でいいところかなって気がしましたね。(中略)と、やっぱりまあ、カウンセラーの先生は授業を持っていないので、向こうのですね、はい、だからそういった専門的な先生を1人置いて、まあ、ある程度お任せするのも、まあそれは合理的というか、いいのかなあと、ええ。」(教員H：アメリカ派遣)

ここでは授業中に教員の言うことを聞かない難しい生徒の対応をカウンセラーに指導してもらうことに対して、「合理的」という〈肯定的な評価・感情〉が持たれている。
　クラブ活動がないというシステムの違いも概ね「教員の負担を軽くする」として〈肯定的な評価・感情〉で捉えられていた：

「やっぱりアメリカの部活がないってところが、非常にそれは教員の負担を軽くしているなと思いますね。やっぱ4時に帰れるとか土日が仕事がないとか、夏休み2ヶ月半全く仕事をしないとか、ええ、リフレッシュしないでどうするの？っていうやっぱりその考え方ができるのは、部活がないからだと思うんです。」(教員C：アメリカ派遣)

ここではアメリカでクラブ活動を一般教員が見なくてもいいことに対して、

「教員の負担を軽くしている」という〈肯定的な評価・感情〉が持たれている。

　定着を図る授業に関しては、生徒が分かるまで教えるという教員たちの態度に「感動した」として〈肯定的な評価・感情〉を語るものがいた：
　「じゃ、分かるまでやろうねとかっていう風に、そのう、切らないんですよね。で、勉強しなさいとかも絶対言わないし、分かるまでやろうって、まず言ってあげる。私だったら多分１回言って、分かんない。なんで分かんないのってなっちゃうと思うんですけど、じゃ、もう１回。今度は教え方を変えるねとか。見方を変えて、こっちから教えようっていうんで、分かるまで指導をしてあげるんですよね。で、分かんないって言うと、分かる。絶対分かるから、よく聞いててとか。で、じゃあ、１分だけブレークを取って、ちょっとじゃあこうやってなんて。で、今度は今こっちのサイドからの説明だったから、じゃ、今度はこっちからやるともしかすると分かるかもしれない。君はこっちサイドから見てる人間なのかもしれないとかっていう、何でも生徒中心で、生徒をとにかく分からせてあげようっていう、なんかやさしいんですかねえ。なんかそういうのはすごい感動しましたね。」（教員Ｙ：ニュージーランド派遣）

ここでは分かるまで指導するという派遣地の教員の教え方に、「感動した」という〈肯定的な評価・感情〉を持ったことが語られている。

　宿題を多く出す先生がよい先生であるという派遣地での価値観に対しても、「いい先生」であると〈肯定的な評価・感情〉を持っているものがいた：
　「Ａ：あと、当時ですけど、保護者もだからアメリカの方は宿題を何で出さないんだっていうクレームを言ってくるような親が多かったですね。今日本でもそうですけど。だから教員っていうのはやっぱり授業と同時に宿題も必ず出すのがいい先生っていう風に向こうでは思われている。

　筆者：で、出されたんですか？

第三節　［差異の認知］から〈肯定的な評価・感情〉、［ゲストの変化］へ

A：出しましたね。」（教員A：アメリカ派遣）

ここでは派遣地の宿題を出すのが「いい先生」という価値観を受け入れ自らも宿題をたくさん出したことが語られている。

少人数のクラスへの〈肯定的な評価・感情〉には「教えやすい」というものがあった：

「筆者：そうすると、10名ぐらいだとやっぱり教えやすいですか。

E：<u>教えやすいですよ</u>。ただ、1人1人は活発なんで、じゃあ4分の1、40人が10人になって4分の1楽になるかって言えば、全然そんなことはないんですけど。」（教員E：アメリカ派遣）

ここでは人数が少ないと必ずしも「楽」というわけではないが、「教えやすい」という〈肯定的な評価・感情〉が語られている。

寄付金制度についても「そういうの全然有り」と〈肯定的な評価・感情〉が表明された：

「で、向こうは学校は生徒数に応じて、一定の予算をもらえるんですけれども、それ以外には勝手にお金を集めても、それはもう校長裁量じゃないですけれども、そういう感じなんです。で、だからこの英国交流で、向こうから来る子とかは、向こうで文化祭のときにお金を集めたりしてるんですよ。<u>自分たちでバザーやったりとか、そういうの全然有りなんですよ</u>。で、結構学校でビンゴやって、それでなんかちょっとお金を集めたりとか、日本駄目やとか思うんですけど、そういうのがあるんです。で、私もそういうののやつに、学校のお金集めに協力してって言われて、漢字でいろんなこと書いたり、そういうのやったことあります。」（教員Q：連合王国派遣）

ここでは、派遣国の学校で寄付金を独自に募ることに対して〈肯定的な評価・感情〉を表し、自分も参加したことが語られている。

これ以外にも障がい児を尊重する態度、短い休み時間、校則の緩さ、朝の職員会議、生徒への連絡事項の伝達方式、セキュリティの堅固さ、教員の拘

束時間の短さ、できる生徒を伸ばすシステム、生徒の面倒を見すぎないシステム、他の教員の授業観察、罰則を伴う教員評価、4技能（読む、書く、聞く、話す）全部を評価する語学教育、などに〈肯定的な評価・感情〉が表明された。

1-4．ホスト教員の行動に対する〈肯定的な評価・感情〉

ホスト教員の行動に対して〈肯定的な評価・感情〉が持たれることも語られた。

まずホスト教員の仕事ぶりに対して理解を示し、「おおらか」、「人間らしい」という〈肯定的な評価・感情〉を持ったことが語られた：

「公務員は。やっぱりあのね、ビジネスマンとかは違うかもしれませんけど。おおらかですよ、ほんと。仕事はのんびりしてます。日本人みたいに、僕みたいに、4人分ぐらいの仕事を抱えてですね、右往左往しているっていうのはあり得ないですよ。部活もないし。部活はしない。（中略）ほんと1人の先生が2つ3つ仕事を抱えてることはないです。人件費が安いし、まあそれなりの生活レベルでしょうけど、そういう環境ですからね。ほんとにストレスがないし、いいなと思って。日本の先生はほんと働き過ぎですよ。何かを犠牲にしてますよ。中国人は家庭が大好き、家族が大好き、仲間が大好き。友達と食事をしたりとかですね、そういう時間を大事にしますよ。人間らしいでしょ。」（教員M：中国派遣）

ここではのんびりと仕事をするホスト教員に対して「おおらか」、「人間らしい」という〈肯定的な評価・感情〉を持ったことが語られている。

子どもが子どもらしい生活をすることを認めるホスト教員の態度に対しても、「分かっている」として〈肯定的な評価・感情〉が表明されていた：

「けど、あのロシア人のおばちゃん先生たちが言ってたジェイツキミール[10]って言葉は、あの、ずっとある。それは。子どもには子どものは

第三節 ［差異の認知］から〈肯定的な評価・感情〉、［ゲストの変化］へ

当たり前のことだったし、僕も親に言っていないようなね、男の子同士の世界の中でいろんないたずらやなんかね、危ない遊びとかまた悪いこともしてきたんだけど、<u>それも含めて、子ども時代ってなきゃいけないんじゃないのかなって。で、ロシア人はそれを分かっている。</u>」（教員X：ロシア派遣）

これは、休み時間に殴り合いのけんかをしている生徒を止めない派遣地の教員の態度に対して子どもには子どもの世界があるからという理由を、「ロシア人はそれを分かっている」として〈肯定的な評価・感情〉を持ったことの表明である。

派遣地の人々が日本人のように気持ちを汲んで行動しないことに対しても、「聞かないのが親切」という〈肯定的な評価・感情〉を持って理解を示している語りがあった：

「ただ、日本と違って、来ないんですよね。アメリカって、多分。来ないと思うんです。なんか自分がこうしてほしいと言わないと、周りの人は、ほっといてほしんだなと思うから、多分日本は来るもの拒まずっていう言い方は多分できると思うんだけど、多分欧米社会は、行かないと絶対来ないと思うんです。だから自分がしたいと思ったら動かないといけないと思って、動いてはいたと思います。（中略）多分こっちだと、これはどう、あれはどうっていう風につい聞いちゃうと思うんですけど、<u>向こうは聞かないのが親切</u>なのかなと思ったり。向こうが言ってきたら、あ、分かったとか言ってすぐ動いてくれるっていうのが親切なのかなあと思うので。」（教員C：アメリカ派遣）

ここではアメリカではやってほしいと言われたことをやってあげるので、「聞かないのが親切」だと考えられていると理解していることが語られている。

弱者に対するやさしさを「いい所」と〈肯定的な評価・感情〉で捉える語りもあった：

「あともう1つ、アメリカの価値観としては、アメリカのいい所だなと思うのは、すごく建前を大事にするというか、だからクラスの中とか学校の中で障がいを持った子がいたら、その子のことを忘れずに大事にちゃんと。というのがすごくリスペクトされるというか。」(教員B：アメリカ派遣)

ここではアメリカの学校で障がいを持った子どもが大事にされていることを、「いい所」として〈肯定的な評価・感情〉を持ったことが語られている。

たとえ外国人であっても客として自宅に招く習慣も、「暖かさ」として〈肯定的な評価・感情〉が持たれた：

「異文化ね。ま、1つはあれですよね、中国の方々の暖かさっていうかね、日本人って言うのは、よくも悪くも一線を引くじゃないですか。だけど、だからあまり家に招いてほら食事招待とか、ちょくちょくしたりしないじゃないですか、日本って。自分の家庭をこう持って、こうその中でやって、たまに外で一緒に飲むぐらい。向こうはどんどん家に呼んでくれたりするんですよね。」(教員O：中国派遣)

ここでは外国人でも自宅に招待してもてなしてくれることを、中国人の「暖かさ」として〈肯定的な評価・感情〉を持って捉えていることが語られている。

自己主張に関しては、主張した後は決定を受け入れる態度を「前向き」と〈肯定的な評価・感情〉が持たれたことが語られた：

「で、ほんならみんなが好き勝手なこと結構言うんですけど、だから場がムードが悪くなるかっていったらね、ならないんですよ。あの人たちは、とにかく好きなこと言って、で、ゆい終わった後に決まった決定には素直に従うっていうね。そういう土台ができてる。いったん方向性決まったら、文句言わない。その後戻りだとか、あんときああしてればよかったとかね、泣き言言わないんですよ、あんまりね。で、こう決めたらもうそれで行く。で、みんなの場で言うこと、言うだけ言うたら、あ

第三節 ［差異の認知］から〈肯定的な評価・感情〉、［ゲストの変化］へ　125

とそれで決まった方針には従うみたいね、なんかこう単純なんですけど、あのう、すごく早いしね、あのう、気持ちの中がいつもクリアって言うんですかね。なんか青空と言うか。一応文句は言うたし、でもあかんかったからもうええねんっていう感じの、なんかいつも前向きな気持ちがねもってはるなって。」（教員Ⅴ：豪州派遣）

　これは、ミーティングで自分の主張ははっきりするが決定がひとたび下されたら文句を言わない現地人教員の態度に対して、「前向きな気持ち」と〈肯定的な評価・感情〉を持ったことについての語りである。
　上記以外には、有能な教員の働きぶり、外国人教員の受け入れ態度、生徒コントロールのモデルとしての派遣地教員の行動、に対して〈肯定的な評価・感情〉が持たれていた。

1-5．〈生徒の気質〉に対する〈肯定的な評価・感情〉

　前項では派遣校で生徒コントロールが難しいと感じた教員のことを考察したが、〈生徒の気質〉に対する〈肯定的な評価・感情〉には、よい生徒の態度が述べられることが多かった。まず「好感が持てた」という〈肯定的な評価・感情〉の例を見る：

「日本のように、やれ髪を染めてたり、眉毛を剃ってたり、そんな子は1人もいなくてですね、やっぱり真面目に勉強に取り組んでたんで、そこは非常に好感が持てました。」（教員Ⅰ：中国派遣）

ここでは、生活指導をする必要もなく真面目に勉強に取り組んでいる現地の生徒に「好感が持てた」という〈肯定的な評価・感情〉が語られている。
　さらに優秀で鋭い質問をしてくる生徒に、「刺激になる」という〈肯定的な評価・感情〉を持った教員もいる：

「やっぱり向こうの生徒優秀なので、いろいろと質問してきますよね。その質問を一生懸命自分で調べて考えたり、それでまあ答えが見つかったり、自分で考えて分かったりするとやっぱり刺激というか、感動です

よね。もう本当に充実した時間ですね、ああいうときは。」(教員J：中国派遣)

これは生徒の優秀さに対して「刺激」、「感動」という〈肯定的な評価・感情〉が持たれた語りである。

生徒の人物も優れていることに「すばらしい」と〈肯定的な評価・感情〉を感じた場合もある：

「でも、生徒はじゃあ、どんな生徒かって言うと、<u>そこは別に勉強だけしているなんか感情のない人ではなくて、また生徒が中国はすばらしいんですね。先生をやはり尊敬していて</u>、あの、先生だけではなくてやっぱりあの高齢者とか、とにかく目上の人を尊敬するっていうのがあのう、すごく強くて、あのう、素直で、なんかすれてないというか。」(教員L：中国派遣)

ここでは、勉強だけではなく目上の人を尊敬し純粋な心を持っている生徒に対して「すばらしい」と〈肯定的な評価・感情〉が述べられている。

このように生徒が真面目に勉強する態度、教員に対して尊敬の念を持って接する態度、「打てば響く」ような優秀で教え甲斐がある、以外には、学習時間を多く取る態度、教員に親しく接する態度、自ら勉強する態度、けんかをしてもコントロールがされている態度、に派遣教員たちは〈肯定的な評価・感情〉を持ったことが語られた。

1-6．〈物理的な状況の違い〉に対する〈肯定的な評価・感情〉

〈物理的な状況の違い〉ではまず食べものに対して「美味しい」という〈肯定的な評価・感情〉がある：

「<u>美味しいですよ</u>。だからあんなに偏見で言われるほどではないですよ。でもフィッシュアンドチップスはもうちょっと。なんかあの靴の底のような衣がまたすごいし、ポテトの量が並じゃないんで、見ただけでおなか一杯になるんですけど、でもウェールズはなんかそんなことない

第三節　［差異の認知］から〈肯定的な評価・感情〉、［ゲストの変化］へ

です。」（教員Q：連合王国派遣）

ここでは通常美味しくないと言われる連合王国の食べものについて、「美味しい」と〈肯定的評価・感情〉を持ったことが語られている。

気候も「快適だ」と〈肯定的な評価・感情〉を持ったことが語られた：

「ええ、向こうは暖かいじゃないですか。（場所）なんかね。町中はほんと薄着にばっと皮を着るんで、暖かいじゃないですか。で、脱ぐとTシャツって感じで、非常に快適だったんですけど、」（教員E：アメリカ派遣）

これは日本と比較したら冬も暖房が効いていて暖かく、「快適」だった派遣先のことを語っている。

生活上の不便や設備の貧弱さですらも、「心を広くする」と〈肯定的な評価・感情〉が持たれていることがあった：

「トイレについての衝撃は、ロシアに行った人はみんな話すんだけど、で、インターナショナルホテルができたの。ロシア式じゃない。それもサハリン・サッポロって名前で。できたの、駅前に。あ、できたんじゃない。あると。じゃ、まともなトイレがある施設はないのかっていうことを言ったときに、紹介されて行ったの。そしたら確かに水洗トイレで便座もある。個室がある。だけど、こうやって座ってるのに、日本だったらトイレットペーパーってここか、ここか、ここっていうか、取りやすいところにあるじゃないですか。この辺真後ろにあって、やっぱり、やっぱりかみたいな。ユーザーフレンドリーじゃないところは。ただ、そういうところがやっぱり人間のあの、おおらかさを作ってるなっていうか。ほら、ここにないとか言って怒るのは、ずっとこうって、快適さでね、慣れさせた人間と違って、なんかいつも不便だったり、いつも思い通りに行かないとかっちゅうところは、うん、心を広くすると、思って。全く。毎日のようにあるじゃないですか、そういうことが。」（教員X：ロシア派遣）

生活の不便さがあると通常は嫌だと思われるはずなのだが、この教員はここでは人間の「心を広くする」と〈肯定的な評価・感情〉を持ったことを語っている。

このように食べもの、気候の違いや生活上の不便や貧弱な設備があっても、それらに対して〈肯定的な評価・感情〉を持つことがあった。これ以外には、学校内の敷地に住むこと、自分の時間が持てたこと、に対する〈肯定的な評価・感情〉が語られた。

1-7．一般の人の行動に対する〈肯定的な評価・感情〉

派遣先の一般の人々に対しては、［差異の認知］という形でその差異が語られることはなくても〈肯定的な評価・感情〉が持たれたことが語られた。まずは「親切さ」という〈肯定的な評価・感情〉の語りが多く見られた：

「もう何人もホームステイを受け入れて、日本人も含めて、いろんな国からのホームステイを受け入れているお宅だったので、こんなに親切な人がいるのかなと思うぐらい親切でした。」（教員C：アメリカ派遣）

ここではホームステイ先の人々の「親切」さが語られている。

「おっとりしている」、「やさしい」、「懐の深さ」などの〈肯定的な評価・感情〉を述べたものもいる：

「むしろやさしい。おっとりしててやさしい人たちですよ。大陸的というかね。（中略）あの基本的にはあの、反日感情とかですね、そういうマイナス感情って中国の方、掘り下げてこっちが引っ張り出せば、必ずありますけど、そんなの表面上に出してですね、ぎすぎすしてるわけじゃないんですよ。日本から来たのか、中国語できるのか、がんばって学校で教えるのか、先生なのか。それだけで歓迎してくれるっていうか。そんな懐の深さを感じましたね。中国で生活してると。ええ、こんなちっぽけな人間だけど、まあね、身分を明かしたりとか、いろいろ腹を割って中国語で話せば、理解してくれるっていうんですかね。面白い経験

第三節　［差異の認知］から〈肯定的な評価・感情〉、［ゲストの変化］へ　　129

いっぱいしました。」（教員M：中国派遣）

ここでは心の深いところでは反日感情があるかもしれないが、実際に接すると日本人にもやさしく接してくれる中国人に対して「おっとりしている」、「やさしい」、「懐が深い」と〈肯定的評価・感情〉を感じたことが語られている。

現地の人が外国人に対して「オープン」で、「心地よかった」と〈肯定的な評価・感情〉を感じた派遣教員もいた：

「なんだろ、だから2週間日本に行くからとか、少ししか行かないのに、その言語をやろうっていう気持ちがある人がいたのがちょっと新鮮だったんですよね。だからちょっと外のことを知ろうっていうのが知的、まだすっごい田舎町ですっごい小さい町だったんだけど、大学があって、留学生がすごい多いんですよね。ヨーロッパからのいろんなところからくる所だったんで、田舎なんだけど、知的レベルが高くて、あと田舎くさくなかったかな。みんながみんなのことを知ってるって所はあったけれども、かといって閉鎖的かっていうとそうでもないし、オープンだったし。その辺は心地よかったですね。」（教員R：連合王国派遣）

ここではみんなが知り合いであるという田舎だけれども、人々が外国人に対して「オープン」であったことが語られている。

現地の人の「気持ちが豊か」であると〈肯定的な評価・感情〉を持ったものもいる：

「でもニュージーランドの人たちは、ほんとにみんながみんな気持ちが豊かですよね、なんか。生活に。ま、私がだから、生徒はすごい貧しかったですけど、でも、私がそうやって（名前）を通じておつきあいさせていただいた人たちは、みんな普通だったので、すごい気持ちが豊かな、せかせかしてないっていうんですかね、みんな。ゆっくり自分のいい時間を、あと年の取り方を知っているっていうか、」（教員Y：ニュージーランド派遣）

ここでは派遣地の人が「気持ちが豊か」であることが語られている。人々を丸ごと〈肯定的な評価・感情〉を持って受け入れていると考えられる。

これらの語りは日本人との比較をして現地人の方がいいという考えを表明しているわけではない。しかし、このような〈肯定的な評価・感情〉を派遣教員たちが現地人の行動に持つことによって、派遣体験自体に〈肯定的な評価・感情〉を持つことを可能にしていたと考えられるのである。

1-8. 派遣された場所に対する〈肯定的な評価・感情〉

派遣された国や場所に「すばらしい」という〈肯定的な評価・感情〉が持たれたことも語りに見られた：

> 「おもしろいですね、中国というのは、やっぱり。なんて言うか、発展途上のやっぱ国だし、でもなんかよく言われるのは、中国には日本の平成と昭和と大正となんかみんな存在するって。こう地域ごとの格差とか、その国民性ですよね。日本人にはないなんかこうおおらかな感じとか、あと、中国の学校で実際に勤めて、やっぱ常に比較しますよね。なんか、中国ってすばらしいなあって思って、いろんなことに感激して、あのう帰ってきたんですね。」(教員L：中国派遣)

ここでは中国のもつ様々な様相が国丸ごと「すばらしい」と捉えられている。国全体に広げて考えず、派遣された土地に対して「いいとこだった」と〈肯定的な評価・感情〉が持たれたこともある：

> 「個人的には非常に性に合ったっていうか、その中国がっていうか、(派遣地名) がっていうか、あの場所がいいとこだったなあっていう風に思うんで、」(教員N：中国派遣)

ここでは国というよりは、自分が派遣された場所が「いいとこ」だったと語られている。

1-9.〈肯定的な評価・感情〉の総括

1-1.から1-8.では、教員たちが［差異の認知］を行った点に関して〈肯定的な評価・感情〉を持ったことを考察した。それには、日本語教育に対する〈肯定的な評価・感情〉、〈ホスト言語の学習〉に対する〈肯定的な評価・感情〉、〈教育システムの違い〉に対する〈肯定的な評価・感情〉、ホスト教員の行動に対する〈肯定的な評価・感情〉、〈生徒の気質〉に対する〈肯定的な評価・感情〉、〈物理的状況の違い〉に対する〈肯定的な評価・感情〉、一般の人々の行動に対する〈肯定的な評価・感情〉、派遣された場所に対する〈肯定的な評価・感情〉、があった。これらの〈肯定的な評価・感情〉は次に示すように教員たちが［ゲストの変化］を遂げて現地の文化実践に参加する直接的な要因となっていた。

2.〈肯定的な評価・感情〉から［ゲストの変化］へ

ここでは図2-1の線③で表されているプロセスを考察する。データから、派遣教員たちは［差異の認知］の際に〈肯定的な評価・感情〉を持って［ゲストの変化］を遂げていることが示された。これは先行研究が通常で言うところのゲストの「適応」である。［ゲストの変化］には〈ゲストの日本語教育への適応〉、〈ゲストのホスト言語への適応〉、〈ゲストの教育システムへの適応〉、〈ゲストの生徒の気質への適応〉、〈ゲストの人間関係への適応〉、〈ゲストの物理的状況への適応〉の6つの側面が見出された。

さらに、［ゲストの変化］のそれぞれの側面を招く［適応促進要因］をデータに基づいて考察する。あらかじめ述べておけば、〈ゲストの日本語教育への適応〉の［適応促進要因］には〈主体的な行動〉、〈教員としてのキャリア〉、〈事前研修での学習〉、〈同期の協力〉、〈人的な繋がり〉があった。〈ゲストのホスト言語への適応〉の［適応促進要因］には、〈人的な繋がり〉、〈主体的な行動〉、〈ホスト言語の学習〉を析出した。〈ゲストの教育システムへの適応〉の［適応促進要因］には〈主体的な行動〉、〈人的な繋がり〉、〈教

員としてのキャリア〉があった。〈ゲストの生徒の気質への適応〉は、〈主体的な行動〉と〈人的な繋がり〉という［適応促進要因］によって可能になっていた。〈ゲストの人間関係への適応〉には〈主体的な行動〉、〈人的な繋がり〉が［適応促進要因］として関わっていた。〈ゲストの物理的状況への適応〉にも〈主体的な行動〉および〈人的な繋がり〉が［適応促進要因］であった。

2-1. 〈ゲストの日本語教育への適応〉

　派遣教員たちの日本語教育に対する評価・感情は、1-1. 日本語教育に対する〈肯定的な評価・感情〉、で考察したように、それを行うことが派遣の1番の目的であるため肯定的であったが、1名だけ発展途上国である派遣国で、先進国となっている日本の言語を教える意味を派遣中に考えていたと語る教員がいた：

「東外大での帰国報告のときにも話したんですけど、日本語を結局教える相手っていうのは、そのこうある中のこっちの人たち（豊かな人たち）に教える。しかもそれはその、何て言うのかな、その人たちの富を再生産するための財、能力としてこう活用されていて、その社会構造を固定化していくのに手を貸すような気がするわけですよね。だからそこは派遣期間の後半、ずーっと気になっていたし、<u>今でも日本語を教えるってことがどういう意味を持っているのかっていうことは思いますね。</u>」（教員N：中国派遣）

この言説は、日本語教育が中国社会で差別を生み出すヘゲモニー的文化に貢献しているのではないかという疑問を提起している。しかし外国語教育と社会的な格差との関係は明らかではなく、また教員Nも日本語教育がそのような側面を持つことを認識しつつ自らの教育活動には積極的に参加していたことが語りから見て取れるので、教員Nが持っているこのような疑問は〈否定的な評価・感情〉とは言えないと判断した。これ以外の語りでは、〈主体

第三節 ［差異の認知］から〈肯定的な評価・感情〉、［ゲストの変化］へ　133

的な行動〉、〈教員としてのキャリア〉、〈事前研修での学習〉、〈同期の協力〉、〈人的な繋がり〉という［適応促進要因］に支えられて、〈肯定的な評価・感情〉をもって取り組まれたことが語られた。〈主体的な行動〉とは、派遣教員が自ら生徒の興味に合った、しかも「教材的な価値がないといけない」教材を調達しさまざまに工夫して授業に取り組む様である：

「まあだからたとえば、ドラえもんとかスラムダンクとか、そのさっきのジブリもの、あの宮崎駿ものこれはみんな有名で、見てて知ってるんですけど、ま、それでいて高校生の好奇心に応えなきゃいけないんで、ルパン三世とかですね、あとはですね、やっぱ授業で使うとなると、その教材的な価値がないといけないんですよ。その40分の中で、その消化できないといけないんですよね。僕が使って正解だったのは、あのう、週刊ストーリーランドっていう、その日本で以前一般の人がこう投稿した話をアニメのストーリー化して、で、それが1本10分から15分ぐらいの短いストーリーなんですよ。すごい速い展開で。でも、その展開はすごく面白くて。その映像は、日本語字幕もついてるんです。これがまたよくて、彼らは音はとれなくても、字幕は読めるような子たち、（中略）ま、いったん理屈で覚えたとしても、それがこう感覚的にちゃんと身について使えてっていう風になる代物ではないですからね。だからまあ、そういう点ではやっぱり音声をどんどん流し込んで。で、ときには何か質問が日本語で出されてて、それに答えるって形だったり、あるいはそのまま書き取らせてみたりね。だからスクリプトを渡しておいて、あらかじめ。で、キーワードになるようなとこだけかっこ穴あきにしておいてね、それでずーっと話が流れていって、ぽっとこう単語が聞き取れるかっていうような。それでそれが意味ある単語としてちゃんと漢字に直して書けるかとかって。ま、そんなこともやりましたよ。」（教員K：中国派遣）

ここでは教育的な価値のある教材を選択し、学習したことが生徒の身につく

ような工夫を様々に凝らして〈主体的な行動〉を取って日本語教育に取り組む様子が語られている。さらにそれを支えているのが、〈教員としてのキャリア〉であることが語られた：

> 「やっぱ同じ職場でも、その授業自体にもうほんとストレス感じてる先生いるわけですよ。もう授業がうまくいかなくて、いやでいやでっていう先生いて相談されるんですけど、ちょっとまあ扱っている層が違うんで、やっぱり自分の方は準備力が違うので、そのやっぱり経験、そのときはやっぱり現場での教員のキャリアが違うんで。」（教員K：中国派遣）

この語りは日本で培った教員のスキルはたとえ教える科目が異なっていても転移させることができることを表すと考えられ、派遣教員たちの容易な〈ゲストの日本語教育への適応〉を支えていることが分かる。この教員の職場には現地雇いで日本の教壇に立った経験がない教員もいたはずで、そういう人たちと比較して「教員のキャリアが違う」と語られていると判断される。もう1点〈ゲストの日本語教育への適応〉を支えたのが〈事前研修での学習〉であった：

> 「やっぱり外大で研修を受けたことで、日本語を教えるということに関しては、3ヶ月やったけれども、それでも現地に行ってそれほど自分的には、結構負けないなと思うぐらいな。それぐらい勉強させていただいたので、私、やっぱり外大の先生ってすごい力ありますよね。やっぱ語学教員として見て、最高峰を目にしているから、あと真似するポイントをちゃんと自分で、というか、何か形になるっちゅうのもあるし、まああと文法のこととか、ある程度基礎を作っていただいているから、分からんだったら後自分で本調べながらいろいろ考えたりとか勉強する基礎をしっかり作っていただいたのはとってもよかったなという風に思っています。」（教員B：アメリカ派遣）

事前研修に対する満足度は非常に高く、複数の派遣教員が事前研修を受けただけでも十分で海外派遣は行かなくても良いくらいだったと語るほどのレベ

第三節 ［差異の認知］から〈肯定的な評価・感情〉、［ゲストの変化］へ　135

ルの高さを持っていたようだが、このような事前研修を受けたことで容易に〈ゲストの日本語教育への適応〉が促されたと考えられる。さらに事前研修で苦楽をともにした〈同期の協力〉も〈ゲストの日本語教育への適応〉に貢献していることが語られた：

　「うーん、そうですね。はい、大きな問題、あとまあ、小さな問題、要するに教材ですよね、あのう、日本のビデオ、テレビドラマを生徒が興味持っているんだけど、僕はちょっと生徒と世代が違うんでわからないと。<u>若い先生方、あのう最近見た、好きだったドラマの中でお薦めありませんかとか聞くと、まああのうドラマ好きの人がね、いろいろ返信をくれたりとか、そういう教材調達にも使いましたし。</u>」（教員M：中国派遣）

ここでは、教材の調達のために同期の派遣教員の協力を仰いで「問題」に対しても肯定的に取り組んだことが語られているが、それ以外にもお互いががんばっていると思うと「心の支え」になっていたと複数の教員が語っている。

〈人的な繋がり〉も〈ゲストの日本語教育への適応〉を促進することが語られた。以下では〈人的な繋がり〉ができると1人でやるよりも「楽しい」、「盛り上がる」と語られている：

　「私は大学は教えなかったんですけど、大学の部分を別の日本人の女性の方がそこを見ることになって、でも教材が全くないのでってことで、じゃ、一緒にやりましょうって教材を大分貸したりとか。で、なんかその彼女は教えたことがなかったんですけど、英語はすごい達者な方だったんですけど、でもやりたいからって言って、ちょっと情報交換とかして。うん。で、その方が、一応言うたら仕事仲間みたいな感じになって、彼女との交流はすごく私にとっては同僚みたいな風で、あの一緒に日本祭みたいなのを一緒にやろうじゃないかって大学と高校で一緒にやったりとか、そういうことが一緒にやれたのは、やっぱりあのその日本

人のまあ仲間がいて、同じことをやってる仲間がいたのが、しかも近くにいたのがすごくよかったですよね。そういう人を見つけられた私もラッキーだったんですけど。やっぱ１人でやるより何人か一緒にやると、やっぱ楽しいし、盛り上がりますしね。」（教員Ｓ：連合王国派遣）

ここでは、〈人的な繋がり〉ができて情報交換をして日本語教育で新たな取り組みをするという関係ができたことが語られている。このように現地で〈人的な繋がり〉ができると、「楽しい」し「盛り上がる」という〈肯定的な評価・感情〉が持たれてより〈ゲストの日本語教育への適応〉が促進されると考えられる。

以上で考察したように〈主体的な行動〉、〈教員としてのキャリア〉、〈事前研修での学習〉、〈同期の協力〉、〈人的な繋がり〉という［適応促進要因］に支えられて、〈ゲストの日本語教育への適応〉がなされていたことがデータから読み取れる。

2-2．〈ゲストのホスト言語への適応〉

〈ゲストのホスト言語への適応〉は、海外生活の中でも重要な要素であると考えられるが、〈ホスト言語の学習〉に対して〈肯定的な評価・感情〉が持たれて［ゲストの変化］に繋がった語りは多く見られた。たとえば「相手に伝える」ことができるようになると「入っていける」という語りがあった：

「不便でしたね。自分の思いが伝えられないとか、やっぱマイノリティなんだけど、だけど自分の意見が言えるようになったり、相手に伝えることができたりとか、やっぱなんか氷が溶けていくようにじゃないけど、段々こう入っていけるですよね。それが楽しかったですよね。」（教員Ｆ：アメリカ派遣）

ここでは、最初は話せなくて「不便」と感じられていたが、徐々に伝えることができるようになることが「楽しい」と〈肯定的な評価・感情〉が持たれ

第三節　［差異の認知］から〈肯定的な評価・感情〉、［ゲストの変化］へ　　137

〈ゲストのホスト言語への適応〉が起こっていた。〈ゲストのホスト言語への適応〉を支えるのは〈人的な繋がり〉であることもこの語りに見られる。また、〈ゲストのホスト言語への適応〉が起こると〈人的な繋がり〉ができ、それがさらに〈肯定的な評価・感情〉を強化していることをこの語りは示している。しかしこれはある意味で因果性のジレンマである。というのは、〈人的な繋がり〉を作るためには〈ゲストのホスト言語への適応〉がないといけないが、〈ゲストのホスト言語への適応〉がなければどのようにして〈人的な繋がり〉を作るかという問題に直面するからである。このときに見出されたのが〈主体的な行動〉であった：

　「たとえばロシア語が分からないっていう最初の問題に対しては、<u>近くに残留日本人の協会があったからそこに行って、来週から日本語教室をただでやるからこの事務所貸してくれっていう風にして、その代わりこれは日本語をやったことがある人のための上級日本語教室をやるから、日本語が少しでも分かる人だけを集めてくれ</u>っていうことを言って。たとえば、「これはコップです。コップはロシア語で何ですか。」とかって言って、「もう１度ロシア語で言ってください。あ、スタカンチクって言うんですね」って、スタカンチクってこう。で、ロシア語を覚えたんですよ。で、彼らにとって日本語を勉強するっていう機会になるし、僕にとって日本語が分かる人たちだから、ま、たいしたことなくても僕はロシア語を覚える機会になる。」（教員Ｘ：ロシア派遣）

　この語りでは、教員Ｘは残留日本人協会に掛け合って日本語教室を開くという〈主体的な行動〉を取ることによって〈ゲストのホスト言語への適応〉をしようと試み、その結果派遣地の残留日本人社会との〈人的な繋がり〉を形成している。

　〈ゲストのホスト言語への適応〉は、居住して〈人的な繋がり〉を持つだけでなく〈ホスト言語の学習〉によっても促進された：

　「学校の先生、<u>ロシア人の日本語の先生にですね、１時間いくらってい</u>

う交渉で、まあ町でやるよりは格安にやってもらって、テキストを使いながら。週に２回ぐらいやりましたかね。で、あとはやっぱり買い物も、自分でやらざるを得ないので、お店に行って、向こうのお店ってスーパーが当時なかったんですよ。それで全部ショーウインドーの中に入ってるか後ろの棚に並んでるんで、上だとか下だとか右とか左とか、そういう位置を表す言葉とか、名詞ですよね。ものの名前とか、色とか、個数とか、そういうのは覚えましたね。」(教員Ｗ：ロシア派遣)

ここでは、〈ホスト言語の学習〉を行ったおかげで生活に必要な〈ゲストのホスト言語への適応〉がなされていることが語られている。しかし、生活するため以外に人間関係を作るのに十分な〈ホスト言語の学習〉がないと〈人的な繋がり〉が形成できずに孤独に陥ることも語られた：

「ええとですね、職員室では孤独でした。彼ら全部中国語ですから。ただ僕はあのう、あれです。ええ、授業が始まる直前に車で学校に送ってもらって、僕の授業が済んだらすぐ車が迎えに来てすぐ家に帰れたんです。だから職員室にいる時間ってほんとなかったんですよね。正直言って。」(教員Ｉ：中国派遣)

ここでは教員Ｉは人間関係を作るほどの中国語ができないために職員室では「孤独」であったことが語られているが、そこにいる必要がなかったために〈ホスト言語の学習〉をすることに対して〈肯定的な評価・感情〉を持つことも少なかったと考えられる。

これらの事例から、〈ゲストのホスト言語への適応〉を派遣教員が果たすには、〈人的な繋がり〉、〈主体的な行動〉、〈ホスト言語の学習〉が［適応促進要因］であることが明らかになった。

しかし、〈ゲストのホスト言語への適応〉には派遣教員によってレベルの差が見られた。たとえば日本で英語を教えていた教員が英語圏に派遣される場合と、日本で国語や社会科を教えていた教員が中国やロシアに派遣される場合では、スタート時点でのホスト言語能力が異なる。さらに、派遣国で日

本語の授業をするときにその土地の言葉を使って指導するのか日本語を使って指導するのかによって、ホストの言語を使う必要性も異なってくる。派遣先で1人住まいをするのか、家族とともに住むのか、ホームステイをするのかという居住形態によっても異なる。事前アンケートで派遣前と派遣後のホスト言語能力を尋ねたが、主観的な評価をしてもらっただけで客観的評価はしていない。ここではどの程度のホスト言語能力を獲得したかは問題とせず、派遣教員たちがホスト言語の能力をどのように変化させたと感じたのかを問題とした。

2-3.〈ゲストの教育システムへの適応〉

　〈教育システムの違い〉への〈肯定的な評価・感情〉は1-3.〈教育システムの違い〉に対する〈肯定的な評価・感情〉、で詳しく見たが、ここでは異なる教育システムに参入した派遣教員たちが、〈ゲストの教育システムへの適応〉をどのような点で行っていったのかをデータから見てゆき、その［適応促進要因］には〈主体的な行動〉、〈人的な繋がり〉、〈教員としてのキャリア〉があることを考察する。

　〈教育システムの違い〉に関しては、業務分担制度、クラブ活動の少なさ、少人数クラスなど、日本の教育現場より容易だと判断される項目に派遣教員たちは〈肯定的な評価・感情〉を持って［ゲストの変化］を遂げることができたようだ。違いがより大きい場合にも、ホスト教員の行動を模倣するという〈人的な繋がり〉によって〈ゲストの教育システムへの適応〉がなされたことが語られた。まずホスト教員の行動の模倣を見てみる：

> 「最初はだからほんとに、自分の指導力がなくて、送るのはちょっと恥ずかしいかなって思ってたんですけど、でも周りの先生達がもうほんとにすぐやって。で、授業とかで、こういう子がいるんだけど、どうしたらいいのって聞くと、同僚に。<u>そんなの黄色い紙あげなさいとか、そんなのあなたの責任じゃないし、それはあなたの仕事じゃない。だからも</u>

う、その子のせいで他の子達の授業ができない方が可愛そうなんだから、その子は別室で落ち着かせて話をしてもらってから帰ってくる方がいいんだからって言われて、そっからはもうすぐにぴっと。まあ1回ぐらいはあの、これ書くよって。今、もう1回同じこと言われたら、送るからねってことは言うんですけど。それ聞かなかったらもう、切ってましたね。」(教員Y：ニュージーランド派遣)

ここで教員Yは、〈人的な繋がり〉によって派遣地でのやり方を学んだ後は自らが周囲の教員と同じ行動を取ろうとする〈主体的な行動〉によって［ゲストの変化］を遂げていることを語っている。

　同じシステムの違いに対しても〈肯定的な評価・感情〉が持てる場合と〈否定的な評価・感情〉が持てる場合があることが語られたが、〈肯定的な評価・感情〉を持つ要因の1つには〈教員としてのキャリア〉があった：

「あたしの後の方に行った人に聞いたら、それがすごい困ったって言ってはったんやけど、あたしはそれでいいと思ったんですよ。その何て言うんですか、(メインティーチャーが)その日の気分にならないと授業は組み立てられないって言うんですよね。雨が降ってたら雨の話するし、何て言うか、明日のこと考えられないのって言わはるんで、で、あたしがすごい喜ばれたのが、朝聞くじゃないですか。これあの昼からこのゲームをしたいんだけどって言ったら、そのゲームをじゃあ作りますって言ってわーって作ってあげたら、もうすごい喜んでくれて。もともとデザインとかもの作ったりするのやから、その何でこんな短時間にこのゲームを作れるのとかね、あのう、その人はしたいけど、いいものができるとは思ってないんですね。したらいいと思うけど、まあできる範囲で、やれたらいいなぐらいに思ってはるのを、こうあの、朝に聞いて、この時間までにじゃあこれを作っときますわって言って、ばーっと作ってあげると、もうめちゃくちゃ喜んでくれました。ジーニアスとか言って。で、なんかデザインのまあそれも役に立ってるのかなあっていう。」

第三節　［差異の認知］から〈肯定的な評価・感情〉、［ゲストの変化］へ　141

（教員Ⅴ：豪州派遣）

ここでは教員Ⅴが日本で工業の教員をしていたために物作りが得意であったので、メインティーチャーが朝になってその日の授業計画を立てても、その希望に添って教材を作ることに〈肯定的な評価・感情〉を持った一方で、物作りの技術が未熟な別の教員は同じ状況でも、メインティーチャーの希望に添うスキルがないために〈否定的な評価・感情〉を持ったことが語られている。

〈教育システムの違い〉は〈肯定的な評価・感情〉を持って捉えられることも多かったが、〈否定的な評価・感情〉を生み出すことも多いことが語りに表れていた。それには主に、英語圏の学校に見られる生徒の罰則制度に対する派遣教員の反応と、アジア圏の学校で頻繁に起こる予定の変更に対する派遣教員の反応や、できる子どもだけを伸ばす指導をするシステムへの反応が含まれる。〈否定的な評価・感情〉を持たれた教育システムの違いについては、第二章第四節で考察する。

以上では、〈ゲストの教育システムへの適応〉には、〈主体的な行動〉、〈人的な繋がり〉、〈教員としてのキャリア〉が［適応促進要因］としてあることを考察した。

2-4．〈ゲストの生徒の気質への適応〉

異なる〈生徒の気質〉に関しては、1-5．〈生徒の気質〉に対する〈肯定的な評価・感情〉で考察したが、ここではそのように異なる〈ゲストの生徒の気質への適応〉が〈主体的な行動〉と〈人的な繋がり〉という［適応促進要因］によってなされていたことを考察する。

派遣国の学校で教育実践を行うときに、〈生徒の気質〉の違いによって生徒コントロールが大きな問題であると感じられることが多いが、教員なりの〈主体的な行動〉で対処していることが語られた：

「あ、それは結構しました。最後に折り紙やったりとか、次に日本語で

焼きそばを作るからって言って、焼きそばのレシピとか読みながら動詞の確認をしたりとか、なんかいろいろやりましたね。たとえば、数覚えて、数え方を覚えてみるために、1円玉のつかみ取りで20枚取ったら勝ちとか言って、多かったらアウトで、少なくて1番20に近い人が勝ちとか言って、1つ、2つ、3つ、4つってみんなで数えてみたりとか、いろんななんかそういうごねる子どもたちになだめたりつったりしながらやってましたね。」(教員D：アメリカ派遣)

このように自己主張をして交渉してくる生徒の気質を見抜いた後は、逆にそのような性質を利用して〈主体的な行動〉で〈ゲストの生徒の気質への適応〉が図られたことがここでは語られている。

　生徒コントロールは〈人的な繋がり〉によっても促進される：

「U：で、救ってくれた言葉が、"I'm waiting." で、「待ってるよ」って言ったら静かになるいうことを知ったんですね。それで、楽になりました。

筆者：それどうやって分かったんですか。

U：他の先生の授業を見てて、あのう、その日本語教員だけじゃなくてね、それを見てて、"I'm waiting." であるとか、すごい丁寧にね、"Mr. 誰々" とかいう呼びかけをしたりとかね、"Excuse me." って言うて止めて沈黙させるとかね、それで子どもたちが落ち着くんやということが分かったんです。」(教員U：豪州派遣)

ここで教員Uは、他の教員の生徒コントロールの仕方を現地で見て学習し自らの教育実践をそのように変化させていったことを語っている。この例は、派遣地で問題があったときに〈人的な繋がり〉から学ぶことの重要性を示唆しており、たとえば現地の教員の授業を観察させてもらうことが適応に役立つことを意味していると考えられる。この点は今後の派遣教員が知っておくと役に立つ情報であろう。

　このように〈ゲストの生徒の気質への適応〉は、〈主体的な行動〉と〈人

第三節 ［差異の認知］から〈肯定的な評価・感情〉、［ゲストの変化］へ　143

的な繋がり〉という［適応促進要因］によってなされていた。

2-5.〈ゲストの人間関係への適応〉

　どのような職場においても人間関係への適応は重要なことであると考えられるが、海外では異文化が背景にあるもの同士の関係を築かなくてはいけないのでより一層の困難が予想される。1-7．派遣先の人々への〈肯定的な評価・感情〉、でホストに対して〈肯定的な評価・感情〉が持たれたことを考察した。ここでは派遣教員たちがホストに対して〈肯定的な評価・感情〉を持ち、〈主体的な行動〉、〈人的な繋がり〉を［適応促進要因］として〈ゲストの人間関係への適応〉を果たしたことを考察する。

　ほとんど誰も知った人のいない海外において人間関係を構築するには、〈ゲストのホスト言語への適応〉をし〈人的な繋がり〉を持たなくてはいけないことは〈ゲストのホスト言語への適応〉の項ですでに指摘したが、ホストに〈肯定的な評価・感情〉を持ちさらに〈主体的な行動〉を取って現地教員との〈人的な繋がり〉を構築し〈ゲストのホスト言語への適応〉を行いながら〈ゲストの人間関係への適応〉を果たした例がある：

　　「L：ええと、最初行った年は、何か日本人の先生だけの職員室って言うのがあって、そこにいてなんか教材研究したりとかしていたんですけど、なんかそのうち、なんか私それじゃちょっと全然なんか寂しいというか、あの気持ちがあって、ちょっとお願いをその思い切ってして、中国人の職員室にいたいって言ったんですね。
　　筆者：職員室ってやっぱりあるんですね。
　　L：あるんですね。はい。その。で、そしたらいいよって言って、あの机運んでもらって、そこで中国人のよく似た性、年齢もよく似たそこの英語の先生とかと、やっぱり私中国語まあ片言ですけど、英語でだったらもうちょっと流暢にしゃべれる。で、中国語と英語とまぜまぜで、一緒にご飯食べたり、あの2年目にそれをちょっと思い切ってして。う

ん、それはすごく楽しかったですね。なんかさっき違いはっておっしゃったんですけど、実は私、教員の持ってる悩み、忙しいわとか、なんかそれって実は共通で、すごく話が合うというか。うん、あ、中国人の学校の先生も一緒だなあと思って、いろいろ話しましたね。」（教員L：中国派遣）

このように、自分から積極的に現地教員の中に飛び込んで〈ゲストのホスト言語への適応〉を行いながら〈人的な繋がり〉を構築することで〈ゲストの人間関係への適応〉をしていくことは、通常あまり意識されていないことかもしれないが重要なことであると考えられる。なぜなら、たとえ〈ゲストのホスト言語への適応〉があっても、そのような現地の人との交流に〈主体的な行動〉を取らないと〈ゲストの人間関係への適応〉が難しく、結果的には孤立してしまうことが語られたからである：

「まあ、ただすべてが終わって、何もすることがない、もう帰国直前の2月なんかは、ほとんど部屋に籠もってたんで、何もする仕事がないのは辛いなということは感じましたけど。なかなか1日過ぎるのは長いでした。長かったですね。」（教員J：中国派遣）

教員Jは、日本で中国語を学習した経験を持ち派遣後は家庭教師について中国語を学んだが、自分からは積極的に〈主体的な行動〉を起こして派遣地の人と交わろうとはしなかったと語っている。その結果、仕事が終わってしまうと孤立してしまい「辛かった」と感じられることになったのだと判断される。

1度作った〈人的な繋がり〉がさらなる〈ゲストの人間関係への適応〉を生んだ例も語られた：

「F：そうですね。やっぱりホームステイ先で、最初の1ヶ月間ほんとにああ自分は英語しゃべれない、しゃべれないと思ってたんですけど、いろんなことを丁寧に教えてくれて、その家小学校2年生の女の子だったんですけど、一緒に英語を勉強したりとか、してましたね。で、また

第三節　［差異の認知］から〈肯定的な評価・感情〉、［ゲストの変化］へ

その家庭が、2つの家庭にホームステイしたんですけど、どちらもすごく暖かくて、なんかパーティ行くときも、行きたくないのに行くよって言って、いろんな人に紹介してくれたんです。それは大きかったですね。だから地域でこう、自転車でいつも通ってたんですけど、15分、10分ぐらいかな。
筆者：学校まで。あ、そうですか。車じゃなくて。
F：車じゃないんです。あのう、<u>子どももいたので、子どもも自転車で一緒に同じ小学校に通ってたんですけど、そしたらいろんな人が、近所の人が、必ず声を掛けてくれて。だからいろんな人が他の人に紹介してくれたので、そんな人との繋がりもありましたね。</u>」（教員F：アメリカ派遣）

ここでは、ホームステイした先でできた〈人的な繋がり〉から他の人へと紹介されてコミュニティで暖かい人間関係を築いたという〈ゲストの人間関係への適応〉が語られている。

このように、〈ゲストの人間関係への適応〉には〈主体的な行動〉と〈人的な繋がり〉が［適応促進要因］となっていたと判断される。

2-6．〈ゲストの物理的状況への適応〉

海外にいれば日本とは違う食べもの、ライフライン、治安、気候など派遣地の〈ゲストの物理的状況への適応〉が要求される。ここでは、〈ゲストの物理的状況への適応〉にも〈主体的な行動〉および〈人的な繋がり〉が［適応促進要因］であることを考察する。

生活上の不便に関しては積極的に〈肯定的な評価・感情〉を持つことは語られなかったが、それに対しても〈主体的な行動〉をとり改善させていったという語りがあった：

「で、私の部屋も、アパートも、海辺にあって、ものすごい風が強いんです。で、冬なんか海風が入ってきて、すきま風が入って、とてもじゃ

ないけどいられないんですけど、ビニール袋で、ビニールで、あの、目張りをするんですね、窓枠を。で、木で、金槌でこう木枠を打ち付けてですね、風が入らないようにするんです。」(教員W：ロシア派遣)

このように自らが動いて〈主体的な行動〉を取り生活を改善させることは、〈ゲストの物理的状況への適応〉であると考えられる。

さらに治安の悪さに関して〈人的な繋がり〉で解決した例が見られた：

「それは、人との繋がりっていうか、たとえば、石油会社の、その学校の空手の先生やってたときに、そのサハリンエナジーって会社が市内にエナジーバスって言うね、サハリンエナジーの社員のパスを見せるとバスは止まってくれて、その市内のルートがあるんだけど、ただで乗れるわけ。くるくる回ってるやつ。で、僕らもらって、エナジーの社員が使うバスとか、あの運転手付きの車を使えるって立場になった。のと、車がないから、車を持ってるロシア人とかと、が、ああ、じゃあ、何て言うかなあ、お前俺のところで（特技の名称）やってくれたから、今度お前たち家族を釣りに連れて行ってやるよとかね、何かあと、残留邦人の組織で僕、日本語教えてたじゃないですか。そしたら残留邦人の車をもってるおじいちゃんたちが、今度どこどこ連れて行ってあげるよとか。領事館の職員にも空手教えてたりしたから、領事館の車持ってる人が、どっか連れて行ってくれたりとか、あのう、意外となんかないことで、人と繋がれるってことがある。」(教員X：ロシア派遣)

このような治安の悪さから車を持てないという不便は、現地在住の人々との〈人的な繋がり〉で自分は運転しないという［ゲストの変化］ができた、と教員Xは考えている。

このように、〈ゲストの物理的な状況への適応〉にも〈主体的な行動〉と〈人的な繋がり〉という［適応促進因子］が関わっていたことをこれらのデータは示していると考えられる。

2-7.〈肯定的な評価・感情〉から［ゲストの変化］への総括

　2-1.〜2-6.では、〈肯定的な評価・感情〉から〈ゲストのホスト言語への適応〉、〈ゲストの日本語教育への適応〉、〈ゲストの教育システムへの適応〉、〈ゲストの生徒の気質への適応〉、〈ゲストの人間関係への適応〉、〈ゲストの物理的状況への適応〉、という派遣教員の［ゲストの変化］の各側面を考察した。その結果、どの側面にも共通して〈主体的な行動〉と〈人的な繋がり〉という2つの［適応促進要因］が関わっていることが明らかになった。このことが意味するのは、異文化においてゲストが自ら変化するためにはただ［ゲストの変化］を自然にするというわけではなく、工夫して主体的に関わることによって自らを変化させることが重要であり、また現地で主体的に培った人との関わりの中で自らが変化していくことであると考えられる。

　海外に派遣されるということは、多くの場合言語が異なりほとんど誰も知った人がいなかったり仕事内容も違ったりするところで、生活習慣が違う環境に身を置きホストについて学ぶことである。これは、Shaules（2007）が異文化間学習（intercultural learning）と呼ぶものである。成功裏に異文化間学習を行うということは、差異に対して〈肯定的な評価・感情〉を持ち、〈主体的な行動〉と〈人的な繋がり〉を通して自らを変化させていくという意味であることを以上の結果が示していると考えられる。第一章第五節で示したように、派遣教員たちの中には日本での教職で閉塞感を感じて変化したいと願いこのプログラムに応募したものがいるが、このような教員にとって自分を変化させるよい機会となっていたのはこの作用があったからではないだろうか。このように［ゲストの変化］を遂げた場合、次のステージとして新たな境地が開けることが語りから見えてきた。これについては次章で述べる。反対に、「2年間で人間が変わることはない」と語ったある教員の話では〈主体的な行動〉を取ることは聞かれなかったし、また自分の性格から積極的に〈人的な繋がり〉を求めなかったと語られた。

　このように自らを相手に合わせて変化させることが、Adler（1975）、Kim

(2008, 2012)、Shaules（2007, 2010）などで直感的に感じられている人間的成長に繋がるのだと考えられる。確かに異文化による人間的成長の第一義的なものは適応による個人内の変化であろうが、本書では適応して個人内に変化があっても成長に繋がることが少ない［強要されたゲストの変化］があることを第二章第六節で論証する。

第四節　〈否定的な評価・感情〉から〈受け入れる心〉へ

　前節では、派遣教員がホスト国の文化規範や文化実践との［差異の認知］を行い〈肯定的な評価・感情〉を持って［ゲストの変化］を遂げる通常で言うところの「適応」を考察した。

　本節では、派遣教員たちにホスト国の文化実践との［差異の認知］があったときに〈否定的な評価・感情〉を持つケースをデータから洗い出し、その後〈受け入れる心〉が形成される場合があることを考察する。まず派遣教員たちが〈否定的な評価・感情〉を持った点をデータから検証する。次にそれが〈受け入れる心〉に移行する場合、その形成に必要な［形成促進要因］を考察する。あらかじめ述べておくと、［形成促進要因］には〈主体的な行動〉、〈馴化〉、〈「これもあり」〉、〈割り切り〉、〈「学ぼう」とする気持ち〉がある。

1．〈否定的な評価・感情〉

　［差異の認知］の際に〈否定的な評価・感情〉があったのは図2-1の線④で表されるプロセスである。データでは、罰則制度、予定変更の多さ、生徒の落ちこぼれ、体罰、生活習慣に対して〈否定的な評価・感情〉が表明されていた。以下ではそれぞれの語りを見ていく。

1-1. 罰則制度

　欧米の学校で見られる罰則制度には大きく分けて、授業中騒ぐ生徒を校長室などの別室に送り込む制度と、遅刻や騒ぐ生徒に対するディテンションと呼ばれる居残り制度の2つがある。そのどちらもが日本にはないもので、欧米派遣教員の多くが〈否定的な評価・感情〉を抱く対象であった。特にディテンションに対する〈否定的な評価・感情〉が以下では「武力行使」という否定的な表現で表明されている：

　　「驚いたこと。何でしょうか。ディテンションとか。ディテンションって、結構生徒には恐怖で、ご存じのように、居残り勉強みたいなものなんですけども、遅刻3回でディテンションとか、生徒が騒ぐとその生徒がディテンションとか、僕にとっては何かこう、武力行使みたいな印象だったんですね。」（教員A：アメリカ派遣）

ここではディテンション制度に対して、「武力行使みたいな印象」という〈否定的な評価・感情〉を持ったことが語られている。

　このような罰則制度に対して、派遣教員の中でも強く〈否定的な評価・感情〉を持つ場合とそれほど強くは感じなかった場合があったようだが、「なじまない」などの柔らかな表現を使っても、〈否定的な評価・感情〉が持たれたことが表明されていた。

1-2. 予定変更の多さ

　主にアジア圏の派遣教員たちにとって学校の予定変更の多さは、「信じられない」という〈否定的な評価・感情〉が持たれる最も大きな要因だった：

　　「ああ、学校行ったら授業なくなってたこともあります。30キロあるんですよ。それをマイクロバスでばーっと連れて行かれて、行ったらない。信じられないです。氷山の一角ですよ、こんなことは。疲れて、ほんと。」（教員M：中国派遣）

ここでは授業があると思って学校に行ったところ、突然の予定変更で授業が

なくなっており、「信じられない」という〈否定的な評価・感情〉が持たれたことが語られている。

1-3．生徒の落ちこぼれ

アジア圏の派遣教員にとってもう1つ〈否定的な評価・感情〉が持たれたことに、「できない生徒は置いていってかまわない」と派遣地の教員から指示があったことがある：

> 「最初はもう、何をしていいかよく分からなくって、で、それともう1つは、<u>中国人の先生たちからは、とにかくできない子は捨てていいと</u>、はい。できる子を伸ばしてやってくださいという風に言われるんですよねえ。だけど、で、教科書はこれですと言われるのは、大学で使うようなテキストなんですよ。長文の。それもきちんと読んで、速読っていうかばーっと読んで、発音をチェックして、だいたいどんなことが書いてあったっていうことを、その、いうことが授業中にできればっていう風に言われたんですけど、それは多分その、40人ぐらいのクラスで、2人か3人しかできないわけですよね、<u>そんなことっていうのは</u>。」(教員N：中国派遣)

このような難しい教材を与えてできる生徒だけを伸ばすという教育方針に対して、「そんなこと」という〈否定的な評価・感情〉が持たれていた。

1-4．体罰

韓国では体罰が学校で行われているようであるが、それに対して「そんなこと」と〈否定的な評価・感情〉が表された：

> 「あ、いや私は<u>そんなことはしたことはない</u>ですけど、あらかじめほかの先生方が気を遣ってくださってですね、授業でも時々あの、ちらと見てくださって、で、なんか遅れてきた子とかがいたら、残して、ぽこぽこにしてました。そういう面では、私は何も。」(教員Z：韓国派遣)

第四節 〈否定的な評価・感情〉から〈受け入れる心〉へ　151

ここでは体罰に対して「そんなこと」という〈否定的な評価・感情〉が表明されており、教員Z自身は参加しなかったことが語られている。

1-5．生活習慣

生活の上でも派遣地の生活習慣に対して「くつろげない」という〈否定的な評価・感情〉が感じられることがあった：

「ああ、なかなか難しいですね。でも私ね、まず向こうへ行って最初何したかっていうと、あの、フラットなんですけれども、掃除機かけ倒して、絶対家の中は土足厳禁にしたんです。あれはね、靴のままではやっぱりくつろげないというのはすごくよく分かりました。」（教員Q：連合王国派遣）

ここでは派遣地の習慣である家の中で靴を履いたままだと「くつろげない」と〈否定的な評価・感情〉が持たれたことが語られている。

1-6．〈否定的な評価・感情〉の総括

1-1．から1-5．まで、派遣教員たちが〈否定的な評価・感情〉を持った点をデータから明らかにした。まとめると、欧米では主に罰則制度に対して、アジア圏では予定変更の多さ、できる生徒だけを伸ばす教育方針や体罰に対して〈否定的な評価・感情〉が持たれていた。また生活上でも〈否定的な評価・感情〉が持たれたこともあった。〈否定的な評価・感情〉が持たれた理由は、いずれの場合にも日本ではそのような制度や習慣が存在しないからであることが考えられる。

今回のインタビュー調査では、第二章第三節で考察した〈肯定的な評価・感情〉と比べて〈否定的な評価・感情〉が表明された項目はかなり少なかった。これについては2つの理由が考えられる。まずインタビューアーとインタビューイーの関係では、よほどのラポールが形成されない限り否定的なことを言いたくないと感じられる可能性があることが挙げられるだろう。異文

化体験で感じられた否定的感情があまり語られない傾向にあることは八代等（1998：36）でも指摘されているが、実際には語られたことよりも多くの〈否定的な評価・感情〉があったことが予想される。もう1つは、当初〈否定的な評価・感情〉が持たれていても、本項2．で考察するように〈受け入れる心〉が形成されて〈肯定的な評価・感情〉に変化した場合、〈否定的な評価・感情〉を忘れてしまう可能性が考えられる。さらに否定的なことを多く感じた派遣教員は、派遣体験自体を否定的に感じてインタビューに応じてくれなかった可能性がある。この予想はある派遣教員へのインタビューでの以下の語りに現れている：

> 「やっぱりいい思い出がないんでしょうねえ。生活面で。私の前から、アパートを与えられて、その前は、間借りをしてたりとか、老婆の所に間借りをしてて、日本から持って行ってたカメラがなくなってたとか、なんかものがなくなったりとか、っていうようなことを過去の報告書を見て、聞き知ったことがあるんですけど、やっぱそういう思いが強かった、強く残ってるんじゃないでしょうかねえ。」（教員W：ロシア派遣）

ここでは、派遣地でのものを盗まれたなどの経験から〈否定的な評価・感情〉が強く残っていると、帰国後も派遣体験自体を肯定的に捉えられずに、同じ派遣体験を持っている教員同士のグループへの参加もしたがらない派遣教員のことが語られている。それゆえたくさんの〈否定的な評価・感情〉を持っている場合に、何の関係もない1研究者へのインタビューに応じられないと感じることは当然のことかもしれない。またこのことは、派遣地でたった1人からでも強い〈否定的な評価・感情〉を経験させられると、それが派遣国全体や派遣国の人々全体、さらに派遣体験自体にも敷衍されて〈否定的な評価・感情〉として感じられる可能性を示唆する。それゆえ外国人と接する場合には、受け入れ側が〈否定的な評価・感情〉を外国人に持たせないような配慮が必要であるのではないだろうか。

2．〈否定的な評価・感情〉から〈受け入れる心〉への変化

　次に図2-1の線⑤で表される過程を考察する。1．〈否定的な評価・感情〉で考察したように、欧米圏派遣の場合〈否定的な評価・感情〉が持たれたことの多くは、日本で通常行われない罰則制度に対するものであった。この罰則制度に対しては、いくつかの対応のやり方が見出された。まず派遣教員自らの〈否定的な評価・感情〉が変化して〈受け入れる心〉が形成されたことが語られた：

　　「そこまでの子はいないんです。ちゃんと遅刻はしないで来るし、休みもしないし。ま休んでる子は、ほんとにカウンセラーに相談に行ったり、直接親にメールしたり電話したりして、ま、親の方から言ってもらったりはしたんですけど、そこまでの罰を、学校のシステムを使うほどまでは行っていなかったですよね。（中略）ああ、本当はそういうことまでしてもよかったのかもしれないですけど、途中で教頭先生が来てくださったので、で、教頭先生も、何かあったら僕の部屋によこしてくださいとは言われたんですけれど、そこまではしなかったような。（中略）<u>まあ、でもしてもよかったのかもしれません。私が甘かったのかもしれなくて、今考えたら、うーん、もっとしてもよかったのかなあとかも思うような</u>、わーいっていうような子もいたので。」（教員C：アメリカ派遣）

ここでは学校の罰則システムを使うことに対して〈受け入れる心〉が形成されたことが分かるが、この教員自身は最後までそのシステムを使わなかったことが語られている。この場合の〈受け入れる心〉は、ホストが行うことはよしとするがゲストの参加がない時があることを意味する。この点については第五節で考察する。

　もう一方で、〈否定的な評価・感情〉から〈受け入れる心〉が形成され、自らも参加したことも語られた：

　　「H：まあ、なんとかだましだましやっていくしかないですよね。で、どうしても目に余る行動があった場合には、<u>やっぱり別室に送ったりっ</u>

てことも最後はしましたけども。

　筆者：最初は抵抗がありましたか？

　Ｈ：そうですね、やっぱり。やっぱり、でも、日本式の考え方で言うと、子どもの教育を受ける権利をあれしちゃいけないって思うじゃないですか。」（教員Ｈ：アメリカ派遣）

このデータからは、最初は生徒を別室に送るという罰則制度に日本式の考えを適用して「子どもの教育を受ける権利を（邪魔）してはいけない」と〈否定的な評価・感情〉を持ったが、最後には「別室に送ったり」するようになって〈受け入れる心〉が形成されたことが分かる。

　第四節１．〈否定的な評価・感情〉１-２．予定変更の多さ、で考察したように、アジア圏派遣教員の場合〈否定的な評価・感情〉を持ったことの代表は予定変更の多さに対してであった。これに対しても最初は「めちゃくちゃ」だと〈否定的な評価・感情〉が持たれたが、周囲の現地人教員の対応の仕方を見るうちに〈受け入れる心〉が形成されたことが見られる：

　「ああ、そうですね。公立と私立、ここは僕がいた頃は、完全な私立学校だったんで、私立です。私立学校だったので、結構いろんなことをめちゃくちゃにやってましたね。たとえばその試験を来週やるんだって言ったら、来週から試験になるんですよ、突然。だから教員は、その試験問題を急いで作らなきゃいけない。それからですね、来月教員の運動会をやるとかいうと、いきなり学長が言うんです。オーナーが。オーナーが来月運動会をやるって言ったら、その運動会用にわざわざグランドを作るんです。全天候型のグランドを。１ヶ月で。突貫工事で。そしてグランド、芝生の入ったぴしゃーっとした全天候型のグランドができてスタンドがばーっとできてですね、そこで教員と教員の家族が運動会をやる。だからそのワンマン経営者がですね、結構好き放題やってる。結構それでみんな振り回されるところがありました。だけど、こんなに振り回されても人間って対応できるんだと思って、結構それは勉強になりま

した。少々無茶ぶりをされても、やろうと思えばなんぼでもできるんだと思ってですね。」(教員Ⅰ：中国派遣)

この場合には、校長の意向に振り回されても他の教員たちがそれに対応していることを見て、「勉強になった」、「やろうと思えばなんぼでもできる」と感じ〈受け入れる心〉が形成されたことが分かる。

このように最初に〈否定的な評価・感情〉を持っても〈受け入れる心〉が形成されることが語られたが、〈受け入れる心〉を持った後に、［ゲストの変化］が見られる場合と、ゲストは変化せずに〈日本の文化実践の採用〉が見られる場合に分かれた。後者は第二章第五節で考察する。

3．〈受け入れる心〉の［形成促進要因］

ここでは、〈否定的な評価・感情〉を持っていても［強要されたゲストの変化］にならずに〈受け入れる心〉が形成されるには、どのような〈受け入れる心〉の［形成促進要因］があるのかをデータから考察する。これには〈主体的な行動〉、〈馴化〉、〈「これもあり」〉、〈割り切り〉、〈「学ぼう」とする気持ち〉という要因がデータから見出された。以下でそれぞれを検討する。

3-1．〈主体的な行動〉

1番大きな要因として〈否定的な評価・感情〉を持った事象に対して〈主体的な行動〉を取って対処することが見出された。たとえば予定が変更されることに対して予定の変更を1番よく知っている生徒にあらかじめ聞いておくということが語られた：

「筆者：あと、他の先生の先生と話してて、予定が何か変わっても伝わらないって。

S：そんなこともありますね。やっぱり情報収集を自分でするっていう。やっぱりお客さんの気分じゃ駄目なので、自分ですべてを把握した上で、だから生徒なんかにも次の授業は何日だけど、何かみんな予定が

あるの、とか、生徒に次何があるのと、やっぱり聞いて、学校で何が起きているかっていうのを、予定をやっぱり聞いておかないと、とんでもない目にあったりとかするんですけど。でもそれは難しいことではなくて、自分が受け身かどうか。学校のシステムの中で、受け身でいるとそうなるんですけど、きちんと情報収集してあれば、それほど難しいことではないので、うん。私は生徒に聞いてましたけどね。来週何があるのとか。あとみんな、高2，高3になると、就職体験みたいなものもあって、ここばぱっと抜けるときもあったので、それいつ行くのとかって聞いておくと、あ、次ここ来れないねとか。で、それぞれに合わせて予定を立てたり。人数が少ないので、全員の予定を把握して組み直したりもできるので。」(教員Ｓ：連合王国派遣)

ここでは海外に派遣されたとき、「お客さんの気分じゃ駄目」で「受け身ではなく」〈主体的な行動〉を取ることで、生徒が来ないという「とんでもない目にあったりして」〈否定的な評価・感情〉を持たないようにしたことが語られている。このような〈主体的な行動〉をとることは、派遣国に関わらずどこでも重要なことであると考えられる。

3-2.〈馴化〉

さらに〈否定的な評価・感情〉をもった事柄への〈馴化〉が起こり、その中でもいい点が見えてくると〈受け入れる心〉が形成されたことが語られた：

「最初だったらただの待ち時間で、いらいらいらいらしてたんだけど、慣れてくると、その門番と立ち話しながら、あのうちょっと片言の中国語でコミュニケーション取りながら待ってるとまあ、そんなに1時間も長くないっていうか、逆にこう、いいコミュニケーションの機会をくれてありがとうみたいな。もうそれぐらいで気持ちが済むっていうか。やっぱだからその点では自分が慣れたっていうのは感じましたね。だから

第四節 〈否定的な評価・感情〉から〈受け入れる心〉へ　157

ほんと帰る頃にはやっぱりその３ヶ月くらいほんとに悪戦苦闘でもういらいらづくしだったんだけど、やっぱり振り返ったら自分が未熟だったってだけの話だねっていう、そういう気がしますよね。」（教員Ｋ：中国派遣）

ここでは人を待たせるという中国人の行動が度々起こること対して、それに〈馴化〉し逆に待たされることで自分にとって有益な時間が作られることを発見すると〈受け入れる心〉ができて、最初は「いらいらしていた」自分の「未熟」さが自覚させられたことが語られている。

3-3. 〈「これもあり」〉

さらに〈「これもあり」〉と思うことで〈受け入れる心〉が形成されることもある：

「いや、日本人もそうですよ。そうですけど、僕は結構合ってました。<u>結構、向こうに行くまではやっぱりこう、時間はきちっと守らなきゃいけなくて、予定を変更されたらちょっとむかっとしてましたけど、向こうへ行って、結構あ、これもありだよなと思って。</u>うん、結構その変わるっていうのは、<u>僕にとっては面白いこと</u>でした。また変わるのみたいな。感じ方によるんでしょうけどね。だから、あれを時間割がないと言われたら、ないのかもしれません。教務畑の人から見ると、あんなのは時間割じゃないって言われたらそれまでかもしれんけど、もう、とりあえず今週はこれでやるんだとかですね、今月はこれでやるんだみたいなものはありました。」（教員Ｉ：中国派遣）

これは、日本だったら「むかっと」〈否定的な評価・感情〉を引き起こすようなことが起こっても、外国にいるということで気持ちを切り替えて別のやり方があると認め、〈受け入れる心〉が形成されたという語りである。これはゲストとしての作法を獲得したということを意味する。すなわち別の国では別のやり方があることを認めれば〈受け入れる心〉の形成になるが、「信

じられない」と捉えられると別のやり方を認めずに〈否定的な評価・感情〉が生まれる。その違いは、自分の価値観が唯一であると考えるのと、外国では別のやり方がありそれは同等に有効であると考えられるかそうでないかの違いであると考えられる。〈否定的な評価・感情〉を持つと〈日本の文化実践の採用〉や［強要されたゲストの変化］に繋がる。〈日本の文化実践の採用〉に繋がること自体は、それがホストに認められても認められなくても［ゲストの変化］はないので、ストレスレベルはそれほど高くなく問題はそれほどない。しかし［強要されたゲストの変化］の場合には、ストレスレベルが高く派遣教員のメンタルヘルス上に問題を起こすことが考えられ問題があることが考えられる。このことは第二章第六節で考察する。

3-4．〈割り切り〉

〈否定的な評価・感情〉を当初は持っても、〈割り切り〉によって〈受け入れる心〉を形成することも語られた。〈割り切り〉は3-3．で考察した〈「これもあり」〉という概念と一見似ているように思われるが、〈「これもあり」〉の場合には、派遣地では別のやり方があり日本のやり方と同等に有効であると〈肯定的な評価・感情〉を持つのに対して、〈割り切り〉はその文化実践に対して〈否定的な評価・感情〉を持っていても目をつぶって考えないことにして目の前の派遣地のやり方に従うという違いがある。例としてできる生徒だけを伸ばす点に対する〈割り切り〉があった：

「ええとですね、最後のあたり特に高校3年生、ま、中国人の教師からは、その上の子に合わせてくれと、レベルを。だから上の子に、ま、日本の考え方で行くと、最初すごい心情的に、やっぱり日本だったらみんなで授業じゃないですか。でも、ま、向こうではとにかく機会が少ないんだと。あの、ネイティブな人と話す。だから上の子がやりたいというニーズに応えてくれと。<u>下のものは中国人の教師が文法なんかで拾うから、上のをやってくれと言われたので、途中からでもちょっと割り切っ</u>

第四節 〈否定的な評価・感情〉から〈受け入れる心〉へ

て、結構難しいことやらせたんですよ。」（教員P：中国派遣）
ここでは当初日本の考えで行くと上の生徒に合わせた授業は「心情的に」〈否定的な評価・感情〉が持たれたことを述べているが、この教員の場合には「割り切る」ことで〈受け入れる心〉を形成し実践したと語っている。

3-5.〈「学ぼう」とする気持ち〉

異なる相手から〈「学ぼう」とする気持ち〉で臨んだということも語りの中に見出された：

「そうですね。なんかあんまり抵抗はなかったですね。なんか戸惑うことはあったんですけど、でもここはこういうやり方が合ってるんだろうなってことで、なんか学ぼうって気持ちはありましたね。」（教員F：アメリカ派遣）

ここでは厳密な生徒の罰則制度の実施に対して「戸惑う」〈否定的な評価・感情〉が持たれているが、その地でのやり方があると考えそこから〈「学ぼう」とする気持ち〉を持って〈受け入れる心〉が形成されている。

4.〈受け入れる心〉が形成されない場合

〈否定的な評価・感情〉を持ったときに、〈受け入れる心〉が形成されない場合もあった。1つには「あきらめる」という表現で表される心の在り方である：

「まあ半年たってもうあきらめた部分もありましたし、ええ、慣れてきてですね、気にならなくなってくるんですね。なんでこんなこと気にしてたんだろうって思って。自分自身が変化してくるんですね。あまりにも強いストレスをかけ続けられて自分自身の形自体がゆがんでしまうというか。向こうに合うように変形されられてしまう。」（教員M：中国派遣）

ここでは予定の変更の多さなどに〈否定的な評価・感情〉を持っているが、

〈受け入れる心〉を形成するのではなく、〈否定的な評価・感情〉を持ちつつ［ホストの変化］を「あきらめる」ことによってゲストの変化を起こす［強要されたゲストの変化］が起こっているために、「自分自身の形自体がゆがんでしまう」と感じられている。すなわち「あきらめる」という行為は、本当は起こって欲しい［ホストの変化］は起こらないという自覚であり、差異に〈否定的な評価・感情〉が持ち続けられながら［強要されたゲストの変化］があることを表している。滞在中〈否定的な評価・感情〉自体は変化していないので、日本に帰国後何年も経っていてもその気持ちは持続する。一方〈否定的な評価・感情〉を持ち、〈抵抗〉があるので〈日本の文化実践の採用〉を行い、それが［ホストの変化］によって受け入れられると体験自体には〈肯定的な評価・感情〉が持たれることもあった：

「あと、最初、行って2ヶ月くらいのときに、カンニング事件があったんだ。生徒がカンニングしてって。で、割とロシアはそれに寛大なんです。だから僕はめちゃめちゃ怒って、点数がいいことと正直であることとどっちが大事なんだみたいなことをロシア語でなんか追求するわけです。で、口ではね、みんな正直が大事だっていう。もうそれは共通の感覚だな、よかったと思うんだけど。で、そのカンニングした子は結構クラスのリーダー的な存在で、勉強もできるしスポーツもできるみたいな子だったんだけれども、もうそいつの勉強道具と鞄なんか全部廊下にばーっとぶん投げて、シャーペンとかばらばらになって、そいつの胸ぐらつかんで、多分空中に浮いてたかもしれないんだけど、そのままばーっと廊下に出して、バタンって閉めて、そしたら、中学生、こっちで言う中学校2年生か、そのあとテスト続くんだけど、終わったときに開けると泣いて、日本語でごめんなさいって言ってるわけ。意図的に作った場面じゃないんだけれど、それに対して僕は「お前が一生懸命やっているのは分かる」、ま、カウンセリングマインド的な感じでフォローを入れたんですよ。で、周りでみんな見てる人たちが、子たちは、あ、多分こ

の人本気だみたいな感じで思ったと思うんです。人間として認められた、なんかきっかけだったような気がします、あのカンニング事件は。」
(教員X：ロシア派遣)

この話では、ホスト社会でカンニングに対して寛大な態度があることに〈ネガティブな評価・感情〉を持ち、〈抵抗〉を示して廊下に生徒を出すという〈日本の文化実践の採用〉を行ったことで、派遣地の生徒が教員Xを教員として受け入れるという［ホストの変化］があったことが語られている。このように受け入れられれば、［ゲストの変化］がなくても「自分がゆがんでしまう」などの気持ちが起こらず滞在自体が肯定的に感じられるようだ。

5．〈否定的な評価・感情〉から〈受け入れる心〉へのプロセスの総括

本節では、［差異の認知］の後、〈否定的な評価・感情〉が持たれたときに〈受け入れる心〉が形成されることがあることをデータから考察した。また〈受け入れる心〉の［形成促進要因］としては、3-1.〈主体的な行動〉、3-2.〈馴化〉、3-3.〈「これもあり」〉、3-4.〈割り切り〉、3-5.〈「学ぼう」とする気持ち〉、があることを明らかにした。

〈主体的な行動〉が、第二章第三節で考察した［ゲストの変化］の［適応促進要因］でもあり〈受け入れる心〉の［形成促進要因］としても繰り返し浮上してきたことは、異文化の中で人間が変化するときのキーワードを意味すると考えられる。すなわち［ゲストの変化］を遂げるためには、ただ異文化に入ればいいのではなく、自らが与えられた状況に対応する方策を考え行動していかなくてはいけないということを表すと判断される。そのときに〈肯定的な評価・感情〉を持ったものに対するときと同様、〈否定的な評価・感情〉を持ったものにもそのような気持ちを持たないように元を絶つ根本治療のような対策を練らなければならないだろう。しかしこれは対策を練れることに対してだけ有効である。

一方〈馴化〉は〈否定的な評価・感情〉に慣れていくという、いわば〈否

定的な評価・感情〉に蓋をすることで元は絶たない対処療法的な対策と言えるだろう。それゆえ〈否定的な評価・感情〉は残っていることが多いし、また〈馴化〉でくくられる事象は、派遣教員が自らの力ではどうすることもできないことである。〈馴化〉した自分に対しては〈否定的な評価・感情〉は持たれていないようである。

　〈馴化〉という概念は、慣れによって自分を周辺に同化させることを指す（石井等，1997：211）。このような〈馴化〉に言及しているのがアジア圏派遣の教員たちであることは注目に値すると考えられる。古田（1997：118）は、「ウチ世界では、慣れ親しむことがもっとも大切である。周りに合わせることである。離れない、飛び出さないことである。そこで異質の物あるいは者が、この閉ざされた社会に導入されるとき、期待されているのは馴化である。ウチ世界はそのような異質な物あるいは者を包み、馴化し、ウチに取り込む。けっして荒々しく同化しない。あくまでも優しく馴化する。この点で、西欧世界は馴質異化社会である。」と述べている。中国世界が日本的なウチ世界かどうかは分からないが、派遣教員たちにとっては日本人と見た目が似ている中国人の作る世界が日本的なウチ世界に映り、そのような世界に〈馴化〉したと感じることは不思議ではないだろう。また遠山（1999：92）は、「人は、馴化されてしまっているもの、つまり「馴質」を異なる目で見ることは普通しない。「馴質馴化」、つまり文化化の日常化といってよい」と指摘するが、ひとたび同じような目で見始めるとそれが続いていくこともこの点から説明できるかもしれない。

　一方で、欧米派遣教員からは、3-4．で「学ぼう」、と提起されている。このようなアジアと欧米の違いの中に「西洋優越」（戴，1999：87）が表れている可能性があるかもしれない。これらの言説では「日本という国は他のアジア諸国に比べて第二次大戦後にアメリカに占領された影響もあってか、顕著にその生活習慣やら日常のさりげない仕草までも欧米のマナーを基準にしたものへと変化させていった」（ヤマザキ，2012：173）ために欧米は望ましく

「学ぶ」もの、「旧態依然たる近隣アジア諸国」(戴, 1999：91)の習慣は望ましくないが〈馴化〉するものという区別がなされているかもしれず、そうであればそこには異文化は等しく異なりそれぞれから学ぶことがあるという異文化間学習で期待される態度は見えにくい。ただ、アジア圏派遣教員全員がそのように思っているわけでは決してなく、〈主体的な行動〉を取ることで望ましくない事態を招かないようにしている教員がいることは上でも述べた。

また〈馴化〉(habituation) という表現自体が、欧米圏発信の先行研究には見られない概念であり注目すべきことであると考える。アジア圏ならば〈馴化〉すなわち「文化化の日常化」と静的に捉えられる事象が、欧米圏では「学ぶ」と動的に捉えられる可能性がある。馴化については、さらなる考察が必要である[11]。

〈「これもあり」〉は、異文化に入ったときに、たとえ母国では腹が立つようなことが起こっても派遣地ではそれが一般的に行われていることを認知し、〈「これもあり」〉と別のやり方を同等に認めるという態度である。その結果〈否定的な評価・感情〉はなくなると考えられる。

〈「学ぼう」とする気持ち〉は、たとえ〈否定的な評価・感情〉を持つような事柄にもその意味があると考えそこから学ぶという、欧米圏発信の異文化間学習で望まれる態度である。今回の調査ではこの概念が欧米圏派遣者で見られたが、それが異文化での［ゲストの変化］を動的に捉える素地がある地に派遣されたからか、派遣教員の中に既に欧米圏ではそのように振る舞うべきという前提があったからなのかは明らかではない。また派遣教員の中に欧米からだけ学ぶべきものがあるという「欧米優勢」観があったのかどうかも明らかではない。

〈割り切り〉の意味は、〈否定的な評価・感情〉を持っていても、自分の気持ちとは関わりなく現地で行われている文化実践であると考えることで〈受け入れる心〉を形成しているということである。これは［ゲストの変化］に

繋がるが、心の迷いがないため気持ちの上で〈否定的な評価・感情〉を引きずらない。

このような［形成促進要因］によって〈受け入れる心〉を形成した後に起こった［ゲストの変化］は、〈肯定的な評価・感情〉に支えられているためにメンタルヘルス上健康である。また〈肯定的な評価・感情〉を持つまでは行かないまでも、〈受け入れる心〉が形成されただけでも〈否定的な評価・感情〉を持ち続けるよりはメンタルヘルスにはよいようである。

第五節　〈受け入れる心〉から［ゲストの変化］、〈日本の文化実践の採用〉へ

第四節では、〈否定的な評価・感情〉を持っていても〈受け入れる心〉が形成されるときの［形成促進要因］を考察した。さらに、当初は〈否定的な評価・感情〉を持っていても〈受け入れる心〉が形成されて〈肯定的な評価・感情〉を持つようになり、［ゲストの変化］に至る道筋があることが語りに見られた。またもう一方で、〈受け入れる心〉が形成されている場合でも［ゲストの変化］には至らずに、派遣地の教員が実践することはかまわないが派遣教員自らは参加せず〈日本の文化実践の採用〉を行う場合が見られた。この違いは、前者では自分がその文化実践に参加することに〈肯定的な評価・感情〉が持たれているのに対し、後者ではホストの参加には〈肯定的な評価・感情〉があるがゲスト自らの参加には〈否定的な評価・感情〉が持たれていることにある。すなわち〈受け入れる心〉では、このような区別がなされているのである。ここでは、〈肯定的な評価・感情〉を持って［ゲストの変化］に至ったという語りと〈日本の文化実践の採用〉に至ったという2種類の語りを考察する。そして本研究では後者に対して「寛容」というネーミングを与える。

第五節 〈受け入れる心〉から［ゲストの変化］、〈日本の文化実践の採用〉へ　165

1. 〈受け入れる心〉から［ゲストの変化］へ至る〈肯定的な評価・感情〉

　ここでは図2-1の線⑥で表されるプロセスを見ていく。〈受け入れる心〉から自らホストの文化実践に参加することに対して〈肯定的な評価・感情〉を持ち、［ゲストの変化］に至ったという語りには2種類があった。1つは罰則制度の受け入れであり、もう1つは予定変更に対してであった。ここでは2つに分けてデータを考察する。

1-1. 罰則制度に対する〈受け入れる心〉の形成

　欧米圏でよく語られた罰則制度を受け入れたという1人の教員の語りである。この語りは、第二章第四節2.〈否定的な評価・感情〉から〈受け入れる心〉への変化、で罰則制度を考察するときにすでに1度取り上げている：

　　「H：まあ、なんとかだましだましやっていくしかないですよね。で、どうしても目に余る行動があった場合には、やっぱり別室に送ったりってことも最後はしましたけども。

　　筆者：最初は抵抗がありましたか？

　　H：そうですね、やっぱり。やっぱり、でも、日本式の考え方で言うと、子どもの教育を受ける権利をあれしちゃいけないって思うじゃないですか。ただ、そうはいっても、ほかの他の子が教育を受ける権利を邪魔しちゃいけないっていう風に考えるようになったので。」（教員H：アメリカ派遣）

この場合には、最初は生徒を別室に送るという罰則制度に対して日本式の評価基準を適用して「子どもの教育を受ける権利を〈邪魔〉してはいけない」と〈否定的な評価・感情〉を持ち〈抵抗〉を示していたのだが、次第にホスト風の考え方を〈受け入れる心〉が起こったことから〈肯定的な評価・感情〉が形成されて［ゲストの変化］に至ったことが語られている。ここではその制度自体を受け入れて自らも参加したので制度に対する〈否定的な評価・感情〉は残っていない。これに対して、制度自体に最後まで〈肯定的な

〈評価・感情〉を持たず自ら参加するのにもホストが参加するのにも〈否定的な評価・感情〉が持たれた場合は、帰国後も〈否定的な評価・感情〉が持ち続けられていた。この例は既に第二章第四節１．〈否定的な評価・感情〉、で１部考察している：

> 「驚いたこと。何でしょうか。ディテンションとか。ディテンションって、結構生徒には恐怖で、ご存じのように、居残り勉強みたいものなんですけども、遅刻３回でディテンションとか、生徒が騒ぐとその生徒がディテンションとか、僕にとっては何かこう、武力行使みたいな印象だったんですね。結局教える技術が全くなくても、ディテンションって言えば次からその子はとりあえずしゃべらなくなる。<u>けどそこには教員の技量は全く関係なく、ディテンションっていう恐怖心だけで生徒を押さえつけているっていうか、制約をかけているっていう。ま、それがたぶん普通の世界だと思うんですけど、アメリカでは。それはなんだろう、非常に驚きでしたね、僕にとっては。</u>だからディテンションはやらなかったと思います、僕は。やっぱ、話して聞かせていこうっていう風に思ってましたね。」（教員Ａ：アメリカ派遣）

教員Ａはインタビュー当時帰国してから10数年を経ていたが、ここでは帰国後もディテンションに対する〈否定的な評価・感情〉が「武力行使」という表現を使って表されている。〈否定的な評価・感情〉は、ある場合は長期間経ても消えず〈受け入れる心〉が形成されないほど強いものであるらしい。

1-2．予定変更に対する〈受け入れる心〉の形成

アジア圏派遣教員の場合、〈否定的な評価・感情〉が持たれたことの代表は予定変更の多さに対してであった。これに対しても最初は〈否定的な評価・感情〉が持たれたが、周囲の現地人教員の対応の仕方を見るうちに〈受け入れる心〉が形成され、自らの参加に〈肯定的な評価・感情〉が持たれて

第五節　〈受け入れる心〉から［ゲストの変化］、〈日本の文化実践の採用〉へ　　167

［ゲストの変化］が起こったことが見られる。この例は第二章第四節２．〈否定的な評価・感情〉から〈受け入れる心〉への変化、で既に使用している：
　「ああ、そうですね。公立と私立、ここは僕がいた頃は、完全な私立学校だったんで、私立です。私立学校だったので、結構いろんなことをめちゃくちゃにやってましたね。たとえばその試験を来週やるんだって言ったら、来週から試験になるんですよ、突然。だから教員は、その試験問題を急いで作らなきゃいけない。それからですね、来月教員の運動会をやるとかいうと、いきなり学長が言うんです。オーナーが。オーナーが来月運動会をやるって言ったら、その運動会用にわざわざグランドを作るんです。全天候型のグランドを。１ヶ月で。突貫工事で。そしてグランド、芝生の入ったぴしゃーっとした全天候型のグランドができてスタンドがばーっとできてですね、そこで教員と教員の家族が運動会をやる。だからそのワンマン経営者がですね、結構好き放題やってる。結構それでみんな振り回されるところがありました。だけど、こんなに振り回されても人間って対応できるんだと思って、結構それは勉強になりました。少々無茶ぶりをされても、やろうと思えばなんぼでもできるんだと思ってですね。」(教員Ｉ：中国派遣)

この場合には、校長の意向に振り回されても他の教員たちが対応していることを見て〈受け入れる心〉が形成されただけではなく「勉強になった」という〈肯定的な評価・感情〉が起こり、さらに自らが参加する［ゲストの変化］が起こっている。それが一層進むと、そちらのやり方が日本のやり方よりもよく見えるようになるということも報告された。この例は既に第二章第三節１．〈肯定的な・評価・感情〉、で１部論じている：
　「システム的な部分でも、ちょっとありますけども、それはやっぱり、中国は少なくともちょっと日本よりはそのシステムとしてはかなりアバウトな世界だったので。だからそっちの方がよかったな、いいねって見えることが多かったわけですよ。そんなことどうでもいいよねって言っ

たら変ですけど、そんなこと気にしないで、うん、だから大事なのはこれだよねっていうようなシーンがま、割とあってですね。」(教員K：中国派遣)

これらの例では、最初は「アバウトな世界」と当初は〈否定的な評価・感情〉を持っていても次第に「やろうと思えばできる」、「そっちの方がよかった」と〈受け入れる心〉が形成され、さらに〈肯定的な評価・感情〉が起こり自らもそれに参加して［ゲストの変化］が見られた。

このように最初は〈否定的な評価・感情〉を持っても、〈受け入れる心〉が形成されると〈肯定的な評価・感情〉から［ゲストの変化］に至ることがあった。

2．〈受け入れる心〉から〈日本の文化実践の採用〉へ

ここでは図2-1の線⑦で表される過程を見ていく。第二章第五節1．では〈受け入れる心〉が形成されて〈肯定的な評価・感情〉が持たれた場合を検討したが、〈受け入れる心〉が形成されていても〈日本の文化実践の採用〉を行ったという語りも見られた。この場合には、ゲスト自らの参加に対して〈肯定的な評価・感情〉が起こらないので［ゲストの変化］には至らない。ここでは教育制度に対する〈受け入れる心〉と現地の人々の行動に対する〈受け入れる心〉の形成があったが、自らの行動に対しては〈否定的な評価・感情〉が持たれていたために〈日本の文化実践の採用〉に繋がった場合を検討する。なおこれを本研究では「寛容」と名づける。「寛容」は、ホストの行動に対しては〈肯定的な評価・感情〉を持つがゲスト自らがホストの行動を取ることに対しては〈否定的な評価・感情〉を持つという点で、ゲストが参加したくても技術的な困難が伴う場合も含まれると考えられる。このような語りは本研究のデータには見られなかったが、図1-5文化規範と感情の関係についてのモデルの中のパターン⑤である。小柳（2006）はこのパターンに名前を与えていないが、本研究ではデータには表れていなくても可

第五節 〈受け入れる心〉から［ゲストの変化］、〈日本の文化実践の採用〉へ　169

能性としてこのような場合が存在するので「寛容」と呼ぶことにする。

2-1. 教育制度を〈受け入れる心〉

　派遣地での様々な教育制度に対する〈受け入れる心〉は、ホストがそれをするのは許しているがゲスト自らが参加することはしないという形で現れていた。この例の１部は、第二章第四節１．〈否定的な評価・感情〉の中の１-４．体罰、で論じている：

「Z：親があの、竹のこんなんをですね、持ってきて、書いちょるんですよ、なんか言葉を。日本式に言うと、精神注入棒かなんか。で、担任の先生に全部配るんです。PTA の会長さんみたいのが。殴ってくださいって言うんです。

筆者：ええ、竹の棒で。

Z：気合いを入れるんです。悪いことしたら。めちゃくちゃ殴ってました。

筆者：で、先生はどうなさったんですか。

（中略）

Z：あ、いや私はそんなことはしたことはないですけど、あらかじめほかの先生方が気を遣ってくださってですね、授業でも時々あの、ちらと見てくださって、で、なんか遅れてきた子とかがいたら、残して、ぽこぽこにしてました。そういう面では、私は何も。」（教員Z：韓国派遣）

ここでは韓国の教員が体罰をする制度を許しているが、派遣教員自らが参加することは「そんなこと」と〈否定的な評価・感情〉が持たれて、〈日本の文化実践の採用〉による体罰制度への参加をしなかったことが語られている。現地教員の行動は受け入れている「寛容」の例である。

2-2. ホストの行動に対する〈受け入れる心〉

　派遣国の教員の行動に対して〈受け入れる心〉を持ったが、派遣教員自ら

は〈日本の文化実践の採用〉を行ったという語りがあった：

「だからそういうことしちゃいけないっていうのがあるので、だからまあ、そのどうしてもその伸ばさないといけない子は昼休みとかに個人レッスンって言ったらおかしいですけども、あのう、呼んでやってましたね。それは多分KさんもMさんも同じように個人で指導してたと思いますけど。ただそれは中国人の先生からすると、そんなになぜ休み時間まで。あの、休み時間には家庭教師としてお金を別料金を取って教えていらっしゃる先生がいました。なかなか不思議な感じでした。<u>あのう特にその人が金に汚いとかそういうことではないんですけれども。やっぱりその辺の考え方は全然違う感じがしましたね。</u>」（教員N：中国派遣）

ここでは、休み時間に家庭教師として別料金で生徒を教える派遣地の教員の行動を「その人が金に汚いとかそういうことではない」と〈受け入れる心〉を持っていたが、派遣教員自らがそうすることに対しては〈否定的な評価・感情〉を持って参加せず、個人レッスンという形で〈日本の文化実践の採用〉をしていた。これは、ホストの行動に対して〈受け入れる心〉を持っていても自らが行動しない「寛容」の例である。

このように派遣教員たちは、ホストの行動に対しては〈肯定的な評価・感情〉を持っていても自分が同じ行動を取ることに対しては〈否定的な評価・感情〉を持っている場合があった。

3．〈受け入れる心〉から［ゲストの変化］、〈日本の文化実践の採用〉への総括

〈否定的な評価・感情〉を持っていてもその後〈受け入れる心〉を形成して自分が参加することに対して〈肯定的な評価・感情〉を持って［ゲストの変化］に至る場合と、〈受け入れる心〉を形成するが、それはホストの行動に関してだけでありゲスト自らの参加に対しては〈否定的な評価・感情〉が持たれていると〈日本の文化実践の採用〉に至る「寛容」があることを以上

で考察した。

ここから〈肯定的な評価・感情〉は［差異の認知］から直接的に起こる場合と、〈否定的な評価・感情〉があった後に〈受け入れる心〉が形成されて、ホストの行動にもゲストの行動にも感じられた場合に導かれる場合の2種類があることが明らかになった。そのような気持ちが起こって初めて［ゲストの変化］が起こると考えられる。

これに対して、〈否定的な評価・感情〉が変化して〈受け入れる心〉が形成されても、ホストの行動には〈肯定的な評価・感情〉があるがゲスト自身の行動には〈否定的な評価・感情〉が持ち続けられる場合（すなわち「寛容」）には〈日本の文化実践の採用〉に至り、［ゲストの変化］は起こらなかったことも以上で明らかになったとおりである。

第六節 〈否定的な評価・感情〉から［強要されたゲストの変化］[12]へ

第二章第三節2．〈肯定的な評価・感情〉から［ゲストの変化］へ、で考察した6項目にわたる適応（すなわち〈ゲストの日本語教育への適応〉、〈ゲストのホスト言語への適応〉、〈ゲストの教育システムへの適応〉、〈ゲストの生徒の気質への適応〉、〈ゲストの人間関係への適応〉、〈ゲストの物理的状況への適応〉）は、ゲストが異文化に滞在した際［差異の認知］から〈肯定的な評価・感情〉をもって自らを変化させた場合である。しかし〈否定的な評価・感情〉を持っているのにも関わらず自らを変化させるという［強要されたゲストの変化］もデータには見られた。［強要されたゲストの変化］にはストレスが多く（小柳, 2006)、自尊感情を保てない（Shaules, 2007）という問題を含む。多くは自らの意志で海外派遣を望んだはずの派遣教員たちの中にもそれが見られた。本項では、［強要されたゲストの変化］があった項目を考察する。これは図2-1では線⑧によって示されているプロセスであり、〈強要された日本語教育への適応〉、〈強要されたホスト言語への適応〉、〈強要された教育システム

への適応〉、〈強要された生徒の気質への適応〉、〈強要された人間関係への適応〉、〈強要された物理的な状況への適応〉が含まれていた。またそこから来るストレスの緩和には、〈愚痴の共有〉が有効であることを示す。これは図2-1では線⑨によって示されているプロセスである。

1.〈強要された日本語教育への適応〉

派遣教員たちは、多くの場合自ら志望してまたそうでない場合もよく理解した上で海外での日本語教育に従事したので、〈否定的な評価・感情〉を持ちつつ〈強要された日本語教育への適応〉をする場合はそれほど多くは語られなかった。しかしいくつかの例が見られた。まずアシスタントティーチャーの場合である：

> 「もうひらがなの50音全部まず最初にやらせて、それの採点とか、そんなのばっかりをやってたので、私が何かをするっていうのは、まずなかったんですよね。あとはまあ、日本からいろいろ外大でいただいた資料とか、教科書とかもあったんですけど、そういうのは持って行ってて、そういえば、こういうの使ってみないですかって先生に言うと、あ、いいわね。じゃ、これコピーしてきてって言って。これをじゃあ80人分、こんだけコピーしてなんて、私は1日コピーしてたりとか。先生は授業やってて、私はコピー室でコピーしてたりとか。<u>だからそういうアシスタント、ほんとのアシスタントになっちゃってて。だからすごく辛かったですね、最初は。</u>」（教員Y：ニュージーランド派遣）

ここでは、日本では正規職員として教えていた教員が派遣国でアシスタントとなり教える機会を奪われたことによる〈否定的な評価・感情〉を抱く状況に［強要されたゲストの変化］をして、「辛かった」とストレスが高かったことが語られている。これに対して同じアシスタントとして豪州に派遣された教員Vがそれほど強くストレスを語っていないのは、日本語を教えること以外に教材を作るという日本で工業の教員として本来やっていたものを作

第六節 〈否定的な評価・感情〉から［強要されたゲストの変化］へ　173

るスキルが生かされていたからだと考えられる。一方日本で英語教員だった教員Yは、言語を教えるという本来の仕事ができない状況でストレスを高めたようだ。このように教えたくても教える場がないという外的要因からの［強要されたゲストの変化］の例は他にも見られた。このことは、日本にも多数存在する外国語のALT[13]にも［強要されたゲストの変化］を求めていることがありうるので、彼らの扱いをどうすればいいかの示唆に繋がると考えられる。実際後述するように、教員Yは自分のこの辛い体験から、帰国後ALTの取り扱いを変化させたと語っている。詳細は第三章第五節〈反面教師〉で述べる。

2．〈強要されたホスト言語への適応〉

　〈強要されたホスト言語への適応〉は、必ずしも〈否定的な評価・感情〉を伴うとは語られなかったが、慣れない〈ホスト言語〉の聞き取りは「疲れる」という〈否定的な評価・感情〉を持たせていた：

　　「英語をしゃべる疲れでしょうね。ま、最初でも、真剣に聞くとなんか頭の後ろが痛くなって、よく最初の頃は。ああ、きっとここら辺が言語なんとかなのかなあと思って、すっごい疲れるなあと思って、1日中講演会とかあって聞いていると、もう痛くて痛くて。」（教員C：アメリカ派遣）

このようなホスト言語の聞き取りや会話からくる「疲れる」というストレスは、多かれ少なかれどの派遣教員にも感じられていたことであるが、最大の場合はロシア派遣の教員Xであったと推察される。この教員の場合は、派遣前にティームティーチングなのでロシア語を話さなくてもいいと言われ熱心に勉強せずにロシアに渡った。しかし派遣後にメインティーチャーとしてロシア語で授業を行うことになり、予期せぬ事態になったときストレスは一層高まったと考えられる。

　〈ホスト言語〉が英語の場合は、日本での英語教育の経験からある程度は

どの教師も対処できたようだが、それ以外の言語の場合にはおよそ1年半の滞在で現地の言葉を深く理解し話せるようにはなかなかならないようである。そのときに英語を共通語として使うという方策が見られた：

「ウェールズ語はしゃべってません。ただ2つ学校行ったんですけど、今（学校名）と交流している方は、割とこうインターナショナルな学校で、ま、基本的には英語がメインの学校なんですけど、もう1校の（学校名）は、学校の中ではメインは、メイン言語はウェールズ語っていう。で、先生同士も全部ウェールズ語でしゃべってはるんです。で、私とは英語でしゃべって。で、全部みなさんバイリンガルなんです。で、ウェールズ語は挨拶ぐらいしかできません。まずだから英語をマスターしないといけないっていうか。その仕事するぐらいには十分でなかったので、最初行ったときには。結構最初の頃は、何遍も聞き直さなければ、ね、耳慣れないので、やっぱりこう、仕事になると、時間とかいろんなこと間違ったら大変なので、確認をすることは何遍もだから英語で言わなければならないことはありました。」（教員Q：連合王国派遣）

この場合は派遣地ではウェールズ語で話しているが、限られた派遣期間の中で新しい現地の言語を獲得しようとする努力に代えてリンガ・フランカである英語を話したという語りであり、一から派遣地の言葉を学習するストレスを軽減するものとして派遣教員に取られていたストラテジーであると考えられる。

3．〈強要された教育システムへの適応〉

〈教育システムの違い〉に〈否定的な評価・感情〉を持ちながらも［強要されたゲストの変化］が示されたのは予定の変更に関してであった：

「だから、突然、たとえば昼ご飯食べてるときに、今日の五時間目O先生の授業、公開授業にしてくださいとか言って。で、もう、何人も見に来ちゃったりするんですよ。え！って言って、一応もちろん授業準備は

第六節　〈否定的な評価・感情〉から［強要されたゲストの変化］へ　　175

してるけど、公開授業ってまた雰囲気違うじゃないですか。そういうこ
ともあったしね。もう突然に授業がなくなること、変えられることもよ
くあるし、まあ、そんな感じ。だからこっちも常にこう何があっても動
じないって言うか、準備はしておいてっていう。日本だとね、もうき
ち、きちっと決められてその通りに行くでしょう。逆に言えば、その計
画通りに行かないと、こう動揺しちゃうところがあるけれども、中国は
計画がない分、動揺もしないっていう。」(教員O：中国派遣)

ここでは突然公開授業をやってくれと言われるような予定変更が多くあった
ことで、最初は「え！」という〈否定的評価・感情〉が持たれていたが、そ
のうち「何があっても動じない」という適応がなされたことが語られてい
る。

　しかし余りにも〈否定的な評価・感情〉が強く、しかも差異に対して自ら
が積極的に合わせようとした［強要されたゲストの変化］があった：

「だからあの僕もきちんと今週はこういう授業、こういう授業をして、
来週はこういう授業をして、この授業を踏まえて次の授業の準備をし
て、あのう、前の授業でやったことをあの採点とかをして結果を返し
て、そういう風に日本人的ですよね。進めようと思ったんですけど、あ
るかないか分からない授業ですから、もう全部投げ込みにしました。作
り貯めて置いて、あ、今日は、今週は授業あるんだと。今日は2時間あ
るんだとか思った時点で、じゃ、これやろう。作り貯めた教材で投げ込
み教材。いきなり授業。もう、何というんですかね、誇りとか、そうい
うものは全部打ち砕かれましたね。」(教員M：中国派遣)

このような［強要されたゲストの変化］は、教員M自らが語っているよう
に「誇りを打ち砕かれ」、心理的に大きなダメージを残すと考えられる。真
剣に現地の教育システムに適応しようという気持ちはゲストの取る態度と
して大変立派であるが、程度問題であることをこのことは示している。［強要
されたゲストの変化］という形の「適応」に対する用心を事前研修などで教

えていく必要があるのではなかろうか。またこのような〈否定的な評価・感情〉を持った場合には、自分1人で考えてすぐに行動に取りかかる前にそのストレスを緩和させるために、〈愚痴の共有〉をすることが有益であるかもしれない。これについては、以下の7．［強要されたゲストの変化］のストレスを緩和する〈愚痴の共有〉、で述べる。

4．〈強要された生徒の気質への適応〉

　〈強要された生徒の気質への適応〉は、困難を伴いながらも大きなミッションであるためになんとかやらなければならないことである。たとえば以下のような語りがある。この例は既に第二章第二節5-1．コントロールの難しい生徒、で使用している：

> 「あの難しい話を始めると、日本語覚えようやって言うと駄目なんです。だからよくあのう、文化とかその話をするときは盛り上がるんです。日本語教えようと思うと駄目なんです。要らないんです。日本に興味あるんですよ。<u>それはあくまでも文化とか、その芸能とかああいうのには興味があるけど、日本語には興味がない。そういう学校にいました。だから意味がない。</u>」（教員Z：韓国派遣）

ここでは、日本語の授業なのに日本語を教えようとすると興味を失ってしまう日本の基準とは違った生徒の気質に合わせて、「意味がない」と〈否定的な評価・感情〉があっても生徒と仲良くなるために文化や芸能の話しをしたことが語られている。しかし、派遣教員たち全員が〈教員としてのキャリア〉を持っていて多様な生徒に対応するスキルを身につけていたためだろうか。〈強要された生徒の気質への適応〉はそれほど多くは見出されなかった。

5．〈強要された人間関係への適応〉

　〈人間関係への適応〉にも〈否定的な評価・感情〉に基づく［強要されたゲストの変化］はあまり多く語られなかったが、ないわけではない：

第六節 〈否定的な評価・感情〉から［強要されたゲストの変化］へ

「でも最初はね、やっぱり何て言うんですか、僕もいろいろ考えたけど、やっぱりあんまり日本人と仲良くつきあっているとですね、中国人同士のつきあいに影響するのがあるのかなあと思ってですね、男性の僕と同い年の（名前）さんて人がいたんですけど、その人は食事とかはじゃ、そろそろ食事に行きましょうかって言うんだけど、一緒に食べることは一切ない。<u>日本人は日本人で食べておけっていう感じですかね。リラックスして同僚たちとあのやりたい。日本人の守、世話はしたくないってことですよ。</u>だからそういう人たちなのかなと思ったけど。」（教員M：中国派遣）

ここでは、本当は中国人の教員と一緒に食事をしたいのだがしてもらえないことに〈否定的な評価・感情〉を持っている。しかしその状況を変えることができないので［強要されたゲストの変化］が起きている。そのときに、日本人と仲良くすると中国人同士のつきあいに影響するので日本人とつきあわない「そういう人たちなのか」と中国人を一般化することで納得しようとしている。しかしその一般化は、次の言説と矛盾している：

「２年目になってあの、若い女性がね、割と親切にしてくれたんで、<u>要するにみんなの中に、輪に入れてくれるんですよね。</u>だから僕ももう１人若い日本人がいたんで、４〜５人でいつも食事に行って、それは楽しかったですね。」（教員M：中国派遣）

ここでは別の教員が中国人の輪の中に日本人である教員Mを入れてくれたことが語られており、中国人が一般的に日本人とは仲良くしないという先の言説とは相容れない。これは、〈否定的な評価・感情〉が起こるとその原因を自分の中で描いたホスト国民の一般的な属性に帰する傾向がある可能性を示していると考えられる。［ホストの変化］については第二章第七節で考察する。

〈強要された人間関係への適応〉があまり見られないのは、日本語の派遣教員という立場の影響があるからではないかと考えられる。すなわち派遣校

では日本語教育が受け入れられている場合が大半であり、それを教える日本人の派遣教員も受け入れられる素地がもともとあるところに派遣される場合が多いと考えられるからである。特に現地人の日本語教員にとって日本人である派遣教師は、日本語を練習する機会を提供してくれる存在でありわざわざ難しい人間関係を作ることは考えにくい。ほとんどの場合派遣地の日本語教員との人間関係を良好なものとして築いていたのは、このような理由によるものであると考えられる。

6．〈強要された物理的状況への適応〉

　物理的な状況は、派遣教員がどのように努力しても自らの力では変えられないという意味で〈否定的な評価・感情〉を持って［強要されたゲストの変化］を生み出す。たとえば安全に関しての語りがある：

　「C：<u>なのでもう多分すごい気も遣ってたと思うし、やっぱり危機管理っていうのは、日本以上に自分でもしてたと思うんです。</u>
　I：どういうことに対して。
　C：まあちっちゃいことですけど、たとえば今だったら車、すみません、ぐちゃぐちゃなんですけど、まあ荷物とかどんどん置いているんですけど、絶対そんなことはアメリカではしなかったし、やっぱり破られたりするから、見えるところにはものを絶対に置かないとか、そういうちっちゃなこと。あのう、鞄とかの持ち方でも、ま、すごい治安はいい所なんですよ。あの、女性が1人で歩ける町なんです。ま、日中だったら。なので、全然治安はいい所だったんだけれど、やっぱり鞄とか持ち方は必ずチャック閉めるとか、そういうのは気をつけていたので。ま、<u>日本だとだらだらなんですけど、やっぱ違うかなあと。ちょっとしたことで気をつけていたと思うので。</u>」（教員C：アメリカ派遣）

ここでは日本だと「だらだら」ですむが、治安が悪い派遣地では「気をつける」という変化が起こっていたことが語られている。このような治安に対す

る［強要されたゲストの変化］は、規模の大小はあれ派遣教員たちに緊張をもたらしストレスを与えていたと考えられる。

7．［強要されたゲストの変化］のストレスを緩和する〈愚痴の共有〉

　小柳（2006：79）は、相手の行動への否定的な感情を持つこともストレスだが、その相手の行動に自分も合わせなくてはいけないことにも否定的な感情をもつことでさらにストレスが増えると指摘している。［強要されたゲストの変化］はまさにそのような状況を表し、ストレスが１番高くなると考えられる。そのような状況で、少しでもストレスを軽くするために〈愚痴の共有〉があった。これは１つのストレスマネッジメントである：

　「アメリカ人も結構みんなで笑い飛ばしてましたね。たとえばこうみんなで旅行に行ったりするんですけど、決してそのすごいいいホテルばっかりじゃなくて、このたとえばひなびた町へ行ったら、お化け屋敷みたいなホテルに泊まらされるわけですよ。すごいよね、ここって。デーモンの館だとか言って、みんなで笑ったりしたんですけど、結構その中国の環境をみんなで楽しんでるっていう感覚がみんなにあったので、面白かったです。」（教員Ｉ：中国派遣）

ここでの語りは、汚いところが多い土地でも中国に外国人として滞在しているアメリカ人という同じ立場の人と〈愚痴の共有〉をすることで、「お化け屋敷みたいなホテル」に対して持つ〈否定的な評価・感情〉を共有して楽しめたというものである。すなわち〈愚痴の共有〉は〈否定的な評価・感情〉を少なくとも〈受け入れる心〉へと変化させることに役立っていると考えられるのである。〈愚痴の共有〉は、同じ土地にいる人とではなくてもインターネットを通じて世界各地にいる同期の教員ともできることであり、実際にそのようにしていたと語る派遣教員もいた。一般的に異文化に入った人々は、自らその文化に適応することに重点が置かれ、現地のホストとの人間関係の構築が最重要であると考えられがちである。しかし適応にはストレス度

が高い［強要されたゲストの変化］があることを考えると、悪口を直接言いにくいホストの他に日本人外国人を問わず同じ立場を共有する人々との関係も築いておくことが重要であると言えるだろう。そのような人々との共有がない場合「黙って耐える」という方策も見られた：

　　「私はそういうのはどっちかというと黙って耐える方なので。だから大丈夫だったんだと思います。」（教員 J：中国派遣）

このような「黙って耐える」という方策は短期滞在には有効かもしれないが、長期にわたる滞在でメンタルヘルスが保てるかどうかはわからない。少なくとも、上記の教員 I のような「面白い」と言えるようなむしろ〈否定的な評価・感情〉を〈受け入れる心〉に変えるような環境は作れなかったと推察される。

8．［強要されたゲストの変化］の総括

　1．から 6．まで〈強要された日本語教育への適応〉、〈強要されたホスト言語への適応〉、〈強要された教育システムへの適応〉、〈強要された生徒の気質への適応〉、〈強要された人間関係への適応〉、〈強要された物理的状況への適応〉、におのおのあることをデータから考察した。〈強要された生徒の気質への適応〉は少なかったが、それはもともと教員という職業から様々な生徒に対応することを要求されるために、〈教員としてのキャリア〉を持つ派遣教員たちは強要されることがあまりなく自ら適応していったことが考えられる。

　［強要されたゲストの変化］があると派遣国での滞在のストレスが高まるが、派遣教員たちは自分なりの方策を考えてそれを乗り切っていた。これはすべての人がそうできるということを担保するわけではない。というのも、インタビューを受けてくれた派遣教員たちは、自分たちの派遣体験を肯定的に捉えることができた人がほとんどであり、そうでないと思われる派遣教員たちにはインタビューを断られたからである。様々なルートをたどってイン

第六節　〈否定的な評価・感情〉から［強要されたゲストの変化］へ　　181

タビューを申し込んでも受け入れてもらえなかった場合には、滞在中に多くの［強要されたゲストの変化］があったと察せられるが、それがどのような点であったのか話を直接聞くことはできなかった。ただし他の人の話として、下宿先の人にお金を盗まれた、泥棒に何回も入られた、スリにあった、騙されたなどという経験でその国の人間を信じられなくなる思いをした人がいたということを挙げた派遣教員はいた。インタビューに応じてくれた人の中にも騙された経験があると答えた人がいたが、騙した人が例外的であって他の人のことは好きだと感じたと語っており、1つの嫌な体験をその国民全体の傾向として敷衍してはいなかった。ここで言えることは、ほとんどが成功例からの結論であることを断っておかなければならないだろう。

　上記にもあるように、［強要されたゲストの変化］は非常にストレスの高い状況を招くために、自らがそのような状況にいるということを自覚して対処する必要がある。1つの指標は、［差異の認知］があったときに「あり得ない」とか「信じられない」と思うことである。「あり得ない」という言葉は、「現実を拒絶することによって心を不寛容にし、いらだたせる効果がある」（小池，2012）。このような〈否定的な評価・感情〉を持ったときに、それに自らを合わせて変化させてしまうと［強要されたゲストの変化］になり〈否定的な評価・感情〉が残る。しかも〈否定的な評価・感情〉は長い間消えないようだ。〈否定的な評価・感情〉を持つ状況が少なくて、多くが〈肯定的な評価・感情〉で過ごせれば滞在全体としては〈肯定的な評価・感情〉を持って捉えられる。しかし〈否定的な評価・感情〉を多く持ったままでいると滞在全体がネガティブに感じられ、そう感じる自分がゆがんで見えてしまうことがインタビューでは語られている。

　このような事態を招かないためには、〈否定的な評価・感情〉を〈受け入れる心〉に変える必要がある。その1つの方法として同じ立場の人との〈愚痴の共有〉が概念として立ち上がってきた。〈愚痴の共有〉は、「郷に入っては郷に従え」という諺に反しているように思えるしまたそれを信条としてい

る派遣教員[14]に反旗を翻すようにも思われるかもしれないが、［強要されたゲストの変化］によって自らを孤立させて苦しい立場に追い込みひいてはかつてカルチャーショックが病理と捉えられていたような状況（Oberg, 1960）を招かないようにするために、第1にとってよい方策であると思われる。REX なら事前研修を担当している教員がインターネットカウンセリングを受け付けていたし（宮城, 2005）、同期の派遣教員と連絡を取ることもできた。苦しい場合には、あらゆる手段を使ってストレスをため込まないことが重要だと考えられる。

　確かに［強要されたゲストの変化］はストレスを招きそれが残す〈否定的な評価・感情〉は長期間続くものであるが、ネガティブな体験があったにもかかわらずそれをばねにして新たな境地を開いた教員の語りも見出された。その場合ネガティブな体験は〈反面教師〉としての役割を果たす。このことに関しては、第三章第五節で述べる。

　［強要されたゲストの変化］というカテゴリーの存在は、今まで「異文化適応」という言葉の定義によく見られた「個人が異文化で良好な状態を保とうとする過程」（佐藤, 2001：44）や「人が新しい異文化の要求に応え、生活環境と調和した関係を確立及び維持し、日常生活を無事に送れるようになること」（石井等, 1997：215）、「個人が異文化で心身ともに概ね健康で、強度な緊張やストレスにさらされていない状態」（譚等, 2011：97）などでは捉えきれない内面の葛藤が異文化適応にあることを示す。また「"異文化適応"を単に留学先の社会の文化に自分を当てはめるのではなく、異文化環境で社会文化的、心理的な相違を認知・感情・行動の面で受け入れ、それを個人の自己成長の過程につなげることと捉える」（劉・服部, 2012：11）のような異文化適応の定義は、「受け入れ」ていないにもかかわらず〈反面教師〉として人間的成長に繋がることもあることから、今までの様々な異文化適応の定義の再考を促すものである。

　Berry（1997：10）は、「人々が同化（assimilate）することを強要されたと

き、「るつぼ」(melting pot) は「圧力鍋」(pressure cooker) になる」と言っている。しかし本研究では誰も「強要していない」のに［強要されたゲストの変化］を遂げている場合が見られた。これは個人が異文化に突入したときに、その社会に合わせて自分が変化しなくてはならないと思い込むことによって起こる現象であると考えられる。このような態度は、今までの適応モデルが統合（integration）や同化などのゲストの変化のみを提示してきたためではないだろうか。ゲストの変化だけを示すモデルに自ら忠実に従うことが［強要されたゲストの変化］に繋がる可能性がある。ゲストが変化しなくてもいい場合を次の第七節で示す。

第七節　〈否定的な評価・感情〉、〈抵抗〉、〈日本の文化実践の採用〉、［ホストの変化］

　第二章第四節では、［差異の認知］のときに〈否定的な評価・感情〉が持たれても後に〈受け入れる心〉が形成されたことを考察した。ここではそのような〈受け入れる心〉の形成がなく、むしろ〈抵抗〉が起こりそこから〈日本の文化実践の採用〉が行われることがあることをデータから考察する。さらにそのような場合、［ゲストの変化］はないが［ホストの変化］が起こって結果的には派遣教員の滞在は居心地がよいものとなる場合があることを考察する。この過程は図２−１の⑩で表されている。

１．〈否定的な評価・感情〉から〈抵抗〉、〈日本の文化実践の採用〉へ

　まず〈抵抗〉が起こり、〈日本の文化実践の採用〉に至るケースが見られた。１例として生徒の罰則制度がある。本例は第二章第五節１．〈受け入れる心〉から［ゲストの変化］へ至る〈肯定的な評価・感情〉の１−１．罰則制度に対する〈受け入れる心〉の形成、で使用した例の１部である：

　　「けどそこには教員の技量は全く関係なく、ディテンションっていう恐
　　怖心だけで生徒を押さえつけているっていうか、制約をかけているって

いう。ま、それがたぶん普通の世界だと思うんですけど、アメリカでは。それはなんだろう、非常に驚きでしたね、僕にとっては。だからディテンションはやらなかったと思います、僕は。やっぱ、話して聞かせていこうっていう風に思ってましたね。」（教員A：アメリカ派遣）

ここで教員Aは、ディテンションというアメリカの学校の罰則制度に対して「教員の技量は全く関係なく」、「恐怖心だけで生徒を押さえつける」ので罰則制度自体に〈抵抗〉を示し、ホストがそれを行うこともゲスト自らが行うことにも〈否定的な評価・感情〉を持っていると判断される。そこで教員Aは、「話して聞かせていく」という〈日本の文化実践の採用〉をしたので［ゲストの変化］は起こらなかった。

次にホストが罰則制度を行うことには抵抗を示さなかったが、自分が行うことには抵抗を示した例もある：

「あんまりパニッシュメントは、結局最後までなじまなかったので、ディテンションカードとかは1回も出したことはないんですけども。こんな束でくれるんですよね。束でくれますよ、何月何日誰々って。高校はディテンションっていって、校長先生とこ行ってお説教とかされたりして勉強するっていうのがあるんですけど。で、下の子はカフェテリア・デューティって言って、カフェテリアのお掃除をさせられたりするんですけど。でも1度も出したことないですね。でも、結局英語でやることにだんだん慣れて来て、だいぶコントロールできるようになったりとか、したかなあ。コントロールしきったとは言えないけど。あとたとえばなんか乗せ方覚えたりとか。」（教員D：アメリカ派遣）

ここでは教員Dはホストの行動については語っていないが、自分が罰則制度に参加することには「なじまない」と言って〈否定的な評価・感情〉を示し「1度も出したことはない」として〈抵抗〉を示している。教員Dの場合も、生徒の乗せ方を覚えるという〈日本の文化実践の採用〉でしのいだ。

さらにホストがやることは「権利の行使」として認めるが、日本人教員が

第七節 〈否定的な評価・感情〉、〈抵抗〉、〈日本の文化実践の採用〉、[ホストの変化]

一般的に参加しないという観察もあった：

「そこら辺のね、そのなんて言うのかな、<u>権利の行使についても、日本人はちょっと甘いところがあるんですよ。結局脅すんだけど、そこまではしないっていう部分もあって</u>、で、向こうの先生の方が、きっちり来ますよね。たとえば遅刻３回したら、たとえばですね、遅刻３回したらもう校長室送るねなんて１回言えば、実際起こったら送りますからね。それはもうほんとのたとえばです。それは多分なかったと思うんですけどね。

筆者：なんで日本の先生はそういうことをなさらないんでしょうね。

E：結局やっぱりね、人間関係を築いてからやっぱりこう生徒指導していく。で、杓子定規にそれをやると、人間関係を壊すっていう部分も多分あるでしょうし、で、そういう日本の先生の方がやっぱりそういうところはどうしても甘さがあるかなと。外国の先生はもう、そう１回言ったらもうそれしますよね。」（教員E：アメリカ派遣）

ここでは、罰則制度を用いると日本の基準で「人間関係を壊す」と日本人教員は考えて「甘くなり」罰則制度を用いないという観察がなされている。このことは酒井（1999：145）などでも指摘されている様に、日本の学校では教員と生徒の間に信頼関係を築くことが重要であると考えられていることの根底にある考え方を示しており、なぜ日本人の教員が海外の学校の罰則制度に抵抗を示すのかを説明すると考えられる。さらに海外にいてさえそれを引きずるほど日本の教育現場で人間関係が重要視されていることを改めて可視化すると考えられる。

　アジア圏で見られる予定変更の多さに関しては、それに従わないという選択の余地はないので〈日本の文化実践の採用〉はない。しかし、できる生徒だけを伸ばすというシステムに対しては〈否定的な評価・感情〉を持った場合に〈抵抗〉を示して、〈日本の文化実践の採用〉に至ることが語られた。この例は第二章第四節１．〈否定的な評価・感情〉の１-３．生徒の落ちこぼ

れ、で1部既に論じている：

　「そうですね。最大のときにはね。ま、だから少ない、ばらばらなんですけど、5人ぐらいのクラスもありますし。で、そうすると、その捨てて行かなきゃいけない子が多すぎるので、それはちょっとさすがにできないんですよね。だからそういうことしちゃいけないっていうのがあるので、だからまあ、そのどうしてもその伸ばさないといけない子は昼休みとかに個人レッスンって言ったらおかしいですけども、あのう、呼んでやってましたね。それは多分KさんもMさんも同じように個人で指導してたと思いますけど。ただそれは中国人の先生からすると、そんなになぜ休み時間まで。あの、休み時間には家庭教師としてお金を別料金を取って教えていらっしゃる先生がいました。なかなか不思議な感じでした。あのう特にその人が金に汚いとかそういうことではないんですけれども。やっぱりその辺の考え方は全然違う感じがしましたね。」（教員N：中国派遣）

ここでは、クラスのほんの数人のできる子どもだけを伸ばしていく教育をホストの教員から依頼されたことに対して〈否定的な評価・感情〉が持たれ、「それはできない」「そういうことしちゃいけない」と〈抵抗〉が示されている。そこで、解決法として昼休みに無料の個人レッスンという形で〈日本の文化実践の採用〉を行っている。

　〈否定的な評価・感情〉を持ったまま〈抵抗〉が起こり〈日本の文化実践の採用〉を行う場合には、［ゲストの変化］はない。だが1部のホストの文化実践や文化規範に〈否定的な評価・感情〉を持ち続けると、ホスト全体に敷衍して〈否定的な評価・感情〉を持つ可能性がある：

　「帰国するからちょっと切符取ってくれないかっていう風に、あのワイワンっていう外国人管理の専門の先生がいるんですよね。頼んだんですよ、2ヶ月後、もう帰るからって。で、不安だから早めに手配したいからって言ったら、2ヶ月後に言ってくれって言われました。何か依頼を

受けて、その依頼って責任ですよね。<u>ストレスとも言いますけど。これを長時間抱え続けることはない、中国人は。ないですよ。</u>」(教員M：中国派遣)

この例では、派遣教員の依頼を受けてくれない中国人教員の態度に対して〈否定的な評価・感情〉を持ちそれが中国人全体に広げて語られている。しかし、文化や国民を実体を持った本質的存在として捉えることには既に異議が唱えられており(アンダーソン，1997：戴，1999：馬淵，2002)、中国人全体が等しくそのような傾向を持っていると考えることには問題があるだろう。一方でそうでない教員が上記の教員Nである。そこでは特定の教員の態度が取り上げられており、「その辺の考え方は全然違う」と考えることによってバランスを取っている。〈否定的な評価・感情〉を持った場合に、その気持ちを国民全体に敷衍しない態度を持つことは重要だと思われる。

2．［ホストの変化］

1．では派遣教師たちが、派遣国で〈否定的な評価・感情〉を持ったときに〈抵抗〉を示して〈日本の文化実践の採用〉という手段を取ることがあることをデータから考察した。ここでは、派遣教員たちの〈日本の文化実践の採用〉がホストの人々によって受け入れられた結果、［ホストの変化］が起こることがあることを指摘する。

今までの異文化接触研究では、ゲストの側がどのように変化するのかに焦点が置かれることが多くホスト側の変化を指摘する先行研究はごくわずかである(小柳，2007：36)。しかし異文化接触で変化するのはゲストだけとは限らない。ここでは、異文化を持ち込んだゲストに影響を受けた［ホストの変化］が存在することをデータから確認し、異文化において人が接触するときには、［ゲストの変化］と［ホストの変化］双方向の動きによって適応が成立することを考察する。

2-1.〈ホストのゲスト言語への適応〉

中国での筆談は、通常口頭で会話する中国の人々が日本人に合わせてくれた結果起こる［ホストの変化］だと考えられる：

> 「たとえば、向こうに行って、日本語、向こうで日本語を教えてる中国の先生が迎えてくれますよ。だから日本語でしゃべれば、日本語で受け答えしてくれる方がいるんですけど、ま、その人は、始終張り付いてくれるわけではないので、となるとやっぱり全部書くんですよ。漢字で。」
> （教員K：中国派遣）

このように文字を1部共有する文化では、必ずしもゲストがホスト言語を話すという［ゲストの変化］を遂げなくても［ホストの変化］があるためにコミュニケーションが成立する。また、言語に関しては、相手がゆっくり言ってくれるなどゲストに合わせてくれることも語られた：

> 「大丈夫か大丈夫じゃないか分からないですけど、でもね、気分的には私、英語の教師でなくて楽でした。だから日本語教えに来たって、向こうの人は新しい人が来たでみたいな、日本人やでっていう感じで来られるんですけど、私は向こうでは歴史を教えてた。で、そう言うとなんか歴史の教師のくせにこんなけ英語しゃべれるんかみたいな感じで。だからそれは逆に英語やったらできて当たり前みたいな感じなんですけども、ので、聞き直したりするのも全然恥ずかし気もなく、あの、もう1回言って、ごめんなさいみたいなのは全然もう。だからゆっくりしゃべっていただけるし」（教員Q：連合王国派遣）

この例でも、ホストがゲストに合わせて［ホストの変化］をしてくれるのでゲストはストレスを感じなくてすんでいる。しかしただ［ホストの変化］を待っているわけではなく、「もう1回言って」などと〈主体的な行動〉でホストを動かした結果［ホストの変化］があったことがこの語りから分かる。ここから［ホストの変化］を招くための［変化促進要因］として、〈主体的な行動〉があると考えられる。

第七節 〈否定的な評価・感情〉、〈抵抗〉、〈日本の文化実践の採用〉、[ホストの変化]　189

　ホストがバイリンガルの場合も、日本人がよく知っている方の英語を話してくれるためにゲストが〈ホスト言語〉を学ばなくてもよいことがあった：
　　「私がウェールズ語をしゃべれないのは分かっているから、もう英語で。だから授業は英語と日本語でって感じですね。」（教員R：連合王国派遣）
この場合も、派遣教員はウェールズ語ができないと知っているので、ホストの生徒がホスト教員の授業でならば使わない英語で授業を受けるという［ホストの変化］をしていたことが語られている。

　このような状況がある場合、派遣教員たちは生活上必要なミニマルなホスト言語の会話能力を獲得するだけで任期を無事に全うできていた。それ以上の派遣地の人との交流を望むならばそれに応じたホスト言語の会話能力が要求されるわけだが、どの程度の深さを持った交流を望むかの選択の自由が派遣教員には与えられていた。すなわちホスト言語の能力は必要とされるレベルによって向上の程度が変わると考えられ、派遣教員には選択の自由があるためある教員は他の教員よりも向上が著しいことが可能になる。それは、ホストの側がゲストに合わせてくれることで達成されると考えられるのである。より上のレベルを目指す場合には、〈主体的な行動〉によってホストとの交流を増やしたり学校に通うなどの選択肢が見出された。

2-2．〈日本風の教育システムへの適応〉
　ホストによってゲストの日本風の教育実践が評価されたという語りがあった：
　　「ただ、それを、いわゆる自分、日本人である自分は、そのボランティア精神を含めたような要素のことをたくさんやるからやっぱり評価されたって部分はあります。向こうの学生は、やっぱり日本人は日本人の先生は、偉いとか、すごいですねって言ってきた生徒いましたよ。ある生徒なんか、やっぱりアメリカ人は休むために働きますけど、先生は働く

ために休むんですねっていうような言い方をした中国人の学生いましたけどね。」(教員K：中国派遣)
ここでは具体的に何をやったのか語られていないが、他の教員の話から察するとたとえば中国人の先生がお金を別にもらって個人教授を昼休みにするところを、日本人教員たちは無償で昼休みに補習をするなどが含まれていると思われる。そのような行動は、日本では当たり前と考えられていても中国では当たり前ではなく特別のこととして評価されていたようだ。生徒の教員に対する考え方が変化して受け入れられた例である。できる子どもをなんとかして伸ばそうというゲストの〈主体的な行動〉が［ホストの変化］を達成していると考えられる。

2-3．〈生徒からの適応〉

　生徒が授業中に騒ぐ、規律が乱れているなどの問題を抱える教員もいる中で、逆に生徒の方が派遣教員のやり方に合わせてくれたと感じている場合があった：

「基本的にみんな育ちのいい人達なので、授業中にこっそりガム噛んでたら、切腹やとか言ったら、切腹しまーすとかジョークで。そしたら違う生徒がじゃ、介錯しますとか言って。なんでそんな難しい単語を知ってるのか。ま、ある程度そういう半分おふざけもしながらちゃんと注意して、それをちゃんと聞き入れてくれたりとかちゅう部分も。」(教員B：アメリカ派遣)

ここでは通常ならばガムを噛んでいる生徒を教員が罰則規則で縛るところを、生徒の側からの協力があって教員のジョークが受け入れられて授業が成立していたことが語られている。またたとえ騒ぐ生徒がいても、他の生徒や担任教師の協力があって授業が成立したこともあった：

「J：いや、あの、高校生は、いいんです。で、まだ中学生は、まだちょっと幼いので、やはりうるさくなるときはあります。

第七節　〈否定的な評価・感情〉、〈抵抗〉、〈日本の文化実践の採用〉、［ホストの変化］

　筆者：ああ、そうですか。そういうときのコントロールって、どういう風になさったんですか。
　J：いやあ、静かにしろと注意するしかないし、あとは、クラスの中になんか規律委員みたいのがいて、そういう人たちが静かにしろとか言う。あとほんのごくたまに、中国人の先生、担任とかが来られたりすると、静かになりますね。あの、日本人の先生は怖くないけれども、もともと中国人の先生は怖いみたいです。」（教員J：中国派遣）

このような規律委員が他の生徒に静かにするように言ってくれるという［ホストの変化］があると、中国人の教員がするように怒鳴るなどして自分の態度を変化させる必要もなく通常の日本のやり方で授業が成立していたと考えられる。

2-4．〈日本風の人間関係への適応〉

　［ホストの変化］によって成立が可能になったことが目立ったのは、〈日本風の人間関係への適応〉である：

　「うーん、下宿の人もね、かなり最初は大家さんもストレートにものを言いはるんで、ちょっとびっくりした部分もあったんですけど、やっぱりどっちかって言うと、日本人的に、お土産持って行ったりとか、そういう風にしてる中で、向こうの方が、最初はびっくりされたのかもしれないんですけど、どう言っていいんだか、段々とってもよくしていただくようになって、はい。どこでも過ごしやすくなりました。」（教員Q：連合王国派遣）

この語りでは、大家さんがストレートにものを言う人だったのだけれど日本風なお土産などをもらううちに変化してよくしてくれるようになったことが語られており、〈日本の文化実践の採用〉が受け入れられたことを意味している。［ゲストの変化］はないが、［ホストの変化］があった例である。そこには「日本人的に」という意識があるが、「お土産持って行ったり」という

〈主体的な行動〉があったことが［ホストの変化］を招いたと判断される。

　さらにホストの側が通常の日本人は嫌うが、派遣教員に出会ってそれが変わったという語りもあった：

「そうです。（日本人は）嫌いやけど、友達のお前は大好きだよって言ってくれます。ま、話した友だちなんですけど。お前は友だちやから好きやって日本人は関係ないって。こういう接し方をしてくれたんで、すごい楽しい生活でした。」（教員Ｚ：韓国派遣）

このように、一般的な日本人は嫌いだが派遣教員だけはそのルールを変えて好きだと言って相手に受け入れてもらった結果、教員Ｚも派遣までは嫌いであった韓国をすっかり好きになったという。語られてはいないが、そのような良好な関係を作ろうという〈主体的な行動〉があったのではないかと推察される。

　派遣教員たちは、日本で生徒との良好な人間関係を作ることの重要性を感じていたがそれを派遣国でも同様に大事にしていた：

「生徒との関係はとてもよかったと思いますよ。生徒は打ち解けてくれば非常に、その辺はやっぱりアメリカも日本も共通で、人間関係はやっぱり大事なことなんでしょうね。授業をコントロールできるできないは、人間関係だけでは言えない部分がさっきから言っているようにあるけども、生徒と教員の関係はやっぱり人間関係で、あの先生は、生徒の話を聞いてくれるとか、そういう評価はしてたと思いますし。」（教員Ａ：アメリカ派遣）

このような語りは、日本で生徒との良好な人間関係を築く技術をひとたび獲得するとそれが海外でも転用されうることを示唆する。すなわち、ホストの側がそれを受け入れ［ホストの変化］を達成するということである。興味深いのは、このような日本的な人間関係を構築するとそれが派遣国では滅多にないような日本的な教員と生徒の間の人間関係に発展することがあるという以下の語りである：

第七節 〈否定的な評価・感情〉、〈抵抗〉、〈日本の文化実践の採用〉、［ホストの変化］

「それはまたいい人達ばっかりで、特に自分が教えたクラスの子達は、いい子達が多かったですね。ただなんかアメリカのALTとかに聞いても、そんな高校のときの先生と連絡を取り合うことは滅多にないちゅう話を聞いたけど、でも地震があったりすれば、メールをちゃんと送ってくれる子は何人かおるし、ま、今まで4人かな、日本に来て会いに来てくれた生徒もおる。ほかにも日本に来て、事情があって会えなかった生徒も何人かおるけど、まあ結構たくさん日本に来て、ま、直接会いに来たり、（学校名）高校に来てくれた生徒は3人。東京で会った子は2人、だから5人か、直接会ったのは。だからみんなちゃんと覚えてくれて、何年も経っても今でも交流があって、そういう点ではすごく、まアメリカという国の中ではそういうのはちょっとそんなにしょっちゅうやることではないということで。」（教員B：アメリカ派遣）

ここでは、ゲストの派遣教員は変わらず派遣国でも日本風の生徒と教員の関係で生徒に接したことで、通常は卒業後に関わりを持たない教員と連絡をするという形でホストの生徒が変わったことが語られている。

それでは［ホストの変化］はどのようにもたらされるのだろうか。語りの中にそれが見い出せる：

「X：あと、何て言うのかな、あの、日本とロシアって文化も人間も違うけど、すごいと思われることは万国共通で、駄目だと思われることも同じだなと思って。

筆者：どんなこと。

X：たとえば、人のいやがることを進んでやると人は喜ぶってこと。これは共通な考え。（中略）やっぱりそうすると、信頼関係が生まれてくるわけですよ。それは日本人よりももっと分かりやすいって言うか。それはまあ、努力と心がけが2倍だったりするわけですけど、それが仮に知識だったりとか、何でもいいですけど、学識でも何でもいいですけど、価値観だったりとかで、あ、この人何か持ってるって思うことは、

人に影響を与えることができるんだなってことは、ロシアにいるときに感じたんですよ。」(教員X：ロシア派遣)

ここでは、ホストの心に変化をもたらすのは人のいやがることを進んですることによってホストに〈肯定的な評価・感情〉を持たせることであると語られている。〈肯定的な評価・感情〉が［ゲストの変化］に必要なことであることは第二章第三節で考察したが、同様に［ホストの変化］にも必要であることがここから言えると考えられる。このことは、派遣国でゲストとして短期滞在する人々が［ホストの変化］を招くためには、ホストの側にゲストに対する〈肯定的な評価・感情〉をもたらすような〈主体的な行動〉による〈自己の文化実践の採用〉を行えばよいということを意味すると考えられる。

2-5．［ホストの変化］の総括

2-1．から2-4．まで考察したのは、〈ホストのゲスト言語への適応〉、〈日本風の教育システムへの適応〉、〈生徒からの適応〉、〈日本風の人間関係への適応〉、においてゲストである派遣教員たちは変化しなかったが彼らの行動がホストである派遣国の人々を変化させた点である。これは第二章第三節で考察した［ゲストの変化］と対照をなし、人が文化間移動をした場合ゲスト自らも変化するが、ゲストの存在がホストを変化させるという双方向の動きがあることを示している。

このように、派遣教員の異文化体験には［ホストの変化］も重要な影響があったと考えられる。［ホストの変化］は、派遣教員たち自らは変化せず〈日本の文化実践の採用〉によって引き起こされるものであるが、そこで築いた良好な人間関係が帰国後も続いたことが語られた。また多くの教員が［ホストの変化］のおかげで派遣地での滞在を「過ごしやすかった」「楽しかった」と肯定的に捉え、帰国後も滞在地との生徒交流を企画するなどの新たな境地を開くことになることが報告された。

［ホストの変化］を招くためには、ただ待っていても起こるわけではなく

ゲストの側からの〈主体的な行動〉による働きかけの結果起こることがデータで示されていた。〈主体的な行動〉は、第二章第三節で考察した［ゲストの変化］の［適応促進要因］、第二章第四節で考察した〈否定的な評価・感情〉から〈受け入れる心〉の［形成促進要因］、でも立ち上がってきた概念である。この２つの場合から、ゲストがなんらかの形で変化するためには〈主体的な行動〉が欠かせない要素であることが示された。それに対して本節で考察した［ホストの変化］にも〈主体的な行動〉という［変化促進要因］が関わっているということは、他者を変化させるためにもゲストは〈主体的な行動〉を取らなくてはいけないということを意味する。すなわちゲスト、ホスト双方の変化のためにゲストが〈主体的な行動〉を取る必要があることを、これらが示していると考えられる。

　今まで異文化適応は［ゲストの変化］の面から焦点を当てられてきたが、それは調査対象者が留学生や移民などの教育や社会制度の枠内に強く縛られる人たちの場合が多かったからではないかと推察される。そのような場合には、ホストからの適応要求が強くゲストは自らが変化しなければならない場面に多く遭遇したのではないか。一方派遣教員のような身分を保障された短期滞在者の場合には、外国語教員であるために外国人であることが前提にされて、派遣国の社会一般で行われている文化実践にそれほど縛られずに滞在することが許されたり、ホストの側からの適応要求がそれほど高くない立場に置かれるという理由があるのだと考えられる。このような理由のために［ホストの変化］が起こりやすい状況があり、今回のデータにそれが表面化したのではないだろうか。今後適応要求の程度から異文化に滞在する人々の異文化適応の姿を考察する必要性が示唆される。

第八節　〈教員としてのキャリア〉、〈日本の文化実践の採用〉、［ホストの変化］

　第二章第七節では、〈否定的な評価・感情〉が持たれたことから〈抵抗〉

が起こり、〈日本の文化実践の採用〉、［ホストの変化］に至るプロセスを示した。しかし〈日本の文化実践の採用〉から［ホストの変化］に至るにはそれ以外の経路もある。第二章第二節8．で取り上げた［差異の認知］が見られない場合と、第二章第五節で取り上げた〈受け入れる心〉の形成の後ホストの行動に対しては〈肯定的な評価・感情〉が持たれているがゲストの行動に対しては〈否定的な評価・感情〉が持たれた場合、の2種類である。本節では〈日本の文化実践の採用〉から［ホストの変化］に至る道筋について更に考察する。これは図2-1⑪で示される道筋である。

1．〈教員としてのキャリア〉から〈日本の文化実践の採用〉、［ホストの変化］へ

　ここでは図2-1の⑪で表された過程を取り扱う。必ずしも［差異の認知］をしていたとは考えられないが、日本での〈教員としてのキャリア〉の延長線上の活動として派遣国で教育活動を行ったと考えられるデータを第二章第二節8．［差異の認知］が見られなかったケース、で考察した。この場合は、日本の国語教員が派遣国での日本語教育活動を日本での国語活動と同様であると認識して〈日本の文化実践の採用〉をしているにもかかわらず、ホストがそれを受け入れて［ホストの変化］が見られた。もう1度このデータを繰り返して見る：

> 「あの、僕が教えてた生徒は高1と、高校1年と高校2年なので、ええと小学校の高学年から中学校1年生ぐらいの国語の授業なんです。すべて日本語だし、やってることも教材も、あのほんとレベルの高い子だったらもう中学校1年生ぐらいのものを読んでるんです。ですからほとんど苦労することはなかったです。<u>あのう、い-形容詞とか、な-形容詞っていう概念じゃなくて、彼らはもう形容動詞という概念で日本語勉強してたんで</u>、はい。だからすごく楽でした。教材関係で困ったことはないです、全然。」（教員 I：中国派遣）

第八節 〈教員としてのキャリア〉、〈日本の文化実践の採用〉、［ホストの変化］ 197

ここでは派遣国の生徒が日本の文法概念で日本語を勉強していたので、国語教育の教材を用いることで「教材関係で困ったことはない」と感じられていた。

　この教員は、派遣国の生徒が日本語文法ではなく国語文法の感覚で日本語を勉強していたので、日本の中学校１年生ぐらいの教材を与えればよいと考え教材探しは「楽」だったと語っている。すなわち日本での国語〈教員としてのキャリア〉をそのまま続けて〈日本の文化実践の採用〉を行えば、派遣地の生徒が［ホストの変化］を遂げてくれて授業が成立したということであった。この場合、派遣国の生徒の日本語学習が日本の生徒の国語学習とは違うという認識がないと判断される。そこで国語教育を継続するという〈日本の文化実践の採用〉に至ったのであろう。

２．〈受け入れる心〉から〈日本の文化実践の採用〉へ

　１．では［差異の認知］がない場合を検討したが、［差異の認知］があって〈受け入れる心〉が形成されていても〈日本の文化実践の採用〉を行ったという語りがあったことを第二章第五節で考察した。図２−１の線⑦で表されているその点をもう１度ここで振り返りたい。授業を教えることに集中し他の分掌を行わない派遣国で、教員が派遣国の教員の仕事内容は日本とは違うという認識があっても、日本でやっていたように熱心に授業準備をするなど日本と同様に授業を教える以上の仕事をすると評価されたと感じる語りがあった：

　　「だから割と敬意はあのう払ってくれましたよ。やっぱ分かってくれたって言うか。ある意味日本人の学生より。だから日本人の学生にとって、そういうことは当たり前なんだけど、向こうだとそうじゃないから、やってあげると、すごく感謝するんですよね。だからそういう点でも、だからやりがいはありましたよね。だから日本人の学生に普通にやってあげてることをやってあげたらこんなに喜んでもらえるんだってい

う感じでしたからね。」(教員K：中国派遣)
これは、日本の教員から見れば「日本人の学生に普通にやってあげる」ことが派遣地の生徒には特別なことだと受け入れられて評価されているという語りである。すなわち日本で普通に行うことが［ホストの変化］によって受け入れられている。
　このように〈受け入れる心〉が形成されていても、［ゲストの変化］はせずに〈日本の文化実践の採用〉を行いその結果として派遣地の人々に受け入れられて［ホストの変化］に繋がることもあった。

3．〈日本の文化実践の採用〉から［ホストの変化］への総括
　ここでは〈日本の文化実践の採用〉に至るのには、［差異の認知］がない場合、［差異の認知］があって〈受け入れる心〉が形成されているが［ゲストの変化］はしないで〈日本の文化実践の採用〉をした場合、の２つの道があることを考察した。そのどちらもが［ホストの変化］を招くことに繋がることがあった。
　前者の場合には、違いに気がつかないのだから自己の文化実践を行うことは自然なことである。しかし後者の場合、違いがあることに気がついておりホストの文化実践に対して〈否定的な評価・感情〉を持っているわけではないにもかかわらず〈日本の文化実践の採用〉を選ぶことができたのは、教員という職業の特性によるのではないだろうか。すなわち、教室で授業の方針を決めるのは生徒ではなく教員なので教員に授業内容に関する裁量がある、教員と生徒の間には力関係があるので教員が提案することには生徒は反論しない、個々の教員が独立しているので他の教員が口出しをすることはない、ということが考えられる。〈日本の文化実践の採用〉が［ホストの変化］を生み出したのは、日本の教育現場では教える以外に様々な分掌があって教員の仕事が含む範囲が海外の教員の仕事範囲よりも大きいために、日本の教員の力量が自然と増えており、そのような〈教員としてのキャリア〉が生かさ

れ受け入れられる場合が多いためではないかと考えられる。さらに、自らが変化することの中に教育に関する信念を変えることが含まれる場合はより変化が難しく、変化しないという選択肢が残されている場合には変化しないことを選ぶことが考えられる。日本での〈教員としてのキャリア〉が生かせる部分で派遣教員たちが〈日本の文化実践の採用〉を行った場合、[ホストの変化]が起こっていたと思われる。

第九節　[ゲストの変化]、[強要されたゲストの変化]、[ホストの変化]の関係

　第二章第一節から第八節まで、[差異の認知]が起こった後に誰が変化するのか、すなわちゲストが変化するのか、ホストが変化するのかをデータをもとに考察し、異文化接触の際にはゲストが変化する場合とゲストの存在によるホストの変化の双方向の動きがあることを確認した。この節では、[ゲストの変化]、[強要されたゲストの変化]、[ホストの変化]、という3種類の変化にはどのような関係があるのかを考察する。

1．〈肯定的評価・感情〉と[ゲストの変化]

　これまでに考察したように、[ゲストの変化]は〈肯定的な評価・感情〉があるときに起こる。[ゲストの変化]は強要されることなく起こった変化であるが、第二章第三節では様々な局面に対して〈肯定的な評価・感情〉が持たれ[ゲストの変化]に繋がっていることを示した。またたとえ最初に〈否定的な評価・感情〉が持たれても、〈受け入れる心〉が形成されると[ゲストの変化]が起こることもあることを第二章第五節で考察した。

　このような〈肯定的な評価・感情〉は、派遣教員たちの応募動機と関係しているとは言えないと思われる。表1-4にあるように、派遣教員たちの中には自ら望んで教員派遣プログラムに応募したものもいる一方で教育委員会や校長に打診されて派遣教員となったものもいる。異なる応募動機があるに

せよ〈肯定的な評価・感情〉が持たれることに差があまり見られなかったのは、管理職などに打診された例でもその打診を断らずに受け入れたという点で、派遣前から海外派遣を積極的に捉えていたからではないだろうか。真に海外派遣を受け入れられない場合は打診を断ることも可能であったが、インタビューに答えてくれた派遣教員たちはそれを断らずに海外派遣プログラムに参加した。すなわち、海外派遣を受け入れた時点で派遣自体に〈肯定的な評価・感情〉を持っており異文化を受け入れてある程度の［ゲストの変化］をする心構えができていたとも考えられる。

だがもう一方で、自らが望んで教員派遣プログラムに参加したけれども強く〈否定的な評価・感情〉が持たれた事例も第二章第四節で考察した。これは、日本での〈教員としてのキャリア〉があったために起こったものであると考えられる。すなわち、日本では教育者としてすることが当然とされていることが海外では行われなかったり日本では禁じられているようなことが海外では行われていたり、また自分が教員としての信念を持っていることに反することが海外で行われていたときに〈否定的な評価・感情〉が持たれていたが、それは日本で既に〈教員としてのキャリア〉があったために比較することで起きた感情であると判断される。

2．［ゲストの変化］、［強要されたゲストの変化］と［ホストの変化］

ここでは、［強要されたゲストの変化］を含む［ゲストの変化］とそれに対する［ホストの変化］の関係を以下で考察する。

第二章第一節から第八節までの考察で、［ゲストの変化］はゲストが派遣地の文化実践に対して〈肯定的な評価・感情〉を持っている場合に限られていた。〈肯定的な評価・感情〉は最初からある場合と、〈否定的な評価・感情〉が〈受け入れる心〉に変化して〈肯定的な評価・感情〉を持ち到達する場合、の２種類があった。いずれにせよ、〈肯定的な評価・感情〉が［ゲストの変化］には欠かせないものであった。しかし、〈否定的な評価・感情〉

があるにもかかわらずゲストが変化する［強要されたゲストの変化］もあることがデータから明らかになった。このようにゲストが変化するのには2種類あることをここでもう1度確認しておく。その上で、［ホストの変化］との関係を考察すると、異文化接触がある場合必ず文化的な差異が存在し、その折り合いをつけるためには［強要されたゲストの変化］も含めたゲストの変化か、もしくは［ホストの変化］のどちらかが存在することが理論的に導かれる。これまでの異文化コミュニケーション理論では文化間移動をした当事者の変化にのみ焦点が当てられてきたが、異なるもの同士が折り合いをつけるためには片方のみの努力ではなく双方の努力が必要になることが今回の分析で明らかになったと言えよう。

　このような［ゲストの変化］と［ホストの変化］は、M-GTAで「現象特性」と呼ばれる"うごき"の特性（木下，2007：217）を表す関係であると考えられる。ゲストである派遣教員たちは、自らが変化しなくても〈日本の文化実践の採用〉をホストが受け入れてくれる［ホストの変化］がある場合には「居心地良く」過ごすことができた。逆に［ゲストの変化］がある場合には、ホストが変化することなく過ごせるという意味で文化間移動をするゲストを「居心地良く」受け入れることができるのだろう。

3．［ホストの変化］の析出

　それでは、なぜ本研究で［ホストの変化］の存在が明確に析出できたのかという理由を考察したい。

　まず適応要求が強いか弱いかが場所によって違うことが挙げられる。たとえば三浦（2012：202）は、日本の学校や社会では同化圧力（Shaules, 2007, 2010では適応要求（adaptive demand）と表現されている）が非常に強力であり日本に滞在するフィリピン系ニューカマーが「日本に合わせなきゃいけない」と言っていることを指摘している。すなわち適応要求が強いところでは［強要されたゲストの変化］が多く求められ、［ホストの変化］があまり期待で

きない。しかし適応要求がそれほど強くなく［ホストの変化］があるときには、［強要されたゲストの変化］は必ずしもなくてすむと考えられる。第二章第七節で取り上げた派遣教員たちの例がそれにあたるだろう。ただし派遣教員に対する適応要求が強いか弱いかは、ゲストの判断によると思われる。第二章第六節で考察した教員Ｍの場合は、同じ国の同じ学校に派遣された他の教員たちよりも強く適応要求を自らが感じて、自分が「かたわのような人間になってしまった」と感じるほどに無理に適応しようとした。この場合は、ゲストが適応要求が強いと自分で判断して〈否定的な評価・感情〉を持っているにもかかわらず［強要されたゲストの変化］がなされていたと判断できる。

　だが、［強要されたゲストの変化］と［ホストの変化］を決めるのは場所だけとは限らないようだ。派遣教員たちが日本語教員として赴任したという点も、［ホストの変化］を招くのに重要な要素であることを見逃すわけにはいかないだろう。すなわち派遣教員たちがゲストとして短期滞在した場所は、日本語教育を受け入れるという点で既に派遣教員たちをも受け入れる準備ができていたと考えられる。従って派遣教員たちは、ホストとの力関係において教える側という優位な立場に立っていたと考えてよいだろう。これは学校内の教員や生徒との関係だけでなく、一般社会においても日本語教育が受け入れられるような素地があったことによって支えられていると考えられる。REXプログラムは地方自治体と海外の都市の姉妹都市関係の上に成立していたプログラムなので、最初から日本を受け入れてくれる場所でなければ教員派遣プログラムそのものが成立しなかっただろう。日本語教員という教える優位な力関係にあったからこそ、派遣教員たちが自ら変化しなくてもよかったという結果が見られると考えることは理にかなっているだろう。

　さらに日本語教員であるという点は、派遣教員が［強要されたゲストの変化］をあまりしなくてよい結果も招くと考えられる。すなわち海外の日本語教育において、教える側がオーセンティックな日本語を話し教えるオーセン

第九節　［ゲストの変化］、［強要されたゲストの変化］、［ホストの変化］の関係　203

ティックな日本人であることをホストの側から期待されることがあり、差異を示しても日本人だからいいと受け入れられることがあるのではないだろうか。それは日本でも外国人語学教員に対して、あの人は外国人だからと日本人と同じことをしなくても許すのと同じことが海外でも機能することを意味する。このことは、語学教員として海外に長期間滞在しても余り変化が見られない人がいるという指摘（Shaules, 2007：18）を説明することができる。すなわち、語学教員は自らが望んで［ゲストの変化］を遂げるのでなければ［強要されたゲストの変化］を遂げなくてはならない場面にはそれほど遭遇せず、むしろ外国人としての自分が［ホストの変化］によって受け入れられるために長期間海外に滞在しても余り変化せずにいられる立場に置かれており、この変化せずにいられることが「居心地がいい」という表現で表されると考えられる。

　これらの点で、派遣教員のように身分、立場、給料が保証されてホスト社会に参入する人々の待遇は現地の人々よりも低い立場の労働力としての移民で異文化に入る人々や留学生が受ける待遇とは違っていて、そのことがより多くの［ホストの変化］を示す結果になったのではないかと考えられる。過去の研究で［ホストの変化］が異文化適応モデルに組み込まれてこなかったのは、研究対象が移民や留学生の場合が多かったことがその理由の1つではないだろうか。さらに［ホストの変化］は数多くある企業の駐在員研究でも取り扱われることがなかったが、駐在員研究の場合には企業の損失を防ぐためにはどのように駐在員を適応させるかが主に問われたために［ゲストの変化］をどのようにするかに主眼が置かれ、その結果駐在地でも［ホストの変化］が起こることが見過ごされてきたことが考えられる。このように派遣教員の海外派遣体験を分析することで異文化接触場面での［ホストの変化］に焦点が当てられたことは、この研究の意義の1つであると考えられる。

　人間の体はホメオスタシスによって外部環境の変化に対して一定に保たれると言われている。ホメオスタシスは通常物理的な体の状態を指す言葉であ

る。だが心もまた外部環境の変化に対して一定に保とうと機能することがあるのではないか。たとえばある教員は変化することがどれだけ大変であったかを語っている：

> 「でやっぱり自分が正しくて、こっちが間違っているっていう風に思いたくなるじゃないですか。特に僕なんか36、7ぐらいの年に行きましたから、もう若者にあるような柔軟性っていうのはなくて、ええ、ある程度自分で仕事も一通りやってきたっていう自負もあるからですね、<u>頑固ですよね。ええ、切り替えができないっていうか、捨てられない自分が重すぎるっていうか</u>、そういうのがあってですね、ええ、苦労したんですね、半年ぐらいは。」（教員M：中国派遣）

この教員は、日本で仕事にも実績を積んだという自負があり自分が変化することがどれだけ大変であったかをここで語っている。このように大変なときに自分が変化せず、ホストが変化してくれることで心もまた一定の状態を保ち外部環境の変化に対してすぐに反応しないという機能が働くのではないかと思われる。これを筆者は「心のホメオスタシス」と呼びたい。［ホストの変化］の場合には、ゲストが変化する必要がなくゲストの「心のホメオスタシス」は保たれているために「居心地がいい」のであって、必ずしもゲストの適応の結果として「居心地がいい」のではないだろう。従って、異文化適応の定義に「居心地がいい」と感じられることを含むことは誤りであることがこのことからも指摘される。

　［強要されたゲストの変化］は、「心のホメオスタシス」が破られた状況であり「かたわのようになる」気持ちが感じられてストレス度が高い。［ゲストの変化］は「心のホメオスタシス」を自らが破るのであるが、〈肯定的な評価・感情〉や〈受け入れる心〉に支えられているためにストレス度は低い。この2つの種類の［ゲストの変化］を区別しなければならないということが以上のことから言えると考えられる。

第十節　異文化適応のプロセス結果図

　本章では、序章第三節で示した４つのリサーチクエスチョンのうち、①異文化接触ではゲストとホストのどちらが遂げるのか、と②ゲストやホストの変化を促進する要素は何か、という問いに答えるために論を進めてきた。第二章第一節から第九節までデータをもとに行った分析から、図２-２のような異文化適応のプロセス結果図を示すことができる。

　図２-２の各線は、変化のプロセスを表す。太い線で表したものがゲストを変化させる直接的な経路である。すなわち［ゲストの変化］は、ホストの文化実践や文化規範に対する〈肯定的な評価・感情〉に由来する。［強要されたゲストの変化］は、ホストの文化実践や文化規範に対する〈否定的な評価・感情〉から来る。また［ホストの変化］は、ゲストがホストの文化実践や文化規範に対して〈否定的な評価・感情〉を持ちそれに〈抵抗〉して〈日本の文化実践の採用〉を行っても、ホストがそれを受け入れるために起こるものである。

　さらに点線は、変化が起こるための要因を表す。［適応促進要因］は、［ゲストの変化］を起こすために貢献する概念をまとめたものである。［形成促進要因］は、〈否定的な評価・感情〉から〈受け入れる心〉が形成されるために貢献する概念をまとめた。［変化促進要因］には〈主体的な行動〉があり、［ホストの変化］を促進するものである。ここで明らかになったことは、〈主体的な行動〉という概念が、［適応促進要因］、［形成促進要因］、［変化促進要因］すべてに共通して見出されるということである。

　最後に、このモデルは１人の人の様々な局面を表すものであるという点を再度強調しておきたい。第一節でも指摘したが、同じ教員でもある文化実践や文化規範には〈否定的な評価・感情〉を持ち、〈日本の文化実践の採用〉をするが、また別の文化実践や文化規範には〈肯定的な評価・感情〉を持っ

206　第二章　ゲストとホストが異文化接触により変化していくプロセス

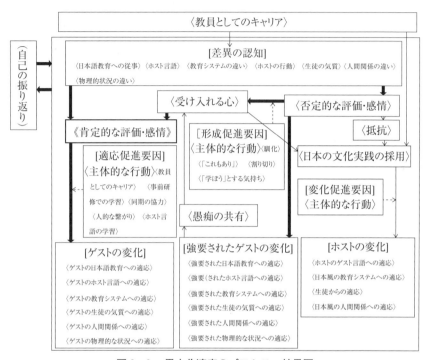

図2-2　異文化適応のプロセス　結果図

てそれに参加するということがある。たとえば本章で引用した教員Aは、派遣地のディテンションという制度に対しては「武力行使」のように思えたと〈否定的な評価・感情〉を持って参加せず「話して聞かせる」という〈日本の文化実践の採用〉をしていた。その一方で、同じ教員が派遣地で「たくさん宿題を出すのがいい先生である」という文化規範に対して〈肯定的な評価・感情〉を持ち、自分もたくさん宿題を出すことに参加し帰国後もそれを続けていた。

　また各矢印はその通りの経路をたどって最後まで行くとは限らない。たとえば〈否定的な評価・感情〉→〈抵抗〉→〈日本の文化実践の採用〉→［ホストの変化］という一連の流れがあるが、〈日本の文化実践の採用〉がホス

トに受け入れられなければ、[ホストの変化]はなく、ゲストはホストとの関係を悪化させることになる。同様にホストの文化実践や文化規範に〈肯定的な評価・感情〉を持って参加したくても、技術的に困難でできないこともある。言語がいい例であろう。しゃべりたくてもしゃべれないというときがある。

　さらに本モデルは、〈否定的な評価・感情〉を持つことが〈肯定的な評価・感情〉を持つことに対して劣っているという価値評価をするものでもない。ともすれば我々は、異質なものに対して最初から〈肯定的な評価・感情〉を持つよりは〈否定的な評価・感情〉を持ちがちである。「心のホメオスタシス」を保つためには、異質なものを認めないという反応が自然に起こるのだと考えられる。しかし第一章で考察したように、Bennett（1993）による自文化中心主義から文化相対主義への移行が発達のメルクマールであると考えると、差異に対する〈肯定的な評価・感情〉を持つことが人間的成長にとって持つ意味は大きいと考えられる。次章でそのことを取り上げる。

注

1）　ここでの〈抵抗〉は、Shaules（2007）による resistance（新しい文化的環境の適応要求に対して自らが変化したくないと思うこと）という定義に対する用語の訳を用いている。
2）　生徒が授業中にトイレに行きたいと言ったときに持たせるカード。
3）　障がいを持つ生徒を普通学級で教育する制度。
4）　JET プログラムとは、「語学指導等を行う外国青年招致事業」（The Japan Exchange and Teaching Programme）の略称で、総務省、外務省、文部科学省及び財団法人自治体国際化協会（CLAIR）の協力の下、地方公共団体が実施している事業。
5）　ホフステード（1995：50）によれば、集団主義とは「集団の利害が個人の利害よりも優先される」ことであり、個人主義とは「個人の利害が集団の利害よりも優先される」ことであると定義される。ホフステードは、個人主義的な国は裕福で集団主義的な国は貧しいという傾向にあり、権力格差の大きい国ほど集団主義的であ

り権力格差の小さい国ほど個人主義的であるという（p.52-53）。世界中のIBM社員を調査した結果、個人主義スコアはアメリカ合衆国が91、豪州が90、連合王国が89であり、日本は46であった（p.54）。中国は調査の中に入っていないが、中国人が人口の大きな割合を占める国々の個人主義指標のスコアは、香港25、シンガポール20、台湾17とすべて非常に低い（p.73）。

6）「い－形容詞」「な－形容詞」という用語は、日本語教育で用いられる文法用語である。国語文法の「形容詞」「形容動詞」にそれぞれ相当するが、いずれも名詞を修飾するために日本語教育では「い－形容詞」「な－形容詞」と呼ばれる。

7）〈肯定的な評価・感情〉という表現は、小柳（2006：194）によれば「異文化間の対人交流で発生する感情は相手の行為をどのように評価するかにかかっている」が、この評価・感情の生起が時間をかけて起こるときと一瞬のうちに起こるときがあるため、まとめて〈肯定的な評価・感情〉とする。〈否定的な評価・感情〉も同様である。

8）Teaching English to Speakers of Other Languages の頭文字。

9）Test of English as a Foreign Language の頭文字。

10）「子どもには子どもの世界がある」という意味のロシア語。

11）〈馴化〉が中国派遣者の語りだけに見られることのもう1つの可能性として、中国特有のトップダウンの政治体制が考えられる。中国派遣教員の語りには、学校長の意向1つで学校行事日程や長期休暇の日にちが決定されることが繰り返し見られる。これは日本の学校にはないことで、その差異に対して〈否定的な評価・感情〉が持たれることが多かった。しかし政治体制に対しては、派遣教員個人の力で変革することはできず「あきらめる」ことで自分を〈馴化〉させるということが起きたことが考えられる。欧米人の教員は直接管理職に対して文句を言う（教員Nによる）ことが観察されているが、同様に文句を言った日本人派遣教員（教員K）がいた。それに対してその次の期の派遣教員（教員N）は、中国人日本語教員からそういうことをすると困るから止めてくれと頼まれたと語っている。これは〈日本の文化実践の採用〉の可能性までもが強制的に排除されていることを意味し、ボトムアップの意見の採用が大変難しいことを語っている象徴的な語りである。そのような態勢の中で、中国派遣教員たちに〈否定的な評価・感情〉が持たれつつ〈馴化〉が起こっていることが考えられる。一方欧米派遣教員たちは、日本よりもオープンな管理職との関係の中で自分の意見を採用してもらえたなどという語りで表されるように、ボトムアップの関係を築き、〈否定的な評価・感情〉を持たないですんだと考えられる。

12) ［強要されたゲストの変化］という概念名は、Shaules（2007, 2010）で用いられている"enforced adaptation"（直訳では「強要された適応」）を参考にしているが、本研究は、「適応」にはゲストが変化するのかホストが変化するのかで変化の主体を区別する。そのために［強要されたゲストの変化］という表現を用いている。
13) Assistant Language Teacher の頭文字。
14) 教員 M は「ああ、向こうに行ったときのカルチャーショックっていうのは、僕は、基本的に中国って大好きなんですよ。だから、大変だけど中国好きだから全部受け入れようと思いました。あのシャンツアイだとか、コリアンダーとかありますよね。食べものとかで。あの僕大好きなわけじゃなかったけど、これを向こうの人好きで食べてるんだから食べようって。そういう気持ちですよ。あのう、郷にいれば郷に従え。水に合わせようっていう意識だったので、あの苦にはならなかったですよ。大変だけど。日本に帰ってからのやつはしんどいですね。嫌です。ほんと辛い。」と述べている。

第三章　異文化接触による【人間的成長】

　第二章では［差異の認知］から［ゲストの変化］、［強要されたゲストの変化］、［ホストの変化］に至るプロセスを明らかにしたが、別の方向から派遣教員たちの変化を捉えようと試みることが可能である。本章では序章第三節で提示した③異文化接触による変化から人間は具体的にはどのような点で成長するのか、というリサーチクエスチョンに答えるために、第一章第四節で明らかにした本研究の研究枠組みⅡを用いて〈自己の振り返り〉が［ゲストの変化］とともに教員の［人間理解の深化］、さらに〈バイカルチュラリズムの萌芽〉に繋がり、それが〈新たな目標の設定〉を招く過程をデータの提示によって示す。これは図1-11に示されている部分である。具体的には、第一節〈自己の振り返り〉、でゲストが日本で行っていた文化実践を振り返る点を考察する。1．［差異の認知］があったときの〈自己の振り返り〉、では認知するだけでも振り返りが起こる点を考察する。2．［ゲストの変化］を伴う〈自己の振り返り〉、では、ゲスト自らが変化しながら自己の振り返りを行うことを示す。さらに3．〈自己の振り返り〉の総括、を行う。

　第二節では、〈自己の振り返り〉が［ゲストの変化］と相まって［人間理解の深化］をもたらすことを、1．〈自己理解の深化〉、および2．〈他者理解の深化〉、とともに示し、3．［人間理解の深化］の総括、でまとめを行う。

　第三節ではさらに、［人間理解の深化］が〈バイカルチュラリズムの萌芽〉を可能にしていることを明らかにする。まず1．派遣教員たちの中に表れたバイカルチュラリズム、を考察し、次に2．バイカルチュラリズムの表れ方、を示す。さらに3．教員による〈バイカルチュラリズムの萌芽〉の意味は何か、を、国際化時代に生きる生徒を育てる観点から論じる。またその問題点を、4．帰国後に教育現場でバイカルチュラルな要素を持っているこ

との問題点、としてまとめる。

　第四節では、〈バイカルチュラリズムの萌芽〉の結果２つの文化に少しでも相通じることで〈新たな目標の設定〉に結びつくことを示す。データから、１．生徒の教育に関する〈新たな目標の設定〉、２．教員の働き方に関する〈新たな目標の設定〉、が見出され、それを３．〈新たな目標の設定〉の総括、でまとめる。

　第五節では、数は少ないけれども、［強要されたゲストの変化］がある場合でも〈反面教師〉となる場合には、〈新たな目標の設定〉に繋がることを指摘する。

　第六節では［強要されたゲストの変化］、［ホストの変化］と〈バイカルチュラリズムの萌芽〉との関係を考察する。１．［強要されたゲストの変化］と〈バイカルチュラリズムの萌芽〉、では、〈反面教師〉の場合以外ゲスト自身は〈ネガティブな評価・感情〉を持ち続けるので〈バイカルチュラリズムの萌芽〉には貢献しないことを論じる。２．［ホストの変化］と〈バイカルチュラリズムの萌芽〉、でも、ゲスト自身は変化しないので〈バイカルチュラリズム〉に貢献しないことを示す。最後に３．〈バイカルチュラリズの

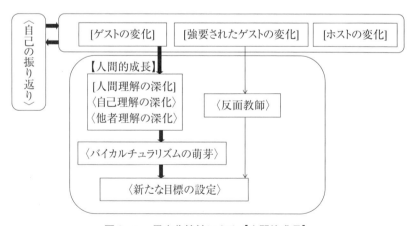

図3-1　異文化接触による【人間的成長】

萌芽〉がない場合の派遣体験の意味、を明らかにする。すなわち、ホストの行動や価値観が違っていてもこのようにして起こる異文化接触による人間の変化を【人間的成長】とするのは、〈受け入れる心〉が形成される点、「万国共通」のよい点の発見、ホストとの良好な人間関係の構築の点があるからだ、と論じる。第三章で論じることを図3-1で示す[1]。

第一節 〈自己の振り返り〉

　第二章第一節で考察した［差異の認知］があると、それに伴って〈自己の振り返り〉が起こる語りが多く見られた。本節では、振り返りがあった点をまず考察する。その後に〈自己の振り返り〉は、［差異の認知］があった場合にも［ゲストの変化］があった場合にも起こっており、藤岡（1998：230）が述べているように、「実践行為の中で自分自身を振り返り」ながら教員が実践を改善して行こうとしていることをデータから考察する。

　振り返りがあった教育実践の中には、①日本の教育システムに関する振り返り、②日本の教員であることに関する振り返り、③日本の生徒に関する振り返り、④日本の教員と生徒の人間関係に関する振り返り、⑤日本の学校行事への態度に関する振り返り、⑥日本の外国語教育に関する振り返り、⑦日本のクラブ活動に関する振り返り、があった。振り返りの中にはそれまで自分が行って来たことのよい点、悪い点の再認識が見られた。よい点を振り返った場合はその継続の、悪い点の振り返りはその改善の判断基準となっていた。

1．［差異の認知］があったときの〈自己の振り返り〉

　［差異の認知］があったときに〈自己の振り返り〉が行われても、必ずしも派遣教員が［ゲストの変化］をしなかった例がある。罰則制度に対して〈否定的な評価・感情〉を持って〈抵抗〉したときである：

「A：だから話して聞かせるって言うのはだから、授業、その話聞いていないとか、遅れてきたりする子に対して、クラスによっては1回でディテンション（罰則としての居残り制度）になると思うんですけど、それはやらずに理由を、だから日本的ですよね、理由を聞いたりいろいろいいながら、じゃあ次は遅れて来ないようにしよう的なそういう言い方ですかね。

筆者：それは実際に効力があったんですか？

A：あったかどうかはわからない。ディテンションの方がもちろん効果があったとすぐに、あのディテンションかけた方が効果はあったかもしれないけど、自分にとってはその選択肢はなかったので、ま、その選択肢を外せばそれが1番ベストというか、そうするしかなかったんだと思いますけど。」（教員A：アメリカ派遣）

ここでは、アメリカの罰則制度と照らし合わせて「理由を聞いたり」する日本の制度が意識されているが、アメリカの罰則制度を選択する「選択肢はなかった」ので［ゲストの変化］は起こらなかったことが語られている。このように、〈自己の振り返り〉は［差異の認知］があっただけでも起こりうる。しかしこのような認知があっただけの場合には、知識は増えたが〈否定的な評価・感情〉が持たれたために行動面での［ゲストの変化］を伴わず、従って帰国後にもその点に関して自らの教育実践を変化させることはない。派遣体験があっても派遣教員には変化がないのはこのような場合であると考えられる。

しかし大半のデータでは、［ゲストの変化］を伴いながら〈自己の振り返り〉があった。以下では派遣教員自らが派遣地の教育実践に参加しつつ、日本の教育実践を振り返っている点をデータから考察する。

2．［ゲストの変化］を伴う〈自己の振り返り〉

実践行為の中で自分自身を振り返る「反省的実践」に関する語りは多岐に

第一節 〈自己の振り返り〉 215

わたる。以下では項目別にどのような〈自己の振り返り〉が行われたのか、またそれらが［ゲストの変化］を伴いながら起こったことをデータから考察する。

2-1. 日本の教育システムに関する振り返り

〈教育システムの違い〉の観察や〈ゲストの教育システムへの適応〉が日本の教育実践の振り返りに大きく貢献していた。まず日本の教員間のチームワークがシステムになったときに伴う問題点が指摘された：

「ただ日本っちゃ、そういう学年会みたいなところでこういう問題が起こってるからどう対処しようかとか、みんな統一して。で、それは生徒的にも統一しとった方が公平やという風に感じたり。それは悪いことではないと思うんですけど、そうすると何でも細かくなっていって、しまうんですよね。で、まあアメリカとかで、校則はあるんだけど、そう厳しくそんなに運用されてないがは、お互いに教員間のそういう風な細かいところで、この校則をみんなで守らせようというような、そんな風なのがないからやと。あと、逆に日本やったら、なんでお前の所のクラスは生徒がこんなことしとるんやとか言うけど、基本的にアメリカはホームルームとかないから、守ってないからといって。」（教員B：アメリカ派遣）

ここでは日本では学年で統一して行動することが担保する公平さも認識されているが、チームワークで動くシステムの弊害として規則が細かくなること、また全クラスが同じでないと他のクラスに対する文句も出てくる問題が振り返られている。このようなすぐに動くことが難しいシステムの中でも、ある教員はできるだけいいと思うことをやろうと思っていると語るが、それには派遣中にホストから言われた体験が影響を与えている：

「あの、今いいと思ったことを今しないと、もう次は時間が流れるんだから、あの、今やるべきことは今やれっていう感じでね、それは中途半

端でもいいんだって。で、生徒はそれでも好きなんだって言うんですよ。生きた授業っていうか、あのう、完璧なあのう計画を組まれた授業よりも、中途半端でもいいから今いいと思ったことをやる方が生徒たちは乗ってくるって。私それね、すごい今やってるんですけど、確かにそうやと思いますわ。」(教員Ⅴ：豪州派遣)

ここでは授業に関して、いいと思うことをすぐにやるようにという派遣地で与えられた「枠組み」を学習して、帰国後の自分の授業に生かしていることが語られている。

　派遣地のやり方に照らしてみると、日本では各教員に任された個人裁量が少ないのではないかという振り返りもあった：

「日本は逆にそういう風に外へクラスの子たちを外へ全部連れて行ったりするのはすごく大変なんですよね。海外なんてもってのほかで、安全性はどうするんだとか、親になんかあれは出したのかとか、結構うるさいんですよね。」(教員D：アメリカ派遣)

ここでは個人裁量で個々の教員が学外に生徒を連れて行くことの難しさが語られているが、派遣地と比べると教員自身も自分の裁量で自由に研修に行けるような機会が少ないことも振り返られていた：

「ま、少なくとも長期の夏休みとかに、あそこまで練習したりはしないですよね。ま、自己研修、やっぱ研修の時間が短いんですよね。今の日本。研修する時間がないというか。今皆さんそれぞれ大学に行ったりとか、海外に行ったりとか、そういうこと、イギリスの学校だったら行きますけど、日本の学校だったら、まとまって1ヶ月間も行けませんものね、研修にね。」(教員S：連合王国派遣)

これは日本では各教員が自分で研修に行くようなまとまった休暇が制度的に取れないという問題の振り返りである。また派遣地と比べて、日本では各学校自体に任される裁量が少ないとの振り返りもあった：

「だから向こうの学校は、とっても自由裁量があって、私たちはやっぱ

第一節 〈自己の振り返り〉 217

りもう、教育委員会があって、(地方自治体の名前)の学校って形で、学校でたとえばお金を集めたりとか、そういうことはできないんですよ。」
(教員Q：連合王国派遣)
　これは日本の公立学校が自由裁量でできることに限度があるという問題の振り返りである。これは制度の問題であり必ずしも1人の教員の力や心がけでなんとかできるものではない。しかし、そのような問題の振り返りによって今後の改善への提言もできる可能性があるので重要なことであると考えられる。実際に、部活などからの教員の負担軽減も学校側が提言し始めたところもあり（朝日新聞2012年9月20日朝刊）、今後の学校変革への原動力となる可能性があるのではないだろうか。
　授業以外の問題の対応は、欧米では役割分業があるためにカウンセラーがするが、日本の学校での生徒の不登校の対処はカウンセラーではなく教員がすることが振り返られた：

日本やったらたとえばそういう生徒が学校来なくなったりとかしたら、担任が行って、その次学年主任が行ってっていって、2段、3段構えでだいたい学年が単位になって対応する」(教員B：アメリカ派遣)
　この場合は、日本で不登校に対する対応が、担任や学年主任などの一般教員が行うシステムになっていることが語られている。このような一般教員の対応は教員の仕事の負担を多くするという面がある一方で、担任がいてホームルーム制度があるからこそ生徒も学校に居場所を見つけることができ、担任がいるから少人数に目が届くというよい面があることも振り返りの中にはあった：

担任制は、まあいい面ばっかりではないと思うけど、まあ子どもたちにとってはいいのかなと。その自分の居場所があるってとってもいいことだなと。あと、1人が40人ぐらいを持つね。1人が500人を持つんじゃなくて。あの、目が届くってことはとってもいいかなと思ったことと」(教員C：アメリカ派遣)

この教員は、派遣地ではカウンセラーが多くの生徒の面倒を見ることに比べて日本の担任制が必ずしもよい面ばかりを持っているわけではないことを振り返りつつ、生徒の居場所を確保し生徒に目が届くという点で子どもたちにとってはよい制度が日本にあることを再認識している。

　日本の特別支援学校のような教育システムに関しては、インクルージョン教育が実施されている国での教育実践を体験したことによって振り返りがあった：

「<u>日本で何で障がい者が一緒に勉強できないんだろうっていう疑問も正直あるし</u>、すごくそれを莫大な大きなことで、私がどうにかできる問題ではないと思うんですけど、なんかのきっかけで日本の教育が変わっていくってなったときに、ほんとこれ膨大なことなんで私がどうこうじゃないんですけど、なんかその1員になれることがあるかもしれないとか。今私の担任の子で、歩行器がないと歩けない子がいるんですけど、その子とか学年に片耳が聞こえない子とかま結構いてて、そういう子たちがもしかしたらその障がいがあるがために勉強が出来なかったのかもしれないって思ったりもするんです。もししかるべきサポートがしかるべきときにあったら、もっと勉強が出来て、もっといい学校に行けてたかもしれないって思うんですね。そうだとしたら、それはすごく大きな問題だし、なんか日本の教育の冷たさというか、うん、ような部分もあって、」（教員Ｔ：連合王国派遣）

このような障がい者が隔離された教育に対して疑問を持ち、この教員は日本でも変化が起こってインクルージョン教育が行われるようになったら自分も参加できるのではないかと考えている。実際に自らインクルージョン教育の構想を持ち、派遣国でもその実践を行って自らが持っているインクルージョン教育の考え方が派遣国でより評価されたと感じている教員もいた：

「自分で養護学校とかで教えてるときも、自分はそういう風に思うところはあったかもしれないけど、周囲の人に言わせたら、それはあなたが

特殊な環境におるから、そう思うんやっていう風に言われてきて否定されてたことが、でもまあ国を変えてみたら、別にそれが当たり前の国もあったってことで、ちょっと自己肯定がより強くできるようになったかなと。」(教員B:アメリカ派遣)

ここでは日本では特殊だと否定されていた教育の構想がアメリカでは評価されていることが語られている。このような体験をした教員たちが増えていけば、日本でのインクルージョン教育をより促進できる可能性があるかもしれない。

既に生徒交流プログラムを持っている学校から派遣された教員は、そうでない日本の交流プログラムを見て現在のプログラムの問題を振り返っている:

「S:で、Q先生なんかは、私も行ったウェールズと、学校と交流をちゃんと立ち上げてやっていらっしゃるって。

筆者:(地名)ですよね。

S:(地名)です。私はそこには行かなかったんですけど、ま、同じ住んでる町にあった高校ですし。だから私今の学校がやってる交流が、非常に無機質に、業者に頼んでやってるんですね。」(教員S:連合王国派遣)

この教員は、既存の国際交流プログラムを業者に任せているために「無機質」になっていると振り返っている。これも、自分が「身になる交流」という「枠組み」を派遣地で体験したので感じられたことであろう。

〈教育システムに関する振り返り〉は、日本のシステムのよい点や反省すべき点を指摘しているが、改善すべき点に関してはその後の〈新たな目標の設定〉に結びついていた。〈新たな目標の設定〉は第三章第四節で詳しく考察する。

教育システム自体は個人の派遣教員が変化させようとしても難しい部分があるが、その中でも〈新たな目標の設定〉を行いながら個人のできる範囲で教育実践を改善しようとする派遣教員の姿が見られた。日本の教育システム

のよい点や問題点を派遣中に振り返り、派遣中に体験した異なる教育システムを参考にして［ゲストの変化］を通じて得られた「枠組み」からのいい点を生かそうという芽が育っていると判断される。このような視点は派遣体験があるからこそ持てるものであろう。派遣直後に実践できなくても、そのような構想を持った教員は、日本の教育が改善されるときに実践力になり得るのではないだろうか。

2-2．日本の教員であることに関する振り返り

　日本の教員に関する振り返りに関しても様々な観点からのものがあった。まず日本の教員が熱心に仕事をすることは、ホスト国の教員たちの働き方と比べて多くの派遣教員たちが気づいたことであり、高いレベルを目指して仕事をすることが指摘された：

> 「有能じゃないって言うか、割り切り型ですよね。あの、日本で言うクラフトマンシップがないっていうか。<u>自分で納得できるレベルまで行かないと仕事を終えないのが日本にあるじゃないですか</u>。それが、アメリカ人は全くないかと思ってけど、そういうことではなかったって言うことと、あとフランス人の人は僕の見た中ではそれがもっとも薄いかなっていう、自分の狭い範囲の中では。」（教員A：アメリカ派遣）

これは、高いレベルまで仕事をすることがあるという日本の教育現場という文脈の中での教員の役割についての振り返りであるが、同様に仕事の丁寧さも指摘された：

> 「僕は出しませんでしたが、中国人がいっぱい出してましたね。それもね、いい加減なんですよ。なんか問題集とかコピーしてばーっと渡してですね、出させるんですよ。名前書いて。で、出したら、提出したらバサッと捨てる。<u>添削したりとか、点数付けたりとか、日本人ならするじゃないですか、徹夜で</u>。一切しないですよ。」（教員M：中国派遣）

さらに教えること以外にも教師が熱心なことも語られた：

第一節 〈自己の振り返り〉

「それでやっぱり非常に献身的で、ボランティア精神が高い方が多く、いい意味でも悪い意味でも<u>各先生の持ち出して成り立っている部分が多く</u>、ええ、こう、そうですね、<u>やらなきゃいけない仕事を期日までに終わらそう</u>とかいう、そういう気持ちであるとか。あとまあ、生徒のため、そうですね、生徒のためにちょっと余分な仕事をやっぱりやってやろうじゃないかっていうそういう気概なんかは、やっぱり日本の先生の方が、やっぱり強いと思いますねえ。」（教員S：連合王国派遣）

ここでは、献身的に教えること以外にも「余分な仕事をやる気概」を持っている教員の姿が派遣地の教員と比較して語られている。このような仕事熱心な教員たちであるが、その反面として、その仕事熱心さが否定的な面を持っていることも振り返りにはあった：

「<u>日本人は、何かね、胆嚢を取ったとか、難聴になったとか、自分が体をこわしたことを自慢にしながら仕事をしているっていうんですか</u>。こんなのはあり得ないですよ。やああの人がんばっちょるからってっていう話になっちゃうじゃないですか。」（教員M：中国派遣）

ここでは日本の教師が体をこわすことまでして仕事をすることもある点を振り返っている。このような語りは、派遣地の人々と同様に働くことで［ゲストの変化］を遂げた結果、日本では働くことはいいことではあるがやり過ぎることもあるという現実に対して判断の「枠組み」が与えられたことを示していると考えられる。

教員の働き方のもう１つの側面として、派遣地のやり方と比べて日本ではチームワークで働く点がありそのよい面の振り返りがあった：

「日本の教育、高校とか見ても、<u>いいところはやっぱりすごく情報交換とか細かくて、チームワークであたるところはいい所</u>のような感じがします。」（教員B：アメリカ派遣）

ここではチームワークの良さを振り返り、肯定的な評価が述べられている。だがそのチームワークもまた行き過ぎるとよくない点を持つという振り返り

もある：

> 「B：ただしそういうチームワークで行くとなると、そういう共通してこうしようという決めているルールがあるから、すぐに働かせにくいというか。
> 筆者：そうですね。融通が利かせにくくなりますね。
> B：ええ。それはもちろん公平さという点では、ま、生徒から見れば、公平でいいという風に言う人も多分いると思うけども、これもいい風に出るか悪く出るかはちょっとなかなか難しいところやなあという風な。」
> （教員B：アメリカ派遣）

これはチームで同じようにしようとするとすぐに働かせにくいという負の点の指摘である。このような教員のチームワーク制度は、問題に気づいても個人で変革できるものではないので「難しい」と捉えられていることがわかる。

このように、［ゲストの変化］を遂げつつホスト国の仕事との比較から日本の教職についての振り返りがあると、派遣前には気づかなかった日本の教員たちに要求されている仕事内容に新たな気づきがあったことが語られた：

> 「たぶん日本の先生は、日本の教員ていうのは、マルチプレーヤーであることを求められているのかなあという気がするんですけれども。教科指導もできて、生徒指導もできて、保護者との連絡もして、で部活動の指導もできてっていう。やっぱり得意不得意がありますよねえ。」（教員H：アメリカ派遣）

これは日本の教員たちが熱心に働くことを求められるのは、海外では教員の仕事とはなっていない様々な指導があるためであるという制度的文脈での役割についての振り返りである。

さらに日本では教員が部活に多くの仕事時間を割くことも語られた：

> 「ニュージーランドに行くまでは。ほんとに土日は部活だったし、学校が終わっても部活だったので、でもそういうものって私、どの先生もそ

第一節 〈自己の振り返り〉   223

　ういう風にしてたので、それが教員なんだろうなあと。」（教員Y：ニュージーランド派遣）

ここでは、［ゲストの変化］を遂げてホスト教員と同じように活動した結果、日本では土日も部活に使うことが派遣前は当たり前であると感じられていたという振り返りが語られている。そのような部活を含む多くの指導があるので、教員の最も重要な仕事の1つである教材研究に時間が割けない結果を生み出すことも振り返られていた：

　「日本にいたら、実は教材研究ってほとんどする時間なくて、なんか生徒指導とか、部活動とか、その以外の何か分掌の、授業以外のことにほとんど時間を割いていて、教材研究全然せぬまま授業に行ったりとか、ま、ひどい話なんですけど」（教員L：中国派遣）

この語りでは教材研究ができないことが語られている。これも派遣地で教材研究をしっかりやるという［ゲストの変化］を遂げた上で日本の教員が置かれている制度的文脈での役割を振り返ったものである。それが構造的であることを振り返った教員もいる：

　「日本の管理職はなかなかね、そう言えないんじゃないかと思うんですね。言う人もいるかもしれないけど。なぜなら、日本の先生忙しすぎるから。あのう、分掌の仕事もあるし、部活もあるし、もちろん生徒指導もあるし、様々な場面でそのう、授業に集中できない部分がどうしたってあるんですね。それで授業、教材研究が1番後回しになるんです。で、それじゃあね、やっぱりいい授業できないっていうと、言い訳になっちゃうんだけど、でも、制度的にもっと教員がいい授業をするような制度になってない。みんななんでも教員でしょう、今。今って言うか日本は。」（教員O：中国派遣）

これらは、派遣地では教材研究と授業に限定されていた仕事内容と比べると日本の教員たちはもっと多くの仕事内容を期待されていることに対する振り返りである。このように、派遣教員たちはホスト国での教育体験を通して自

ら［ゲストの変化］をすることで日本の教員たちの働きぶりの様々な点を振り返り、日本の教員が置かれている制度的文脈内での役割を明確に認識している。このような指摘は既に学問的研究ではなされている（酒井，1998）が、そのような研究に触れていない現場の教員たちは海外派遣という手段を使って自分たちの教育実践を振り返っていると考えられるのである。このような派遣体験がなければ日本の教育の姿を映し出す鏡がないために振り返りは難しかったかもしれないことであり、自分たちが日本で行っている教育活動にある問題の「枠組み」が振り返りによって見えてきたと考えられる。

　生徒を指導する立場の教員たちの考え方が狭くなる可能性は研究で指摘されることもある（たとえば久冨，1994a：281）が、派遣教員の中にもそう考えるものがいた：

　「やっぱり狭いんですよ。日本の人の考えって。それはほんと失礼な言い方なんだけど、なんか職員の人たちの考えの中にも、まあそうじゃない人もたくさんいますよ。でもそういう考えの人もいたりするので。」

　（教員G：アメリカ派遣）

ここでの語りは、日本の教員の中にも狭いものの見方をする人がいることに気づいたことを表している。このような気づきは、異なるものを体験して自分が置かれている狭い考えをしがちな世界が持っている問題の「枠組み」を振り返ったことで可能になるものではないだろうか。

　派遣国の教員たちの生徒指導の仕方を見て、日本の生徒指導の負の部分を振り返るものもいた：

　「まあやっぱ教員の世界は、小学校も中学校もそうだと思うんですけど、なんかこう1つの基準があって、それでもうこうあるべきだみたいな感じでぴしゃっと、あとはシャットアウトみたいなところがあるような気がするんですよね。で、それによってなにか切り捨てられてる部分も多いんじゃないかなあなんて思ってる」（教員W：ロシア派遣）

これは、日本の生徒指導の際に1つの基準に従うと他のものが切り捨てられ

第一節 〈自己の振り返り〉

る可能性を振り返った教員の語りである。そのような1つの例として、校則でスカート丈を守らせる制度に対しての振り返りがある：

「そうそう。成田で実感したのは、みんな同じに見えたのがすごくこう印象に残ってるんですよ。いや、これ、みんな一緒だなあっていう風に見えたんですね。というのも（学校名）は120カ国もいてね、いろんなほんと人種、いろんなかっこの子がいるんで、それが当たり前に、まあ2年いるとね、当たり前になってたところが、日本に帰ってきて、みんな一緒だなあっていう。あれびっくりした記憶があるんですが。で、そういう感覚で服装指導で校門に立っても、やっぱり違いってなかなか気がつかないですよね。そのとき気づいてたんでしょうけど。<u>ねえ、ある先生が、お前なんだそのスカートはって言っても。あれ、やっぱり他と違うのかなあって、ちょっと時間がかかったり</u>。まあ、それはいい例かどうかわからないですけど、まあそういう意味で、性格的な部分も含めてね、いろんな生徒がいるんだっていうかね、それは受け入れられるようになった。まあ、そのいろんな生徒の幅もね、アメリカと比べれば、非常に狭いでしょうから。」（教員E：アメリカ派遣）

ここでは、様々な人種がいる派遣校での教育実践に携わることで教員自身が［ゲストの変化］を遂げ、短いスカート丈を切り捨てるのではなくそれもありと考えるようになったこと、また日本に帰ってから性格も含めて様々な生徒がいることを受け入れられるようになったということ、だが派遣体験がない他の教員たちはそのような違いを受け入れずに1つの基準に沿って判断していること、が語られている。

一方で、生徒を放っておく派遣国のやり方と比べて日本の教員が様々なことを用意することで日本の生徒がひ弱になってしまうことを懸念するものがいた：

「あのう、本来やっぱりこう、先生が、中国の先生が手を抜いているっていう意味ではなくて、僕らからの感覚からすると、え、それはひどい

って、さっきの置いてきぼりにする話もですね、そのひどいと思うんですけど、それで困るんだったら自分らがついてくるわけですよね、がんばって。で、だから朝はやーくから起きて、がりがりがりがり勉強して、帰って、ってま、全寮制の学校だったんで、夜遅くまで勉強して、で、成績を上げてくるっていうか、しっかりがんばるわけですよね。<u>だから、それはその、あれもこれも手を出しすぎないことで生徒たち自身がやる力をつける。そうやってみれば、ひ弱ですよね、日本の学校の生徒の方が</u>。全部用意してやって、で、どんどんどんどんその要求ばっかりが過大になってくる。こっちがやるのが当たり前みたいな。けど、向こうに行ったら、こう、まあ、全然やっぱり違いますね。」（教員N：中国派遣）

これは、教員が生徒のために働くことで逆に生徒がひ弱になっているという問題の振り返りである。そのような気づきをもたらしてくれたのは、派遣体験による［ゲストの変化］があったからであると考えていいのではないだろうか。すなわち派遣体験は、教員が問題を意識して仕事をするようになる「枠組み」が与えられる契機であったと考えられるのである。

派遣国での教員の役割分担制度に関しては多くのことが語られているが、管理職の役割の違いについての言及もあった：

「<u>日本の校長先生って何やってんだかよく分からないところが</u>。教頭がみんなやっててね。校長は教育委員会行ってきますとか、会議とかだけど、上がりのポストみたいになっちゃってて、1番高い給料持っていながら、ま、機能しないところでもあるかもしれない。で、2年か3年でいなくなっちゃうでしょ。日本の学校の校長っていうのは。でも<u>ロシアの校長っていうのは、採用の人事権から、どの先生を採るとかね、そういうところから持ってるから、だからこの学校よくしようとか、ほんと経営者なんだ</u>。で、寄付金を集めたりとか。だから（大学院名）で勉強してることの学校経営とか、ことの、思い出すのは、日本の歴代僕が一

緒に働いた校長先生ではなくて、そこの学校にいた、(名前)だっていう、女の朝鮮系の先生、韓国系か。(名前)が、リーダーシップと言えば、(名前)の顔が浮かぶ。」(教員X：ロシア派遣)

　ここでは日本では校長の役割が明確でないことが振り返られている。すなわち派遣国では校長が学校の経営者であることが働き方から明確に理解でき、それが学校経営者としての校長であるという明確なイメージをこの教員に与えていることが語られている。そのような管理職の仕事が明確であると問題の処理が速いなどの利点があることをこの教員は派遣地での体験から学んでおり、学校経営者の役割の「枠組み」を明確に形成している。これは派遣地で役割モデルを学んだ例であると考えられる。

　以上で考察してきた日本の教員に関する振り返りは、多くの場合日本の教員の働きぶりや優秀さを浮き彫りにしている。日本の教育現場にいたときにはそれが当たり前で見えなかった自分を含めた日本の教員の姿を外から眺めて、その問題の「枠組み」を認識していることがこれらの教員の言説に表れていると考えられる。

　教員に関する振り返りにおいても生徒に関する振り返り同様、派遣前には当たり前で気づかなかった日本の教員たちの習慣や行動に関して、派遣地の教員たちを鏡として暗黙の規範や問題の「枠組み」を認識している。その結果、いい点は日本の優れた点として残し、よくないと思った点は改めるべく〈新たな目標の設定〉となっている。これらの改めるべき点は、日本で長い間教員をしていればいずれは気がついた点かもしれないが、異文化接触によってそれが加速されているのではないだろうか。また〈新たな目標の設定〉は派遣地の教育に照らして考え出された点であるが、それはずっと日本の教育現場で教育実践を続けている一般の教員には意識されていない問題の「枠組み」が見えるようになって考え出されたことであると考えられる。すなわち次節で考察するように、派遣教員たちには〈バイカルチュラリズムの萌芽〉が見られ2つの文化の間を行き来することができるようになっている

が、そのことは派遣体験がない他の人には理解されにくいことも多い可能性がある。派遣教員たちは、自分が見えている世界が必ずしも他の教員たちには簡単に理解されないこともあることを意識して帰国後の新たな教育実践を進めることも必要かもしれない。

2-3．日本の生徒に関する振り返り

派遣国の学校の生徒が勉学に取り組む態度を見て、日本の生徒の勉強時間が短いことが振り返られることがあった：

> 「これ日本の学校の私現状を知っているので、<u>日本の子って今勉強しないんですよね。家庭学習もしないし。</u>」（教員 L：中国派遣）

これは、派遣地の生徒と比べて日本人の子どもが勉強をしないという否定的な振り返りである。このような振り返りは、派遣地で熱心に勉強に取り組む生徒を相手にした教育実践に参加しつつなされたものであると考えられる。

教員が様々なことを生徒にやることが当たり前となっている結果、生徒がひ弱くなって大人に依存していることを振り返るものがいた：

> 「今ね、学校で、いろんな、僕も生徒指導部ずっといたから分かるんだけど、<u>誰々ちゃんが私を無視しますとかっていうこととかもね、含めて、全部大人に先生何とかしてっていう風にして、来るわけですよね。</u>」
> （教員 X：ロシア派遣）

この教員は、派遣地の学校で生徒がけんかをしていても教員が止めないという体験をして［ゲストの変化］をしている。その体験から、日本では生徒が教員に多くのことを依存していることを振り返っている。

派遣国の生徒たちが世界に目を向けて一生懸命勉学に励むのを見て、日本の生徒の将来の考え方に関して振り返るものがいた：

> 「<u>日本はあれもいいなこれもいいなっていうので、なんかじゃあ、実際何がしたいんだろうってしたいことの夢は何かよくわからないっていう子</u>に比べて、すごくなんていうか純粋っていうんでしょうかね。」（教員

第一節 〈自己の振り返り〉　229

　　L：中国派遣）
　この語りでは、派遣地で純粋な態度で勉強する生徒を教えたことから、日本では国の中だけに目を向けて世界に目が向いておらず、将来に対して目標がない子ども達が多いということが振り返られている。
　以上の生徒に関する振り返りから、派遣教員たちは派遣国の生徒を教えて、日本の生徒に関してよい点を振り返って考えることも悪い点を振り返って考えることもあったと言える。悪い点を振り返った場合には、自分が遂げた［ゲストの変化］の体験をもとに日本の悪い点を改善すべく〈新たな目標の設定〉を行うことに通じる。これは前述のショーン（2007：51）がいうように、問題の解決のための「枠組み」を与えられたことを意味すると考えられる。この点に関しては、第三章第四節で再度取り上げる。

2-4．日本の教員と生徒の人間関係に関する振り返り
　教員と生徒の人間関係に関する振り返りは、日本の教員と生徒の特徴的関係を明らかにしている。その第一のキーワードは「人間関係」という言葉で表されていた：

> 「日本の先生っていうのはやっぱり生徒とおんなじ目線で話そうっていうか、人間関係を作っていこうっていう風におそらく考えていると思うんですね。で、僕は定時制にいたから余計に勉強が苦手な子とか勉強嫌いな子に対して、まず人間関係作って、で、学校に来させるようにして、というノウハウでやってきたので、ま、たぶん同じようにやってたんだと思うんですね。」（教員A：アメリカ派遣）

このような生徒との「人間関係」を形成することが重要だと考えている日本の教員と生徒の関係の振り返りは、派遣校での生徒との関係が違うものであることから、その暗黙の規範を認識し現地の事情に合わせたよい生徒-教師関係を作るのに役立っていたと語られている。
　そのように生徒の観点に立った人間関係を壊さないために日本では生徒が

悪いことをしても罰則制度を用いないことが語られた。この語りは第二章第七節１．〈否定的な評価・感情〉、〈抵抗〉、〈日本の文化実践の採用〉、［ホストの変化］、でも考察した例である：

> 「結局やっぱりね、<u>人間関係を築いてからやっぱりこう生徒指導していく。で、杓子定規にそれをやると、人間関係を壊す</u>っていう部分も多分あるでしょうし、で、そういう日本の先生の方がやっぱりそういうところはどうしても甘さがあるかなと。外国の先生はもう、そう１回言ったらもうそれしますよね。」（教員Ｅ：アメリカ派遣）

これは日本では生徒が悪いことをしても罰則制度を用いないという暗黙の規範があることを指摘するものである。そのような生徒の観点に立った教員－生徒関係が形成される結果、日本では卒業してからも人間関係が続くことも語られた。本引用は既に第二章第二節［差異の認知］の６．〈人間関係の違い〉、でも使用している：

> 「だから<u>日本て卒業してからも先生とかとのつきあいをやっている人とかいるけど</u>、そんなの絶対にあり得ないとか言ってたから、イギリスでは先生に対しても線を引いているところがあったけれども」（教員Ｒ：連合王国派遣）

このように、日本の教員－生徒の関係が派遣国での教員－生徒関係を体験して違ったものであることが振り返られていた。

　これらのことから浮かび上がってくるのは、海外での教員－生徒関係を体験することによって日本の暗黙の規範が振り返られて、生徒の視点に立って信頼関係を築き、それを基盤にして生徒指導を行うという教員と生徒の人間関係の姿が日本にはあり、それがよく保たれれば卒業後も維持できるという認識であった。

２-５．日本の学校行事への態度に関する振り返り

　派遣先では、学校行事がほとんどないところもあれば日本に近いような

第一節　〈自己の振り返り〉　231

様々な学校行事があるところまで多様であった。学校行事がある場合は、あらかじめ綿密に計画してとり行うシステムを持つ日本の教育が振り返られていた：

「あのう、アメリカの先生たちで、宿泊行事って日本だったらば、すごく綿密に計画をしてやるもんなんですけど、ここまでいい加減にやるんだと思って、すごくそれはおもしろかったです。たとえば帰りバス乗ってたら、生徒の1人が、向こうをスキー場を4時とか5時に出て、11時に着くんですよ、学校に、帰ってくるんですよ。で、普通日本の学校だったら、あり得ない時間帯なんですけど、もしあったとしても、どこかで夕食休憩入れますよね。ないんですよ。あ、お腹すいた、どうするみたいな感じで、で、電話で2台分乗していたあれ取り合って、で、バスの運転手にちょっとこの辺でどっかないかみたいなこと聞いたりして、で、ああ、そこにマックがあるって言って、マック入ろう。今からマック入りますみたいな感じで、ばーって、ちっちゃいマックに100人の生徒がばーって行くわけですよ。」（教員G：アメリカ派遣）

これは、アメリカのインターナショナルスクールの宿泊行事に参加した教員が、日本ではもっと綿密に行事を計画することを振り返っている語りである。このような指摘は複数の教員から出されている。そのような綿密な計画が行われている日本から海外に派遣された教員たちは、突発的に計画される学校行事を「あり得ない」と感じていた：

「で、そんな感じで、ウェールズでラグビーのワールドカップがあったんですよ。そのときに、私授業だな明日とか思ってたら、直前になって明日授業ないわよって言われて、どうしてって言ったら、明日ウェールズの試合があるからみんなで応援するんだって話を聞いて、で、えーって感じだったんですけど、あ、あり得ないなって感じだったんですけど。直前に決めるっていうのないじゃないですか、日本で。」（教員R：連合王国派遣）

このような派遣地での計画変更は、日本ではそのようなことは「あり得ない」という振り返りをもたらしていた。

派遣地で計画変更が頻繁に起こることに〈馴化〉すると日本の方が窮屈に感じられることも語られたが、一般的にはこのように学校行事への取り組み方の違いの観察は、むしろ派遣教員たちに日本の計画の綿密さの良さを再認識させるものであったようだ。

ホフステッド（1995：119）は不確実性の回避を「ある文化の成員が不確実な状況や未知の状況に対して脅威を感じる程度」と定義しているが、不確実性の回避スコアが高い日本（92）から低い国（たとえばアメリカは不確実性の回避スコアは46、連合王国は35）に派遣された場合、不確実な状況を体験して、そこから日本が不確実な状況をできるだけ回避するように綿密な計画を立てるという暗黙の規範があることを振り返り、それをよいことと再確認している可能性をこれらのデータは示している。このような日本の良さの再認識は、帰国後もそのやり方を踏襲する根拠を与えていると考えられる。

2-6．日本の外国語教育に関する振り返り

REX教員たちは、海外の教育施設で日本語教育に従事したためにそれと比較して日本の外国語教育についても振り返りを行っている。その問題点を指摘するものがいた：

> 「そういう点ではもちろん若いうちにしっかり勉強すればいいと思うけども、もうちょっと、たとえば英語とかでも、これだけ勉強して使えないっちゅうのは、やっぱり。」（教員B：アメリカ派遣）

ここでは日本における英語教育の効率の悪さが語られている。その一因として、テストでの学力の計り方に関する振り返りがあった：

> 「なんか日本の学校って、教員がテストを作って、逆に言うと100点取らせないような問題を作るじゃないですか。ま、100点取らさないようなじゃないけれども、平均が60ぐらいになるようにみたいな感じで作った

第一節 〈自己の振り返り〉　233

りするんだけど、そのアセスメントはみんなに合格してもらいたいっていう気持ちでやるので、教師と生徒が一緒になって１つの目標になってがんばるって感じだったので。」（教員 R：連合王国派遣）

ここでは日本のテストが生徒に点を取らせないように作られている問題点を、「みんなに合格してもらいたい」と思って行う派遣国のテストに照らし合わせて振り返っている。またテストだけでなく、英語教育全般を振り返る語りもあった：

「で、日本もやはり書く、読み書きにすごく偏重していて、で、最近リスニングもありますけど、まだまだちょっと弱いなと思っていて、」（教員 S：連合王国派遣）

ここでは、４技能（読む、聞く、話す、書く）のバランスが現在の日本の英語教育で取られていないことが指摘されている。

さらに派遣地での知識の定着を図る授業を見て、日本の語学教育の問題を振り返る場合もあった。同じ例は第二章第二節３．〈教育システムの違い〉、でも引用している：

「語学っていうのは、先週これ教えたでしょ。じゃ次行くわよ、次行くわよっていうのが日本の教育だとしたら、定着したのを見計らって次のやつ。で、前のやつをちょっと復習しながら次のやつを新しく紹介っていうかして、で、どんどん固めていってアセスメントっていう感じだった」（教員 R：連合王国派遣）

この知識の定着を図る授業の認識は、〈新たな目標の設定〉を行う上で後にこの教員の教科指導に対する心構えに影響を与えたが、その点に関しては第三章第四節で考察する。

このように派遣中に問題に対する「枠組み」を与えられて〈バイカルチュラリズムの萌芽〉があった派遣教員たちは、派遣体験がない人とは違う世界が見えてくると考えられる。

2-7．日本のクラブ活動に関する振り返り

　クラブ活動に関する振り返りがあったのは、クラブ活動の在り方が大きく異なる国に派遣された教員たちの場合であった。専門家ではない教員が顧問をする日本のシステムに対する振り返りがあった：

　　「だから日本みたいに、バレーの経験がないのにバレー部を見なきゃけないとか、そういうことはあり得ない。」（教員Ｃ：アメリカ派遣）

これは自らがやったことがないスポーツのクラブの顧問をすることに対する振り返りがあった例である。また、クラブ活動の顧問をすることに対して、派遣国では教員の仕事ではないことから日本ではそれが教員の業務に入っていることへの疑問を持つ教員もいた：

　　「要は本来たとえば自分だったら国語を教えるって仕事がありながら、部活で陸上をみたりとか、こんなのボランティア以外の何ものでもないわけです。」（教員Ｋ：中国派遣）

これらの語りは、専門家ではない普通の教員が自分の時間を使ってクラブ活動を指導することに対する疑問を表している。この点は前述のように最近になって日本で問題視され始めたばかりであるが（朝日新聞2012年9月20日朝刊）、派遣教員たちはいち早く海外派遣時点でその点に関して振り返り自分なりの意見を持っていたと言える。クラブ活動を学校で担っている意味についても考察されている：

　　「で、同じ種目をずっと続けて部活をやめないで続けることとかに、人生だとか人間性だとかを見いだすじゃないですか、日本とかは。」（教員Ｄ：アメリカ派遣）

ここでは、日本の学校でクラブ活動は人間形成に関与するとして重要だと思われていることが振り返られている。

　このようなクラブ活動に関する振り返りは、教員たちがクラブ活動に対して批判的な意見を持ったと見える反面、クラブ活動を行う背景にある価値観を気づかせまたそのような指導ができる日本の教員の優秀さをも認識させて

第一節 〈自己の振り返り〉 235

いる。このような振り返りによってこれらの派遣教員たちは、日本のクラブ活動に対してそれまでは見ていなかった姿が見えるようになっていると考えられる。

　2-1．〜2-7．では、①日本の教育システムに関する振り返り、②日本の教員であることに関する振り返り、③日本の生徒に関する振り返り、④日本の教員と生徒の人間関係に関する振り返り、⑤日本の学校行事への態度に関する振り返り、⑥日本の外国語教育に関する振り返り、⑦日本のクラブ活動に関する振り返り、をデータから考察したが、そこから見えてきたことは、［ゲストの変化］を通して振り返った教員たちが、派遣前には見えなかった観点からの教育の構想を練る契機としていたことである。

3．〈自己の振り返り〉の総括

　この節で考察したように、教員たちは学校で教育実践に関する振り返りを行い、派遣地での人々の態度を鏡として日本の生活や価値観を再認識していた。このような振り返りは、日本にずっといてもいずれは気づいたかもしれないことであるが、海外派遣によって［差異の認知］があって日本の文化実践とは異なるものを鏡として暗黙の規範があることに気づくことにより促進されたものであると考えられる。日本の良さに気づいた場合もあり改めるべき点の問題の「枠組み」を与えられた場合もあるが、後者の場合はどのようにして改めたらよいのかという〈新たな目標の設定〉に結びつけて考えることが見出された。このことは、それまでは所与のものとして行ってきた日本の文化実践に対して、振り返りにより「枠組み」を見出し新たな意味づけをして、それまでは見えなかった世界が見えるようになったことを意味すると考えられるのである。次節で考察するが、そのような状態は〈バイカルチュラリズムの萌芽〉に結びつくと考えられる。それゆえ派遣教員たちの〈新たな目標の設定〉は、派遣体験がない一般教員からはなぜそのように考えるかの理解を得にくいものであると考えられる。逆にそれは、日々慣れ親しんだ

文化実践というものは通常のやり方では振り返りにくいが、海外派遣がそのような振り返りを効果的に達成する役割を果たしていることを示していると考えられる。派遣教員たちは、振り返りによって派遣前とは違った世界観を持って帰国していることがデータに表れていると判断されるのである。

　最後に1点加えておきたいことがある。本研究では語りから振り返りの部分が表れている部分を考察したが、その振り返りが派遣中になされたのか、それとも帰国してからなされたのかは実は語りから明確に区別することはできない。しかし重要なのは、このような振り返りが派遣によってホストの文化実践に直接触れた体験を派遣教員が持ったために起こったという点である。すなわち派遣中も派遣後も日本の文化実践について振り返ることが可能になっていることをデータが示していると考えられる。それほど派遣体験は大きな影響力を持つと言えるだろう。

第二節　［人間理解の深化］

　第三章第一節では派遣教員たちが〈自己の振り返り〉を行うことによって、日本での文化実践にある暗黙の規範にある「枠組み」に気づいていく様を考察した。この節ではこのような「枠組み」に気づくことでどのような結果がもたらされたのかを［人間理解の深化］という観点から考察する。

　浅田（1998：252）は「これからの学校教育のあり方を考えるならば、教師の自己概念は子どもとの相互作用の中での教授効果の大きな規定因となるのである。つまり、人間としての教師（教師の自己概念や自己理解）を問題にせざるをえないのである。ここに教師の自己概念、すなわち教師が自分を理解するということが求められる」と述べて、教員の〈自己理解の深化〉の重要性を指摘する。教員が自己概念や自己理解を深めるためには〈自己の振り返り〉をすること、また自らが派遣地での活動に参加して［ゲストの変化］を遂げることが欠かせないものであるという結論が導き出されるゆえんであ

また澤本（1998：262-263）は、「これまでの教師は末端官僚の専門家として、権威を与えられていた一方で、「国民の奉仕者」として、時に貶められることもあった。このアンビバレントな位置に立つ危険性を、学校や教師は理解すべきである。また、この環境で子どもを支え、自らの職務を遂行するために必要な能力こそが、今日の教師に求められる発達課題だと考える。従来の教師観では、教師は建前上権威を付与されていたため、この方面の力量形成は等閑に付された。こうした引き裂かれた状況を克服するのに必要な力量は、条件により異なり、またダイナミックなもので、あらかじめ想定するのは容易ではない。しかし、きわめて困難な状況に立ちながら、なおかつ子どもや保護者を支え、かつ自らを支えていくためには、教師は深い自己洞察と、他者理解、希望への絶えざる歩みという困難な発達課題を負うものと考える」と述べている。すなわち現代の教員には、自己、他者を理解し、目標を持って日々子どもや保護者、そして自分を支えていくことが要求されているのである。このために〈自己理解の深化〉と〈他者理解の深化〉からなる［人間理解の深化］が教員には欠かせないことになる。

派遣教員の中には、派遣体験により「自分のことがよく分かるようになった」と語るものがいて、海外の学校で教育実践に携わることによって〈自己理解の深化〉が起こること、また自分をよりよく理解することが、ひいては〈他者理解の深化〉を招くことがあることがデータに見られた。この節では〈自己理解の深化〉と〈他者理解の深化〉を別々にデータから考察し、その2つを合わせたものを［人間理解の深化］と名づける。

1．〈自己理解の深化〉

REXプログラムでは事前研修を行って日本の教員を日本語教育の教員として海外に派遣する。従って日本でどのような科目を教えていたかにかかわらず、海外では派遣教員たちは日本語教育に従事する。日本語教育を行った

ために、日本人としての自分の理解を深めたという語りがあった：

「自己理解。なんか常々、英語を教えていて、最初自分も外の世界を知りたくて英語を勉強したと思うんですけど、でも外を知れば知るほど、自分のことを向こう同じだけ聞いてくるので、自分がいかに日本のことを知らないかとか、自分の周りのこととか当たり前のことを知らないかっていうことを分かったので、逆に日本語を勉強する機会がなかったので、日本語を通してもう１回自分っていうか、身の回りのことを知れたっていうこと。」（教員Ｃ：アメリカ派遣）

この語りは、日本語教員であるために日本のことについて質問を受け、自分が日本についていかに知らないかを自覚し、知ろうと努力するようになったという語りである。これは日本に関する知識の方面の〈自己理解の深化〉である。

派遣前はマンネリに陥っていたが、派遣によって自分が本当にやりたいと思っていたことが見えてきたという語りもあった：

「でもそれが、逆にアメリカにいたときに、ああ寂しいなあと思ったうちの１つですよね。あんまり、あの、もっとこんなことしたいなって。日本だったらこうできるのに、こっちはないから。部活動にしても、まあ生徒指導もめんどくさいけど、だけど楽しい、やり甲斐のあることだし、だから日本に戻ってきて多忙感と同時に、ああ、でも、これしたかったことだなあと思ったことですね。」（教員Ｆ：アメリカ派遣）

これは海外派遣で授業だけに専念したことによって、自分が本当にやりたいことは部活動や生徒指導も含めた日本での教員としての仕事であったという気づきがあったという語りである。これも本当にやりたいことが日本の多様な指導を含めた仕事であると分かったという点で、〈自己理解の深化〉であると考えられる。これがあったためにこの教員からは帰国後にただ教えるだけではなく、自分で課題意識を持って教えることの重要性に気づいて〈新たな目標の設定〉をしたことが語られている。〈自己理解の深化〉はこのよう

にいずれは〈新たな目標の設定〉をもたらすことがある。
　日本とは異なる状況に置かれたときに、自分のことがよく分かるということも語られた：
　「私、向こうに行って気づいたことは、趣味がないってことに気づいたんですよ。自分趣味がもう部活だったので、それがすごい寂しいことだなっていうのを向こうで気づいたんですよね。」(教員P：中国派遣)
ここでは日本にいたときには「趣味が部活」という仕事の延長線上でやっていたことが、海外派遣されたときには授業だけに専念したことで、実は仕事以外に趣味がなかったという気づきがあったという語りである。これも仕事を取ってしまったら「寂しい」という気持ちを持ったという点で、〈自己理解の深化〉であると考えられる。
　このように、海外派遣は日本とは異なるものに触れ、自らもその中で［ゲストの変化］を遂げたときに自分の本当の姿を見直し［自己理解の深化］を可能にする機能を果たしていたと考えられる。

2．〈他者[2)]理解の深化〉

　1．では派遣教員たちが派遣地で様々な振り返りを行い［ゲストの変化］を遂げたことによって、自分の姿をより深く理解することをデータから考察したが、他の人のこともよりよく理解できるようになったということも語られた。まず生徒の行動が理解できるようになったという語りが見られた：
　「まあ、感じますねえ。だから生徒がよく爆発したがるのも、やっぱりこういうなんか無言のプレッシャーというか、やっぱりねえ、あの、外国行って、息切って、言いたくなりますよね。これがすべてじゃないから。ね、日本社会がすべてじゃないから。あの、その感覚は間違ってないんだと。ねえ、こう何て言うか、よくそういった枠からはみ出てどうのこうのって思われがちやけど、外国行ったらそれぐらいでちょうどいいんやでっていうねえ、なんかそういうのはすごい感じるときがありま

す。」（教員Ⅴ：豪州派遣）

これは生徒の激しい行動に対して、海外ではそのように激しい行動も認められることがあり、「ちょうどいい」と感じられるようになって、生徒への理解が深まったことに関する語りである。この教員は派遣前に生徒指導に行き詰まっていた。しかしこのような生徒に対する理解を深めたことで、帰国後は順調に生徒指導ができるようになったと語っていた。

　さらに自分がALTと同様の立場になったことから、ALTの気持ちが分かるようになったということも語られた：

　　「やっぱりあと、ALTの先生の気持ちが分かるようになったかなっていうのがすごく大きくて、自分が逆の立場になって、ああ、こんなことしてほしかったなとか、あんなことしてほしかったなとか、まあそんなたいしたことないがやですけど、できるだけいっぱい話をしようとか、時間があるときはっていうか。」（教員Ｃ：アメリカ派遣）

ここでは自分が派遣国でALTと同様の外国人語学教員の立場になったことから、日本にいるALTの気持ちが分かるようになって、帰国後彼らに対する態度を意識的に変えるようにする〈新たな目標の設定〉が語られている。

　派遣国の学校のシステムに関する理解の深まりも語られた：

　　「そうですね。生徒の作品売るっちゅうのは考えられんよねとかいう話もしてたんですけど。なので、いろんなお金の集め方があるんだなと思って、日本でもいろいろ寄付される方はいっぱいいると思うんですけど、その寄付ってどこに使われるかは分からないじゃないですか。だけど、向こうだと、たとえばその学校にたとえば5ドルであろうが10ドルでだろうが、寄付したら、その学校に使ってもらえる。自分の子どものために使ってもらえるから、親は喜んで寄付するし、5ドルであろうが10ドルであろうが、やっぱり寄付控除は受けれるので、少しであっても。だから同じ税金で取られるんだったら、自分の子どもの学校に寄付しようかっていう、そういう意味ではいい流れがあると思うんです。」

(教員C：アメリカ派遣)

ここでは寄付金の使い方に関して、はっきりと使い道が見えるやり方に「いい流れがある」と評価して〈他者理解の深化〉を行っていると判断される。

派遣地の教員の生徒指導のやり方に対しても理解を深めた語りがあった。これは第二章第二節［差異の認知］6-2．教員と生徒の関係で、1部既に論じている：

「だけど、後から考えれば、<u>アメリカの場合は、割と先生と生徒って言うのは、大人と子どもっていう訳ではないですけれども、位に下がるっていうか</u>、だから逆に程度の問題ですけれども、あまりにも生徒のことを気遣う先生っていうのは逆にこう甘く見られてしまって、理由も何もなくお前は生徒だからこれはやっちゃ駄目っていう方が割と通る世界なのかなと思いましたね。」(教員A：アメリカ派遣)

ここではアメリカの教員と生徒の関係が大人と子どもであるという〈他者理解の深化〉が語られている。

以上のように〈他者理解の深化〉には、人に対する理解を深めた場合とシステムに関する理解を深めた場合が見られた。

3．［人間理解の深化］の総括

これらの〈自己理解の深化〉と〈他者理解の深化〉からなる［人間理解の深化］は、〈自己の振り返り〉と［ゲストの変化］を遂げたために深まった理解であると考えられ、その1つだけでは達成できないものであろう。〈自己の振り返り〉だけを行っても、〈抵抗〉をしていては、〈他者理解の深化〉は起こらないからである。〈抵抗〉していては、そのような制度がなぜ存在するのか、それを行う人々は何を考えているのかなどに対する〈他者理解の深化〉はないだろう。このことは〈自己の振り返り〉に加えて［ゲストの変化］がないと［人間理解の深化］が生まれないことを意味していると考えられる。

このような［人間理解の深化］が異文化接触によって可能になっているのは、日本とは異なる文化実践に触れて〈自己の振り返り〉や［ゲストの変化］を遂げる機会が海外派遣では多く与えられているためではないだろうか。この点においても、教員の海外派遣は比較的長期間が必要であり、またその結果は大きな意味を持っていると考えられる。

第三節 〈バイカルチュラリズムの萌芽〉

第三章第一節では、派遣教員たちが派遣中や派遣後［差異の認知］を行いながら〈自己の振り返り〉を行っていたことをデータから考察した。第三章第二節では〈自己の振り返り〉と［ゲストの変化］から［人間理解の深化］がもたらされることを見た。ここでは［人間理解の深化］が〈バイカルチュラリズムの萌芽〉という結果をもたらしたことを考察する。

江淵（2002：101）は、バイカルチュラリズムの定義を「相異なる二つの文化の間の言語的および非言語的コミュニケーション・コードを熟知しており、それによって二つの世界の間での意思疎通が可能な状態にあること、またはそうした資質・能力を有していること」としている。ここでいう「コミュニケーション・コードの熟知」について、江淵は詳しく述べていないが、その前にJakobovits（1974）によるバイカルチュラリズムの定義「独自の、直ちにそれと見分けのつくアイデンティティを持つ文化を二つ共有していること」を引用しており、「新しい知識、新しい期待、新しい推測法の獲得」（江淵、2002：101）という意味で用いていると推測される。

本節では派遣教員たちは［差異の認知］から〈自己の振り返り〉を行い、［ゲストの変化］を経て［人間理解の深化］を遂げた結果、2つの異なる文化の「枠組み」を知り始めて〈バイカルチュラリズムの萌芽〉があったことをデータから考察していく。

第三節 〈バイカルチュラリズムの萌芽〉

1．派遣教員たちの中に表れたバイカルチュラリズム

　派遣教員たちの中には日本の文化実践と派遣国の文化実践が異なることを発見して、日本の文化実践の振り返りから、2つの文化実践の間の違いを善悪の判断をせずに公平に違うものとして捉える、すなわち上記の江淵の定義に従うと、2つの世界の間での意思疎通を可能にする資質・能力を示し〈バイカルチュラリズムの萌芽〉があったと判断される語りが見られた。：

> 「1年中部活をずっとみなきゃいけないっていうのは、いい面も悪い面もあるなとはいつも思います。ま、実際今は社会サイクルに移行して、すべてうまくいくかっていわれたらちょっと分からないし、<u>日本人の考え方として、部活とは人間形成の場だっていうのがやっぱりどうしてもあるので、スポーツを通して、団体行動とかね、規律を学ばせるっていう考え方もあるので、まあ一長一短なんですけど。</u>」（教員C：アメリカ派遣）

この語りでは、日米のクラブ制度の違いはそれぞれによいところと悪いところを併せ持っていることが振り返られており理解を深めているが、それはその根本にある学校の考え方が違うからだという判断をしている。これは異なる制度を鏡として日本の担任制度や部活動を振り返り、自らも派遣地の教育実践に携わることによって2つの実践を体験し、それぞれのよい点悪い点を理解したことによる判断があったからではないか。これが教員の語りの中に現れた〈バイカルチュラリズムの萌芽〉であると考えられる。

　〈バイカルチュラリズムの萌芽〉は典型的にどちらか一方のやり方が優れているという立場を取らずに、いずれをも認めそれぞれに参加するという立場を取る点に見られる：

> 「日本だったら、こっちにまあ、そこまで汚しもせん代わりにそのう、何て言うのかなあ、教員が一緒になって動かんといけんですよね。生徒にやれっていう形にはならない。だからいい、<u>1つの例なんですけども、どっちがいいか悪いかってことよりも、もう全然違うなっていう気</u>

がします。」(教員N:中国派遣)

　これは中国の生徒が教室を汚すことから日本の生徒を振り返り、日本の生徒のことに関する理解を深めている語りであるが、どちらの生徒がいいということより「全然違う」と両方を認める立場が語られている。すなわちそれぞれで異なる行動を示せばよいという判断がなされており、これが本書で意味する〈バイカルチュラリズムの萌芽〉である。

　日本の教育実践を振り返り自らも派遣地であるアメリカの学校の教育実践に参加することにより、日米の教員に社会から期待されることが違うので、それに応じて能力を発揮すればいいという判断をしているものがいた。本例は、既に第三章第一節〈自己の振り返り〉2-2．日本の教員であることの振り返り、で1部論じている:

「あのう、たぶん日本の先生は、日本の教員ていうのは、マルチプレーヤーであることを求められているのかなあという気がするんですけれども。教科指導もできて、生徒指導もできて、保護者との連絡もして、で部活動の指導もできてっていう。やっぱり得意不得意がありますよねえ。まあ、そのすべての中で子どもたち、子どもとか家庭との信頼関係がアメリカよりはかたいっていうのがあるんだと思うんですけど。ただその信頼関係が強いか弱いかも、学校に何を求めるかによって違うと思うんですね。学校は勉強を教えてくれればいいと思っているんだったら、まあ、そんなに深い生徒理解だとか、家庭との関係も強くなくてもいいのかなあって気もするんですけれど。そうじゃなくて、もう総合的に人間、ま、人間としての教育を期待しての、それは日本だと思うんですけど、それならばやっぱり生徒との関係をしっかり作って、家庭との関係もしっかり作っていかなくてはいけないと思うんですけど。それは文化の違いですよね。やっぱり。それが異文化ですよね。」(教員H:アメリカ派遣)

　ここでは派遣校との違いから日本の教員の在り方を振り返り、自らが参加し

第三節 〈バイカルチュラリズムの萌芽〉

た派遣校の教育実践と照らし合わせた上で日本の教員に期待されていることを全うするために「生徒との関係をしっかり作って、家庭との関係もしっかり作っていく」という〈新たな目標の設定〉が行われている。このような「いいか悪いかではなくて」「全然違う」というホストに対する見方は、善悪という1つの基準をもとにした価値判断ではなく、「文化の違い」を異なるものの存在を等しく認め、それぞれに参加するという点で、派遣教員たちに〈バイカルチュラリズムの萌芽〉を可能にしていると考えられる。これらの語りに共通して見られるのは、派遣国での教育実践と日本の教育実践を比較することだけでなく、自らも派遣国での教育実践に参加することで［ゲストの変化］を遂げて理解を深め〈バイカルチュラリズムの萌芽〉が見られるという点である。

　日本の教育を振り返っても、派遣教員がその点に関して〈抵抗〉をして〈日本の文化実践の採用〉をしている場合には、〈バイカルチュラリズムの萌芽〉は起こらない。また同一の教員の中にも〈バイカルチュラリズムの萌芽〉がある部分と、ない部分がある。教員Kは派遣地の食べものに対して〈否定的な評価・感情〉を持ち〈抵抗〉を示して〈日本の文化実践の採用〉を頻繁に行っていた。しかしもう一方で同じ教員が、「アバウトな」派遣地の制度に〈肯定的な評価・感情〉を持って自らも参加し、「そっちの方がよく見えた」と語っていた。このことから、成人の場合は海外で日本とは違う行動、価値基準があることを認識しつつもすべての行動が派遣地の人々の行動と同じになるということは考えにくく、どの人でもある程度は自分の生まれ育ったところの文化実践を採用する一方で、派遣地の文化実践への参加も行うことがあると考えられる。江淵（同：112-113）も「「二文化人」といっても、文化のすべての面で二文化的というわけではなく、そこには自ずからある程度の偏りがある」と述べており、必ずしも同一人物がすべて派遣地の人々と同じ行動を取るとは考えていない。それでも「バイカルチュレーション（バイカルチュラリズムの形成過程）というのは、文化的により高次の均衡

状態に到達しようとするダイナミックな過程」（同：116）であり、「そのように二つの文化にダイナミックに対応する資質・能力を獲得した人間が「バイカルチュラル・パーソナリティ」である」（同：116）と述べている。本研究も厳密に2つの文化のすべての部分に精通するという立場ではなく、偏りがあることを認めつつ、「最も広い意味では、二つの文化の狭間に生きる人間はすべてバイカルチュラル人間である」（同：136）という立場を共有する。

2．バイカルチュラリズムの表れ方

　それでは実際に〈バイカルチュラリズムの萌芽〉とは、どのようなものであろうか。2つのタイプがあることが語りから表れた。1つは2つの文化コードを別のものとして使い分けるタイプであり、もう1つは渾然一体となっているタイプである。まず使い分ける例を見る：

　　<u>「なんか別の私が経験したことみたいな。そういう感じかもしれないです</u>。そういう感覚に近いかもしれない。日本には日本の私がいて、その私が日本の学校のことやってて、同じ私なんだけれども、なんて言うんだろう、アメリカでやってた私とは、自分の中では全く別のものって分かってるから、アメリカではこうだったのに、なんで日本では、ってことはないです。思わないです。別だったから。ま、アメリカはアメリカ、日本は日本ていう感じですかね。（中略）なんかニューヨークにいる友達と話すときは、なんか別の自分じゃないけど、そういうのが出てきて、なんていうの、適応するって感じで、日本では日本用の自分が出てきて、ちゃんとそれはそれで適応する。でも別にそのニューヨークの自分と日本の自分で、別物なんだけど、別に分かれてるわけでもないんですよね。よく分からないんですけど。」（教員G：アメリカ派遣）

この語りでは、2人の別人がいるような気がしていて、それぞれが異なる状況に適応していると感じられている。つまり2つのコードが同一人物の中に別々に存在するものであると考えられる。このようにコードを使い分けるこ

第三節 〈バイカルチュラリズムの萌芽〉 247

とができると、「アメリカではこうだったのに、なんで日本ではってことはないです。思わないです。別だったから。」と考えることができ、逆カルチャーショックも軽くすむようである。

この教員は、英語教員であり、大学時代にアメリカに1年間留学していた経験を持ち、英語は自己評価で読む、聞く、話す、書くすべてに「かなりできる」という評価を下していて、生活、仕事両面で困ることがないくらいの能力を有していた。このような背景が「アメリカでやってた私とは、自分の中では全く別のものってわかってる」という言説にどの程度関係があるのかは明らかではないが、別々のコードとして分けられることに影響を与えていることが考えられる。これはより厳密な意味でのバイカルチュラリズムであろう。

もう1つは、1人の中に2つのコードが共存しそれらを混合しているものである：

「中国なんかでも、頭のいいエリートの連中にですね、第2外国語を早い段階で日本語とかをやらしたりする。韓国なんかもそうだって聞いてるんですけどね。<u>あのそういう風な多様性を優秀な人間にこそそういう多様性を学ばせるっていう、エリートをもっとすごいエリートにしようっていうですね、あの意識があるじゃないですか。国家のために。日本はないでしょう。そういうときって歯がゆい気持ちが生まれてきましてね</u>。だから日本の教育に対して、批判的になりました。で、中国の教育もいいとこばっかりじゃないことも体験的に知ってますけど、でもいい所は学んで吸収すべきじゃないかなという風に思いました。だから学校教育に対して、視野が広がったって言うんでしょうかね。そして、それに対して具体的な対案を示せるだけのあの意見を持てるようになった。これは以前なかった部分でしょうねえ。」（教員M：中国派遣）

ここでは、2つの異なる教育システムを知ったことから、「視野が広がった」と捉えられていることが語られている。さらにそれは「以前になかった

部分」だと意識されている。しかしこの場合は前の例とは異なり、2つの異なる教育システムを「別のもの」と意識して2つのコードを持つのではなく、1人の人間の中で2つのコードが渾然一体となっていて、どちらかを選ぶという考えに繋がっている。

さらに「視野が広がった」と語られることには様々ある：

「ああ、一言で言えば視野が広まって、日本にまた戻ってきたんですけど、<u>日本人、視野が広まったおかげで、もっと日本人だけじゃない人の存在にも、目を向けれるようになった</u>というか、さっきお話ししたことと重なりますけど、日本には中国人がたくさん住んでいる。やっぱその人たちとのなんか共存っていうか、そういうことにすごく目を向けれるようになった。今までは気づかなかったことに気づけたとか。」（教員L：中国派遣）

ここでは派遣まで日本に住んでいるのは日本人だと思っていたけれど、帰国後は日本人でない外国人の存在が視野に入るようになり、その人たちとの「共存」に目が向けられるようになったということが語られている。

このような渾然一体となっている2つのコードを持つ場合が圧倒的に多いと考えられるが、ホストの言語の能力がそれにどの程度関係しているかは明確には分からない。しかし2つの間には関係があると考えられる語りがあった：

「って言う話を聞いたときに、うんとロシア語でねえ、「ジェーツキミール」って言う言葉を使ったんです。「ジェーツキ」って言うのは、子どもたちのって言う意味で、「ミール」が世界。だから、<u>子どもには子どもの世界があるんだってっていうことを言って、なるほどなと思った。</u>」（教員X：ロシア派遣）

これは学校で子どもたちがけんかをしているのを止めない教員たちになぜかと尋ねた返事に納得したという語りであるが、ここから異なる行動の背後にある価値観を理解するためには、ホストの言語を理解する必要があると考え

第三節 〈バイカルチュラリズムの萌芽〉 249

られる。
　上記の教員Gのようにホストの言語を十分に獲得しかつ文化の理解もできるようになって初めて2つコードを使い分けることができる厳密な意味でのバイカルチュラリズムが見られるのかもしれない。だが言語だけを十分獲得しても、必ずしも言語の背景にある文化の獲得がなされるというわけではないことも指摘しておかなくてはならないだろう。
　短期間しか派遣されない教員たちにネイティブスピーカー同様のホスト言語能力に達することを期待することは難しい。特に英語圏以外の国への派遣の場合には、ほとんどが派遣まで〈ホスト言語〉を学んだことがないことが多い。また教員Gの様に同一の国に複数回比較的長期間滞在できる機会もそれほど多くはないだろう。しかし言語能力が十分でなくても、文化の違いはある程度観察によって理解され［ゲストの変化］があることは前章で考察した。「視野の広がり」という言葉で表現された2つのコードが、〈自己の振り返り〉や［ゲストの変化］、［人間理解の深化］によって存在するようになることが重要なのだと考えられる。それは「意識して生活するようになった」という以下の語りに端的に見られると考えられる：

> 「あの、何だろうなあ。意識して生活するようになったと思う。さっき向こうで話したんですけど、2年間て限られた時間で、ロシアって特殊なところにいて、今この1日はもうとても毎日珍しいことが起きて、っていう話をして、って思っていて、<u>毎日自覚をしながら生きていた。</u>」
> 　（教員X：ロシア派遣）

この語りは、派遣地で毎日異なることが起こることで、それまで普通だと思っていた日本の生活もその「枠組み」を意識して大事にするようになったというものである。このような人生に影響を及ぼすような体験として異文化接触による〈バイカルチュラリズムの萌芽〉が起こる過程が重要なのではないか。それゆえこのようなコードの使い分け、「視野の広がり」は、いずれもが〈バイカルチュラリズムの萌芽〉であると本研究では考える。

3．教員による〈バイカルチュラリズムの萌芽〉の意味は何か

1．および2．では派遣教員たちに［ゲストの変化］を通じて〈バイカルチュラリズムの萌芽〉があったことを考察した。それでは教員たちの中に〈バイカルチュラリズムの萌芽〉があることの意味とは何であろうか。それは、以下の語りで明らかにされている：

「<u>あっちがよくてこっちの方が悪いとか、あっちがああだからこっちはこんなにすごいとか、そうじゃないと私は思うんですね。</u>だからそういう気持ちを生徒の中にも、ま40人全員に持てっていうのはやっぱ難しいと思うんですけど、そういう話を聞いて、何か感じることがある子が1人でも2人でも育ってくれれば、やっぱそういう話が出来るのって、そういう経験を、私は（地名）でそういう経験をしたから、その先生のその一言に引っかかった訳じゃないですか。もし（地名）にいなかったら、その一言に引っかからずに、うちの父もそういう感じなんですよ。なんか、やっぱ日本人みたいな感じなんですよね。ま、あの世代ってそうなのかもしれないんですけど。だからそういう、なんて言うのかなあ、変なナショナリズムを育てたくないっていうか、いろんな意味で、ほんとにグローバルな人間を、ほんと1人でも多く、そういう経験をした人間から育ってってくれればなっていう風に思います。」（教員G：アメリカ派遣）

この教員Gの語りは、これからのグローバル化した世界の中での考え方で重要なのは、自国の方が優れているというナショナリズムではなく、また「あっちがよくてこっちの方が悪い」という考え方でもないということに派遣体験によって気がついたというものである。ここで重要なのは、この教員の中に「あっちがよくてこっちの方が悪い」という判断を控えるという態度が育成されていることであり、「それによって二つの世界の間での意思疎通が可能な状態にあること」が実現されるのではないか。そのような体験を教員自身がすることで、帰国後生徒の中にグローバルな見方を育てることが可

第三節 〈バイカルチュラリズムの萌芽〉　251

能になると考えられる。グローバルな人間を育てるためには、教員自身がグローバルなものの見方ができるようになっていることが重要であると考えられるが、派遣体験は教員の中にそのような素質を育てるものである可能性を持つことがこの語りに現れている。グローバルな見方を自ら獲得した教員は、帰国後に生徒の中にグローバリズムを育てる可能性を見出すことができると考えられる。この点で、派遣教員の中に〈バイカルチュラリズムの萌芽〉がなされることに意味があるのだろう。さらに〈バイカルチュラリズムの萌芽〉によって【教員としての成長】が可能になると考えられる。この点に関しては第四章で詳しく考察する。

4．帰国後に教育現場でバイカルチュラルな要素を持っていることの問題点

　海外派遣で様々に異なる教育実践や文化実践を体験して帰国したとき日本の教育のよい点や悪い点が見えてくるのは、第三章第一節で考察した〈自己の振り返り〉によって日本の教育の在り方がより明確に見えてくること、さらに派遣地の教育実践に自ら参加することによって［人間理解の深化］、それから〈バイカルチュラリズムの萌芽〉が可能になり、2つの判断基準を持つようになるためであることが以上の考察で明らかになった。そこで派遣教員Mの言説にも現れているように、派遣教員の中に派遣地の教育実践のよいと思われる点を帰国後に日本の教育にも応用したいという気持ちが起こることは十分に理解できる。しかしだからといってすぐに日本の教育を変革しようと提案することは危険を伴う。なぜならば、海外派遣されたことのない圧倒的多数の他の教員たちには、自らが行っている教育実践を異文化の教育実践に映し出すための振り返りの機会を持たないために問題が見えにくい。そこで、問題があると指摘されると自分たちの教育実践が否定されたと感じて反発を引き起こす可能性があるからである。
　このような雰囲気を暗黙のうちに感じ取り、帰国後派遣体験についてさえ学校で語ったことがないという派遣教員は多く見られた。その中で教員M

は例外的に帰国後に復帰した職場で様々な提案を行ったが、反発を受けたために居心地悪く感じたことを語っている：

「でも行ってみると分かるってことっていっぱいあるんですよね。行かないと分からない。だから若い世代にそういう国際理解教育じゃないですけど、こういう近い国同士の交流をどんどん進めていって、まあ、たとえば1人自分の友達が向こうの国にいると思えばですね、あの、敵意って生まれてこないと思うんですよね。誰々ちゃんの国だと思えばですね。だからそういう繋がりをちょっとずつ増やしていくと、僕は東アジアの安定につながるんじゃないかと思って。こういう仕事をやれたなと思ってるんですよ。大げさな言い方をすればですよ。自分が行ってみて、本当の、何て言うんですかね、あの意識のギャップの深さ、それを埋めることの難しさ。時々だから日本人とけんかになりますよ。あんまり慎重すぎるから。僕は両方見た上で言ってるわけで、別に中国かぶれってわけじゃないんですよ。ただ、僕みたいに中間的な立場で世論と違うことを言う人間ってやっぱり疎ましいわけですよね。世論と同じようにあの毒入り餃子や偽物がいっぱいあるとか、そういう中国の負の面をたくさん報道で聞いて中国を見下すっていうんですかね、その見下していたい意識っていうのを変えられたくない日本人は多いと思います。優越感を捨てたくないっていうんでしょうかね。経済発展してるけど、でもある程度の民度なんだろうとかですね、そういう風に思いたい人って多いと思うんですよ。」（教員M：中国派遣）

ここでは、異文化接触で実際に見てきた体験を話してもそれを体験していない人の意見を変えることが難しいと語られている。このように、学校組織の中で1人だけ異なることを体験して帰国し他の人々とそれが共有できないことには辛さが伴う：

「だから外国人としてってところと、英語教師として、日本語教師としてってところを挙げて、日本語教師としてってところは、1番期間が短

かったところなので、そこで成長したかどうかは置いておいて、置いておくっていうか、英語教師として成長するステップになったと考えると、やっぱり英語教師として1番大きく成長したかな。でもそれがあるから逆に学校教育の中の英語っていうのが辛い感じがします。」(教員R：連合王国派遣)

ここでは外国語の優れた教え方を学んで帰国した教員Rが、日本の受験に焦点を合わせた学校教育の中の英語教育についてもっと優れたやり方を知っていても実践できない点を「辛い」と語っている。しかも、この「辛い」気持ちは共有しない人々には理解されないためにより一層「辛い」と感じられるのであろう。

さらに、異質なことを体験するということを知ったが故に「苦しみ」も伴うことが語られた：

「知らない方が楽だったねってことをUさんと言ってたんです。行ってすっごいよかったけど、行かなかったらその苦しみ知らんかったかもしれへんけど、行ったことによってそういう世界があるとか、みんな伸び伸びしているってところで、伸び伸び暮らしている人たちがいるってかまあ、みんな辛いと思うんですけどね、世界の人たちも。だけど、人が人を追い詰めるっていうところがあるじゃないですか、日本人て。その人の存在じゃなくてルールとか、あとなんて言ったらいいのかな。だからその辺で、もうちょっとレス・ストレスフルに生きられるのになとは思ったんですけど。REXに行ってその苦しみが増えたかもしれないとはよく言ってます。知らなかったらその方が感じなかったでしょ。だけど知りたくなかったかっていうと、行かなきゃよかったかっていうと、行ってよかったって思うので。」(教員R：連合王国派遣)

すなわち1つの世界しか知らない場合には単純に1つの価値観に従って生きることに疑いがないが、異質な価値観を知るともといた世界の価値観との板挟みになる「苦しみ」が生じる、とここでは語られている。それでも「行っ

てよかった」と感じられるほど海外派遣体験で学習したことは多いということも感じられている。

　海外派遣プログラムで派遣された教員は、しばしば海外で「遊んできた」と周囲の人々から誤解されることがあることが本研究のインタビューでも語られた。しかし、海外派遣は上記のようにただ行って帰ってくるのではなく、［ゲストの変化］という「心のホメオスタシス」を打破し2つの価値観を内面化するという外からは見えない〈バイカルチュラリズムの萌芽〉を伴うものである。それは内面の問題なので、同一人物の中にそのような変化が起こっていることは帰国後に周囲の人々からの理解が得られにくい。それゆえ帰国後に教育改善のための提案を行っても、なぜそのような考えが出されるのかが理解されずに、海外に行って来たのでただ「かぶれた」ように誤解される可能性がある。

　この問題の1つの解決方法は、異文化接触は〈バイカルチュラリズムの萌芽〉による世界観の変化が伴うこと、それは体験しない人にはわかりにくいことであることを派遣体験者、非派遣体験者双方が理解しておくことであろう。その上で派遣体験者は、帰国後よかれと思って提案しても批判を受けることがあることを理解し、提案がそのときには否定されてもいつかは受け入れられることもあることを考えて自己の教育実践を常に磨いておくこと、そして組織の中の上層部に立ったときに提案できるように自らの考えを忘れずに温めておくこと、そうでなかったら批判を敢えて正面から受けて提案を続けること、が考えられる。しかしそのような孤軍奮闘は教員を疲弊させるものである。何よりも教員を海外に送り出してきた文部科学省、教育委員会、管理職のプログラムに関する理解が一層求められる。現行の教育を改善し、日本国民に国際的視野を持たせたいと願うのならば、国際的視野を持った教員にその実力を発揮できる場所を提供する必要があるのではないだろうか。

　第三章第四節で考察する〈新たな目標の設定〉を派遣教員が帰国後に行えるのは、異文化接触による〈バイカルチュラリズムの萌芽〉によって異なる

第四節 〈新たな目標の設定〉　255

世界が見えるようになったからであり、教員の海外派遣がこれを可能にすることが日本の教育にとって有益であることについて教員自身も派遣元の人々も自覚的であった方がよいだろう。〈バイカルチュラリズムの萌芽〉によってどのような【教員としての成長】があるのかは、次章で考察する。

第四節 〈新たな目標の設定〉

　前節では、〈バイカルチュラリズムの萌芽〉についてのデータの分析を行い、教員にとっての〈バイカルチュラリズムの萌芽〉の意味や問題点を考察した。この節では、2つの文化に通じた結果〈新たな目標の設定〉が行われることをデータから考察する。これには生徒の教育に関する〈新たな目標の設定〉と教員の働き方に関する〈新たな目標の設定〉がある。この節で取り上げる〈新たな目標の設定〉は、［ゲストの変化］を遂げた結果生じるものである。［強要されたゲストの変化］の結果起こる〈新たな目標の設定〉は次節で取り上げる。

1．生徒の教育に関する〈新たな目標の設定〉

　〈新たな目標の設定〉は様々な局面で行われていたが、まず日本の生徒にとってどのような教育が望ましいのかということを考えて〈新たな目標の設定〉が構想されている点を考察する。

1-1．グローバルな視点を持つ生徒の育成の構想

　派遣教員自らに〈バイカルチュラリズムの萌芽〉があったことで視野が広がり、その成果を帰国後生徒に還元するための〈新たな目標の設定〉を行ったと語るものがいた。本例は既に第三章第三節〈バイカルチュラリズムの萌芽〉3．教員による〈バイカルチュラリズムの萌芽〉の意味は何か、で論じている語りの1部である：

「だからそういう、なんて言うのかなあ、変なナショナリズムを育てたくないって言うか、いろんな意味で、ほんとにグローバルな人間を、ほんと1人でも多く、そういう経験をした人間から育ってってくれればなっていう風に思います。」(教員G：アメリカ派遣)

ここでの語りは、派遣体験でより広い世界を見てきた教員として1人でも多くグローバルな人間を育てる構想を持ち、それを道徳の時間に使おうという〈新たな目標の設定〉についてである。これは、〈バイカルチュラリズムの萌芽〉があり2つの文化の間で行き来できるようになったことで可能になったものであると考えられる。

1-2．国際交流の構想

自らが国際社会に向けて視野を広げて帰国したことから、帰国後に生徒の視野を広めるための交流を構想し始めたものは多かった：

「1つ来年やろう、来年ていうか今年ですね、やろうと思っているのは、その「つながーる」[3]をぜひやろうと思っているんです。あの、選択授業か何かで。なんか私自身がやっぱり中国に思い切って行って、いろいろやっぱり人とやることで、いろいろ視野が広まった部分とか、やっぱりなんかもっと広い視野を持った生徒、それは誰かと交流するのが1番かなと思って。それがやりたいことですね。」(教員L：中国派遣)

この教員は日本の生徒の視野が狭いことを振り返っているが、それは自分自身が異文化接触体験をしているためであると語られている。この教員は、中学校の教員で生徒を実際に海外に連れて行くことが困難な状況にいて、生徒の視野を広げるための交流をウェブサイトに求めているが、構想自体は国際交流を目指すものである。

生徒の海外派遣に対しても、〈新たな目標の設定〉が見られた：

「で、ホームステイ先もお任せで、連絡はもうホームステイ先に直接してもらったり、で、子どもたちも出発のほんとに2～3日前にどこにホ

ームステイするか分かる。メールのやりとりもなんかほとんどできない。それから学校の一応事前研修をやって、日本文化紹介をやるよって言ってるけれども、何年生のどこでやれるかも、小学生に対してやるのか、中学生に対してやるのか、高校生に対してやるのかもわからない。もしかしたらないかもしれないって言われて、そんな状態で行くんですよね、とりあえずね。なんかこう形だけのプログラムになっていて、<u>なんかやっぱり自分が知ってる人たちと、ま実際皆さん、自分が知ってる学校とやるって形ですよね。やっぱりもうちょっと形だけ、せっかくお金を払ってやるので、もっと身になる交流っていうのを、せっかくやるんだったらやれたらいいのになあと思うんです。</u>」（教員S：連合王国派遣）
　この教員は、既存の国際交流プログラムが業者に任せているために「形だけのプログラム」になっていると感じ、教員がもっと関わった手作りの国際交流プログラムを作りたいという〈新たな目標の設定〉を行っている。自分が「身になる交流」を派遣地で体験したからこそ、生徒にもそのような体験をさせたいという構想が練られたのではなかろうか。
　このような国際交流に関する〈新たな目標の設定〉は、派遣教員たちが自ら派遣を体験して〈バイカルチュラリズムの萌芽〉によって視野を広げたためにその重要性が認識されて行われたことであると考えられる。

1-3．国際理解教育の構想

　中学校で教えていて実際の生徒の海外体験が難しい場合には、道徳の時間を利用して国際理解教育を行おうと構想するものもいた：
　　「そうですね。だからそういう時間をほんとに今までこの学校ではなかったようなので、その国際的な道徳、だから友だちを優しくしましょうとか、先輩を敬いましょうとか、年上の人だとか、そういう道徳は、日本文化に根付いた道徳はあったんですけど、<u>もうちょっと視点を広くして、その世界ってところで見たときの道徳っていうのがあんまりないの</u>

で、そういう時間を入れてもいいかなっていう風に私は思って、来年国際理解っていう分掌に入れてもらったんですけど。自分の名前をお願いして、これは、校長にここに入れてくださいって言って。で、道徳と、そういう風にやって行きますってことを言ったんですけど。」(教員G：アメリカ派遣)

この教員は中学校教員であり学校で国際交流を行うことが難しいのであるが、そのような困難な状況でも国際理解教育の重要性を認識して道徳の時間を利用しようと構想を練っている。

1-4．生徒の可能性を引き出す教育の構想

派遣校の生徒が日本の生徒よりもよく勉強することが第三章第一節で語られたが、日本の高校生の能力が思っていたより高いと感じたという語りがある：

「高校生の潜在的な可能性っていうのは、日本の教員が思っているよりももっと能力が高いっていうかな、それは感じましたね。」(教員A：アメリカ派遣)

これは、日本で一般的に信じられているよりも日本の生徒も潜在的な学習能力があるのではないかという振り返りであるが、帰国後にこの教員はそれを信じて生徒に多く勉強させるように自らの教育実践を変化させたと語っている：

「英語で教える。あとは量的にもたくさんのものを与えるし、生徒がヒーヒー言うぐらいのものを与えるけど、そのヒーヒー言うなかで、力を上げていくっていうか、そういった加減が、力の加減っていうのが昔より思いっきりできるようになったっていうのは、アメリカでは学生はこれぐらい勉強しているから、日本人にできないはずはないし、日本人ももっとやらなくちゃいけないっていう感覚があるからですかね。」(教員A：アメリカ派遣)

第四節 〈新たな目標の設定〉　259

ここでは派遣前に思っていた日本の生徒の姿を派遣中に振り返り、実際に派遣地で生徒が大変だと思うような学習をさせることを体験し、2つの文化に通じることによって日本の生徒にもっと勉強させる機会を与えることを、日本での〈新たな目標の設定〉に結びつけていると語られている。

1-5．「子どもの世界」を作らせる教育の構想

　日本では生徒がひ弱くなって大人に依存していることを振り返るものがいたことを第三章第一節で考察したが、そこから〈新たな目標の設定〉を行って実践しているという語りがあった：
　　「具体的に言うと、今僕北海道の中学生、小学生もいるんだけど、小、中、高生を2年にいっぺん、サハリンに1週間連れて行ってるんですよ。で、向こうの孤児院とかに泊まらして、放置みたいななんかこう、ジェーツキミール（ロシア語で、「子どもの世界」を意味する言葉。子どもには子どもの世界があるので、大人はそれに介入しないこと）をやってる。しゃべれない子どもたち、日本語分からない、ロシア語分からない。でも何か遊んだりとかしてるわけ。」（教員X：ロシア派遣）
この実践は、派遣国での子どもには子どもの世界があるので大人はそこには介入しないという教育実践を体験することによって日本の教育を振り返り、〈バイカルチュラリズムの萌芽〉から〈新たな目標の設定〉を行っている例である。

1-6．障がい者のインクルージョン教育の構想

　派遣国の体験から日本の障がい者を隔離するような教育に対して疑問を持ち、自らインクルージョン教育の構想をした教員もいた：
　　「具体的に何が出来るかってことではないんですけど、さっきのスペシャルニーズの先生の体制とか、日本で何で障がい者が一緒に勉強できないんだろうっていう疑問も正直あるし、すごくそれを莫大な大きなこと

で、私がどうにかできる問題ではないと思うんですけど、なんかのきっかけで日本の教育が変わっていくってなったときに、ほんとこれ膨大なことなんで私がどうこうじゃないんですけど、なんかその1員になれることがあるかもしれないとか。」（教員Ｔ：連合王国派遣）

この教員は派遣国で障がい児が混ざった授業をした経験を持ち、日本でも派遣後そのような構想が出たときに自分も参加したいと思っている。

1-7．落ちこぼれを出さない教育の構想

生徒の学力向上に関する〈新たな目標の設定〉は以下の語りに見られる：

「こうやらなきゃいけない。こうやらなきゃいけないじゃないけど、1年間の間にこんなけやってくれとかってね。あと学力あげる云々ばっかりじゃないですか。で、学力あげるんだけど、落ちぶれた（落ちこぼれた）子なんかを置いていく、（学校名）なんて今の学校そうですけど、もう上の子を伸ばしてやらなくちゃいけないから、下の子はどんどん置いていくしかないわよねみたいな話が出ると、そおお？って思ったりとか。あと、英語の試験でできても、英語の能力があるとは限らないじゃないですか。その辺のギャップが辛いかな。」（教員Ｒ：連合王国派遣）

この教員は、学力を上げるためには上の子どもだけを伸ばし、学力が下の子どもを置いていくことを良しとするような他の教員の考えに違和感を持っている。このようにこの教員が派遣後日本の学校に復帰したときに他の教員との違いを認識するのは、派遣中に別のやり方を体験しているからであり、落ちこぼれが出ない教育が構想されていると判断される。

2．教員の働き方に関する〈新たな目標の設定〉

日本の教員の働き方に関しては第三章第一節で考察したが、派遣地での人々の働き方から帰国後教員の働き方に対する構想が見られた。

2-1. 生徒との関係作りの構想

　日本の教育制度に関しての振り返りが〈新たな目標の設定〉に結びついていることがあった。本例は第三章第三節2．バイカルチュラリズムの表れ方、でも引用している：

　「教科指導もできて、生徒指導もできて、保護者との連絡もして、で部活動の指導もできてっていう。やっぱり得意不得意がありますよねえ。まあ、そのすべての中で子どもたち、子どもとか家庭との信頼関係がアメリカよりはかたいっていうのがあるんだと思うんですけど。ただその信頼関係が強いか弱いかも、学校に何を求めるかによって違うと思うんですね。学校は勉強を教えてくれればいいと思っているんだったら、まあ、そんなに深い生徒理解だとか、家庭との関係も強くなくてもいいのかなあって気もするんですけれど。そうじゃなくて、もう総合的に人間、ま、人間としての教育を期待しての、それは日本だと思うんですけど、それならばやっぱり生徒との関係をしっかり作って、家庭との関係もしっかり作っていかなくてはいけないと思うんですけど。それは文化の違いですよね。やっぱり。それが異文化ですよね。」(教員H：アメリカ派遣)

この語りでは、日本では「総合的に人間としての教育」が学校教育に期待されているために教員は教科指導、生徒指導、保護者との連絡、部活動の指導など様々な役割を期待されていること、その中で生徒や生徒の家庭とのしっかりとした関係を作ることが〈新たな目標の設定〉として述べられている。

2-2. 教員の役割分業の構想

　日本でも海外で行われているような役割分業が行われれば、心の病にかかる教員が少なくなるのではと考えた教員がいた：

　「うーん、それは難しいですねえ。まあ、日本は日本でずっと昔からの流れがありますからねえ。急にそうしろって言ってもうまくいかない

と思うんですけど。でもまあ、そういう仕組みができれば、もっとやりやすいっていうか、たとえば心の病で休んじゃう先生とかも減るんじゃないかなあっていう。最近多いって言われるじゃないですか。そうですね、適材適所ですよね。」(教員H：アメリカ派遣)

この教員は、日本ではアメリカのような教員の役割分担を行うことは急にはうまく行かないかもしれないが、役割分担が行われれば様々なことをやらなくてはならないことで心の病に陥ってしまう日本の教員が少なくなるのではないかという構想を持っていることを語っている。

2-3．自らすぐに行動する構想

　日本の学校組織の中ではすぐ動くことが難しいことを振り返った上で、派遣地で学んだいいと思うことを自分ではすぐやろうという構想を立てるものもいた：

「その日本の組織の中では、そのすぐ動くとかそういうことなかなか難しいんですよね。あの、1個のことやろう思っても、何ヶ月前からとか、そこのこの手順ふんだんかとか、ええと、で、結局ぽしゃるとか、そんなんあるんですけど、ま、できるだけそのいいと思うことはやろうと思います。」(教員V：豪州派遣)

このようなすぐに動くことが難しいシステムの中でも、この教員はできるだけいいと思うことを自らやろうと思っていると語っている。

2-4．長時間勤務回避の構想

　派遣地の教員の働き方を見て自分の長時間勤務の働き方を振り返り、帰国後に変えたという教員がいた：

「そうですね。ま、仕事がちょっと忙しかったのも忙しかったんですけれども、前はほんとにとにかく朝6時よりも前に出勤してて、帰るのは夜12時を過ぎてたんで、うーん、で、もうそういう生活を何年かしてた

第四節 〈新たな目標の設定〉　263

ので、だから夕方6時とかに家に帰ると病気かっていうような、はい、状況だったんですけど、今はもう絶対そんなことしないですね。」（教員N：中国派遣）

これは派遣前に当たり前のように長時間勤務していたが、派遣地で仕事だけがすべてではないことを学び帰国後には働き方を変えたという語りである。

2-5．ALTとの関係の構想

ALTへの態度を改めたという語りもあった。この例は第三章第二節2．〈他者理解の深化〉で引用している：

「やっぱりあと、ALTの先生の気持ちが分かるようになったかなっていうのがすごく大きくて、自分が逆の立場になって、ああ、こんなことしてほしかったなとか、あんなことしてほしかったなとか、まあそんなたいしたことないがやですけど、できるだけいっぱい話をしようとか、時間があるときはっていうか。っていうような対応にはなったかな。」（教員C：アメリカ派遣）

これは自分がALTと同じような立場になったからこそ、前とは違った対応をしようという〈新たな目標の設定〉である。

以上で考察した〈新たな目標の設定〉は、[ゲストの変化]を通じて〈バイカルチュラリズムの萌芽〉があった結果到達したものであると判断される。

3．〈新たな目標の設定〉の総括

上記で考察したように様々な点で派遣教員たちは帰国後に〈新たな目標の設定〉を行っていた。このような〈新たな目標の設定〉は、〈自己の振り返り〉によって自分の今まで行って来た教育実践を鏡に映し出すように外から眺めることができるようになったこと、さらに[ゲストの変化]から[人間理解の深化]を遂げさらに〈バイカルチュラリズムの萌芽〉によって2つの

教育実践の比較ができるようになったことで、よりよい教育の姿が見えてきたことから可能になったのであると考えられる。

海外派遣体験がなくずっと日本にいて教員を続けていてもいずれ同じことが何らかのきっかけで可能になることも考えられるが、海外派遣はそれをより能率的に明確に派遣教員たちに自覚させる機会となっていたのではないだろうか。これは、「その固定化した情報システムにも、まったく異なった情報システム（たとえば、異文化圏での衝撃）が大量に入り込むと、少しずつ変容することがある」（久米・遠山，2001：112）ためであると考えられる。また、もしかするとこれらは日本にずっといたならば全く気づかずに過ぎてしまうこともあるかもしれない。教員Mの事例のように、帰国後に様々な提案をしてもその意味が理解できない他の教員に聞き入れられずに、むしろ疎まれるような場合があることからそのように判断される。

それならば、派遣教員たちの〈新たな目標の設定〉は、どのような意味があるのであろうか。佐島・小池（2010：105）は、今後教員に特に求められる資質能力には、①地球的視野に立って行動するための資質能力、②変化の時代を生きる社会人の求められる資質能力、③教師の職務から必然的に求められる資質能力、の3点があると言う。この節で考察してきた教員たちの語りからは、これら3点すべてが明確に見えてくる。それは世界の人と同等に渡り合えるような学力、強い意志やコミュニケーション能力を持つ生徒を育てる構想であったり、生徒に広い視野を持たせるための国際交流活動のよりよい形の構想であったり、障がい児の力をもっと発揮させるための教育構想である。このような構想を練りその信頼性を確信できるのは、派遣教員たち自身がそのような教育実践を行っている教育現場を体験したからであり、異なる「枠組み」の学びがあったからであると考えられるのである。

海外派遣は、図3-1に表されているように、派遣体験全体から〈自己の振り返り〉を行い［ゲストの変化］を遂げたことで［人間理解の深化］に繋がることが見られた。これによって〈バイカルチュラリズムの萌芽〉が可能

になり〈新たな目標の設定〉ができたと考えられる。異文化接触の体験は、このような絶え間ない自己との対話と変化の連続を通して〈新たな目標の設定〉へと結びついていることが今までのデータから言えると考えられる。

第五節　〈反面教師〉[4]

　第三章第四節では、［ゲストの変化］、［人間理解の深化］、〈バイカルチュラリズムの萌芽〉から導かれた〈新たな目標の設定〉についての考察を行った。本節では、決して心地よいと思えない［強要されたゲストの変化］の体験をすることが〈反面教師〉となって〈新たな目標の設定〉とされる可能性があることをデータから考察する。

　第二章第六節で詳細に考察した［強要されたゲストの変化］の中では、日本では正規教員であったが派遣国ではアシスタントティーチャーになり、思ったように教えることができないことに適応しなくてはならないケースがあった。その語りをもう1度見る：

　　「もうひらがなの50音全部まず最初にやらせて、それの採点とか、そんなのばっかりをやってたので、私が何かをするっていうのは、まずなかったんですよね。あとはまあ、日本からいろいろ外大でいただいた資料とか、教科書とかもあったんですけど、そういうのは持って行ってて、そういえば、こういうの使ってみないですかって先生に言うと、あ、いいわね。じゃ、これコピーしてきてって言って。これをじゃあ80人分、こんだけコピーしてなんて、私は1日コピーしてたりとか。先生は授業やってて、私はコピー室でコピーしてたりとか。<u>だからそういうアシスタント、ほんとのアシスタントになっちゃってて。だからすごく辛かったですね、最初は。</u>」（教員Y：ニュージーランド派遣）

このように自分が期待していたような日本語教師としての職務を果たせない状態に無理に適応しなくてはならないことは、日本では正規教員であった教

員Yにとっては大変に「辛い」ことであった。しかしこの教員は、この「辛い」体験を〈反面教師〉として、派遣前のやり方と日本に帰国した後のALTの人たちの活用の変化を語った：

「帰ってきてからはもう、ラッキーなことに毎年ALTがいるので、うちの学校は。だから自分もこうだったんだってことを説明して、で、私は、他の先生はどうだか分からないけれど、私はあなたとこういうことがしたいと。で、私が今回教えたいメインのたとえばストラクチャーは、こういうことなんだけど、それを使ってなにかこうゲームでもいいし、なんか反復指導でもいいけど、それをしてほしいっていう。だから、彼女中心、彼中心の時間が、半分ぐらいになりますかねえ。で、彼、彼女にある程度の責任を持たせて、そうすると彼らは指導案とかを書いて、これじゃ、こういう感じで15分でいいかなみたいなことを持ってきてくれるので、あ、いいねえみたいな。もう今何回かキャッチボールしながら指導案ぽいものを向こうにも書いてもらって、ある程度の任せっきりじゃないですけど、でも、50分中の20分ぐらいはもう中心で、私はもうあのう、アシスタント。逆にアシスタントっていうか、でもそれは別にペーパーワークをするとかじゃなくて、補佐ですよね。だから言われたことをやったりとかっていう風にして、その彼、彼女に責任を持たせて、やるようにしてます。絶対その方がやり甲斐があると思うので。」（教員Y：ニュージーランド派遣）

このように責任を持つことができないアシスタントティーチャーの「辛い」体験を日本のALTにさせないように配慮して、帰国後はALTにも教えることで「やり甲斐」を持たせるような待遇を与えるように自らが変化し、しかも「絶対その方がやり甲斐があると思う」という信念を持ったことは、メインティーチャーとしての〈新たな目標の設定〉の1つであると考えられる。

これが可能になったのは、この教員がアシスタントティーチャーとしての

第五節 〈反面教師〉　267

「辛い」立場が制度的なものであると理解して仕方なく自己を合わせていた一方で、正規教員としての自己イメージを保ち続けていたことによるのではないだろうか。すなわち自分がアシスタントティーチャーとして「辛い」と感じたことを〈反面教師〉として〈新たな目標の設定〉を行ったのは、正規教員としてのアイデンティティに揺らぎがなかったからできたのだと考えられる。

このように〈新たな目標の設定〉に結びつく［強要されたゲストの変化］もあるが、もう一方でそうならなかったのではないかと考えられる場合もあった。この例は既に第二章第六節〈否定的な評価・感情〉から［強要されたゲストの変化］へ、のなかの〈強要された教育システムへの適応〉で一部論じている：

「ああ、学校行ったら授業なくなってたこともあります。30キロあるんですよ。それをマイクロバスでばーっと連れて行かれて、行ったらない。信じられないです。氷山の一角ですよ、こんなことは。疲れて、ほんと。だからあの僕もきちんと今週はこういう授業、こういう授業をして、来週はこういう授業をして、この授業を踏まえて次の授業の準備をして、あのう、前の授業でやったことをあの採点とかをして結果を返して、そういう風に日本人的ですよね。進めようと思ったんですけど、あるかないか分からない授業ですから、もう全部投げ込みにしました。作り貯めて置いて、あ、今日は、今週は授業あるんだと。今日は２時間あるんだとか思った時点で、じゃ、これやろう。作り貯めた教材で投げ込み教材。いきなり授業。もう、何というんですかね、誇りとか、そういうものは全部打ち砕かれましたね。きちんとやりたいって日本の学校だったら言いたくなるじゃないですか。言ったら野暮ですよ、そんなの、ええ。僕はマイノリティだし、同じ同僚の日本人だって、学校経験者じゃないですからね。」（教員Ｍ：中国派遣）

ここでは日本風にきちんとやりたいと思っても、頻繁に授業がなくなってし

まう状況ではできないと判断して、教材を作り貯めて置いて授業があるときは投げ込み授業をするようになったことで教員としての「誇りを打ち砕かれた」ことが語られている。またこの教員以外の日本語教員たちは全員がそれ以前に教員という職業に就いたことがなく、その人達との関係上日本で教員であったことを忘れようとしたとも語られている。この例は第二章第二節6.〈人間関係の違い〉、で引用している：

「まあ要するに教員上がりの人っていうのは1人もいないっていうんですかね。だから僕が学校の話とか教員っぽい話とかするといやがるわけですよ、その先生たちは。なんて言うんですかねえ。<u>だからまず教員であることを忘れよう</u>ということと、それから自分は外国人で中国人じゃないし、日本人だという風に主張することをやめようということと、あのう自分がそれまで自分の足場っていうんですかね、誇りの源だったことを全部捨て、ゼロにして、やっていくっていう。ええ、そういう意識の切り替えがやっぱり半年くらいかかったですかねえ。」（教員M：中国派遣）

これらの語りでは、自分が日本で教員であったことを忘れ日本人であると考えることもやめて他の人々と同等になろうと「意識を切り替え」ようとしたことが語られている。しかしそのように努力した結果、この教員は自分が「ゆがんでしまった」と感じている：

「理不尽だと思っても、中国ではそれが普通なんですよって言われると、ああ、友人から言われるとまあ納得しますよね。ああ、そうなんだっていう風に。そんな形で1個1個乗り越えていった感じですね。だからすべてがもうカルチャーギャップですかね。でやっぱり自分が正しくて、こっちが間違っているっていう風に思いたくなるじゃないですか。特に僕なんか36、7ぐらいの年に行きましたから、もう若者にあるような柔軟性っていうのはなくて、ええ、ある程度自分で仕事も一通りやってきたっていう自負もあるからですね、頑固ですよね。ええ、切り替え

ができないっていうか、捨てられない自分が重すぎるっていうか、そういうのがあってですね、ええ、苦労したんですね、半年ぐらいは。まあ半年たってもうあきらめた部分もありましたし、ええ、慣れてきてですね、気にならなくなってくるんですね。なんでこんなこと気にしてたんだろうって思って。自分自身が変化してくるんですね。あまりにも強いストレスをかけ続けられて自分自身の形自体がゆがんでしまうというか。向こうに合うように変形されられてしまう。それはもうこっちに戻ってきたらもう元に戻らなくて、変形したまま、状態のままですからね。それもまた苦しい理由になるんですけどね。」(教員M：中国派遣)

ここでは以前の自分を忘れようとしてもなかなかできなくて苦労したが、ある程度時間が経つと自分が相手に合うように変形させられてしまいそれを「ゆがんだ」と感じていることが語られている。これは1種のアイデンティティの揺らぎではないだろうか。すなわち慣れたくはない仕事の在り方自体が1つのストレスであるとすれば、それをやらなくてはいけないこともまう1つのストレスとなり、2重のストレスを感じることで自分が「ゆがんだ」と感じている上に、更に日本に帰国しても日本の状況にもなかなか馴染めないというさらなるストレスが感じられているのである。これはこの派遣教員にとって大変苦しいことであると察せられ、これを〈反面教師〉として〈新たな目標の設定〉ができるとは考えにくい状況である。

同じように［強要されたゲストの変化］があったのに〈新たな目標の設定〉が見られる場合と見られない場合があるとしたら、その違いはどこから来るのであろうか。まず教員Yの場合には授業以外は充実した滞在生活があったことが語られた：

「Y：はい。学校生活は、授業以外はとにかく楽しい生活でしたね。
筆者：そうすると、全体から見て、割となんかすんなりと学校生活っていうのには溶け込められたんですか。
Y：はい。ただ先生とも、日本語の先生とも別に最初はこっちもわーっ

といろいろやっぱり言いたいことを言って、その先生もまあそういうのは分かるけど、できないんだとかって話し合いをしてたわけで、別に関係も悪くないし、で、はい、楽しく1年半、本当に楽しくやってました。」(教員Y：ニュージーランド派遣)

この場合は、メインティーチャーとの関係も悪くなくコミュニティにも溶け込んで生活していて、問題は授業で自分が教員として活用されていないことに対する［強要されたゲストの変化］を遂げなくてはいけないことだけであり、滞在全体は楽しく〈バイカルチュラリズムの萌芽〉を可能にするものであった。しかも問題が派遣国のシステムのために起こったことであると原因を突き止めていて、自分が派遣国の教育に参加したいという〈肯定的な評価・感情〉は最後まで持ち続けていた。すなわち自分を否定することはなかったと判断される。それゆえ帰国した後は、自分の判断で授業をすることができるようになったという喜びが語られた：

「で、帰国した次の次の日からもう毎日学校に行って、その新入生を迎える準備っていうのをして、でもなんか嬉しかったですね。なんかやった。自分のことが自分でできて、誰にもお伺いを立てないで、今までは何するのもやっぱり日本語の先生にお伺いを立ててたし、自分の判断で自分でできるっていうのは、やっぱり私はこっちなのかなって思ってやり甲斐を感じ始めて。」(教員Y：ニュージーランド派遣)

このように教員Yの場合は、〈否定的な評価・感情〉を持った対象がシステムの問題であると納得して帰国した後は逆カルチャーショックもなく仕事にすぐに復帰した。教員としてのアイデンティティに揺らぎがなかったのである。

もう一方の教員Mの場合には、変更の多い中国の授業に合わせて投げ込み授業を行うことで日本人教員としての「誇りを打ち砕かれ」、また日本で教員であったことに〈否定的な評価・感情〉を持ち敢えて忘れようと自らを否定して教えた経験のない教員と合わせようとしていた。教員としてのアイ

第五節 〈反面教師〉　271

デンティティが揺らいだために、〈反面教師〉とはならなかったのではないかと考えられる。

　異文化間学習では、既存の自分の文化に関する知識に加えて（下線は筆者による強調）新たな文化の知識を獲得する。これは自文化中心主義から他の文化も同等に有効性を持つという文化相対主義への移行を意味し（Bennett, 1993）、この意味での〈バイカルチュラリズムの萌芽〉をもたらすはずであり、そこでは2つの異なる文化はどちらがよい、悪いではなく同等な地位を持っているはずである。それは重松（2002：113）が、アメラジアンの子どもを持つ両親が2重のルーツを持つことを恵まれて強みだと強調する意味で「ダブル」と呼ぶことに通じるものがある。しかし教員Mの場合には、自分の文化を封じ込んでもう1つの文化に〈否定的な評価・感情〉を持ちながらも無理矢理自分を合わせようとしたためにアイデンティティの揺らぎが起こり、異文化間学習が適切に行われなかったのではないかと考えられるのである。そのためにこれらの点に関して〈バイカルチュラリズムの萌芽〉もなく〈新たな目標の設定〉がないことになったのではないだろうか。実際教員M自身も以下のように語っている：

　「ええ、ですが、やっぱり海外派遣、海外研修（ママ）ということに対して、自分自身があまりにも無防備でしたね。あの、どういうことが起こるか、命を揺さぶられるようなですね変化が起きるんですよ。気持ちも変わるし、あのう大事なものもですね、大事と思えなくなってしまったりとか。そんな揺さぶりがしょっちゅうある。それに対して恐ろしい気持ちがなかったですね。恐れがなかったですね。素直に飛び込んで行ってしまった。でも海外体験をすると、それこそ人生を台無しにするようなですね、ことも起きますよ。ええ、場合によってはですよ。そういう恐れを感じていれば、もう少し自分を大事にできたかなあ、守れたかなあと思います。僕は自分をちょっとですね、粗末にして傷つけた面があると思います。よかれと思っていった研修（ママ）ですけどね、それ

にしてはあまりにもその研修（ママ）の持つ意味に対して無防備だったですね。」（教員M：中国派遣）

ここで教員Mがいう「自分を大事にする」というのは、本来持っている自分のアイデンティティや自文化を否定せずに新たな文化をその上に重ねて異文化間学習するということを意味するのであろう。このような形の［強要されたゲストの変化］は起こりうるが、たくさんの局面でそれが起こった場合「自分を粗末にして傷つける」思いをするので避けた方がよいという点は、事前研修で注意を喚起できると考えられる。そのためにも［ゲストの変化］と［強要されたゲストの変化］の区別を明確に認識する必要があるだろう。

以上で、［強要されたゲストの変化］にも〈反面教師〉として〈新たな目標の設定〉に繋がる可能性が数は多くはないがあること、繋がらない場合には自分を多くの局面で否定して新たな文化に無理矢理合わせたことが原因であったことを考察した。

第六節　［強要されたゲストの変化］、［ホストの変化］と〈バイカルチュラリズムの萌芽〉

第三章第一節と第三節で、〈自己の振り返り〉と［ゲストの変化］による〈バイカルチュラリズムの萌芽〉を考察した。それでは［ゲストの変化］ではなく［強要されたゲストの変化］と［ホストの変化］が見られたときにも〈バイカルチュラリズムの萌芽〉に影響があるかどうかを本節では考察する。

1．［強要されたゲストの変化］と〈バイカルチュラリズムの萌芽〉

第二章第六節で〈否定的な評価・感情〉を持ったまま［強要されたゲストの変化］に至る道筋を考察した。この場合派遣地で〈否定的な評価・感情〉が持ち続けられているままにゲストが変化していた。

〈否定的な評価・感情〉はそれが〈肯定的な評価・感情〉に変化しない場合には、長期間継続し続け、そのような事態を招くことを避けようとする心

第六節 ［強要されたゲストの変化］、［ホストの変化］と〈バイカルチュラリズムの萌芽〉 273

理が働く。前項の教員Yの「ほんとにアシスタントになっちゃってて」という［強要されたゲストの変化］は、帰国後に日本のALTがそうならないようにする工夫をするという形で「望ましくない事態は避ける」という方向に向かったことが語られている。すなわち「それもあり」という考えには至らない点で、〈バイカルチュラリズムの萌芽〉にはならないと考えられる。

2．［ホストの変化］と〈バイカルチュラリズムの萌芽〉

　第二章第五節、第七節と第八節で［ホストの変化］には、〈否定的な評価・感情〉から〈受け入れる心〉の形成の後〈日本の文化実践の採用〉を経て導かれるもの、〈否定的な評価・感情〉から〈抵抗〉を経て〈日本の文化実践の採用〉に至り起こるものと、〈教員としてのキャリア〉から〈日本の文化実践の採用〉を経て導かれるものの3つの経路があることを明らかにした。いずれの場合にも、〈日本の文化実践の採用〉がホストに受け入れられ［ホストの変化］があったことから［ゲストの変化］は見られなかった。たとえば教員Aのケースでは、ディテンション制度という罰則制度に対して〈否定的な評価・感情〉があり〈日本の文化実践の採用〉をして派遣地でも生徒に日本でやるように話して聞かせようとした。この場合はホストの行動も自分の行動にも〈否定的な評価・感情〉が持ち続けられている。そこで変化がないという点で、罰則制度に関して〈バイカルチュラリズムの萌芽〉には寄与しなかったと考えられる。

　次の例はホスト言語の学習に対して派遣教員が積極的に行わなくても［ホストの変化］があった場合である。この例は第二章第七節2．［ホストの変化］の〈ホストのゲスト言語への適応〉、で既に使用している：

「たとえば、向こうに行って、日本語、向こうで日本語を教えてる中国の先生が迎えてくれますよ。だから日本語でしゃべれば、日本語で受け答えしてくれる方がいるんですけど、ま、その人は、始終張り付いてくれるわけではないので、<u>となるとやっぱり全部書くんですよ。漢字で。</u>」

（教員 K：中国派遣）

この場合は中国人ホストが筆談によって［ホストの変化］をしてくれたので、積極的に派遣教員が中国語を学ばなくても不便がなかったことが語られている。結果的にゲストの側の言語能力は一生懸命勉強したらもっとできるようになったかもしれなかったので、ここでも〈バイカルチュラリズムの萌芽〉はなかったと判断される。

このように［ホストの変化］があった場合には、［ゲストの変化］はなかったので、これらの点に関して〈バイカルチュラリズムの萌芽〉は見られなかったと判断される。

3．〈バイカルチュラリズムの萌芽〉に至らない場合の派遣体験の意味

1．と2．では、派遣体験があっても、〈バイカルチュラリズムの萌芽〉とはならない場合を検討した。それでは派遣体験は無駄であったのだろうか。その点を以下で考察する。

ゲストが［差異の認知］をしない場合があったことは、第二章第一節と第八節で指摘した。しかしこのような語りはごく少数であり、ほとんどの場合ゲストはホストの文化実践を見て［差異の認知］を行っていた。その点で既に異文化間学習の1部が成立していると考えられる。多くの派遣教員が派遣体験によって「視野が広まった」と言っているのは、そのためではないだろうか。だが単に「視野が広まった」というだけでは短期に海外の学校を視察して違いを学ぶこととさほど変わりはない。長期の海外派遣の意味は「視野が広まった」以上にどのようなことがあるのだろう。

ゲストが［差異の認知］を行った際に、当初〈否定的な評価・感情〉を持ち後に〈受け入れる心〉を形成しても〈日本の文化実践の採用〉をすることがあることを第二章第五節で考察した。その1例をもう1度考察する：

「だからそういうことしちゃいけないっていうのがあるので、だからまあ、そのどうしてもその伸ばさないといけない子は昼休みとかに個人レ

第六節　［強要されたゲストの変化］、［ホストの変化］と〈バイカルチュラリズムの萌芽〉　275

ッスンって言ったらおかしいですけども、あのう、呼んでやってましたね。それは多分 K さんも M さんも同じように個人で指導してたと思いますけど。ただそれは中国人の先生からすると、そんなになぜ休み時間まで。あの、休み時間には家庭教師としてお金を別料金を取って教えていらっしゃる先生がいました。なかなか不思議な感じでした。あのう特にその人が金に汚いとかそういうことではないんですけれども。やっぱりその辺の考え方は全然違う感じがしましたね。」（教員 N：中国派遣）

ここでは昼休みに別料金を取って生徒を教えている派遣地の教員について「特にその人が金に汚いとかそういうことではない」といって〈受け入れる心〉を持っているが、派遣教員自身は個人レッスンをただでするという〈日本の文化実践の採用〉を行ったことが語られている。

このような場合には、ホストの「行動の違いや価値観の違いを尊重」（マツモト，1999：58）することを派遣中に学習し、ホストが行動することに対して認めた点が評価される。すなわちホストに対して〈否定的な評価・感情〉を持ち続けないことが異文化間学習で重要なのである。ゲストの行動上の変化は見られなくても、ホストに対する気持ちの上での変化を起こすことがあれば、異文化間学習が行われていると判断される。このような気持ちの上での変化を起こすことは短時間のうちにできるとは考えにくく、短期派遣の視察旅行などでは実現することは難しいだろう。実際筆者の行ったインタビューで、ホストの文化実践に対して〈否定的な評価・感情〉から〈肯定的な評価・感情〉に変わり自らも参加するのに 1 年ぐらいかかったという回答があった：

「1 年目は全く授業中によそに送り込むことはできなかったですね。2 年目、2 年目になってからですね。だから 1 年かかりましたね。」（教員 H：アメリカ派遣）

ここでは授業中に手に負えない生徒を別室に送るという罰則制度に派遣教員自らが参加するのに、「1 年かかった」と語られている。

Bennett (1993) は異文化に対する感受性の発達を自文化中心主義から文化相対主義への移行であると述べているが、派遣地の人々の行動に対して〈肯定的な評価・感情〉を持つことはホストに共感（empathy）することであり、文化相対主義への移行があった場合である。しかし Bennett は、ホストの行動には〈肯定的な評価・感情〉を持っていてもゲスト自身の行動には〈否定的な評価・感情〉を持つ場合の区別をしておらず、ここで言われている「共感」は、おそらくホストと同じようにゲストも行動することを意味すると考えられる。本書ではこの2つを区別し、「共感」はゲスト自らも参加することで得られるものであると考える一方で、ホストの行動のみに〈肯定的な評価・感情〉を持つことを「寛容」と表現しそれ自体も変化として評価するものである[5]。

結局ホストの文化実践に対して〈否定的な評価・感情〉を持ち続ければ、そこには〈バイカルチュラリズムの萌芽〉は見られないが、〈否定的な評価・感情〉を〈受け入れる心〉に変化させることができるのならば異文化間学習が成立しており、本研究ではそれは1つの成長の過程であると考える。実際小柳（2006）では、これが異文化間学習による人間的成長であると述べられている。さらに［強要されたゲストの変化］でも〈バイカルチュラリズムの萌芽〉はなくとも、第三章第五節で考察したように〈反面教師〉となって帰国後〈新たな目標の設定〉が行われており、ここでも異文化接触の意味があると考えられる。ただ認知面だけの変化では、本研究で描いた【人間的成長】には至らないことがあることは以上の結果から明らかである。

また［ホストの変化］によってゲストが受け入れられたときに、それはゲストの行為が「万国共通」のよい点であったからだという発見もあった。この例は第二章第七節2．［ホストの変化］2-4．日本人の人間関係への適応、で既に使用している：

「X：あと、何て言うのかな、あの、日本とロシアって文化も人間も違うけど、すごいと思われることは万国共通で、駄目だと思われることも

第六節　［強要されたゲストの変化］、［ホストの変化］と〈バイカルチュラリズムの萌芽〉　　277

　　同じだなと思って。
　　Ｉ：どんなこと。
　　Ｘ：たとえば、人のいやがることを進んでやると人は喜ぶってこと。こ
　　れは共通な考え。うんと、ロシアの先生って風邪引いたら１週間休むん
　　です。完全に直ってから出てくる。で、そのときに、だから私風邪引き
　　ましたってわざわざ顔見せて言いに来る人もいるし、電話で１本で終わ
　　る人もいるんだけど、割と僕がロシア語そこそこ覚えてきて、授業もク
　　ラスをコントロールできるようになってって頃の前か、その前だ。その
　　前に、そのロシア人の先生が、１週間休みますって言ったときに、あ
　　あ、じゃあ、代わりに僕がその時間授業をしようかっていうことを言っ
　　たら、ものすごい喜んだんですよ。そんなことを言う先生は、ロシア人
　　ではいないわけですよ。自分の仕事は自分の仕事。で、あなたの代わり
　　にその時間その子供たちを僕の授業でいいですよっていう風に、うん。
　　で、やっぱりそうすると、信頼関係が生まれてくるわけですよ。それは
　　日本人よりももっと分かりやすいって言うか。それはまあ、努力と心が
　　けが２倍だったりするわけですけど、」（教員Ｘ：ロシア派遣）
　ここでは人が喜ぶ「万国共通」に「すごい」と思われることを〈主体的な行
動〉をとって示すことで、［ホストの変化］が招かれている。すなわち［ゲ
ストの変化］がなくてもどのようなことが「万国共通」なのかという発見が
あった。
　さらに［ホストの変化］によってゲストが受け入れられた場合に、派遣地
の人々と良好な関係を結ぶことによって帰国後もそのような良好な関係を持
ち続けることは可能である。教員Ｑの例を挙げよう。教員Ｑは派遣国の教
員が授業終了後すぐに帰宅することを知っていたが、自分は学校にできるだ
け長くいるという〈主体的な行動〉を意図的にとって残っている派遣地の教
員や事務員と良好な関係を築いたと語っている。帰国後日本の学校で国際交
流プログラムの立ち上げが提案されたときに、派遣地の学校の先生とのこの

良好な人間関係を活用して提携し、国際交流プログラムを実現したという。この教員の場合には、〈主体的な行動〉を意図的にとって派遣地の教員と良好な関係を築いていた。恐らくそのような循環があって、この教員は異文化滞在を〈肯定的な評価・感情〉を持って捉えることができるようになったと考えられる。その結果、お互いの信頼が生まれて国際交流プログラムが実現した。このような例は、良好な人間関係の構築でホストとゲストがお互いを〈肯定的な評価・感情〉を持って受け入れ合うことで可能になることを示唆する。そのような〈肯定的な評価・感情〉を構築するためにはゲストが〈主体的な行動〉をとって自分をアピールする必要があることをこの例は示していると考えられる。

このように［ゲストの変化］が見られない場合でも、派遣国の人々に対する先入観の改善、万国共通の考え方の発見、良好な人間関係の構築など、派遣されなかったときのことを考えると何らかのホストに対する〈肯定的な評価・感情〉があったことがデータには表れている。それゆえ、派遣教員の異文化接触は、派遣地の人々と共に教育活動を行うことを通じてホストへの「共感」を生み出しており、短期視察でも起こるような異なるものを見たという「視野の広がり」以上のことを教員たちにもたらしていた。このような人間関係の構築をするにも何か月という単位の時間が必要であるという点で海外派遣には意味があると考えられる。しかしこれは［ゲストの変化］ではないために【人間的成長】には寄与しないことを今1度確認しておく必要があるだろう。

第七節　異文化接触による【人間的成長】のプロセス　　　　結果図とコア・カテゴリー

本章は序章第三節で提示した③異文化接触による変化から人間は具体的にはどのような点で成長するのか、という問いに答えるために〈自己の振り返り〉と［ゲストの変化］に着目して分析を行った。第二章の図2-2　異文

第七節 異文化接触による【人間的成長】のプロセス結果図とコア・カテゴリー 279

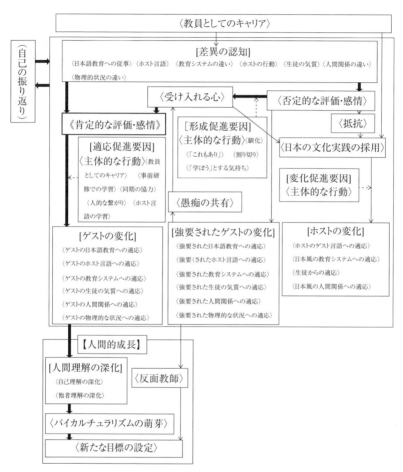

図3-2 異文化接触による【人間的成長】のプロセス結果図

化適応プロセス結果図を重ね合わせて、図3-2の結果図が得られた。

　図3-2は、第三章第一節から第六節で考察した異文化接触が【人間的成長】にどのように結びつくかという道筋を示したものである。この図によると、ゲストは［差異の認知］に伴って〈自己の振り返り〉を行い、〈肯定的

な評価・感情〉に基づく［ゲストの変化］と相まって【人間的成長】を遂げていく。すなわち【人間的成長】は〈肯定的な評価・感情〉に裏付けられた［ゲストの変化］から導かれていることが示されている。また［強要されたゲストの変化］は〈否定的な評価・感情〉に基づくために自分がそこから学習することは難しい。〈反面教師〉となって【人間的成長】に貢献していることも示されているが、これは限定された場合だけである。これらのことから一般的な【人間的成長】に至る道筋は、ホストの文化規範や文化実践に対して〈肯定的な評価・感情〉に裏付けられている［ゲストの変化］を経ると言えるだろう[6]。ここから〈肯定的な評価・感情〉が異文化接触による【人間的成長】のコア・カテゴリーとなっていると判断されるので、この図以降〈肯定的な評価・感情〉はコア・カテゴリーとして《肯定的な評価・感情》と表記することにする。

注

1） ここでは第二章で表した図2-2を簡略化して提示している。
2） ここでいう「他者」とは、自分以外の人を指し、日本人とホスト国の人両方を含む。
3） 公益財団法人国際文化フォーラムが主催する、様々な国の中高校生が参加して交流するためのウェブサイト。
4） ここで〈反面教師〉という概念を立ち上げたのは、必ずしも研究対象者が教員だからという理由ではなく、本来の「見習い学ぶべきではないものとして、悪い手本・見本となる事柄・人物」（広辞苑）という意味からである。
5） 小柳（2006：208）はこのような評価や行動の基準を自覚し確立できること自体が成長だと規定している点で、本研究とは意見を異にする。
6） この理由から図2-2の中では〈否定的な評価・感情〉と［強要されたゲストの変化］が太い線で結ばれているが、図3-2では細い線で結ばれている。

第四章　異文化接触による【教員としての成長】

　Adler（1975）が異文化適応は人間的成長にとって重要な契機であると言って以来、様々な形で異文化適応が人間的成長に貢献する肯定的な面があることが指摘されてきた（Church, 1982；星野, 2003；小柳, 2006；Shaules, 2007, 2010；Kim, 2008, 2010）。ところが、これらの先行研究では異文化接触によって個人が人間的な成長を遂げるという指摘にとどまり、具体的な人間的成長の内容は提示されず曖昧なままであることを先行研究のレビューで明らかにした。本研究の前章では、異文化接触によって［人間理解の深化］、〈バイカルチュラリズムの萌芽〉、〈新たな目標の設定〉という【人間的成長】が見られることを提示した。そこで本章では、序章第三節で提示した④異文化接触による変化が具体的にどのような教員としての成長に結びつくのか、という問いに答えるために、第二章、第三章で考察した［ゲストの変化］、［強要されたゲストの変化］、［ホストの変化］、【人間的成長】が【教員としての成長】とどのように関係しているのかをデータに基づいて考察していく。本章で考察するのは図 1-9 の中でも図 1-12 で表される部分である。

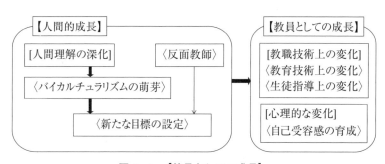

図 4-1　【教員としての成長】

具体的に本章では、研究枠組みⅢを用いて［教職技術上の変化］を１．〈教育上技術上の変化〉と２．〈指導技術上の変化〉、で示し、［心理的な変化］を〈自己受容感の育成〉という側面から考察する。［教職技術上の変化］と［心理的な変化］を合わせて【教員としての成長】とする。これを改めて図示すると図４－１になる。以下ではそれぞれの概念とカテゴリーが立ち上がった過程をデータに基づいて考察していく。

第一節　［教職技術上の変化］

１．〈教育技術上の変化〉

　REX派遣教員たちは、派遣中に日本語教育に携わり日本にいたときとは異なった科目を教えることで自らの〈教育技術上の変化〉を感じていた。データの中では、１．別の教え方の学習、２．教育技術の幅の広がり、３．自己の外国語能力の伸長、４．授業の改善、５．企画力の向上、６．パソコン能力の向上、に関する語りが見られた。

１－１．別の教え方の学習

　海外の学校では、多く宿題を出して生徒に学習させようとしたり、コミュニケーションやプレゼンテーション重視の授業が行われることも多い。海外の学校の教え方から学んで、派遣後は英語で授業を行いもっと生徒に勉強させるようになったという語りに別の教え方の学習という点が見られた。この例は既に第三章第四節〈新たな目標の設定〉１－４．生徒の可能性を引き出す教育の構想、で１部論じている：

　　「Ａ：英語教員。そうですね、後は完璧ではないけれども、日本しか知らなければ、今みたいな教え方はしていないと思うので、そのきっかけを作ってくれたってことですかね。

　　筆者：今の教え方って言うのは、英語で教える。

第一節　[教職技術上の変化]　283

　　A：英語で教える。あとは量的にもたくさんのものを与えるし、生徒が
　　ヒーヒー言うぐらいのものを与えるけど、そのヒーヒー言うなかで、力
　　を上げていくっていうか、そういった加減が、力の加減っていうのが昔
　　より思いっきりできるようになったっていうのは、アメリカでは学生は
　　これぐらい勉強しているから、日本人にできないはずはないし、日本人
　　ももっとやらなくちゃいけないっていう感覚があるからですかね。」(教
　　員A：アメリカ派遣)

ここでは、日本語で日本語を教えるという直接法[1]をアメリカで実践したことから日本でも英語を英語で教えるという新しい教え方の実践を行うようになったこと、またアメリカの生徒が多くの宿題をこなすことから日本でも量的にたくさんのものを生徒に与えるようになったという教育実践の変化が語られている。教員Aの場合は日本では英語教員であり、派遣国でも日本語教育という外国語教育に携わったために多くの教える上でのヒントを学ぶことができたと考えられる。しかし、このような学びは必ずしも語学教師にのみ起こったわけではない：

　　「ただし、IB[2]はどの言語も同じレベルで担保しているというのやから、
　　それは正当な理論なんやけれども、ただしでもそういう現実のものに拘
　　るというのは、すごく自分の中ではすごく勉強になっていて、まあもち
　　ろんそれに拘りすぎてたらあかんがかもしれないけど、でも自分の中で
　　は現実から学ぶというか、実際にある。でもそれはやっぱり実際に障が
　　い児教育の中ではそういう風なことはすごく言われてて、自分の中では
　　すごくはまったというか。」(教員B：アメリカ派遣)

教員Bは社会科の教員であるが、派遣校で行われていた国際大学入学資格試験のための勉強が実物に教材を求めていたことから、自分が本来の教える科目である社会科や以前携わっていた障がい児教育でも実物に拘ることの重要性を見出している。

　教えるときには教材も重要な要素であるが、生徒の動機づけに関しても別

のやり方を見出しているものがいた：

　「あ、そのさっきの、うんと、分かりやすいものを使えば、子どもたちは分かるっていうのもあるので、逆に向こうの１〜２歳児用の絵本を導入で使ってみたりとか、あとはお菓子でモチベーションつけるっていうのもあるし、あとは何ですかねえ。あとはもう、バカになることですか。なんかこう、やっぱりそのメインの英語の先生も、あ、日本語の先生も、とにかくユニークなんですよね。あの、身振り手振りがすごく上手で、ひきつけが。だからそういうのは、他のニュージーランドの先生みなさんそうなんですけど、上手なので、私も身振り手振りとか、音とかいろいろ使って、授業はやってますね、帰ってきてからは。」（教員Y：ニュージーランド派遣）

ここでは生徒にやる気を起こさせるために絵本を導入したり、お菓子を景品として与えたり、身振り手振り、音の使用などの様々なやり方を派遣地で学んで帰国後実際にやっていることが語られている。またこの教員は、１回教えただけであきらめない現地の教員たちの教え方から学び自分の気持ちも「おおらか」になったと語っている：

　「全然、全然、多分ニュージーランドに行く前よりも、今の方がゆっくり気持ちはして、疲れはまあそれは年なのかなあ。でも疲れますけど、でも、今の方がこう、おおらかな気持ちでっていうか。それはでも、そのニュージーランドの先生たちがやってたように、なんでできないのとかっていうことじゃなくて、別にいいんだって。その、できなかったらできるようにまた次の週にしてあげようっていう、なんかそういう気持ちですかねえ。」（教員Y：ニュージーランド派遣）

このような経験は、他の派遣教員からも現地の教え方が「定着するまで教える」などと語られているように、あきらめないで教えるという教員の態度を形成している。またそのことは、派遣教員の教えることに対する気持ちにも影響を与えていると考えられる。

このように、派遣国で行われていた教え方を学ぶことによる〈バイカルチュラリズムの萌芽〉の後日本に帰国して、それを応用して新しい教育実践を行ったという語りが見られた。

1-2．教育技術の幅の広がり

　海外派遣された後で１番多く語られた教育技術の幅の広がりとしては、ホスト国での体験を授業で語るということがあった：

「ああ、そうですねえ。<u>自分の体験をいっぱい語れるようにはなった</u>と思いますね。なんかちょっとした行事が出てきたり、なんか生活の１部が出てきても、私はこうやったとかね、いう体験。でもだんだんちょっとあんまり昔のこと話してもあかんかなと思って、最近はあんまりしゃべらんかもしれないですけど。」（教員Ｃ：アメリカ派遣）

これは、教材で海外の行事が出てきたときなどに自分が体験したことを授業で語れるようになったことについての語りである。これも広い意味での〈バイカルチュラリズムの萌芽〉の結果であると考えられるが、帰国後の時間が経過するとともに情報が古くなるという懸念がある。行事だけではなく、派遣国の文化的な規範を教えることも国際理解教育や異文化理解教育として採用されている：

「まあ、それはほんとに日常的なことで、<u>買い物して値切るかどうか</u>とか、後はたくさん出てきたら、<u>残すのが礼儀であるとか</u>、その点ぐらいしか言えないですけどね。」（教員Ｊ：中国派遣）

これは習慣、礼儀についての体験を授業で生徒に伝えるという語りである。
　外国語の授業以外に学級活動などでもホスト国での体験を話すことが有効であると考えられている：

「やっぱり経験は、<u>たくさんいろんな経験をしている人の方が同じことを話すにしても、やっぱりいろんなエピソードをつけれるというか、あのう、やっぱり経験に勝るものはない</u>というか、私やっぱりなんていう

か、他の人がやっていない経験を、なんか中国の学校を見てきたっていうなんか自負があるっていうか、そこで教科書を粗末にしている生徒を目の前にして、やっぱり粗末にしてはいけないってことを言うのに、その中国で見てきたその学校に行けないその労働している子どもの例とかそういうことを話せますよね。<u>だからやっぱりいろんな見てきたものを、いいもの悪いものを、やっぱり生徒に話してやれるっていうのが1つ、教員として財産かなとは思います。</u>」(教員L：中国派遣)

ここでは生徒に海外体験を語れることが「財産」であると受け取られているが、それは生徒が教科書という1つのものを大切にする態度と粗末にする態度両方を体験したからこそ語れるのではないだろうか。

　派遣教員たちは、自己の異文化体験を語ることを「あんまり昔のこと話してもあかん」、「その点ぐらいしか言えない」などと謙遜することが見られたが、教員の話によって生徒が触発される可能性も一方で指摘されている：

「教師を志した理由は、小さいときから憧れはあったんですけど、高校生のときの英語の先生に1番影響されましたかねえ。で、<u>海外の話をたくさんしてくださったり</u>とか、留学してみたいけど、うちにはお金がないとか言ったら、ああ、もう今の時代はあきらめなかったら必ず行けるよって言ってくれたりとか、すごい印象的な先生がいて、そういう先生になりたいなと思ってたっていうのが割とはっきりしたきっかけですかね。あと、人と接するのが好きだったとか、いろいろありますけど。で、後輩をたくさん海外に送り出したいなあと思って教師を目指したっていうのが、その先生の影響があるんじゃないかなあっていう風に思います。」(教員D：アメリカ派遣)

ここでは派遣教員自らが高校時代に海外の話を教員から聞いてそのような教員を目指したことが語られている。語るべき体験を持っていることは、派遣教員たちが思っている以上に大きなインパクトを生徒に与える可能性があることなのかもしれない。

第一節　［教職技術上の変化］　287

　帰国後に在県の中国人生徒を授業で活用するようになったという語りもあった：

「で、特にうちなんか在県の中国人いっぱいいますから、中国人の生徒にも読ませて、<u>実際の漢詩がどういう風に読まれていたかっていうのをやっぱり音韻なんかはやっぱり実際にあの中国語のその国の言葉で読まないと、わからないですからね</u>。そのリズムっていうのはわからないから、それをわざわざ漢詩のときには、それに金印つけて、中国の生徒に読ませて、それをみんなでつき従わせるみたいな。そうするとその中国の生徒も、これ気持ちいいとかって、私が読んだ後みんながついてきてくれるのが気持ちいいとか言って、喜んでやってくれたりするので。だからそういう意味じゃ、<u>その在県の中国人の学生も生かす授業ができるし。それは今までの自分にはなかった授業ですよね。</u>」（教員O：中国派遣）

これは、派遣の体験から音読の重要性を認識しそれを在県の中国人生徒の活用に結びつけた例である。

　さらに日本語を教えた自らの経験から、生徒に日本語を外国語として眺める立場に立たせて外国語を意識させるという方法を考えた教員もいる：

「ええと、たとえばね、ええと、ここにも書いたんですけど、変な感じがするとか、嫌な味がするとか、なんでそのときの助詞は「が」なんやっていうのを、日本語の授業のときみんなでわーって議論したんですよね。そういうことを英語の前置詞のとこで、生徒がなんでかな言うたときに、じゃあこれなんでって聞いたら、生徒はええって言うんですね。で、言葉にはそういう側面があるよねっていう説明を、<u>日本語を教えた経験の中で、あの子らに日本語を外国語として眺める立場に立たせることが、たやすくできるっていうことは、やっぱり大きいですねえ。</u>」（教員U：豪州派遣）

これは英語の文法を説明するときに外国語として言語を眺めさせる上で役立

つ方法の例である。さらに文章を構築する方法を海外派遣中の体験から応用した例もある：

「あと長い文章を、今は高3の生徒も、うちの生徒たちも長い文、関係代名詞とか、あるいは in spite of なんていうのが出てきたりとかあるんですけど、そういうのは、今でも、あのニュージーランドの方法じゃないですけど、たとえば長いセンテンスを大きく切って、ぐちゃぐちゃにして、で、8グループぐらいに分けて、これを文章にしてみろとかっていうのはやってますけど、それはニュージーランドでやってたことですよね。「今日は雨なので、東京に行こうと思いましたが、群馬に行くことにしました」とかっていうのをいっぱい切って、組み立てるっていうのは、それと同じことは、今同じようなことはやってますけど。」（教員Y：ニュージーランド派遣）

これは、派遣中に学んだ授業中のアクティビティの種類を増やして応用している例である。

このように様々な方法で海外派遣中に体験した日本語教育からヒントを得て、教育技術の幅の広がりの様子が語られた。

また派遣地や周囲の国から資料を収集して、帰国後に授業に活用することも語られた：

「やっぱりオーストラリアっていろんな民族がいるから、その辺進んでるんだと思うんですよ。アイコン1つにしてもね。あのう、可愛くありながら、分かりやすいっていうのが進んでるなあと思うところすごいありますし。で、そんな話をね、写真とかいっぱい撮ってきて見せたりとか、まあそういう風に具体的にデザインの話をするときには、1つ役立ってたり。」（教員V：豪州派遣）

この語りでは、派遣地で撮った写真を利用して帰国後の工業の授業に役立てていることが語られているが、これは他の社会科の教員の語りにも見られたことである。

このように教育技術の幅の広がりが達成できたのは、派遣地で別のやり方を実践することを通して派遣教員たちに〈バイカルチュラリズムの萌芽〉があった結果であると言っていいだろう。

1-3．自己の外国語能力の伸長

　外国語能力の伸長は、日本では2013年に高等学校でオールイングリッシュが義務化するなどの制度の変革期に当たり特にその指導を担当する英語科教員にとって直接的な問題である。英語圏派遣教員の中には外国語能力を伸長させたいという目標を持って REX プログラムに応募したものもいた。英語圏派遣教員の場合ほとんどが、日本語授業でも日常生活でも英語を使用することが多く外国語能力の伸長があったと語られた：

「E：ただ感じるのは、これは資格とかそういう部分じゃなくて、外国の方と話したときに、意外と何とかできるなっていう部分は増えたかなっていう。

筆者：この外国人っていうのはたとえば。

E：ALT とか。こう話すと感覚が戻るっていうかね。旅行行ったときなんかもそうですね。ちょっと心配な面はあるんですけど、あの帰ってきて当然英語力は落ちてるでしょうし、あるいはこの中学は、中学在駐の ALT っていないんですよ。いないんです。で、週1回しか来てくれないので、話す部分っていうのはね、繋ぐの難しいじゃないですか。で、大丈夫かなあって思ってて、話してみると、話してるうちに感覚が戻ってくる。要するにそういう体験を2年してきたので、そこで染みついている部分が大きいのかなあっていう。まあ、実践的な英語力って言ってもいいのかもしれないですけど。そういうのはやっぱり鍛えられたかなっていう。」(教員E：アメリカ派遣)

このような実践的な英語力アップは、帰国後教員がオールイングリッシュの授業を進んで行うようになるなどの点で助けになり教員たちの自信となって

いることが他の場合でも語られた。また少数ではあるが、英語圏以外の国に派遣されホスト言語を学んで帰国した後にそれを教えることになったケースも見られた：

> 「筆者：そうすると、その（学校名）高校に呼ばれたっていうことは、やっぱり先生が中国に派遣されていたってことが大きかったっていうことですか。
> J：うん、そうだと思います。誰か知ってたんでしょうねえ。<u>私がそういう中国語や韓国語ができるということを。うん。でもとにかくこのREXで派遣されていたことは大きいと思います。</u>」（教員J：中国派遣）

これは、中国派遣の教員が帰国後中国語を教えるようになった場合である。

語学の教員でもなく帰国後に派遣国の言語を教えるようにもならなかった教員の中にも、現地で学んだ言語を授業で取り入れていると語るものもいた：

> 「日本語教育、日本語を教えたこと以外で、ま、向こうで数学の授業を見させてもらって、あ、<u>英語ではこういう風に言うんだってことを数学の授業の中で出したりとか</u>、そういうことは。」（教員H：アメリカ派遣）

教員Hは数学の教員であるが、派遣国のアメリカで学んだ英語の数学用語を数学の授業で生徒に教えることで英語と数学を結びつけようとしている。

このように海外派遣で得られたホスト言語能力の伸長は、帰国後の教員たちの教育実践に応用されていることが語られた。ホスト言語能力の伸長も〈バイカルチュラリズムの萌芽〉の１部分であると考えられる。

1-4．授業の改善

派遣国での教育実践にヒントを得て帰国後自分の授業が改善されたと感じている教員もいた：

> 「なんかそれまでは、50分の授業を、まあこっちがずっと説明することが多かったし、なんか練習、練習。書く練習にすごく力入れてたんです

けど、あのう、なんか生徒が英語を話す時間を毎時間取るようにするようになりました。で、50分あったら、15分単位で、授業を仕組むようにしていて、まず最初に英語を使って、ペアで練習をしたりとか、英語でクイズをしたりとか、最初の15分を練習に当ててて、そしてまあ教科書使って、そして最後にまとめとかっていうのをしてるんですけど、子どもたちはやっぱり英語を話すことが楽しいらしくて、その1番最初の活動が大好きですね。で、英語の時間なのに日本語話しててもやっぱり面白くないし、読み取りで黙って、黙ってばかりの授業じゃやはりつまらないし、友だち同士でペアになって話をする。Q&Aをしたりとか、クイズを出したりとか、することがほんとに面白かったって言うようになりました。」（教員F：アメリカ派遣）

教員Fはアメリカの小学校で教えたが、その時に15分から30分間の短い授業時間を体験した。そこにヒントを得て、帰国後短い時間単位の授業を組み生徒が「面白い」と言うように授業改善を行ったと語っている。この場合には授業のやり方の改善の語りであるが、内容の改善についての言及もある：

「やっぱりね、授業の仕方もね、変わってきたと思います。授業の仕方。そのTTでやってはった人の授業なんですけど、やっぱり新鮮なね、新鮮なネタというか、まそれは毎回せなあかんことですけども、やっぱりこう今、今、不十分でもいいから、どんどんどんどん新しいこと取り入れていくみたいなね、そういう風なあの、授業をするようになったとは思いますね。」（教員V：豪州派遣）

このように、教員Vはティームティーチングで組んだ派遣地の教員が「新鮮なネタ」で授業をするのを見て自分も新しいことを取り入れる授業に改善したと感じている。さらに生徒とのやりとりの改善を語るものもいた：

「D：アメリカの先生たちの授業をちょっと見て、もっとインターアクティブに、（中略）

筆者：で、そのインターアクティブな授業っていうのは？　語学ってい

うのはもともとインターアクティブにしなくちゃいけないっていうのがあるんじゃないんですか？

D：そうですね。でもそうでもないんですよ。そうなんですけど、そうでもないんですよ、日本の中学校の授業とか。AET[3]の先生が来て会話やったりとかするんですけど、普段の授業なんか40人でやるので、やっぱりなかなかインターアクティブにならないですよね。でも行く前からペアでなんかやらせたりとか、そういうのはやっていたんですけど、なんかもっとたとえばショウ・アンド・テル[4]をもっといっぱいやろうかなとか、そういうことはやったりとか。」（教員D：アメリカ派遣）

ここでは、教員と生徒とのやりとりが一方的なものではなく双方向的に改善されたことが語られている。また中国派遣教員は、現地の教員の教え方を見てそれを自分の授業に取り入れたと語る：

「あと授業では具体的にたとえば中国の国語の授業なんかを見て学んだことを結構取り入れたりしてますね。音読ですね、今やっているのはね。」（教員O：中国派遣）

これらに共通して見られるのは、派遣地で現地教員が行っている教育実践をまねて取り入れたり、現地のシステムに合わせて行った自分の教育実践からヒントを得て帰国後に授業改善に取り組んでいるという点である。これも授業のやり方に関して〈バイカルチュラリズムの萌芽〉があったためであると考えられる。

1-5．企画力の向上

海外の学校では、個々の教員の裁量に任せられることが多いために自力で行事を運営したり交流プログラムを作成することに携わった教員もいた。そのような経験をした派遣教員たちは、企画力の向上を実感して帰国している：

「やっぱりそれをやり切ったなっていう部分によって、あ、大きな仕事って言ったら変ですけども、たとえばまあ、私は特に関わっていないん

第一節 ［教職技術上の変化］

ですけども、ただ、Qさんとか、一緒にウェールズ行った。ああいう大きなプログラムをきちんとこなせるっていうのも、やっぱりREXの事前研修から派遣、帰ってくるまでをやっぱり1人でやり切った、あれをこなせる能力っていうのは、2週間ぐらいの海外交流プログラムなんか、別にどうってことないですよね。やろうと思ったら、やっぱりいろいろ気を遣ってオーガナイズするっていうのは、やっぱり外国と日本の間で難しいし、自分をどう挟んでいくのかも大変だと思うんですけど、ま、体験としてそういうとこで自分を1回1年半、右も左も分からないところで働いて帰ってきたっていう経験は、そういう大きなプログラムをオーガナイズするときに、あのう、やっぱ力になって出てくると思うんですね。」（教員S：連合王国派遣）

ここではREXプログラムで海外派遣を体験して帰ってくること、またその間に自分で行事を企画運営した体験自体が派遣教員の力量の向上となり、帰国後に海外の学校との交流プログラムを企画実行する力の向上に貢献していると考えていることが語られている。実際にそのような実践を行った派遣教員の語りがある：

「ま、行かなかったら、これほど精力的には動けなかったでしょうねえ。やっぱりだってやらなくてもいいことですから、エネルギーの要ることですから、講演企画したり、コンサート企画したり、多分めんどくさくてやんないと思うんですよね。でも行ってきたことによって、自分にしかできないことだっていう意識が働くことによって、少し大変なことでも、まあ生徒のためになるし、やってあげられればいいのかなっていう。やんなきゃいけないのかなっていう風に思うんですよね。だから行ってなければ、そういう自信とかコネとか、もないでしょうから、ま、その他大勢の中の1人として、終わると思うんですけど、ま、REX教員で事前研修も含めて、すごく一流に触れたわけですから、本物に触れたわけですから、それを独り占めしておくのはもったいないな

っていう。という思いがありますね。」（教員W：ロシア派遣）
　この教員は、帰国後派遣国とのカード交換を10年以上も継続し、派遣国の歌手が訪日した際には学校でコンサートを企画しメディア報道をしてもらい、さらに駐露日本領事に来校してもらって講演会を企画実行したりしている。そのような通常業務以外の業務ができたのは派遣体験があったからだと感じている。

　これらの語りは、派遣体験によって派遣教員たちが生徒に海外を体験させることの重要性を身をもって感じたこと、派遣体験自身が派遣教員たちに通常業務以外の業務の計画実行を促す能力とパワーを与えたことであり、〈バイカルチュラリズムの萌芽〉によってエンパワーされたことを表していると考えられる。

1-6．パソコン能力の向上

　佐島・小池（2010：105）は、今後教員に特に求められる具体的な資質能力として、コンピュータの基礎的活用能力が含まれるとしている。派遣教員たちは事前研修中にお互いに教え合ったり、派遣中にメール、メーリングリスト、チャット、ミクシイ、ブログ、教材調達などでパソコン能力の向上をさせている場合が多かった。派遣初期の教員の場合には、派遣国のインターネット事情が悪い場合もあったし教材が近年ほど自由に手に入れられなかったので手書きの教材を作ると語る場合もあったが、近年派遣の教員たちは情報の交換も教材調達もインターネットを使用していたと語るものが多かった：

「で、<u>私たちの代は全員ブログを持ってたんですね</u>。で、ブログで毎日更新されてたので、みんな。私もしてたんですが、離れてても様子が分かったんですね。こんな授業してるんだなとか。<u>だからそういうのを見ながら、お互い助け合いながらって感じですかね</u>。」（教員G：アメリカ派遣）

ここでは、ブログを通して派遣中はお互いを支える存在となっていたという

ことが語られている。それだけではなく、派遣中に身につけたパソコン能力を帰国後に他の教員にも教えるなどしていることも語られた：

「だから今はもう、結構役立ってますね。全然あのパソコンの知識なんかあんまりないんですけど、全部自力でやるので、割とこうパソコンのことを質問されたりしてるんですけど、僕の方も本格的には分からんよっちゅうような感じで、<u>今学校でもいろいろこう人に教えることはやったりもしています。韓国のあの時期が暇だったので。試行錯誤いろんなことやりました。</u>」（教員Z：韓国派遣）

これは派遣国でたくさんある時間を使ってインターネットを使用することによって自分で「パソコン能力の向上」を遂げ、帰国後にもその能力を発揮しているという語りである。

このように派遣教員たちは派遣期間を利用して現代の教員に望まれるパソコン能力の向上を図っていたことが語りから見て取れた。

1-7．〈教育技術上の変化〉の総括

以上では、1．別の教え方の学習、2．教育技術の幅の広がり、3．自己の外国語能力の伸長、4．授業の改善、5．企画力の向上、6．パソコン能力の向上、の6点に関して教員が教育技術上でどのような変化を遂げたかを考察してきた。ここで強調しておくべきことは、これらの教員としての資質の向上が派遣国での教育実践を中心とする文化実践に派遣教員自らが参加することによって〈バイカルチュラリズムの萌芽〉を通して得られたものであると考えられる点である。すなわち、ただお客さんとして差異を観察するだけではなく自らが現地のシステムに参加し［ゲストの変化］を遂げた結果できるようになったことが重要なのではないだろうか。ここに短期の視察旅行などの研修と長期にわたる派遣の大きな違いが見い出される。

また以上の考察から、モデルとしての現地教員の存在があることが重要であると言えるのではなかろうか。派遣地で現地教員の教育実践を観察し自ら

もそれを採用することで、帰国後の教育実践を変化させることが可能になると考えられるのである。ここから派遣地ではできる限り現地教員の授業を観察させてもらうことが重要であると言えるだろう。教員Xは「僕にとって、ロシアに行ったばっかりの僕にとって、周りのロシア人って、みんな先生ですよね。ロシア語僕よりできるし。ロシアの生活について知ってるし。だからあの2年間って、アウトプットもしたけど、ものすごいインプットしてると思うんですよ。」と語っているが、ここではホスト教員たちが派遣教員にとっては異文化間学習の先生であると解釈されている。それゆえ派遣期間を〈バイカルチュラリズムの萌芽〉のためのインプットの時間と捉えれば、派遣地の教員たちから学ぶことは多いし、そのためにホスト教員の授業を観察したり彼らと努力して交流する事が重要であると考えられる。

2．〈指導技術上の変化〉

すでに述べたように、教員は教育技術上だけでなく1人の人間として生徒に関わるために指導技術上のスキルも磨かなければならないと先行研究では考えられている。ここでは、異文化における教育活動に携わることで派遣教員たちにどのような指導技術上の変化があったのかをデータをもとにして考察する。

2-1．許容範囲の広がり

海外では日本の学校では出会わないような生徒や教員に出会う機会が多いが、そのような差異を目の当たりにして生徒を受け入れていくようになったことが語られた：

「E：そうですねえ、あのいろいろやっぱりね、（学校名）なんかだと、いろんな人種がいたので、どうしても受け入れるっていうかね、ああ、それは当然あるよなっていうような意識はまあ、受容感覚っていうかねえ、寛容性っていうかね、そういうのは強まったかなっていう。だから

第一節 ［教職技術上の変化］

個性を認めるってことに繋がると思うんですけどね。
I：なんかそれに具体的な例あります。
E：うーん、そうですねえ、あの、やっぱり何て言うのかな、すぐ生徒に怒らなくなったっていうのがあるかもしれない。年のせいかもしれないけど。ま、これもあるよなっていう感覚から、あの、（学校名）にいるときの方が多分よっぽどいろいろ怒ってたはずなんで。」（教員E：アメリカ派遣）

ここでは、様々な人種の生徒や教員がいる学校で教えた経験から差異を当然あるものとして受け入れることを学ぶことによって日本に帰国してからも生徒の「個性を認める」ことができるようになり、生徒指導の際に生徒にすぐに「怒らなくなった」ことが語られている。このような許容範囲の広がりは、必ずしもいろいろな人種がいない学校の場合も同様にあることが語られた：

「こう、前はものの見方がですね、非常に狭かったと思うんです。今でもそんなに広くはないですけども。絶対にこうでなければならない、これ以外は絶対に許されないっていうようなすごいがちがちだったような所があると思うんですけど、中国人って結構いろんなところがルーズででたらめなんですよね。でもいろんなところがルーズででたらめでも、全体としてその調和がとれている。少々誰かが無理を言っても、その全体がこう何となくまあいいよねえみたいな感じで、調和を取っていると。そういうのってすごい大事だなと思ってですね、緩いところは緩くてもいいのかなあ。でもやっぱり決めるところはびしっと決めなきゃいけないっていう風に、ちょっと価値観が変わってきたかなあって気はします。」（教員I：中国派遣）

ここでは絶対にこうでなければならないという派遣前に持っていた価値観が、ルーズなところがある派遣国での体験の後は決めるところは決めれば緩くしてもいいというように変化したことが語られている。

人からだけではなく生活の違いからも学びがあった：

「シャワーだけで、シャワーもちょろちょろってしかお水が出ないしっ
てことで、日本の便利な生活がいかに恵まれているかとか、日本人が必
死に働いているからこの便利さがあるんだって痛感しました。あと電車
もよく遅れたりとか、自分の思い通りにならないことがいっぱいあるん
だなと思って。それを知ったのはよかったですね。（中略）帰ってきて
から２年間、（学校名）高校でなんかね、なんだろう、感覚が違う、今ま
での感覚よりももっと感覚が海外的になったっていうか、フレキシブル
っていうか、あれなので、一緒に共有する人に会いたかったんですよ、
私ずっと。」（教員Ｒ：連合王国派遣）

ここでは、不便な生活を体験することによって自分の思い通りにならないこ
とがあることを学び柔軟性を獲得したことが語られている。またここでは、
そのような感覚を同じような経験がない人と共有することが難しいことも語
られている。

これらのケースでは、判断基準が派遣前は１つだったものが派遣後には複
数になったということが語られており、それを適格に表現したものがいた：

「Ｗ：ま、日本の基準が世界の基準ではないし、ま、ロシアの基準が世
界の基準でもないし、絶対にこうでなきゃいけないものなんかないんだ
なっていうのは、確信に変わったって感じですかねえ。あとまあ、いい
とこ悪いとこ、それぞれあるんで、これがいい、これが悪いって決める
んじゃなくて、それを１回受け入れてみて、その上で判断するっていう、それが生徒指導にも役立ってますかねえ。

筆者：あ、どういう意味で。

Ｗ：うーん、頭ごなしに生徒がやったこと、言ったことに対してそれは
違うっていう風に否定するんじゃなくて、そうだね、そういう考え方も
あるねと。でもこのケースはどうかなっていう風に考えていける。」（教
員Ｗ：ロシア派遣）

ここでは、派遣前にはこうあるべきだと1つの基準で考えていたのだが、派遣国での体験からもう1つの物差しを手に入れることで生徒がやることや言うことに対して複数の視点から考えられるようになったことが語られている。これは生徒指導力の向上と言えるだろう。生徒指導力の向上は、生徒の成長を助けるという意味で重要であると考えられている：

「<u>これで行った方がいいって思ったときにも、いやちょっと待てよ。もっとほかの方法がないかなあってちょっと回って考えるようなことをするようになったかなあ</u>という気はします。ま、決めつけて、これだっていう、まあ、最終的にはそういう風な決断せにゃいけんのですけど、いろんな想定を考えて、それが非常に教育する上では、すごいプラスになったかな。子どもたちに接する上で。こいつはこうなんだじゃなくて、もっと違う。もっとこういう所で伸ばすことがあるんじゃないかなとかですね。そういう意識は常にするように心がけてますけどね。それはやっぱりこの経験があったからかなっていう気はしてます。そこが1番大きいですね。」（教員Z：韓国派遣）

この語りは、生徒のよいところを伸ばすという点で複数の方法を考えることができることの重要性を述べている。生徒の能力を伸ばすというのは、教える教科での態度に関しても言える：

「うーん。なんででしょうねえ。多分その英語自体は上手にはなっていないんだけど、なんかいろんな英語があるじゃないですか、世の中の人。あの移民の人がやっぱりいっぱいいるから、あ、これでも通じるなとか、<u>いろんな英語を聞いて、通じたら、あ、これもオッケーなんだっていう許容範囲が自分の中で広がったんでしょうかねえ。あ、これがオッケーなら、これもオッケーみたいな。</u>なんか日本にいるとやっぱり正統なきれいな英語、特に英語の教科書のCDなんか聞いていると、ほんとにきれいな英語しか聞かないけど、ま、もちろん英語教材なんかで勉強しようと何を聞いてもきれいな英語じゃないですか。だけどそうじゃ

なくって、いろんな人と話をしたり、いろんな場面がやっぱり遭遇することがたくさんあるから、あ、これもオッケーっていうようなものにいっぱい出会えたからじゃないかなあとは思うんですけど。」(教員C：アメリカ派遣)

ここでは、学校で指導する英語という教科に関しても様々なレベルがあることを認め、生徒の様々な能力を認められるようになったという能力の伸長が語られている。

このような派遣教員たちの変化には、それまでは一様に捉えていた実は多様な日本の生徒たちの存在が視野に入るようになり、生徒理解の増加や生徒指導力の向上をもたらすようになったことが含まれる。これは、派遣前には判断基準が1つであったけれども派遣によって〈バイカルチュラリズムの萌芽〉があった結果、多様性を許容できるようになったためであると考えられる。

2-2．心の余裕の獲得

海外では様々な日本とは異なる事態に遭遇する機会が多いが、突然のことに対して慌てたり驚いたりしなくなったという語りが見られた：

「あと、人間的には、(名前)先生と一緒に仕事をしたってことは大きいかな。突然いろんなことが起こったりしても、受け入れられるっていうか、まあ、こんなこともあるよみたいな。えー！みたいなことが起こってもは、は、は、しょうがないですね、じゃあ何とかしましょうみたいな、たぶんそういう余裕っていうか、まあ、何とかなるでしょうみたいな感じで仕事ができるようになったのが大きいかなあ。なんかこう、それは無理とか結構思いがちだったんですけど、どうしたらできるかなあとか、何とかなるんじゃないかなあとかを結構(場所)の2年間で考えてやってきた感じがするので、そういう体質になった感じはあります。」(教員D：アメリカ派遣)

ここでは日本にいたときは突然の変更などに対して無理だと思いがちだったが、派遣先の学校で突然起こることを度々受け入れた経験から何とかなると考えられるようになり、心の余裕が生まれたことが語られている。

　派遣国で教員の生徒への対応を見ているうちに、自分もそのような対応を身につけることで、心の余裕の獲得があったケースも見られた：

「それまでは結構ほんと厳しい、厳しい先生。ま、今も厳しいんですけど、口がとても悪いので、男の、8割、7割は男の子の学校なんですよね。<u>だからあんまり上品にしててもなめられちゃうので、でも、そんな中でも、じゃ、次これやってみてがんばればなんていう、優しい言葉が</u>。昔は生徒に、女の先生も当時は少なかったんですよね、9年前ぐらいは。そのときに生徒に、女の先生に求めてるのは、先生、威圧じゃなくて癒しなんだよって。なんで先生は威圧するんですかなんて言われたこともあったんですけど、今は何にもそんなことも言われることもなく、癒しにはなってるとは思わないですけど、でもそこまでぴりぴり自分でもしていないのは自分で分かりますね。」（教員Y：ニュージーランド派遣）

ここでは、様々な角度から生徒を指導していくことができるようになり以前のように「ぴりぴりする」ことがなくなったと語られている。

　これは、別のやり方を学んだことで教員の側に生徒指導方法の引き出しが増しそれによって心の余裕の獲得が生まれていたという語りである。これも〈バイカルチュラリズムの萌芽〉の結果である可能性があり、このことは教員のメンタルヘルスを確保する上で重要な要素だと考えられる。

2-3.〈指導技術上の変化〉の総括

　2.〈指導技術上の変化〉では、許容範囲の広がりと心の余裕の獲得という2つの面での変化が見出されたが、これらの変化がなぜ【教員としての成長】にとって必要なのかをここで考察する。

佐島・小池（2010：25）は、生徒を理解するために教員はホリスティックな見方、すなわち「子どもの一面を見るだけでなく、心・身体・環境など全体に気を配ることで、子どもが本来もっている自分自身を高める力を伸ばすことができるように」見ることが大切であると指摘する。

許容範囲の広がりは、個々の生徒の持っている特徴を切り捨てることなく「これもあり」と認めることで、多面的な生徒の特徴を教員が許容することを可能にすると考えられる。実際派遣される前には自分の生徒指導力が不足していると感じて疲労を感じていたが、派遣後は生徒指導室長になって活躍したという派遣教員もいる。海外派遣中に日本の生徒とは違う子どもとの出会いや異なる制度を体験し、それまでは否定的に捉えていたかもしれない異質なものや人に対する受容的態度が育つことによって、帰国後子どもの個性を尊重することができるようになったのではないだろうか。すなわち、派遣体験が〈バイカルチュラリズムの萌芽〉を促し生徒に対する〈否定的な評価・感情〉を《肯定的な評価・感情》に変える契機となったと考えられるのである。

また心の余裕の獲得は、派遣以前に持っていた〈否定的な評価・感情〉が《肯定的な評価・感情》に変化することによって生まれたのではないだろうか。このような気持ちが生まれると、より生徒に対して優しく接することができ不測の事態が起こっても教員の側が慌てずに落ち着いて行動できるようになると考えられる。現代の学校現場は多忙化の問題を抱えていると言われている（酒井，1998）が、そのような中でも主体性をなくしてバーンアウトする（落合，2009）ことなく教職で生き残るためには、心の余裕の獲得は重要なことであろう。

このように派遣体験が〈バイカルチュラリズムの萌芽〉によって生徒を指導する上でも教員たちに［教員としての変化］の契機を与えていたことを、これらのデータは示している。

3．［教職技術上の変化］の総括

 1．〈教育技術上の変化〉と2．〈指導技術上の変化〉でデータに基づいて分析したように、派遣教員たちは1．別の教え方の学習、2．教育技術の幅の広がり、3．自己の外国語能力の伸長、4．授業の改善、5．企画力の向上、6．パソコン能力の向上、の6点において教育技術が向上したと感じ、また1．許容範囲の広がり、2．心の余裕の獲得、の2点において指導技術も向上したと感じていた。いずれの変化も派遣国の教育実践に派遣教員自らが参加したことで可能になったと判断される。このことからも、派遣国の教育実践への参加が望めない短期の視察などとは異なり、長期にわたる海外派遣の有効性が検証されたと考えられる。

第二節　〈自己受容感の育成〉による［心理的な変化］[5]

　第四章第一節では教員としての成長を教育技術や生徒指導の面から考察したが、この節では教育技術や指導技術を支える教員の心構えの側面から派遣体験がどのような結果をもたらしたのかを考えたい。その際第一章第四節で設定した研究枠組みⅢにあるように、岡村（2000：318）のいう「自己受容的な人間は他者を受容する」という概念を用いる。

　以下では、〈自己受容感の育成〉という概念に着目しながら派遣体験によって教員たちの中に自己受容感が育ったことをデータから考察し、派遣体験が教員たちに［心理的な変化］を促す上でも貢献することを示したい。

　派遣教員たちは、1年半から2年の海外派遣体験から人間として様々な面で自分を受容するようになったと考えていた。ここでは、派遣教員たちに1．自己肯定感、2．自己主張、3．自信の獲得、4．忍耐力の獲得、5．ポジティブシンキング、6．精神的な自立、という点で〈自己受容感の育成〉があって［心理的な変化］を遂げていった過程をデータから考察する。合わせて、〈自己受容感の育成〉が成立しなかった場合には〈主体的な行

動〉と〈人的な繋がり〉が欠けていたことが理由であることを指摘する。

1．自己肯定感

　浅田（1998：253）は、「肯定的な自己概念をもつ教師が子どもに対するならば、子どもの自己概念に影響する行動を子どもに求めるモデルとして教師は機能するのであり、教室は認知的獲得の場にとどまらず、社会的学習環境 − 人間同士の相互のかかわりのある学習の場 − になると思われる」と述べている。このことは岡村（2000）が指摘する「自己受容感」と同じだと考えてよいであろう。派遣教員の中にも、派遣体験によって心理的に自分が変化したと感ずるものが多かった。まず派遣以前から持っていた教育に対する考えを派遣体験をすることによって「悪いことではない」と考えて、自己肯定感を持つようになったという語りがあった：

　　「そうですね。方向が強く変わったわけではないけれど、<u>自分の方向を強く打ち出せるようになったっちゅうのはすごくでかい</u>。たとえば自分がアメリカの経験抜きにして、今の学校に来てしまったら、やっぱり自分が最初におった環境をすごく特殊なものであって、幻であったという風に思ったかもしれないけれど、やっぱアメリカというワンクッションがあるから、ま、今は今でもちろんマイノリティ、ある意味、として、まあ我慢していかんならんとこや耐えていかんならんとこもあるけれど、でも今まで自分がやってきたことが、悪いことでは少なくともないしという風なことをちょっとずつ、まあ隙を見ては滑り込ませていこうかなっちゅう気持ちを持ち続けるモチベーションにはなってます。」（教員Ｂ：アメリカ派遣）

ここでは、以前に従事していた特殊教育の要素を通常の教育に取り入れることを日本では派遣前に周囲から否定されていたが、アメリカに行ったときに周囲から協力を得たことで自分がやってきたことが間違ってはいなかったという自己肯定感を得て、帰国後もその実践を続けようと考えていることが語

第二節 〈自己受容感の育成〉による［心理的な変化］　305

られている。自分が授業中に使用する英語に対しても、完璧でなくても間違ってもいいという自己肯定感を持って帰国したものがいる：

「そうですよね。そういう意味では、度胸が付いたんですよ。度胸が付いた。それは別に間違っていることを、日本人に特有の間違ったらどうしようっていう、それがなくなった。別にしゃべれるのに、よく上手なのに、もっと自信持ってしゃべればもっと上手なのにっていう生徒とか、いっぱいいるんですよ。そんなもう上手なのにとか。だけどなんか<u>間違っていたら恥ずかしいとか言ってしゃべれない、その部分が、年齢かもしれませんが、どっとなくなったんですよ</u>。」（教員C：アメリカ派遣）

この場合は、派遣以前は英語を話すとき間違ったらどうしようと考えていたが、様々な人が間違っていても堂々と英語を話すのを派遣中に見て自分の英語も間違っていてもいいと自己肯定感を持ち、生徒もまた間違ったら恥ずかしいと思っていることをやめて堂々と話せばいいと思うに至ったことが語られている。

また忙しい教育現場では自分が思っていることを確かめる時間もなく確信できない場合もあるが、海外の学校の教育実践から自分の思っていることを確認できたという報告もある：

「やっぱり情報で仕入れている外の世界と、やっぱり生活する外の世界っていうのは、全然違うってことがよくわかったし、で、また外から日本が見れたので、あ、すごくこういろんな日本のま、中にいるとやっぱりその細かさに煩わされるわけだけど、どうでもいいことが多いんだなってことがよく分かったし、はい。<u>なんとなく、現場にいると、まあその忙しさに翻弄されて、確信を得られないようなことを確信さしてくれたような所がありますね</u>。」（教員K：中国派遣）

ここでは、日本の教育現場での細かい仕事に疑問を持っていたが、おおらかな海外の学校で仕事をすることで自分の思っていたことが正しいと「確信」を得られたことが語られている。自己肯定感の1つだと考えていいだろう。

2．自己主張

　海外派遣中に様々な場面において自己主張をせざるを得ない状況に置かれた派遣教員たちは、帰国後もまた自分を主張することに心理的に抵抗がなくなったと述べている：

　「あるいは自己主張なんかもそうですねえ。<u>まあ自己主張はするようになったかな。それまで以上にってことです。</u>で、（場所）なんかは、ほんとに自己主張しないとどんどん埋没していきますので。特に日本人はマイノリティっていうかね、だっていうのをすごく痛感しましたのでね、どんどん言わないと、っていう部分。だから帰ってきた当初なんかは、もっともっと何ていうのかな、日本でいうと、嫌な人間だったかもしれないですね。ずばずばそれまで以上に言うので。で、そういう部分なんか、やっぱりさっきのね窮屈感の１つかもしれないですね。全部そこに繋がっていく可能性があるんですけど。あのう、やっぱり（場所）っていう町自体がね、やっぱ、同僚は優しいんですけど、町自体はほんとになかなか弱肉強食のところがあって、あのう、どんどん言わないと、どんどんそうなっちゃうってところがあるので。」（教員Ｅ：アメリカ派遣）

ここでは派遣中に日常の生活の中で自分を主張することに慣れて、帰国後も自己主張ができるようになったことが語られている。しかしこれは日本の社会では受け入れられないこともあり、周囲に嫌がられることによって帰国後の逆カルチャーショックの一因となることもありうる。同様に日本の学校ではあまり歓迎されないことを示唆しながらも、自己主張ができるようになったことで生徒指導が改善されると感じている教員もいた：

　「なんかあんまりいい傾向じゃないと思うんですけど、<u>戻ってきてからなんかだめなことはだめって前よりははっきり言った方がいいなって思うようになりましたね。</u>それが時として、言い方がきつくなっちゃって、反省することもあるんですが。でも結局曖昧にしてやり過ごすより

第二節 〈自己受容感の育成〉による［心理的な変化］　307

は、まあそのときはお互い多少いやな思いをしても、間違っていることは間違っているって教えてあげた方がいいなって割り切れるっていうか、風に思ったかなあ。はい。まあね、それはなかなかやはり中学生だと、素直に受け入れられない子もいるんですけどねえ。」(教員Ｈ：アメリカ派遣)

このように生徒に間違っていることをはっきりと教えた方がいいと考えることは、佐島・小池（2010：108）が、「教師には子どもや学校に対するしっかりとしたものの見方が必要である」ということに繋がり、それを生徒にしっかりと伝えることも同様に大切なことであると考えられる。

自己主張ができるようになったことは、主張することが当たり前の派遣国に滞在することによって身につけたものであるが、帰国後にそれが日本の通常のやり方とは少し違っていてもかまわず実践してもよいと認められる〈自己受容感の育成〉がなされていたと考えられる語りがある：

「なんか１人で暮らしてきたというので、ずいぶんたくましくはなったと思いますね。なのでなんか、やっぱ主張の国で主張しながら、やっぱお買い物１つにしてもやっぱり言わないと損をしたり、とかそういうので、学校でもやっぱり前までは言わないでいたことを言えるようになったし、それはちょっと年齢的なこともあるのかも知れないですけど、若いから遠慮していたのが、うん。でも、たとえば職員会議の場で、少しこう、意見があったら言えるようになったり。それはもしかしたら中国に行ってなかったら、今のままだった、前のままだったかもしれません。なんかマイノリティで中国にいたら外国人マイノリティで、日本、マイノリティで生活するのが実はなんか心地よかったというか。だからなんか学校にいても、なんていうか、うまく言えないんですけど、なんか正統派の先生っているんですよね。なんか部活動も何でもできて、なんかぴかぴかの先生が大道でいるとしたら、私なんかちょっと違う路線というか。なんかマイノリティでいれるようになったというか、なんか

うまく説明できなくてすみません。だから違っててもいいんだみたいな、うん。だからもっと自分というものをはっきり、私はこれで行きますよみたいな、ちょっと言えるようになったかもしれないですね。」（教員L：中国派遣）

すなわちこの語りでは、自分が他の教員とは違って少数派であることを教員の間で自己主張できるという意味で〈自己受容感の育成〉がなされていたと考えられる。同じように他の人とは違っていても自分の意見を言えるようになったことも語られた：

「私が私らしく生きていけるっていう意味ですかね。もともとあったものがあって、そしてREXの研修があって、いろいろ教えてもらって、研修期間があって、あとその後の（学校名）の国際交流のことをいろいろやっていく中で、自分ていうものができてきたと思うんですけど、ちょっと考え方が飛びすぎてるかなってところもあるんですが、ちょっと人より変わってるところがあるのかなと思いつつも、REXがあるから自分が自分らしく生きていけるかも。これが正しいって思って生きていけるのかも。そのこれが正しいっていうのは、日本ももっとこうなったらいいのにとか、英語を教えるときのこう、英語を習得する上でのそのさっきいろいろ言ったんですけど、そんなこととかを自信を持って言える。」（教員R：連合王国派遣）

この語りも、日本にいたときには知らなかった別の判断基準を持つことができたために自分が正しいと自己主張ができるようになったことについてである。

自分の生き方についても自己主張ができるようになったという語りもある：

「うーん、やっぱり自分がどう思うかという部分を、非常に考えるようになった。で、周りの情報であるとか、特に周りが自分をどう思うかっていう部分に、前ほど惑わされなくなったという。やっぱり世界で自分

第二節 〈自己受容感の育成〉による［心理的な変化］　309

が生きていくとなると、いろんな考えの人がいるのは当然で、そこで自分がどう気持ちよく生きていくかとかいう場合は、自分が、ええ、自分の幸せの基準は何なのかとか、自分のやり甲斐は何なのかとかっていうのは、常に自分で見つめておかないと、他人の意見は参考には聞くけれども、やっぱそこを守って初めて自分が自立した人間でありながら、幸せでいられるっていう要だと思うので、こう、その部分での意識が高まったと思いますね。」（教員Ｓ：連合王国派遣）

　これは教員であることも１人の人間であることも含めて自己主張ができるようになったという語りであると判断される。

　このように教員の間、生徒との間、また一般の人との間で自己主張ができるようになったと感じている教員は、派遣国を問わず多くいた。これは、海外で自己を主張する必要に迫られて［ゲストの変化］を遂げ〈バイカルチュラリズムの萌芽〉によって獲得された素質を、日本社会に戻ってからも生かすことができるようになったと感じられていることを表すと考えられる。自己主張ができることに関して、多くの派遣教員たち自身が「あまりいい傾向ではない」と否定的に考えていることもデータに表れている。だが、テレビドラマで描かれる熱血先生たちの主張が人気を得ることについて「子どもたちや社会が教師に求めているものがきっちり描かれているから」という意見がある（「ドラマで出会った熱血先生」朝日新聞2012年９月８日　beランキング）。たとえば「３年Ｂ組金八先生」（TBS系、1979～2008年）、「熱中時代」（日本テレビ系、1978年～79年）、「ごくせん」（日本テレビ系、2002年～2008年）の金八先生、北野先生、ヤンクミなどの熱い教師たちに対する支持は高い。これは熱血先生が自分の信念に対して「自己受容感」があるがゆえに強く主張できるためであると考えられるし、その主張を明確に生徒に身をもって伝え子どもの自己概念に影響する行動を子どもに求めるモデルとして教員は機能するために人気があると考えられる。それゆえ自己主張ができることは、教員自身に〈自己受容感の育成〉ができたからであり【教員としての成長】と捉えら

れるべきであると判断した。

3．自信の獲得[6]

近年の教育改革の嵐の中で息苦しくなっている教育現場で教員が現実に対峙するには、「一つはあれこれの改革に振り回されず、粛々と教師の仕事を丁寧にまっとうすること、もう一つは、あれこれの「言葉」に振り回されず、教師としての仕事を的確に表現できる「自分の言葉」を実践によってつむぎだすことである」と佐藤（2009：91）は述べている。これはすなわち、教員が自己の教育実践に自信を持って取り組み生徒に信念を伝えていくべきだということであろう。そのためには教員自身が自信を持っていなくてはならないと考えられる。このような自信が派遣体験によって獲得され、その後の教育実践に影響を与えていることがデータに表れている。派遣体験によって自信がつくという語りは以下に見られる：

「具体的にこんな所にっていうのはないと思うんですけど、やっぱり自分に自信があったら、自分がぶれないというか、たとえば誰々さんの顔色を見て考え方を変えるとか、まあもちろん妥協っていう言い方は悪いですけれども、すりあわせはとっても大切なんですけれども、じゃなくって、ま、生徒の顔色を見てもの、考えをじゃあ止めようとかじゃなくって、あまり自分がぶれなくなったなあっていうのはあるので、そういう意味では、学級経営にしても、教科指導に対しても、なんかあまり悩まずに、自分のやりたいことをできているんじゃない、ま、できる下地ができたんじゃないかなあと思います。」（教員Ｃ：アメリカ派遣）

すなわち自信は、教員が自らの教育実践の方向を正しいと思って進んで行くためのパイロットのような装置となっていると考えられる。

自分のできることが増えたことも、日本での教育実践の幅が広がったと考えて自信を獲得したと感じられたことも語りに見られる：

「ああ、そうですねえ。まあ成長したかどうかは分からないですけれど

第二節 〈自己受容感の育成〉による［心理的な変化］　311

も、まあ1つ他の国ではこういうやり方もあるんだなあっていう体験ができたことは、それだけ自分の中では引き出しが増えたことになるので、ま、よかったなと思いますし、ま、逆に休みが多かったりとかそういう楽な経験をしてしまったことは、あんまりためにならなかったかなあ（笑い）とも思うし。」（教員H：アメリカ派遣）

ここでは体験自体が自信の獲得になっていることが語られている。なぜ海外体験自体が自信になるのかという点について、以下の語りがある：

「ええとですね、やっぱりこう何て言うんですか、海外で生活したっていうのは、海外で生活することができたっていうのは、すごい自信になりますよね。うん、それはすごく思います。あの、威張るわけでもこう偉ぶるわけでもないけれども、でも、俺たちはこう、俺たちの力だけで海外で1年半生活できたってことは、自信になります。すごく。ただ旅行したわけじゃなくて、そこでいろんな人たちと触れあって生活してきたんだっていうことは、じゃ、この先ほかのとこ行ったって大丈夫だよねっていう、僕にとっても自信になってるし、息子とか娘にとってもそれは大きな自信になってると思います。それが1番大きかったですね。」
（教員I：中国派遣）

すなわち、自分たちだけの力で海外生活できたこと、派遣地の人々と触れあって生活したこと、すなわち異文化体験全体から将来他のところに行っても大丈夫という感覚を得たことが自信となり、〈自己受容感の育成〉がなされたものだと考えられる。人との出会いに関しては、日本人の欧米人に対する劣等感が解消されて自信になったという語りもある：

「ああ、まあそれはやっぱりうーん、何て言うんですかね、まあ、いろんな人間と出会えたし、いろいろ行動をともにしたし、で、ともにできたっていうだけで、それがもう自信になってますしね。だから向こうで欧米人とも一緒に晩飯食ったり、一緒に出かけたりして、なんとなくこう、やっぱり、出て行く前って漠然とした欧米人に対する劣等感とか、

あのう、あるいは日本人のある意味勝手な劣等感みたいのもあったわけだけど、そんなのは消えましたよね。」(教員K：中国派遣)

これは、欧米人に対する劣等感が一緒に生活することで解消されたという語りである。小柳（2012：43-46）によると、タイとオーストラリアに滞在する日本人引退在外シニアの調査から、欧米系の人々に対してコンプレックスのようなものを感じる日本人シニアは多く、タイでもオーストラリアでも同様にアジア系の人々とのコミュニケーションより欧米系の人々とのコミュニケーションにやや高めのストレスを感じていたということである。これを小柳は、「もし、タイで言語的境界が意識されるのであれば、タイ語ネイティブ（タイ人）vs. タイ語非ネイティブ（欧米人＋日本人）となり、日本人にとってはネイティブのタイ人よりも非ネイティブの欧米人と同集団になるため、欧米系とのコミュニケーションのほうが緊張が少なくなるはずである。しかし、結果は欧米系とのコミュニケーションのほうがストレスが高かった」と結論づけている。教員Kの語りは、これとは反対の結果を示している。これは、教員Kの場合は欧米人も日本人も同様に中国では外国語教員という職業上の共通点があり、その上同じゲストとしての立場や生活を共有したことが大きかったためではないだろうか。さらに欧米人も同様に〈ホスト言語〉の中国語が話せないという共通点があったこと、また教員Kが派遣地の人々が話す中国語よりも欧米系の人たちが話す英語の方ができたために劣等感が解消されたからではないかと考えられる。

他人になかなかできない仕事の中に、大きな企画などを全部任されるということも含まれていた：

「あそこまでなかなか現場でそういう大きなことを全部任されたことがない中でREX行ったので、自分であそこまでいろんなことやり切ったっていうのは、やっぱ自信になりましたし、これからも、もしも要請があってやる機会があればやれると思いますね。」(教員S：連合王国派遣)

そのような企画を立て実行した体験は、帰国後も学校でやる機会があればで

第二節 〈自己受容感の育成〉による［心理的な変化］ 313

きるという自信となっていることがここでは語られている。また、体験をしたという事実があれば、自分の言うことに説得力が増すという形で自信をつけることも語られた：

「やっぱり違う文化の中で生活してたっていう経験が与えてくれるような自信なんじゃないですかね。<u>同じことを言うにしても、自分が経験したことっていうのは、自信を持って言えますよね。その説得力が増すっていうか</u>。」（教員W：ロシア派遣）

これは、自分の発言が体験に裏付けられることによって自信が増すという語りである。

このように様々な観点から派遣体験によって自信がつくと語られた。浅田（1998：253）はバーンズ（Burns, 1982）を引用し、受容的な学習環境（学級）を作ることができる教師の特徴の1つに「情緒的に安定し、自信を持ち、明るい」点を挙げている。すなわち自らの教育実践や生徒指導に対して自信を持って行えるということは、〈自己受容感の育成〉がなされたことを意味しそれは生徒とのよりよい関係を築く上で重要な点であるのだろう。派遣教員たちは海外の学校での教育実践や生活に参加することを通じて〈バイカルチュラリズムの萌芽〉を可能にし、基準枠組みを複数化したり既存のものを強化することによって自信を獲得して〈自己受容感の育成〉を達成したと考えられる。

4．忍耐力の獲得

派遣先での教育活動や生活は、必ずしも日本国内でのものと同様に効率よく行くとは限らない。派遣教員たちは困難を経験することによって忍耐力がつくと感じていた：

「F：ええ、あんまりよく分からないんですけど、まあ伸びたなあと思うのは英語の力ですね。英語を話す聞く。そういったのは伸びたなあと思います。あとはなんでしょう。まあ我慢するようになったかなあと思

いますね。

　筆者：ああ、そうなんですか。

　F：ええ。いろんなやり方があるなあっていうのを見たので、このやり方通じなかったら、違うやり方で生徒に接したりっていうのはあります。」（教員F：アメリカ派遣）

ここでは、教え方にも様々なものがあることを派遣地で体験したために、帰国後に1つのやり方が通じなくても別のやり方で生徒に接するという忍耐力がついたことが語られている。

　さらに生徒に対してあまり怒らなくなったという報告も数件あった：

　「うん、そうですね。我慢っていうか、なんかあんまりカッカしなくなりましたね。

　筆者：あ、そういう風におっしゃる方、結構いらっしゃるんですよ。

　F：あ、そうですか。

　筆者：なんでなんでしょうねえ。

　F：なんかね、何でもあるなと思えるようになりましたね。あとは、自分が絶対正しいとは思わなくなりましたし。ま、いろんな考えがあるんだなっていうことで。」（教員F：アメリカ派遣）

ここでは、派遣体験からいろいろな考えがあると思えるようになり自分の中で絶対正しいと思わなくなったことや、違うことに対して怒らなくなったことが語られている。このことは一見〈自己受容感の育成〉とは逆のことを語っているように感じられるかもしれない。しかしこの語りの意味は、むしろそれまで1つしか対処方法を知らなかったのに、別のやり方が認められるようになった自分を受容していると考えられるのである。このような忍耐力は、教科を教えるときには、1つのやり方がうまくいかなくても別のやり方で教えることを可能にし、生徒指導のときには教員が正しいと思わないことを生徒がやっても、そのようなやり方もあると認めることができるようになるという両方の点で［心理的な変化］に貢献すると考えられる。浅田（1998：

253）が引用するバーンズ（Burns, 1982）の受容的な学習環境の条件の中にも、教師が「非常に柔軟で臨機応変に対応できる」、「共感的な能力を持ち、子どもの諸要求に応じて敏感である」という項目があり、忍耐力を持って様々な状況に対応できると感じる教員の能力の向上は〈自己受容感の育成〉と言えるだろう。

5．ポジティブシンキング

　ホフステード（1995：119）は、ある文化の成員が不確実な状況や未知の状況に対して脅威を感じる程度を「不確実性の回避（uncertainty avoidance）」と定義づけ、「とりわけこの感情は、神経質になってストレスが高まることや、成文化された規則や慣習的な規則を定めて予測可能性を高めたいとする欲求に現れている」とする。
　日本にいたときには突然起こる変更に対して無理だと決めつけることが多かったが、派遣国での体験から、何とかなる、何とかしようとポジティブに考えるようになったという語りがあった：
　　「E：あとは何とかなるなあと思いました。なんか困ったことがあっても、まあ、何とかなるだろうっていう感じですね。それは、アメリカ行って、行く前すごく不安だったんですけど、まあ何とかなったので。
　　筆者：あ、そういう意味。
　　E：はい。そういう意味で。だから、子どもがたとえば大変でも、ま、話せば分かるよと思うようになったし、まあ何とかなるだろうっていう感じですね。」（教員E：アメリカ派遣）
これは不確実性の回避（同：120）指標の値が比較的高い日本（不確実性回避スコア92）から比較的低いアメリカ（不確実性回避スコア46）に派遣された教員の場合であるが、不確実性回避スコアが高く「何が起こるか分からないと心配で落ち着かない」不安が高い国からそれ程高くない国に移動したことで何とかなるというポジティブシンキングを獲得したためだったのかもしれな

316　第四章　異文化接触による【教員としての成長】

い。

　ポジティブシンキングには、それまであまり知らないために好きだと思えなかった派遣先の人間が好きになったということも含まれる：

「その中国人とどううまくつきあっていくかってことが、すごく今日本人の課題だと思うんですね。こうどんどんまた入っていく。<u>そういう意味で中国人とほんとに直に触れあって、なんていうかやっぱり良さが分かるっていうか。知らないからみんな不気味だし、なんかその悪いイメージ持ってる人がいると思うんですけど、中国に。だから私それを自分がなんていうかもう感覚的に持って、なんか好きというか、その感覚が持てたのが1番よかったことですね。</u>」（教員L：中国派遣）

これは日本では「否定的に表象された「アジア人」」（戴,1999：89）と、実際に現地に派遣されて触れあったことによって好きになったという語りである。この場合の「アジア人」とは、多くの場合中国人と韓国人を指すと思われるが、韓国派遣の教員も同様のことを述べている：

「Z：あんまり韓国に対してあんまりね、いい感じはなかったですよね。中国、韓国に対して。

　筆者：それがすっかり変わって帰ってらしたんですか。

　Z：うん、全然。やっぱ特に妻は下関出身なんで、在日の方とかがようあって、そこの韓国のがいっぱい住んどるところは通っちゃいけんよとか、（聞き取り不能）取られたとか、そういう中で育っとるわけで、<u>ま、差別の中でですね。その辺もあの韓国のにおいが駄目とか、そういうちょっと差別的な発言もしよったようなやつなんですけど、全然変わりましたね。</u>だから今でもずーっと交流があります。私もですけど、妻はもうアパートの友だちとか、電話で話したりしてますよね。私はもう、ほとんど忙しさもあるので、あんまりないですけどね。」（教員Z：韓国派遣）

ここでも、「あまりいい感じ」がしなかった韓国に対して派遣中にすっかり変わって帰国後も交流を持ち続けていると語られている。このような派遣国

第二節 〈自己受容感の育成〉による［心理的な変化］ 317

に対する否定的な「アジア人」の表象が実際に現地の人々と交流することで覆ることは、派遣プログラムの大きな意義であると考えられ、そのような変化を派遣教員自身がよいことであると受容している。

さらに人が褒めてくれるか褒めてくれないかではなく、自分がやりたいとポジティブに思ったことをやるという働き方をするようになったという語りもある：

「あの、なんかみんなのためにやってあげるっていうことを、日本では普通にするじゃないですか。たとえば、なんかあったら、お茶碗たまってたら洗っておいてあげるとか、で、なくなってたら補充しとくとか。ほんで、どっかでそれってね、誰かが気づいてくれて、あ、ありがとうって言ってくれるのを期待してたんやなって思うときあったんですよね。で、オーストラリアの人って何もやれへんなと思ってたら、あ、やりたくなかったらやらなくていいよって。だから誰も感謝しないけど、誰かやるから、ありがとうって言われたいんやったらやらなくていいよって言われたんですよね。ほんまにほっといたら誰かがやってるんですよね。感謝されなくても、ああやるべきやって。で、別に感謝されたいわけでもないし。なんか、なんか、もっと、もっとなんかクリアな気持ちで動いてるのかなと思ったりね。あのう、我が儘そうで、すごく輪が保ってるっていうか、案外なんか日本やったらこう人がやってくれたことに細かく気がついて感謝する。でそれがなかったら腹立てるみたいなね、そんなんあるけど、そんなんやったら止めとけばって言われて、あのう、Ⅴでなくても誰かやるよって言われたときに、私結構邪心があったんやなと。<u>だから学校でもね、そういう働き方に変わってきました、自分がね。なんていうか、やりたいからやるっていう風にしていこうと</u>。」（教員Ⅴ：豪州派遣）

ここでは派遣国での習慣として感謝されてもされなくてもやりたいと思ったことをやることを現地の人から聞いて、帰国後自分も現地の人のようにクリ

アな気持ちで仕事をしようと思ったことが語られている。これも自分が正しいと思ったことをやるというポジティブシンキングが〈自己受容感の育成〉になっていると考えていいだろう。

　日々を生きることに対してもポジティブシンキングを持つようになったという語りもある：

　「ロシアにいるときには、やっぱり日本では考えられないようなトラブルとか、思い通りに行かないことっていっぱいあって、それは手を使ってやるスポーツと足を使ってやるスポーツくらいの差はあるわけですよ。(中略)だからそういうような頼んでたものが来ないとかね、約束したのに友だちは現れないとか、そんなこと絶対あるわけです。うん。でも、それにどう対応するかは、結局自分が自由だと思ったです。怒ってもいいし、ああ、これもあると思って、感情、いや、誰かが何かをするのは、コントロールできないけど、自分でどう受け止めるかとか、どう解決するかっていうのは、自分のことですよね。っていうことに気づいた。怒ったってしょうがないことっていっぱいあるんですよね。その外国にいたらね。じゃ、次にどうするかっていうこと。」(教員X：ロシア派遣)

ここでは、問題に対して次にどうするかを考えるのは自分次第であることに気づき、毎日を大切にして生活することを意識するようになったことが語られている。すなわち消費的に生きるのではなく建設的に生きることを派遣体験から学んだのであり、これもポジティブシンキングの1つであると判断される。この教員はさらに言葉が通じないという体験から、逆算する思考、自分から行動を起こすなどのポジティブシンキングを獲得したと語っている：

　「あ、そうですね、やっぱ言葉ができないっていうのは何度も言うけど、だから、相当見通しを持つようになりましたね。行き当たりばったりができないじゃないですか。授業にしても。だから起承転結つけるとか、逆算して考えるとかね、この時期にこれがあるから、こういう準備

第二節 〈自己受容感の育成〉による［心理的な変化］ 319

をしておかなきゃいけないとか、日本にいるときにはない感覚、あくまで感覚なんですけど。そういう後ろから、結末から考えてストーリーを作るみたいなことって、役に立ちましたね。」(教員X：ロシア派遣)
これらの言説は、滞在日数に限りがあるので1日1日を大切にする派遣期間中の経験から、日本にいたら毎日をただ過ごすことで終わってしまいがちであるが、日本にいても毎日を大切にしよい結果を出すための逆算的発想を行い、常に成長し続ける自分を作り上げていくポジティブシンキングを学び〈自己受容感の育成〉があったことを表していると考えられる。

6．精神的な自立

　海外に行ったときに、独立した個人として扱われることによって精神的な自立をしたと感じた教員がいた：
　　「すごく自立したと思いますね。ま、私がいた学校の、システムのせいもありますけれども、やっぱりそれぞれが派遣、みんな一緒に研修受けますけど、派遣先はみんなばらばらで、いろいろ情報交換しても、自分と同じ情報が必要な人はいないわけで、やっぱり自分で自分の必要な情報を得て、自分でやっぱり問題解決をしていくっていう態度は、ものすごく必要で、国によってビザのこととかは、ワーキングビザのこととか、いろいろ違いますよね。だからすべて自分で1つずつ確認して、やっぱり大きなプログラムであってバックアップがあるにしても、基本は自分ですよね。」(教員S：連合王国派遣)
これは派遣体験で自分の事を自分でやるということを学び、そこから精神的な自立をしたと感じている例である。また、海外で1人暮らしをすることによって同じように精神的な自立をしたと感じた例があった：
　　「やっぱりいろんな意味で強くなったのではないかなと思いますね。なんか1人でもできるとか、環境が変わっても、あ、私元々何でも食べれるし、どこでも寝れるしというような、あんまりものを深く考えない人

なので、まあみんな、たとえばホームステイをすると言ったときに、前の学校の人とか、大丈夫か、人のうちでとか言って、そんなん気を遣わんかとか言って、すごく心配してくれた方もいっぱいおられたんですけど、あんまりそんなことは元々気にならず、え、なんでとかいうようなところで、何でも食べれる、どこでも寝れるし、生きていけるなとは、<u>世界のどこでも生きていけるなとは思ってたんですけど、その自信を深めたというか</u>、はい。」（教員Ｃ：アメリカ派遣）

これも１人で海外生活をすることによっていろいろなことを１人でできる精神的な自立をしたと感じられた例である。この語りでは、それまで親元から通勤していた派遣教員が他人の家で生活する海外の生活について述べられており、この点では生まれて初めて実家から出て暮らし始める留学生と共通することがあると思われるが、日本から単身赴任した教員も同じような意見を持っていた：

「<u>なんか１人で暮らしてきたというので、ずいぶんたくましくはなったと思いますね</u>。なのでなんか、やっぱ主張の国で主張しながら、やっぱお買い物１つにしてもやっぱり言わないと損をしたり、とかそういうので、学校でもやっぱり前までは言わないでいたことを言えるようになったし、それはちょっと年齢的なこともあるのかも知れないですけど、若いから遠慮していたのが、うん。」（教員Ｌ：中国派遣）

この教員は夫を日本に残して単身で派遣されたが、外国で１人暮らしをすることで「たくましくなった」と述べている。

これらの例では、海外派遣の仕事を全うし生活も確保したことによる精神的な自立の感覚が得られたことを表している。このような精神的な自立の感覚も〈自己受容感の育成〉と呼べると考えられる。

７．〈自己受容感の育成〉が成立しない場合

１．から６．までは、海外派遣体験が派遣教員たちに〈自己受容感の育

第二節 〈自己受容感の育成〉による［心理的な変化］　321

成〉を可能にしていた側面をデータから考察してきたが、語りから〈自己受容感の育成〉が成立しなかったと考えられるケースが見られた：

「筆者：そしたら、帰ってこられたときにはリフレッシュして帰ってらしたって、そういう感じだったんですか。

J：うーん、リフレッシュ。行ったときはリフレッシュしたんですが、帰国のときは、まあ使命を果たしたという満足感ですかね。ちょっと悪く言うと、燃え尽きてしまったという感じもありますね。だからその後ちょっと目標がなくなってしまいまして、そういう意味ではまたちょっと辛い目に会いましたけど。まあ新たな目標がなかなか見つからないんですよね。

筆者：あああ。それは今もなんですか。今はいろいろお仕事変わられて。

J：こなしていますけども、あの当時の派遣前のようなああいう、燃えるような夢というか、希望に燃えるそういう感覚ではないです。」（教員J：中国派遣）

ここでは、海外派遣以前には10年目のマンネリを迎えていた教員Jが海外派遣によって環境が変わりリフレッシュされマンネリも解消されたと感じたが、そのときに力を使い果たしてしまい帰国後は「燃え尽きて」新たな目標を見いだせないということが語られている。すなわちそれ以外の派遣教員たちのように、派遣体験自体から〈自己受容感の育成〉を達成し〈新たな目標の設定〉を行ったのではなく、派遣体験でむしろ自己受容感を失ってしまったということが語られている。実際教員Jは、「そんな中国行ったからどうのこうのという問題じゃあないと思います。」とも語っている。

それでは海外派遣が〈自己受容感の育成〉を可能にしない理由は何なのであろうか。ヒントは以下の語りにあると考えられる：

「筆者：あとは中国人家族と知り合いになったりとか、そういうチャンスはあまりおありにならなかったんですか。

J：うーん、ないですね。

　筆者：あ、そうなんですか。割と狭い世界で生きてらした。

　J：私の場合はそうでした。私の前任者は、別ですけどね。

　筆者：あ、そうなんですか。前任者の方はもっと外に出られて。

　J：そのう、お店の人と仲良くなって、その人の家まで行ったとか、そういうのは結構ありましたね。

　筆者：先生はそこまでしようと思われなかったんですか。

　J：そうです。

　筆者：なんでなんですか。せっかくだから。

　J：性格だと思います。」（教員J：中国派遣）

ここでは性格から自らが〈主体的な行動〉をとって派遣地で現地の人と〈人的な繋がり〉を求めなかったことが語られている。このインタビューデータは、他の教員の自ら多くを語る語りと比して筆者が引き出す形で出されており、データから〈自己受容感の育成〉があまり見られないことも特徴だと考えられる。

　箕浦（2003：90）は、17年間アメリカに滞在しても「二十三歳で日本を出てから、私は少しも成長していないように思います」と語るP夫人について、「アメリカでの貧困な社会関係は、新しい滋養分の補給路にはならず、結局栄養失調状態のような人生の部分ができてしまったのではないか。人間は社会関係の中で成長するが、海外での希薄化した人間関係の中ではそれが望めず、成長が止まっているとか、無駄な時間を過ごしたという主観的な感情を生んだものと解釈されるのである」と述べている。P夫人に比べてずっと短期間海外に滞在した教員Jにも同様のことが起こった可能性がある。なぜならば、既に第四章第一節［教職技術上の変化］1.〈教育技術上の変化〉、の最後で論じているのだが、教員Jとは反対にロシア派遣中に駐在日本人、在留日本人、ロシア人、朝鮮系ロシア人を問わず交流関係を広げた教員Xは、「僕にとって、ロシアに行ったばっかりの僕にとって、周りのロシ

ア人って、みんな先生ですよね。ロシア語僕よりできるし。ロシアの生活について知ってるし。だからあの2年間って、アウトプットもしたけど、ものすごいインプットしてると思うんですよ。」と語り、人々との交流の中から〈バイカルチュラリズムの萌芽〉に関わるインプットをしていたと語っているのである。学校という場で日本語を教えるということは持っている知識や技術をアウトプットすることであるが、アウトプットするだけではやがて燃え尽きても仕方がないだろう。人間関係という滋養をインプットすることでアウトプットとインプットのバランスが保てるのではないかと考えられる。それが崩れると箕浦が言うように栄養失調状態が起こり、〈自己受容感の育成〉を通じた成長ができずに新たな目標も設定できないということになるのではないか。人間関係の中での学びが海外においても必要なのだと考えられる。

8．〈自己受容感の育成〉の総括

　〈自己受容感の育成〉では、1．自己肯定感、2．自己主張、3．自信の獲得、4．忍耐力の獲得、5．ポジティブシンキング、6．精神的自立、の6つの点で派遣教員たちが海外派遣中に［心理的な変化］を遂げることによって以前の自分とは違った自分を見出し、そのことに対して自己受容をしていたことをデータから分析した。またそのような変化が見られなかった事例を7．〈自己受容感の育成〉が成立しない場合、として、派遣中に十分な〈人的な繋がり〉が形成されなかったことが原因である可能性を指摘した。それでは、〈自己受容感の育成〉がなぜ［心理的な変化］ひいては【教員としての成長】に必要なのかをここで考察する。

　近年の社会の急激な変化に伴って、21世紀を生き抜くための力を生徒に育成するために、これからの教員に求められている資質があるとされる。それらは、①教職に対する責任感、探求力、教職生活を通じて学び続ける力、②教科や教職に関する高度な専門的知識、新たな学びを展開できる実践的指導

力、③総合的な人間力、である（第11回中央教育審議会、教員の資質能力向上特別部会，2012）。①と②に関する〈教育技術上の変化〉については海外派遣体験が貢献していたことを既に第四章第一節で考察した。ここでは③で述べられている総合的な人間力について考察を加えたい。

　この審議会での報告においては総合的な人間力に関して具体的に説明がないが、佐島・小池（2010：105）がいう「広く豊かな教養」に匹敵するものであると考えられる。佐島等は「広く豊かな教養」が必要なのは、「教師の仕事は、学習指導だけでなく、生徒指導、進路指導、学級経営、研究活動など多岐にわたっている。教師は、これらの仕事を通して、子どもたち1人1人の個性を見きわめ、その人間的な成長や発達へと支援していかなければならない。そのためには、教科等に関する専門的知識を備えるだけでなく、豊かな教養を身につけ、広い視野に立った適切な指導が求められる」としているからである。ここから変化の多い現代を生き抜くことを教師が生徒に教えるステップを考えると、まず教師自身が〈自己受容感の育成〉によって与えられる［心理的な変化］を遂げ、次に成長を遂げた教師が生徒に「自己受容感」を感じさせることで生徒の人間的な成長や発達を促すことを可能にすると考えられる。すなわち生徒の人間的な成長や発達を支援するには、まず教師が成長し続けることが重要であるということが示唆されていると考えていいのではないだろうか。

　派遣教員の中には、このプログラムに応募する前に、生徒指導で自分に「幅がない」ためにうまくいかないと感じていたが、派遣中に様々な体験をして派遣後には生徒指導室長まで務められるようになったと語るものがいた。これを可能にしたのは前述の〈自己受容感の育成〉が派遣教員の中にあったためではないかと考えられる。それは派遣教員たちが派遣中に［ゲストの変化］を遂げ〈バイカルチュラリズムの萌芽〉を通して力を与えられたからなのではないか。この力こそが派遣教員たちに［教職技術上の変化］だけではなく［心理的な変化］を可能にし、その人間力の増加によって【教員と

第二節 〈自己受容感の育成〉による［心理的な変化］ 325

しての成長】を可能にしたと考えられる。すなわち海外派遣は、【教員としての成長】を促進する非常によい機会となっていたことがここまで考察してきたデータによって示されたと考えられるのである。

　第二章第九節で「心のホメオスタシス」について言及した。すなわち人間の体と同様に心もまた一定の状態を保とうという機能が働くのではないかと筆者は考える。なぜなら現状維持するためには何も変えなくていいが、変化することは努力や忍耐を必要としそれは一般的には「辛い」ことと考えられるからである。そこでこの節で考察した自己受容感もまた「心のホメオスタシス」に関連がある可能性をここで指摘したい。海外派遣体験は、日本にずっといたならばしなくてもすむ［ゲストの変化］を遂げる状況を派遣教員たちに与えることで様々な困難を感じさせる。しかしその困難を乗り切り〈バイカルチュラリズムの萌芽〉を通して教員たちは様々な形の〈自己受容感の育成〉を達成し、日本にずっといたならば難しいかもしれない「心のホメオスタシス」の克服が比較的容易にできるのだと考えられる。このような変化を遂げると、帰国後の学校生活において生徒という他者を受容することがより容易になるのではないだろうか。必ずしも海外に行かなくてもこのような変化は可能かもしれないが、異文化に自らを浸す海外生活ではより大きな変化を経ることを余儀なくされることが多くある点で、異文化接触は「心のホメオスタシス」の克服を可能にする力を持っていると本研究では考えている。

　このような〈自己受容感の育成〉による「心のホメオスタシス」の克服を行ったことによって教員たちは帰国後に、岡村（2000）が指摘するような生徒という他者をより受容できるようになり、よりよい相互的な人間関係を持てるようになった可能性がある。重ねて強調したいのは、このような〈自己受容感の育成〉による「心のホメオスタシス」の克服は、短期間の視察旅行では達成することが難しい人間の心の奥における変化であり、長期にわたる教員の海外派遣の意義はここにもあると考えられる。

第三節 〈成長の後に〉

　第四章第一節と第二節で海外に派遣されたときに教員が成長する様を描いてきたが、本節では教員が遂げたと感じている成長が、帰国後にどのように生かされたのか、また生かされなかったのか、生かされなかった場合にはその理由はなぜかをデータから考察する。

1．派遣体験が生かされていると感じている場合
　本項では、海外派遣体験が帰国後に生かされていると感じられている場合どのような点で生かされていると感じられているのかを考察する。まず帰国後に国際交流に関わる仕事に就いた場合が挙げられる：

>　「REX の経験がなければ、今国際学科の教員とか国際学科の主任やってたりとか、修学旅行をニューヨークにやったりとかそういうことには就いてなかったと思うので、REX 教員であったことによってどういう意味があったか。自分の英語とか国際に関する分野での資質を高めることができました。」（教員 A：アメリカ派遣）

ここでは、派遣の体験があったことで帰国後に国際学科のある学校に配置され主任を務めるようになったので、派遣によって「資質を高めることができ」現在の自分があると感じられていることが語られている。
　派遣前は中学校の教員だったが、派遣後に高校に異動して国際交流に携われるようになったと語るものもいた：

>　「REX っていう名前はどうか分からないんですけど、特に（学校名）校にいると、（学校名）校はずっと（学校名）と交流してるので、それも（名前）先生や A 先生が作ってくださったんですけど、REX のおかげで今の国際交流もあるし、国際学科もあるし、で、そこに呼んでもらって、私にしかできない仕事をさせてもらっているところがあるので、そこは

第三節　〈成長の後に〉　327

ありがたいなあと思っています。で、そうやってREXの経験を有意義に使わせてくれる所に巡り会う人、実は少ないですよね。そうですよね。だからすごくラッキーだなあっていうか、」（教員D：アメリカ派遣）

これは教員Dが、派遣前中学校教員だったが派遣後に高校に異動して国際交流などの「自分にしかできない仕事」ができたり国際学科で教えるようになって、「REXの経験を有意義に」使っていると感じているという語りである。

自校で国際交流プログラムを立ち上げるときに派遣国とのプログラム作りに関わった例もある：

「で、移ってからはまあ一応（学校名）で教材研究やっているので、世界史はもちろんあれなんですけど、そこでは経験させていただいたことをそれなりに世界史の面で。だからいろいろ旅行して集めてきたものとかはもうとっても生かせてます。ただまあその中でちょっとこう、せっかくやから学校交流できればいいかなっていうのがあって、学校の中で2年目やったかな、そういう21世紀委員会みたいのがあって、なんかこれからどういう風に新しく学校を改革していくのに、何がっていう中で、国際交流みたいのもあったので、で、まあそれやったらちょっと声かけて。で、こんなに早く始まるとは思わなかったんですけど、当時の校長も同窓生で、同窓会にすぐ働きかけて、こんなものは早くやらないと潰れるわって言われて、で、もう1年ぐらいと思ってたら、もうすぐって感じで、とんとん拍子っていうあれなんで、かなりすごいスピードで。」
（教員Q：連合王国派遣）

ここでは、派遣体験が教科指導でも役に立っているがさらに学校改革の一端として国際交流の話が起こり、海外派遣体験のあるこの教員が関わったということが語られている。このプログラムに続いて他のプログラムも始められたが、この教員は、このようなプログラムを立ち上げることができたのは派遣体験があったからこそであると感じている：

「なかなかまとめていうのはとっても難しいんですが、だから学校というか、公的にはやっぱり今のこの（学校名）の国際交流の１番スタートを作ることができたってことが、これ（派遣体験）がなかったら絶対にできてないっていうのは確実ですよね。で、この英国が１番柱になって、そっからだから今はいろんな交流が始まってるっていうのが、そうですね。」（教員Ｑ：連合王国派遣）

派遣中に伸ばした〈ホスト言語〉の能力を買われて帰国後その言語を教えることになった場合もある：

「筆者：で、先生ご自身としては、今３つの言語を教えていることが、とても満足なさっているっていう感じですか。

Ｊ：そうですね。いろいろまあ、大変なこともあるんですけれども。生かされているなあと思っています。」（教員Ｊ：中国派遣）

ここでは帰国後に〈ホスト言語〉の能力を発揮して教えていることを「生かされている」と感じられたことが語られている。

このように帰国後に派遣前とは違った新しい仕事を与えられると、派遣体験による自分の成長が確認できて派遣体験が肯定的に捉えられていることが語りから見て取れる。これはすなわち、派遣教員が派遣中に伸長したと自ら捉えた点を帰国後に新たな仕事を与えられるという形で認められると自己受容感が高まるためであると考えられる。

しかしすべての派遣教員が同様に派遣後新しい仕事を与えられているわけではない。そこで新しい仕事を与えられないとどのように感じるのかを次項で考察する。

２．派遣体験が生かされていないと感じている場合

本研究のインタビューに答えてくれた教員たちのほとんどが派遣体験を肯定的に捉えていることは、これまで考察してきたデータからも指摘した。しかしこれは逆に派遣体験を肯定的に捉えている派遣教員だけがインタビュー

に答えてくれたということを意味することでもある。そのような派遣教員の中でも、派遣の体験が生かされていないと感じそれを素直にインタビューで語ってくれるものがいた。ここではそのデータを考察し、次項で体験が生かされていない理由の中で学校という組織の構造的な問題があることを浮き彫りにする。

まず、帰国後も派遣前と同じ仕事をすることに対して派遣体験が生かされていないと感じている語りを見る：

「それと、アメリカに行ったっていうので、なんかプライドではないんですけど、なんか自分なりに会話にしても、ALTと普通にしゃべれるようになったし、その経験っていうか、それを生かすところがなくて、帰ってきても結局は同じ仕事をしているんですけれども、同じ仕事の内容なんですけれど、なんか役立ってないというか、なんかあんないい経験したのに、それを役立たすことができないなっていうので、まあモーチベーションが下がり気味だったですね。」（教員F：アメリカ派遣）

ここでは「帰ってきても同じ仕事」をしていることで経験を「役立たすことができない」ので、「モーチベーションが下がる」と感じられていることが語られている。そのようなことが長く続いていくと、何かしようという気持ちさえ失せてしまうことも語られた：

「で、まあ卒業させて、今度新しい2年生を持って、そして今年3年生を持って卒業させたんですけど。今は何かそういうアメリカに行ってたからってこういうことをしたいって、あんまりないですね。」（教員F：アメリカ派遣）

この語りから、帰国直後の体験を生かしたいという思いがかなえられないまま長い時間放置されると、それを生かしたいという気持ちさえ失せてしまうことを示していると考えられる。

ある教員の場合は、派遣中に日本人生徒の中国語の学習や高校生の海外交流の重要性を認識し帰国後の学校でそのような提案をしたのだが、周囲から

受け入れられず帰国後の対人関係もうまくいかないことが語られた：

「M：だといいんですけどねえ。なかなか家族とも昔の知り合いとかともなんかうまく折り合いがつかないし。苦しいですね。孤軍奮闘っていう感じです。

筆者：ああ、そうなんですか。

M：ええ、苦しいです。ちょっとがんばると足を引っ張られるし。

筆者：そうなんですか。誰が足を引っ張るんですか。

M：それはやっぱり僕みたいな多面性を持った教員の存在が疎ましい人でしょう。シンプルに受験指導したいとか、そういう人にとっては邪魔じゃないですか。」（教員M：中国派遣）

ここでは、海外派遣によって変化したことを家族や同僚に受け入れられないために「苦しい」思いをしていることが語られている。特に受験校で受験指導が重要だと思っている教員からは海外との生徒交流などの提案は「邪魔」と見なされるようだ。このように受け入れられないばかりか望んでいた仕事から外されるという体験をしたことも語られた：

「失敗というかですね、周囲と折り合いが悪くてですね、何かやるたんびに横やりが入ってくるんですよ。で、最後にあのう、去年ですけどね、11月くらいに中国人の高校生の訪問団を40人招聘しようっていう事業をうちの学校、あ、前の学校で請け負ったんですよ。僕は当然僕が責任者だと思ってたんですよ。過去の経歴に鑑みて。僕は外れたんですよね。学校組織の中で疎まれていたら、ほんとに僕がやりたい仕事が回ってきても僕は回してもらえないなと思って、絶望しました。もうここにいられないなと思いました。（中略）でも、要するに何て言うんですかね、組織の中であのう、無難に仕事をこなすという、あのう、スタンスで、仕事をしていないと、いざチャンスが回ってきても、やらしてもらえないということが分かりましたね。だから僕の責任ですよ。」（教員M：中国派遣）

第三節 〈成長の後に〉 331

ここでは、どれだけ海外で成長して〈新たな目標の設定〉ができたとしても、組織の中で認められないと「チャンスが回ってきてもやらしてもらえない」ことがあることが語られている。このような海外体験によって達成された【教員としての成長】が受け入れられずにこの教員は異動願いを出して、少しでも受け入れられそうな総合学校に異動するに至った：

　「僕はこの学校に前任校3年であの飛び出してきたのは、中国語があるからです。チャンスがあるだろうと。生徒にしてみても、中国語を履修していれば、ちょっと高校生の派遣事業とかにも持ってくるんじゃないかとかですね。僕のやりたいことを、あ、またMが学校の業務とは関係ないことやってるなという風に足を引っ張るんじゃなくて、あのう生徒のためにやっているんだという風に歓迎されるような職場っていうのは今はもう総学[7]しかないです。だから来ました。前任校は進学校でしたけどね、中途半端な。ま、ずいぶん足引っ張られましたよ。嫌になって出てきました。3年で転勤するのは今時ないですよ。だいたい10年ぐらいが最低ですからね。逃げてきた。」（教員M：中国派遣）

ここでは派遣体験から〈新たな目標の設定〉を行ったこの教員が、帰国後それを受け入れてくれそうな学校に異動したことを「逃げてきた」と語っている。このように帰国後周囲に受け入れてもらえないと感じることはこの教員に限らない。最悪の場合には辞職することも以前にはあったが、近年では事前研修の徹底などから、結婚の理由以外に帰国後辞職するまで追い詰められる派遣教員はほとんどいない。

　異文化理解教育を行いにくい学校とそうでない学校があることも語られた。進学校では特に異文化理解教育を行いにくいようだ：

　「生徒に授業をするという意味ですか。異文化理解か。授業時間、授業内のちょっとした雑談とか、そんなレベルですよね。なかなかこう、どうでしょう。私は困難校といわれた前の学校の方が、そういうのはすごくやりやすくて、いろいろなことすごく喜んでやってたんですけどね。

やっぱり今の学校の生徒に、異文化理解っていう視点っていうのは、ちょっと工夫が必要な感じがしますね。もう少し人権っていうか、そういうものに特化するとか、あとは、ええと、国際問題っていうか、紛争であるとか、環境問題であるとか、そういうことを通してって感じなんですよね。なんかこう、なかなか授業中に、人間対人間レベルでの考え方の違いとかいう、そういうものを実感してやろうと思うと難しいですよね。実際に来てもらって話せば、それはまた違うんですけど、来ていただけないので、私が話すってことは体験談で話すことですよね。あんまり先生の講話みたいな時間があんまりなくって、そうすると先生の雑談になってしまうので。」（教員S：連合王国派遣）

ここでは進学校の場合にはやりにくいことが語られている。やりにくい学校の場合は、体験を話すことは「雑談」になると考えられている。しかし最底辺校に異動した教員は、それすら困難であると感じている：

「私にとっては当たり前のことがたぶん彼らにとっては当たり前じゃないことがいっぱいあると思うんですよね。今それが私の課題なんですけど、REXでの経験が今の学校でどう生かそうかっていうことは、ほんとに1番の課題で、もう2年経ちましたけど、まだ実現もしてないし、具体的に私も見えてはいないんですけども、もっとREXに限らず、私っていう人間を生徒に見せていきたいなっていうのは思っているんです。私が経験したこととか見てきたこととか、そういうことを生のものとして生徒たちにもっと伝えていく場があったらいいなと思うんですけど、それが授業の中でできたら1番理想なんですけどね。なかなか私も余裕がなくって日々をこなしていくことで精一杯の部分もあって。」（教員T：連合王国派遣）

ここでは最底辺校で生徒と教員があまりにも違いすぎる世界に生きているために、話をすることも困難であることが語られている。

　派遣国で日本語教育の経験を積んだが、帰国後学校教育の中で日本語教育

第三節 〈成長の後に〉 333

に参加できないことに対して言及する派遣教員もいた：
「H：そういうところで関われたらいいなあと。後もちろんそのせっかく日本語についてすごく勉強させてもらったので、地域なんかで日本語を、教育を必要としている人たちに対して何か関われればいいなっていう風に思って。なかなか学校ではそれで人を1人雇うってところまでは行き着かないので。ええ、どうしても日本語教育ボランティアの方に時間単位で来てもらうっていうのが現状なんですね。
筆者：やっぱりそういうのを必要としている生徒さんていうのはいらっしゃるんですか。
H：生徒はいます。ただ全校で1人だったりとか、そういう子がいない学校もたくさんありますし。だからいつどこでそれが必要となるかは分からないんですよね。なのでなかなかそういう正規の人間を置くには至ってないと思うんですけど。でもそれは絶対必要かなあと思うんですよね。」（教員H：アメリカ派遣）

ここでは、学校に日本語教育を必要とする生徒がいても数が少なく正規の教員の配置がされないために、自分の日本語教育の経験は学校ではなく地域でしか生かせないことが語られている。

このような体験が生かせないという状況に対する派遣教員の思いは、「口惜しい」という表現で表されている：
「もうなんかあれですねえ。なかったら、生きてないですわ、今。家族との生活も、教師としての自分も、うーん、僕個人の生き方の、根幹に関わる部分を、あの1年半がなかったら、ないですね、今。だからREX-NET[8]のときに、自分みたいなものが何かしたいなと思ったのは、なんかね、僕の言葉遣いがええかどうか分からんけど、その恩返しというか、これに関われたことに対して何か、自分が還元できることをさせてもらえたらという部分で、うーん、関わりましたよね。だからでけへん状況にあるのは非常に口惜しいんですけど、何とかして、この自

分の人生を支えてくれた REX のことに関われるとこではやりきりたいなあという風には思ってます。」（教員 U：豪州派遣）

これは、【教員としての成長】を可能にしてくれた派遣体験に対していつまでも何らかの形で関わっていたいという気持ちがあっても叶わないときに「口惜しい」と思われることを表すと考えられる。

このように派遣に対する還元ができていないと感じられた場合には、自分の授業を充実させようという方向で補おうという語りが多く見られた。たとえばこんな語りがある：

「ああ、でももうそこしかないなあと思ってますよね、今は。だから、他のことで、対外的なことっていうのは何も皆無なので、何にもできないので、そしたら授業で話しをしたり、ま自分の伸びたっていう英語力を使って生徒に教えることと、あとは、ニュージーランドのことを話したりとか、ま、アメリカにもいたし、アメリカの文化の違いと、ニュージーランドってこういう国で、こうなんだよっていう、ことぐらいしかできないですね。だから、ぜひ行ってごらんとか。」（教員 Y：ニュージーランド派遣）

ここでは授業で体験を話したり伸ばした〈ホスト言語〉の能力を授業で発揮することが語られている。第四章では〈教育技術上の変化〉や〈生徒指導上の変化〉が確かに派遣体験で見られることを指摘した。しかし他の様々な【教員としての成長】が生かされず、帰国後授業の改善だけに限定され矮小化されることには問題がある。REX プログラムの趣旨の１つにも、「国際化時代にフィットした教員養成の必要性」や「学校や地域において外国人やその子弟との相互理解を図ることのできる国際性豊かな積極思考の人材が、今、求められています」[9]とあり、プログラムの趣旨でも国際化時代にふさわしい教員の活躍が期待されている。このような派遣事業の趣旨が、帰国後の教員個人の授業の改善だけにとどまり派遣体験を授業以外にも広く還元することを妨げる要因があると考えられる。次項ではその点に関して考察す

る。

3．派遣体験が生かされない理由
3-1．構造的な理由

　帰国後に派遣体験が生かされていないと感じる教員の多くが、派遣プログラムの認知度が低くて、貴重な体験をして帰国したにもかかわらずどのような体験をしたのかが学校の管理職や教育委員会の人々に知られていないので活用されていないと指摘していた：

> 「そうですね。でも帰国した私たちのそれは使命の１つかも知れないですね。もうちょっと知ってもらうというのが。私もそういう何かアピールとかが足りないのかもしれないですけど、でもだからといって何にもないのに自分が言うのも変だし。でもそれは今でも思ってることで、何か還元してないなあ感はすごくありますね。消化不良というか。なんか行ったことですべてが止まって。でもそれってすごく、私１回REX-NETの集まりでも、そのなんかある分科会で話したし、同じことをたくさんの人が言っておられたんです。やっぱり、<u>県の人事担当の人が、もうちょっと認識を持つべきだと思うんですね</u>。あのう、私１人を派遣するのに、<u>税金を何百万も使っているわけですよね。それをなんかもうちょっとREX帰国教員をもっとなんていうか利用するですけど、もっと生かせるそういう学校に配置すべきだと私は思うんですよね</u>。でもそれって、やっぱその異動させるというか、私たちは言われたとおりに異動するだけで、希望は出しますけど、希望は叶ったことはまずないので。」（教員L：中国派遣）

ここでは、派遣元である県の人事担当者が派遣プログラムの趣旨を正しく認識して帰国後に体験を生かせる学校に派遣教員を配置していないことが指摘されている。

　管理職が派遣の意味を理解していない上に、それが生徒にとって不利なこ

とであるとすら考えている場合もあった：

「筆者：そしたら、校長先生に反対とかされなかったんですか？

L：ああ、それは、そのときはされなかったですけど、<u>帰ってきたときに、あのう、生徒が犠牲になりましたよとは言われました。</u>」（教員L：中国派遣）

これは派遣プログラムに応募することには反対しなかったが、派遣のために学年途中で担任を辞めて留守をしたために帰国後に「生徒が犠牲」になったと校長に言われたという語りである。海外派遣がもたらす長期的な【教員としての成長】よりも目の前の生徒の担任を外れたことによる不利益を指摘するものと考えられる。

管理職も派遣体験の還元をすることを望んでいるが、具体的な姿が描けないこともある：

「あ、来たばっかりなんでまだあれですけどね、今回もだから夏に研修出るんで、校長が還元しろ、還元しろって言うんですよ。還元しろ。還元してくださいよ。行かせるんだから、ただで行かせるんだから、還元してくださいよ。じゃあ、還元する機会は、僕は還元したい、還元したいという風に言って、あのいろんなことであのう、自分でできることはすべてやってるんだけど、<u>とにかく還元の機会を作ってくれましたかっていう風に言いましたよ。ええ、作ろうとおっしゃいましたけどね。なかなか難しいと思う。</u>ええ。なんかこじつけのような形になりますからねえ。だいたいいつもスルーされてしまう。ええ、先生是非あの職員研修で一言とかいう話を、あの社交辞令では言われるんですけども、いざっていうときになったら、ないですよね。（中略）<u>派遣した県自体がもうこういう人間がいるということ自体を把握していないですからね。彼らにしてみれば、行かせて、要するに行かせるというその業務を果たせば行かせれば終わりなんですよね。</u>行って何かやってると。帰って何か還元するということは、全然考えていません。ええ、そういうことはよ

第三節 〈成長の後に〉 337

く分かりました。ここ数年間で。」（教員M：中国派遣）

ここでは、県の担当者も校長も帰国した派遣教員たちにどのように派遣体験を還元させるのかの具体的なビジョンが描けないために、還元は派遣教員たち個人個人の裁量に任されていることが語られている。すなわち、派遣制度は派遣という入り口だけを準備して帰国後のケアという出口の準備がないのである。だが、すべての派遣元の地方自治体が還元に対して無関心なわけではない。本節の1．派遣体験が生かされていると感じている場合、で考察したように、帰国後に派遣体験を活用するような人事配置をしている自治体もあった。派遣教員から長期的に見て適切な人事配置があると考えられている場合もある：

「でも何年か経ったら、そうなってるのかなとは思いました。結局（学校名）行かれたり、（学校名）に行かれたりとかされてますし、あと今日来られてなかったけど、（教員名）さんとかも、国際科がある学校に行かれてる、（学校名）に行かれてるんで、やっぱりそうなっていると言えばなっているかなと思います。」（教員Q：連合王国派遣）

この自治体では、派遣教員の多くが進学校や国際学科のある学校に最終的に配置になっていることがここでは語られている。ただし進学校への配置が適切かどうかには疑問の余地がある。大学受験にのみ特化するとコミュニカティブな英語[10]の授業はやりにくくなり、そのような教え方の良さに派遣体験で目覚めた教員には新たな困難を与えるからである：

「筆者：で、今の（学校名）高校では、コミュニカティブな授業っていうのはどのくらいやっていらっしゃるんですか。
U：ええとね、もう結論をバーンと言うたら、ゼロに近いですわ。で、今2年目なので、まだ担任も持たずの状況なので、とにかくやっぱり（大学名）大学の入試っていうのがどんと和訳っていうのがあるのでね、そこをちゃんというたら授業の中できちんと保証せえへんかったらあかんという流れで、そこを大きく覆すだけの力は今自分にはないですわ。」

(教員U:豪州派遣)

ここでは、進学校に配置されて入試に必須な和訳を教える状況に置かれているために目指すコミュニカティブな授業はほとんどできていないことが語られている。すなわち海外派遣体験が教員の語学力の向上のみに特化されて解釈されて、進学校でその伸長した語学力を生かして生徒の大学入学試験のための学力の向上を目指す指導だけを期待されているのではないかと考えられる。これらが意味するのは、海外派遣によって派遣教員たちがどのような点で教員としての成長を遂げたのかが理解されていないこと、また国で決めた教員派遣プログラムの趣旨が地方自治体によって徹底して理解されていないこと、があるという問題である。これが最初の構造的な問題点である。

次に派遣教員が帰国後生徒の視野を広げるために国際交流プログラムを立ち上げたいと考えても、日本の受験制度のために学校行事の中に組み込みにくいことがあることが語られた:

「そうですねえ。ええ、やっぱり人の交流っていうのは1番できたら。で、その中で感じさせて、たとえば視野を広げていくとかね、自分が体験したような、いうこと。あるいはそれをつてに、今後も繋がるような人間関係が作ってあげられればね、また個の世界は広がっていきますしね。で、あと、障害になってることの中に、今時間的なこと言いましたけど、もう1つは受験のことがあるんです、どうしても。日本の場合は。で、私は前任校もここの学校もそうなんですけど、やっぱ進学校っていわれてる所なんですね。そうすると、どうしても受験の縛りは出てきます。いろんなところで出てきますね。交流もそうですし、じゃあ英語をどう教えるかって所もそうですし、どうしても大きいね問題になりますよね。だからクラスサイズと受験っていうのは大きいです。と思います、私は。」(教員E:アメリカ派遣)

ここでは、進学校では「受験の縛り」によって国際交流がしにくかったりコミュニカティブな英語を教えることが難しい制度の問題があることが指摘さ

第三節 〈成長の後に〉 339

れている。すなわち派遣地で蓄積された派遣教員の国際交流に関するノウハウやコミュニケーション能力育成のための指導能力が、受験制度があるために実際の授業では活用できないのである。これが第2の構造的な問題であると言えるだろう。

　教員の多忙を指摘するものもいた：

「1つは、ちょっと日々やっぱり忙しい。いろんな業務があるんで。ま、これどこでもね、多分インタビューされて、皆さん多分言うと思うんですが、忙しいっていうのは、ほんとに多分忙しいと思います。日本の学校って。これは問題だと思いますね。1つね。いろんな業務から、部活のことから、今保護者対策までね。対策って言うと言葉悪いですけど、対応からね、学校評価だなんだっていろいろ仕事増えてきていますので、そういう中で、じゃあどれだけ期間を割いて、連れて行きたいときになんかあったらもう駄目ですものね。そのっていう部分も大きいですし、ま、1つは時間的、忙しさですね。」（教員E：アメリカ派遣）

ここでは時間的に国際交流のための業務を増やす余裕がないことが語られている。これが第3の構造的な阻害要因であると考えられる。

　さらに、日本の学校では学校行事が綿密に組まれているために海外交流などの新たなプログラムが組み込みにくいことを指摘する声もある：

「で、学校の行事も結構いろいろ入ってるんですよ。もともと。（中略）そこがもうぎっちりじゃないですか。だからその中で割いて、連れて行くっていうのはね、なかなか難しい部分と、だって部活もみんな止めなくちゃいけないですものね。部活自体だってね。その行くのにね。で、あとは、そういう交流のプログラムを元々持ってる学校もあって、前任校もやっぱりあったんですよ。で、それとかち合うものだから、っていう部分もあったんですね。で、この学校もありますしね。そのイギリスの交流っていうのをやってますので。」（教員E：アメリカ派遣）

これは、多くの学校行事が既に組み込まれている中で国際交流プログラムを

新たに立ち上げることの困難さと、既に交流プログラムが存在する場合に新たなプログラムを作っても「かち合う」という問題に関する語りである。これが第4の構造的な問題であると言えるのではないか。

中学校独特の問題を指摘するものもいた：

「中学校ってむずかしくって、（学校名）校来て思うんですけど、（学校名）校はそれこそ子どもと一緒に海外行ったりとか、海外のを受け入れたりとかできるんですけど、<u>中学生はなかなか海外に連れて行くことはできなくて</u>、で、まあ、ピースメッセンジャーってさっきのユニセフの募金をね、国連に持って行くみたいので毎年2人ずつ代表者が行ったりとかそういうのはあるんですけど、中学生はほとんど行けないですね。だからあんまり海外交流プログラムっていうのは少ないですね。（中略）実際に行くってことは公立の中学校の場合ほとんど無理なので。文通とか、絵とか手紙の交換とか。そんなことぐらいしか中学校ではなかなかできない。」（教員Ｄ：アメリカ派遣）

ここでは高校生の場合は比較的容易に海外に生徒を連れて行くことができるのだが、中学生の場合は教員を学校に招聘したり海外の学校との文通をする以外は国際交流が難しいことが語られている。従って、中学校の教員が海外に派遣されて帰国した後には、派遣体験を生かして国際交流プログラムを作ることが高校よりも難しい。これが第5の構造上の問題であると考えられるのである。

もう1点指摘したいのは、派遣プログラムが公募の場合とそうでない場合の違いである。公募の場合はすべての教員が派遣プログラムについて知っているはずであり帰国後も理解があることも語られたが、それでも「冷たくされる」場合がある：

「全然なんにも。「行ってらっしゃい」って感じでした。困るって顔もされてないし。そのときはその先生方の性格もあるし、私の行ったときの立場的にも担任とか置いていくことにならないし、あとまだのどかな時

第三節〈成長の後に〉　341

代だったのかもしれませんね。全然いやな思いを1回もしなかったです。たぶん珍しいと思います。他の人は嫌み言われたりとか、いろいろあると思うんですけど。Uさんはちょっと違ってたんです。ちょっと冷たくされたみたいです。でも、妬みもあるみたいなんです。その、「よくこんな状況で行けるな」って言う人は、妬みもあるっていうことで。あと、帰って来たときも、私は全然いやな思いをしなかったけど、ちょっとイギリス帰りとか外国から帰ってきたからっていう人もいるみたいです。私は全然なかったんですけどね。」(教員R：連合王国派遣)

この教員の場合は、自分は嫌な思いをしなかったが、同じ地方自治体から派遣された教員Uは帰国後に「冷たく」されたと語っている。派遣プログラムが公募ではなく、「一本釣り」の場合には他の教員が派遣プログラムのことを知らないうちに派遣教員が決まるので、知らない間に決まった人に対して帰国後に協力しようとは思わないという声もある。派遣プログラムが広く公募で、どんな人にも機会の平等を与えることが重要なのではないかと考えられる。それが帰国後の還元を促進する可能性を担保すると考えられるからである。

3-2．異文化体験という特異な事象による理由

　第三章第三節〈バイカルチュラリズムの萌芽〉、でも述べたが、海外で生活し仕事をすることがどのようにその個人に影響を及ぼすのかについての理解は、その体験をした人でないと分かりにくいものである。派遣教員の場合、多くが帰国後もとの職場に戻ったり異動しても類似した教育現場に行くために、周囲の教員から派遣体験によって影響を受けたことを認知されにくい：

「で、見た目変わってないじゃないですか。で、向こうでも学校で仕事をしてたんだから、あの、そんな違ったことをしてないだろうと思ってるじゃないですか。でも、ほんと天地がひっくり返るくらいの経験をし

て帰ってきたわけですからね、あの、特に若い人は大丈夫なのかなと思うんですけど、僕はもう帰ってきて38ぐらいか。まあ、なかなか元に戻すのに時間がかかったですよね。」(教員M：中国派遣)

ここでは見た目にはもとの本人とは変わりがないために、派遣体験で内面が大きく変化したことが他の人からは理解されにくいことが語られている。そこで、見た目には同じ派遣教員が発言する意図が理解されずに誤解を招くことがある。そのようなことが起こりうることを無意識のうちに察知して体験を語らないという教員も多く見られた：

「ええと、帰国して、私実は今先生（筆者のこと）にお話ししながら、すごく楽しいというか、こんなに私の話を聞いてくれた人は先生が初めてなんですね。<u>でもたぶんREX教員みんなそうだと思うんですけど、なんか話せないというか、その仲のいい友達とかは話すかもしれないですけど、現場でそんなに話せないですね</u>。でもみんな忙しくて、中国どうだったとは聞いてはくれるけど、だからといって一生懸命長々と話をすると、そんなことは誰も求めていなくて、楽しかったですとか、そんな当たり障りのないのをみんな求めていて、あのう、みんな忙しいので、うん。」(教員L：中国派遣)

ここでは教育現場では派遣体験について「当たり障りのない」話を求めていて、本当に何が起こったのかを語ることが許されない雰囲気があることが語られている。これは１つにはそのような体験をしない教員からの妬みがあるためであると考えられている：

「それで忘れようとした時期があったので。で、逆にまあ確かこの質問にもいろんなこと体験を話しましたかってあったんですけど、<u>結構仲良くしてた先生方でも、ま、一緒に遊びに行ってお茶とかしたときも、やっぱあまり聞きたがらないんですよね。やっぱり、ま、逆に私もその先生の立場だったら、その仲良かった人が、先生が、ま、そういう経験をしてきたことに、ま、嫉妬みたいなのもあるかなあと思うんですよね。</u>

自分がその立場でもそう思うだろうなあと思って。だから敢えて向こうでの経験を話さなかったので、結局なんか話さずじまいで、今まで。うん、そこでもうなんかあんまり話しすぎてもいけないかなあとか思って、封印している部分もあるので。」（教員P：中国派遣）

ここでは海外体験をした人に対する「嫉妬」を感じられるのではないかと体験を「封印」していることが語られている。もう1つには、異文化体験はそれがない人にとっては理解を超えていると感じられるためである：

「分かります。分かる人全然いないんですよ、周りに。冗談で、こういう話してるでしょ。で、盛り上がってくるともっと詳しくしゃべりたいと思いますよね。でも聞いてる人は、Mさん、海外どうだったって聞いてきて、こうこうこうだったんですよって話をして、僕がスイッチが入って、さあ僕の思いを伝えようと思ったとき、向こうは興味を失っている。想像力の範疇を超えているからですね、聞けなくなっちゃうんですよ、相手が。こんなことの繰り返し、です。辛いですよ。」（教員M：中国派遣）

これは、海外での体験が「想像力の範疇を超えている」ために話し相手が本当に話したいことは聞いてくれないという語りである。

これらの帰国教員の体験は、「国際化時代にフィットした教員養成の必要性」や「学校や地域において外国人やその子弟との相互理解を図ることのできる国際性豊かな積極思考の人材が、今、求められています。」という趣旨で作られたREXプログラムに参加した教員が、【教員としての成長】を遂げて国際化時代の教育に貢献する資質を得たにもかかわらず、それを受け入れる土壌が教育現場にあまりないことを意味するのではないか。それは〈バイカルチュラリズムの萌芽〉を経験した帰国子女、留学生やMBA取得者が帰国後に日本社会に感じる困難と通底する問題であると考えられる。本来学校教育を国際化する起爆剤となるはずの海外教員派遣が、帰国後は他の人に体験を話すこともできずに「辛い」思いを残し、文部科学省が謳うREXプ

ログラムによる「海外での教育活動をはじめとする様々な経験を生かし、帰国後、学校教育の国際化や地域レベルでの国際交流を積極的に推進するヤング・リーダーを育成します。」という結果とはほど遠い現状にあることは重大な問題ではなかろうか。なぜならば、国際社会で活躍できる人材を育てるために派遣教員自らが国際社会で活躍したにもかかわらず、帰国後それに対する正当な評価を受けないばかりか派遣体験を語ることすらはばかられるという閉ざされた社会へ逆戻りして、結局は生徒の国際化への貢献ができない結果を生み出していると考えられるからである。そしてそれが派遣プログラムは役立たないという否定的な評価に繋がっているとしたら、その誤りを指摘せねばならないだろう。本章で考察したように、派遣教員たちは派遣体験によって【教員としての成長】を遂げてきた。しかし本節で見てきたように、その【教員としての成長】を活用できない構造的な問題が日本の学校社会に存在しているのである。

　このような状態が存在する１つの理由に、異文化体験による【人間的成長】を語るメタ言語がいままで存在しなかったことが考えられる。すなわち異文化体験をすると、人間のどのような側面が成長するのか、なぜそのような成長が起こるのかが今まで説明されてこなかったのである。本研究の目的の１つはそのような説明を提供することにあった。今後本研究の知見が教員派遣プログラムに生かされることを切に願う。

4．〈成長の後に〉の総括

　本節で考察したのは、帰国後に派遣体験が生かされていると感じられている場合と感じられていない場合、さらに感じられていない場合にはその原因であった。派遣体験が生かされていると感じられているのは、帰国後に新たな仕事を与えられた場合であった。そのように感じられていない場合には、帰国後も派遣前と仕事が変わっていなかった。後者の場合には、海外で【教員としての成長】を遂げたからこそ生かされていないと感じるという結論を

導いた。

　このような違いは、派遣元の地方自治体や学校の管理職のプログラムに対する理解にあった。地方自治体の教育委員会や学校の管理職が派遣プログラムの趣旨をよく理解している場合には、派遣直後ではなくても次第にリーダー的な仕事を与えられるようになっていた。しかしそうならない場合が圧倒的に多いと考えられる。新たな仕事を与えられない場合には、派遣教員は派遣による成長を自分の授業の中だけで生かそうと孤軍奮闘することになる。さらにそこには受験の壁や多忙などの障壁があり、派遣の還元を一層難しいものにしている。孤軍奮闘はそれで授業が改善される点で否定されるべきものではないが、派遣プログラムの趣旨に完全に合致するとは考えにくい。さらに教育委員会が選んだ1部の教員にのみ派遣の機会を与えることは、帰国後に周囲の教員の理解や協力が得にくい状況を生み出していた。このようなことが続いていくことで派遣プログラムの意義自体が問われることにもなり、それが予算の削減に繋がって[11]プログラムの縮小・停止となったように思われる。また教員自身も、次第に派遣体験を自分の教育実践に生かしていこうという意欲を失っていくことも語られた通りである。

　だが社会のグローバル化はとどまることを知らず、日本の若い人々を国際化する必要性は年を追って増加している。そのような若い人々の教育を担う教員を国際的にする努力はますます要求されるのに、実際にはREXプログラムに関して言えば派遣教員の帰国後の還元が限定されたまま派遣プログラムは停止してしまったのである。

　このような事態を打開するためにいくつかの提言が考えられる。まず、もし将来同様のプログラムが始まるとするならば、地方自治体の教育委員会や学校の管理職に教員派遣プログラムをよりよく理解してもらい、完全公募の態勢を整えてもらう必要があるだろう。本研究のインタビューで語られたように、異文化体験はただ海外に行って住んで帰ってくると考えられる以上に人の人生を揺さぶるような力を持っていることが認識されなければならない

だろう。そのような力に耐えうる日本人の育成がグローバル化した社会で必要とされており、そのような未来の大人を育成できるのが自らも異文化体験をした派遣教員たちなのだと考えられる。このことを広く理解してもらうためには、派遣教員たちが帰国後に機会がある毎に体験を語る、教育委員会で働く、管理職にプログラムの重要性を訴えるなどの個人の努力も必要であるが、それには限度があることが語りで指摘された。このような研究によって明らかにされた【教員としての成長】の結果を伝えていくことも１つの道である。だがそれ以上に、より多くの教員が異文化体験をできるようなシステムの構築が必要であると考えられる。

本研究では第三章第三節において、派遣地で［ゲストの変化］をすることで〈バイカルチュラリズムの萌芽〉が見られるがこれはそのような体験をしたことがない人には理解しにくいことを指摘した。すなわち同一文化の中にずっと滞在することは、別の見方があることを気づかせにくくするのではないか。派遣教員が体験することが学校の管理職や他の教員には理解されにくいのである。その結果、１部の教員が海外で何かいいことをしてきたなどという「嫉妬」が生まれたりすることがあることも語りから明らかになった。

このような点の改善には、REXプログラムのような比較的長期にわたる海外派遣の復活を図る一方で、より多くの教員が短期でも海外派遣が経験できるような制度の構築が望ましいのではないだろうか。自らが派遣体験することで日本の教育現場に存在する問題の共有が行えるようになり、海外派遣に対する理解が深まってより多くの教員が〈新たな目標の設定〉を行えるようになる可能性が高まるだろう。さらに〈バイカルチュラリズムの萌芽〉が可能になることによって生徒に国際的視野を持たせる教育実践の構想ができ、しかも教員相互の理解が深まることで「嫉妬」もなくなるという、現状の問題を打破できる可能性が出てくる。教員の海外派遣は、縮小・停止どころか拡大する必要性が認められるのである。この点を文部科学省や各地方自治体の教育委員会は認識する必要があるだろう。

また、既に派遣体験を持つ教員たちもあきらめずにいつかヤング・リーダーとしての重責を任される可能性があることを信じて、日々の教育活動を続けていくことが重要であろう。それを信じて校長になる努力を重ね実際にその目標を達成した派遣教員もいる。

本研究では、教員の海外派遣は【教員としての成長】を導くという結果をデータに基づいて考察してきた。この結果から、国家も地方自治体も経済的に苦しい中でもこのような教員海外派遣プログラムを維持し、一層繁栄させる必要性を指摘する点が本研究の1つの意義であると考える。

第四節　異文化接触による【人間的成長】と【教員としての成長】の関係

本節では、第三章で考察した異文化接触による【人間的成長】と第四章で考察した異文化接触による【教員としての成長】との関係を明らかにしたい。

【人間的成長】は〈自己の振り返り〉、［人間理解の深化］、〈バイカルチュラリズムの萌芽〉、〈新たな目標の設定〉という主に認知に関わる点、またそれに伴う行動面での変化である。一方、【教員としての成長】を構成する〈教育技術上の変化〉と〈生徒指導上の変化〉からなる［教職技術上の変化］は教員の教育行動に関わる変化であり、［心理的な変化］は情動に関わる変化である。すなわち第三章と第四章で明らかにしたことの関係は、派遣中に起こった認知上の変化や実際にそれが行動に投影された変化が、帰国した後の教職における行動上の変化と情動上の変化を招いたという道筋であると言える。

論理的には、行動が変化したり情動が変化することで認知上の変化が起こるということも考えられる。帰国後に自分の行動や情動が変化したことから遡って、派遣中には気がつかなかった認知上の変化を認識したことも十分にあり得る。しかし本研究のデータでは、派遣中にホスト教員の行動を認識し

て自分も同じようにするようになったという認知と行動の変化に関わる語りは見られたが、行動を起こしたり情動が変化したので認知が変化したという逆方向の変化は見られなかった。その理由として、インタビューで「そのような体験をして帰国後どのようなことができるようになったと思いますか」と尋ねたために一方向の語りだけが表れたことが考えられる。別の形の質問をしていれば、双方向の変化を示すようなデータが出てきた可能性がある。これらのことを踏まえて、異文化接触による個人の成長は認知上、行動上、情動上の3側面にわたり、派遣中の認知・行動の変化が帰国後の行動・情動の変化を招いたことを第三章、第四章で明らかにしたと考える。

第五節　異文化接触による【人間的成長】と【教員としての成長】の総括

　本章では、序章第三節で提示した④異文化接触による変化が具体的にどのような教員としての成長に結びつくのか、という問いに答えるために第三章で示した【人間的成長】から【教員としての成長】が導かれることを考察した。これにより図1-9で示した本研究の結果図が完成する。同じ図を図4-1として再度提示する。

　26名の派遣教員へのインタビューからの結論として、異文化接触の際ホストの文化規範や文化実践に対して《肯定的な評価・感情》に基づく［ゲストの変化］を遂げることが、〈自己の振り返り〉と相まって［人間理解の深化］、〈バイカルチュラリズムの萌芽〉、〈新たな目標の設定〉からなる【人間的成長】に結びつき、それが［教職技術上の変化］と［心理的な変化］からなる【教員としての成長】を遂げることにつながるという道筋が見えてきた。このように、差異に対して「ああ、それもいいな」とか「そんなやり方もあるんだ。自分もやってみよう」と思えることが【人間的成長】や【教員としての成長】に結びつくという結論に到達する。

第五節　異文化接触による【人間的成長】と【教員としての成長】の総括　349

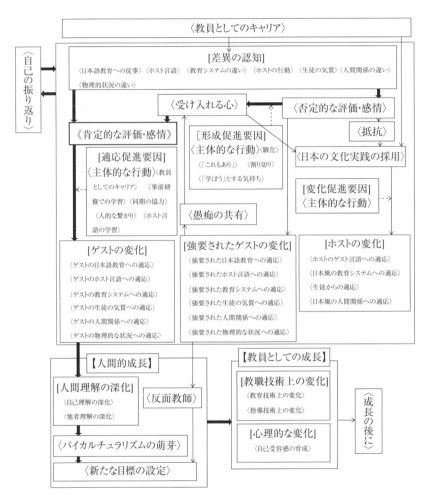

図4-1　異文化接触による【人間的成長】と【教員としての成長】プロセス結果図

注

1) 外国語教育で、母語を使用せず当該外国語でその言語を教える教授法。
2) International Baccalaureate の省略語。国際バカロレア資格のこと。
3) Assistant English Teacher の頭文字。英語指導教員のこと。
4) 北米や豪州で、子どもが自分で見せたいものを学校に持参して提示説明する発表会。
5) 「心理的」という表現は、「心の働き。意識の状態又は現象」(広辞苑) という意味で用い、広く心に関わる事象を含むことにする。
6) 「自己肯定感」と「自信の獲得」の違いは、前者がそれまでやってきたことを自分でいいことと認めるという点であるのに対して、後者はこれまでやってきたことが将来やることの基礎となるという違いがあるので、本研究では両者を区別した。
7) 総合学校を省略したもの。
8) 帰国後派遣教員たちが作っている国際教育活動グループの名称。
9) REXプログラムホームページ http://www.mext.go.jp/a_menu/shotou/rex/001.htm (2013年1月6日参照)。
10) コミュニケーション能力を育成することを目的とする外国語教授法で教える英語の授業。
11) 平成16年度予算額145百万円、17年度139百万円、19年度77百万円、21年度9.4百万円、22年度9百万円、23年度8百万円、24年度8.3百万円、25年度要求7.9百万円と減少の一途をたどった (http://www.mext.go.jp/a_menu/hyouka/kekka/04083003/082.pdf (2013年5月21日参照)。

終章　異文化適応・人間的成長・教員としての成長
―本書のまとめ

　本研究では、「異文化適応が人間的成長を導く」(Adler, 1975；Church, 1982；星野, 2003；小柳, 2006；Shaules, 2007, 2010；Kim, 2008, 2010など) という言説に対して、異文化適応をすれば必ず人間的成長があるというわけではなくホストの社会に対する偏見が増したり批判が増したりすることもあるという指摘を踏まえて、異文化接触では何が人間的成長を促したり阻害したりするのか、それがどのように教員としての成長に結びつくのかというリサーチクエスチョンを立てた。そのために、まずゲストがホストの社会の文化規範に対してどのような反応を示すことができるかという選択肢を先行研究から導き出して、その帰結としての人間的成長のプロセスを示した。さらにそのような人間的成長があった結果、調査対象者である派遣教員たちが教員としての成長も示すことを明らかにして、教員海外派遣プログラムの有効性を示した。

　本章ではまず先行研究で明らかにされてこなかった点と本研究が明らかにした点を表5-1に表し本研究の知見をまとめていきたい。

　本章では、第一章の図1-9に表された異文化接触による【教員としての成長】プロセス結果図に沿って本研究で明らかにしたことの総括を表5-1を参照しながら行う。まず第二章で考察した教員が異文化に適応していくプロセスの総括、次に第三章で考察した日本での文化実践の振り返りとの相互作用から起こる〈バイカルチュラリズムの萌芽〉および〈新たな目標の設定〉を伴う【人間的成長】のプロセスの総括、更に異文化接触による【教員としての成長】のプロセスを総括し、本研究の理論的意義と教員の海外派遣プログラムの意義を確認する。

表5-1 先行研究と本研究の知見の相違点

	先行研究	本研究の知見
①	異文化接触において個人は全体的な変化を遂げる（Shaules（2007, 2010））、小柳（2006）以外の全先行研究に当てはまる）	異文化接触において個人は変化する部分と変化しない部分を併せ持つ
②	異文化接触による【人間的成長】プロセスは明らかではない（全先行研究に当てはまる）	異文化接触による【人間的成長】をプロセスとして表した
③	［ゲストの変化］がゲストのどのような態度に促進されるかの言及はない（全先行研究に当てはまる）	［ゲストの変化］にはゲストの〈主体的な行動〉と〈人的な繋がり〉が必要である
④	〈受け入れる心〉が何によって形成されるのかの言及はない（全先行研究に当てはまる）	〈受け入れる心〉の形成要因には〈主体的な行動〉、〈馴化〉、〈「これもあり」〉、〈割り切り〉、〈「学ぼう」とする気持ち〉がある
⑤	自民族中心主義から文化相対主義への発達は直線的である（Bennett（1993）の主張であり、Shaules（2007, 2010）、小柳（2006）で支持されていない）	自民族中心主義から文化相対主義への発達は自らの行動の変化に対して〈否定的な評価・感情〉を持つことも〈日本の文化実践の採用〉もあるので直線的ではない
⑥	ホストの文化規範に対して《肯定的な評価・感情》を持つが添えない技術的な困難を持つ場合「抵抗」と名づける（Shaules（2007, 2010））	ホストの文化規範に対して《肯定的な評価・感情》を持つが添えない技術的な困難を持つ場合とゲストの行動には〈否定的な評価・感情〉を持つことを「寛容」と名づける
⑦	ゲストの「適応」は［ゲストの変化］のみで記述される（Shaules（2007, 2010）、小柳（2006）で支持されない）	ゲストの「適応」は［ゲストの変化］と［強要されたゲストの変化］で記述される
⑧	ストレス-適応-成長モデル（Kim（1995, 2008）で提唱されている）	［強要されたゲストの変化］があるので、適応すれば成長するとは必ずしも言えない
⑨	ストレスを克服して適応すれば【人間	《肯定的な評価・感情》を持った適応

	的成長】がある（Kim（1995, 2008）で提唱されている）	があるときに【人間的成長】がある
⑩	［ホストの変化］への言及はない（Kim（1995, 2008）、小柳（2006）以外の全先行研究に当てはまる）	［ゲストの変化］がないときでも［ホストの変化］がある場合があり、〈主体的な行動〉で喚起される
⑪	ゲストの〈主体的な行動〉の指摘はない（全先行研究に当てはまる）	ゲストの〈主体的な行動〉は［ゲストの変化］、〈受け入れる心〉、［ホストの変化］に共通して必要である
⑫	異文化間学習の結果の状態のネーミングはない（Adler（1975）、小柳（2006）以外の全先行研究に当てはまる）	異文化間学習の結果を〈バイカルチュラリズムの萌芽〉と呼ぶ
⑬	教員としての成長には心理的な側面は含まれない（山﨑等（2012）以外の全先行研究に当てはまる）	心理的な変化も教員としての成長の側面として含むべきである

第一節　異文化適応＝人間的成長理論再考

１．異文化接触による個人の変化のプロセス

　第一章第一節の先行研究のレビューで考察したように、先行研究の多くが異文化に適応すると個人の人間的成長があるとしてきたが、そのプロセスは明らかではなかった。先行研究の多くが異文化接触によって個人には全体的な変化が起こるとしてきたが、本研究はShaules（2007, 2010）、小柳（2006）と同様に個人の中でも変化する部分としない部分があるという立場に立脚した（表5-1①参照）。そして本研究では、［差異の認知］によって《肯定的な評価・感情》が持たれ［ゲストの変化］が起こり〈自己の振り返り〉と合いまった結果〈バイカルチュラリズムの萌芽〉が可能になるプロセスに着目した。このようなプロセスを明らかにできたのは、M-GTAという研究方法を用いたからであると考える。プロセスに着目したことによって、〈否定的な

評価・感情〉がひとたび持たれても〈受け入れる心〉の［形成促進要因］に助けられて変化があることを示すことができた。また《肯定的な評価・感情》が持たれ［ゲストの変化］が起こるときの［適応促進要因］を明らかにしたために、ここでの変化も示すことができた。このようなプロセスを明らかにしたのは本研究が最初である（表5-1②参照）。

2．異文化接触による個人の変化

本研究の第二章で［ゲストの変化］に着目した結果、「適応した＝ゲストがホストの文化規範に則った行動を取る」という単純な図式だけでは個人の人間的成長は捉えきれないことを明らかにした。そこで研究枠組みIを用いてゲストとホストの変化のプロセスを記述した。

まず第二章第一節と第二節で、日本で〈教員としてのキャリア〉を積んだ派遣教員たちが海外派遣されて［差異の認知］をした様々な側面を考察した。

第二章第三節では、［差異の認知］があったホストの文化規範に《肯定的な評価・感情》を持ちゲスト自らもそれに則って行動する［ゲストの変化］の項目に着目し、様々なゲストの「適応」の側面に貢献する共通の［適応促進要因］には〈主体的な行動〉と〈人的な繋がり〉があることを明らかにした（表5-1の③を参照）。これはホストの文化規範に則った［ゲストの変化］が起こるためには、ゲストがホスト文化の人々とコミュニケーションを取る場を多く持つことと、〈主体的な行動〉を取って自らを変化させる必要があるという意味であると結論づけた。先行研究ではホスト文化の人々とのコミュニケーションを持つことの重要性は指摘されていた（Kim, 1995；小柳, 2006）が、〈主体的な行動〉は本研究から出された知見である。これは一見当たり前のことのように感じられるかもしれないが、実際 expatriate cocoon と呼ばれるような自分の国から来た人々と小さな世界を作りその中からあまり出ないという現象が多く報告されていることに鑑みると、大人が

海外に滞在する場合は意外と実行することは難しいことなのかもしれない。異文化接触による［ゲストの変化］を遂げることを望むのなら、どうやってホスト国の人々との〈人的な繋がり〉を作るか、またそれさえも〈主体的な行動〉によって可能になるのだが、〈人的な繋がり〉と〈主体的な行動〉をいかに実現するかをゲストは真剣に考える必要があるだろう。

第二章第四節で次に考察したのは、ゲストがホストの文化規範に〈否定的な評価・感情〉を持っても後に〈受け入れる心〉が形成されたときであった。このような変化を遂げるには〈受け入れる心〉の［形成促進要因］があり、それらは〈主体的な行動〉、〈馴化〉、〈「これもあり」〉、〈割り切り〉、〈「学ぼう」とする気持ち〉であった（表5-1の④を参照）。ここにもゲストが変化したことが認められるが、しかしこれはゲストの行動まで変化させる場合と必ずしも変化させない場合があった。すなわちホストの文化規範や文化実践を受け入れて自らもそれに則って行動する場合と、ホストの文化規範や文化実践を受け入れている（すなわちホストの文化規範や文化実践に対しては《肯定的な評価・感情》を持っている）のだが、自らがそれに則って行動することはしない場合（すなわち自分が行動することに対しては〈否定的な評価・感情〉がある）を持つ場合があった。ゲストがホストの文化規範や文化実践に合わせた［ゲストの変化］と、ゲストがホストの文化規範や文化実践に合わせて行動するようにならずに〈日本の文化実践の採用〉に至った場合については第二章第五節で考察した。

ゲストが自らの行動を変えないことは変化がないのかと言えば必ずしもそうではなくて、ホストの文化規範や文化実践に対する評価・感情の面での変化がある場合もあった。このように考えると、第一章の先行研究のレビューで考察したBennett（1993）の発達モデルを読み替えることができる。すなわち、Bennettは差異を経験することで自民族中心主義から文化相対主義に移行する一連の段階があると考えているが、自民族中心主義とは自己の文化規範や文化実践に対して《肯定的な評価・情動》を持つ一方で、他者の文化

規範や文化実践に対しては〈否定的な評価・感情〉を持つことである、と定義づけることができる。また文化相対主義とは、自己の文化規範や文化実践に対しても他者の文化規範や文化実践に対しても《肯定的な評価・感情》を持つ、と定義づけられる。そこで、このような自民族中心主義から文化相対主義への変化があることが発達であると考えられるのである。このように、ホストの文化規範や文化実践に対して《肯定的な評価・感情》を持つことがゲストの変化には必要不可欠な条件であることがこれらのことから導き出される。ただしホストの文化規範や文化実践に対して《肯定的な評価・感情》を持っても、自らの行動の変化に対しては〈否定的な評価・感情〉を持つ場合をBennettのモデルは想定していない。また〈受け入れる心〉が形成されても〈日本の文化実践の採用〉もあるので、必ずしもBennettの発達段階は直線的に守られないことがあることが本研究の結果で得られた知見である（表5-1の⑤を参照）。

　Shaules（2007）のディープ・カルチャー・モデルについても、ホストの文化規範に対する評価・感情を用いて同様の読み替えができる。Shaulesのいう「抵抗」は、ホストの文化規範にも自分がそれに沿って行動することにも〈否定的な評価・感情〉が持たれている状態である。それゆえ「抵抗」の定義の中には技術的な困難を持つ場合を入れることは適切ではないだろう。「受け入れ」はホストがホストの文化規範に沿って行動することには《肯定的な評価・感情》を持つが、ゲスト自らがそれに則って行動することには〈否定的な評価・感情〉がある場合である。「適応」はホストの文化規範にもそれに則って自分が行動することにも《肯定的な評価・感情》がある場合である。「逆転」はホストの文化規範に《肯定的な評価・感情》を持つがゲスト自らの文化規範に〈否定的な評価・感情〉が持たれたことを指す。だがディープ・カルチャー・モデルで言うところのホストの文化規範に対して《肯定的な評価・感情》を持っているのにもかかわらず、行動はホストの文化規範に沿えない技術的な困難さを伴うとされている場合と、ホストの文化規範

に対して《肯定的な評価・感情》を持つがゲストの同様の行動に対しては〈否定的な評価・感情〉を持つ場合を説明するために「寛容」という用語を使用したのも本研究の知見である（表5-1の⑥を参照）。

　第二章第六節では最新の先行研究をレビューすることから、それまで「適応」とひとまとまりに考えられていたものには［ゲストの変化］と［強要されたゲストの変化］の2種類があるという点を考察した（表5-1の⑦を参照）。いずれもゲストがホストの文化規範や文化実践に則った行動を取るが、［ゲストの変化］は《肯定的な評価・感情》から導かれたものである一方で、［強要されたゲストの変化］は〈否定的な評価・感情〉から導かれたものであることがShaules（2007）や小柳（2006）で指摘されたことを踏まえて、それを本研究のデータから確認した。本研究のデータには［強要されたゲストの変化］を多面的に示した個人の場合と、ごく限られた範囲で示した個人の場合が見られた。［強要されたゲストの変化］は非常にストレスが高いことは第二章第六節でも指摘した。それが多面的にわたった場合には「自分がゆがんだ」とまで感じられるほどの望まない変化を生じており、個人がコントロールできない力と捉えられていたために、それが持続して〈受け入れる心〉の形成には至らないでいた。一方限られた範囲の［強要されたゲストの変化］は、〈愚痴の共有〉で緩和されることも多くそれほどネガティブには感じられなくなって〈受け入れる心〉に近いものが形成されたようで、ホストに合わせて行動しても心理的ダメージは少なかった。

　このように［強要されたゲストの変化］の存在を認めることによって、Kim（1995, 2008）のストレス-適応-成長のダイナミックスで不足している点を本研究は明らかにした。すなわちストレス-適応-成長のダイナミックスは、ホストの文化規範や文化実践に対する〈否定的な評価・感情〉（すなわちストレス）を〈受け入れる心〉に変化させ、さらに《肯定的な評価・感情》へと変えること、そして［ゲストの変化］（すなわち「適応」）に結びついた結果2つの文化に精通することで達せられると読み替えられる。しかし

このモデルには［強要されたゲストの変化］が組み込まれていないので、どのような変化も成長に結びつくという誤った認識を与える可能性がある（表5-1の⑧参照）。また《肯定的な評価・感情》がなければ個人の人間的成長は少ないこともこのモデルは説明していない（表5-1の⑨参照）。［強要されたゲストの変化］は〈反面教師〉がない限り人間的成長には寄与しないことを本研究が明らかにした結果、Kimのモデルが精緻化できた。すなわち適応＝成長とは必ずしも言えないのである。

第二章第七節では［ホストの変化］について考察した（表5-1の⑩参照）。先行研究ではゲストが「抵抗」を示す、すなわちホストの文化規範や文化実践に対して〈否定的な評価・感情〉を持ちゲストの文化規範や文化実践に則った行動を取ることは指摘されてきた（Shaules, 2007, 2010；小柳, 2006）が、その結果についても本研究では追求した。

まずゲストが〈日本の文化実践の採用〉に至るには3つの経路があった。最初は第二章第七節で示したように、差異に対して〈否定的な評価・感情〉を持つことで〈抵抗〉をした結果〈日本の文化実践の採用〉に至る道である。もう1つの経路は第二章第五節で考察したように〈否定的な評価・感情〉を最初は持っていても、〈受け入れる心〉へと変化した上でホストの行動は受け入れても、自らの行動を変えないことで〈日本の文化実践の採用〉に至る道である。最後に第二章第八節で見たように、［差異の認知］がない場合であった。いずれの場合にもゲストが自らの行動を変えないので、ホストの方がゲストを受け入れることで［ホストの変化］が起こって、その結果ゲストは「やりやすかった」などと一見「適応」したように見えるコメントを出すことがある。しかしこれは［ホストの変化］があった結果であり、［ゲストの変化］の結果でないことが「誰が変化したのか」を問うことで明らかになった。すなわち曲線モデルなどの先行研究で「適応」の定義に時として使われていた「居心地の良さ」は必ずしもゲストが変化した結果ではなく、実はホストが変化した結果である可能性もあり、いくつかの文献にある

ような（たとえば譚等，2011）「居心地の良さ」は定義に含めるべきではないことがここから明らかにされた。

　もう1点、［ホストの変化］によって築くことができた教員同士の良好な人間関係は継続し、帰国後も学校交流などに発展する場合もあった点に着目したい。このような場合は［ゲストの変化］はないものの、ゲストは意図的にもしくは非意図的に〈主体的な行動〉をとることで［ホストの変化］を招いていることが語られた。その結果ゲストの文化規範や文化実践に対してホストに《肯定的な評価・感情》を持たせることができ、ゲストが変化しなくても受け入れられていた。このようなお互いを異なるものとして受け入れる状態を作るために〈主体的な行動〉を取ることも異文化接触では必要不可欠な条件であると考えられる。先行研究では「同化圧力」の強さについて言及するものがあるが（たとえば三浦，2012）、たとえ大変なことであってもそれに屈しないためには、ホストに《肯定的な評価・感情》を引き起こす〈主体的な行動〉を取ることが重要であることをこのことは示していると考えられる。これは、先行研究では見られなかった［ホストの変化］を組み込んだことで見えてきた本研究独自の知見である。

　〈主体的な行動〉は、［ゲストの変化］の［適応促進要因］、〈受け入れる心〉の［形成促進要因］、［ホストの変化］の［変化促進要因］となっており、異文化接触においてゲストが変化するにもホストに変化してもらうにも必要な要因であることも本研究独自の知見である（表5-1の⑪参照）。

　ホストの側からゲストに対して〈否定的な評価・感情〉が起こった場合には、ゲストが〈日本の文化実践の採用〉を続けることができずにホストの文化規範や文化実践に合わせた行動をとるという［ゲストの変化］か［強要されたゲストの変化］を遂げなくてはいけないことになる。2つの違いは上記で述べたように《肯定的な評価・感情》を持つか〈否定的な評価・感情〉を持つかによる。もし［ゲストの変化］も［強要されたゲストの変化］も起こらなければ、理論的にはゲストがその状況からはじき出されることになる。

今回の派遣教員の調査ではそのようなケースは報告されなかったが[1]、外国に行ってどうしても適応できずに帰国を余儀なくされるという話は実際にあるし、それはこのようにゲスト、ホスト双方が変化しなかった場合であると考えられる。このような不幸な結果は必ずしもゲストだけの責任に帰すべきことではなく、ゲストとホストの組み合わせのまずさによって引き起こされる。よって「適応」はゲスト、ホスト双方の変化を記述することで初めて全貌が描けると言えるだろう。

　それでは［ホストの変化］があった場合、ホストの文化規範や文化実践に対するゲストの評価・感情はどのようになっているのかを検討する。［ホストの変化］があるときは、ゲストはホストの文化規範や文化実践に対して〈否定的な評価・感情〉を持ち続けることが可能である。すなわち、否定的なステレオタイプが変化せず持ち続けられるのはこのような場合である。本研究対象者の派遣教員たちの中にもホストの文化規範に対して〈否定的な評価・感情〉を持ったことが語るものがいたが、派遣後に10年以上というかなりの年月が経っていても、〈否定的な評価・感情〉を持ち続けていた。それほどに〈否定的な評価・感情〉は強いものであり、それを変化させることは難しいことである。異文化間トレーニングではその点に焦点を当てる必要があることがここから言えるだろう。だが派遣教員がホストの文化規範や文化実践に対して〈否定的な評価・感情〉を持ち続ける背景には〈教員としてのキャリア〉があり、差異を受け入れて自己の教員としてのアイデンティティが揺らぐことを防ぐ自己防衛機能が働いているとも考えられる。

　第二章第八節では、［差異の認知］を必ずしもしておらず日本での〈教員としてのキャリア〉をそのまま派遣国に持ち込んで〈日本の文化実践の採用〉を行い、その結果ホストに受け入れられた例を考察した。すなわちこの場合も［ホストの変化］という結果になった。これは日本の教員が日本で普通に行っている指導が派遣国の生徒たちに《肯定的な評価・感情》を持たせたためであり、日本を代表して派遣された教員たちの優秀さが認められた結

第一節　異文化適応＝人間的成長理論再考　361

果であるとも言える。《肯定的な評価・感情》をホストに感じさせる行動を取ることができれば、必ずしも派遣地のやり方に従わなくても問題がない場合があることをこれは示している。これも先行研究の多くが依拠していた［ゲストの変化］だけが異文化適応であると考える立場を変えたからこそ得られた知見である。

　第二章第九節で考察した［ゲストの変化］、［強要されたゲストの変化］と［ホストの変化］の関係について一言加えておく。［ホストの変化］がある場合にゲストは変化しなくてもいいことはすでに指摘した。すなわち、［ホストの変化］が多ければ多いほど［ゲストの変化］や［強要されたゲストの変化］は少なくなる。海外に滞在した人の中には、行く前と行った後で大きく変化したと感じられる人とそれほど変化していないと思われる人がいるが、前者はより多くの点で［ゲストの変化］を遂げたと考えられ、後者はより多くの点で［ホストの変化］を受けた人であると説明できる。［強要されたゲストの変化］を遂げた場合は、［ホストの変化］を望みつつそれが叶えられなかったためにゲスト自らが〈否定的な評価・感情〉を持ちながらもホストに合わせざるを得なかった。そこで、《肯定的な評価・感情》を持って変化したのではないために自分の変化を肯定的に受け入れることが難しくなる。自らの派遣体験全部を肯定的に捉えられなくなる可能性もある。また同一人物の中でも、ある点では［ゲストの変化］を遂げある点では〈日本の文化実践の採用〉を行っていた場合が観察され、Bennett（1993）などの先行研究で考えられているようなある人が自文化中心主義から文化相対主義へと全体的に移行するというわけではないことも本研究は明らかにした（表5-1①参照）。

　このように本研究は、ホストの文化規範に対する《肯定的な評価・感情》、〈否定的な評価・感情〉という概念を中心に［ゲストの変化］、［強要されたゲストの変化］、［ホストの変化］という適応のプロセスを明らかにした。

　ホストの文化規範や文化実践に対して《肯定的な評価・感情》を持った場

合は［ゲストの変化］が起こること、〈否定的な評価・感情〉を当初持っていても〈受け入れる心〉が形成され《肯定的な評価・感情》になれば［ゲストの変化］が起こるので、《肯定的な評価・感情》はゲストに変化を起こす際のキーワードである。どんなに異文化間トレーニングやソーシャルスキルトレーニングを積んでも、学習者がトレーニングのターゲットになるホストの文化規範や文化実践に対して《肯定的な評価・感情》を持たなければ行動上の変化を起こすことは難しいだろう。このことは派遣教員を募集する際の人選にも示唆を与える。すなわちどのような人物ならば適応能力が高くミッションを成功裏に行って帰国するかという判断は、様々な差異に対して《肯定的な評価・感情》を表明できるかどうかで行える可能性があることをこのことは示していると考えられる。

　最後に［強要されたホストの変化］が今回の調査では見られなかったことの意味を考える。ホストが〈否定的な評価・感情〉を持ちつつゲストの文化規範や文化実践に則って行動することは、今回の調査では全く語られなかった。それはそのような状況が起こるとしたら、ゲストがホストよりも強力な権力を発揮する占領下などの特殊な場合に限定されるためであろう。通常のゲストの短期滞在では、ホストとゲストの間の権力関係はめったに生じないと考えられるので、［強要されたホストの変化］は理論的には有効な概念であるが、今回のような調査対象者には見つからない理由となるのではないだろうか。

３．異文化接触と【人間的成長】の関係

　１．では第二章の各節で考察した派遣教員たちが変化するもしくは変化しないプロセスの総括を行った。ここでは、第三章で考察した変化によって派遣教員たちがどのような【人間的成長】を遂げたのかをまとめる。

　第三章では本節１．で描かれたような変化を遂げつつ、同時並行的に派遣教員たちは〈自己の振り返り〉を行っていたことを考察した。すなわちゲス

トはホストの文化規範や文化実践を鏡として、ゲストが派遣前にいた日本での文化規範や文化実践を意識に上らせて、ホストの文化規範や文化実践に評価を下すのと同様、ゲスト自身の文化規範や文化実践に対する評価も下していた。

　第三章第一節では、［ゲストの変化］を伴わずに〈自己の振り返り〉が行われることもあったことから、異文化接触は必ずしも自己の行動を変えなくても異なる事象を見るだけで〈自己の振り返り〉の機会となっていることを明らかにした。この場合、ホストの文化規範や文化実践に対して〈否定的な評価・感情〉を持ち続ければ〈抵抗〉に繋がっていた。つまり〈自己の振り返り〉を行ってもホスト文化規範への《肯定的な評価・感情》を持たなければ、［ゲストの変化］はないということである。

　しかし多くの場合は自らも派遣国の教育実践に参加しつつ、派遣国の様々な事象と日本の事象を比較することで振り返りが起こり、［ゲストの変化］と相まって日本の事象の良さを再確認したり足りない点を認識するという結果をもたらしていた。振り返るときに、ゲストの文化実践よりもホストの文化実践の方がよく見えた、すなわちゲストの文化実践に対して〈否定的な評価・感情〉を持ちホストの文化実践に対して《肯定的な評価・感情》を持った場合は、Shaulesがいうところの「逆転」が起こっていた。［強要されたゲストの変化］があったときも、ゲストは自分の持ち込んだ文化規範や文化実践がホストによって行われないことに対して〈否定的な評価・感情〉を持ったので、そこにも〈自己の振り返り〉は存在する。結局〈自己の振り返り〉はその鏡とするところのホストの文化規範や文化実践も、ゲスト自身の文化規範や文化実践もともに異なる「枠組み」として意識させる結果を生み出していた。このような振り返りは異文化と接触することで初めてどのような意味の世界に住んでいたかに気づくため（箕浦，2002：113）に起こる。だがそこでもホストの文化規範や文化実践に〈否定的な評価・感情〉を持つと、考えることを止めてしまうためにそこから先への理解は深まらないと考

えられる。

　第三章第二節では、ゲストがホストの文化規範に対して《肯定的な評価・感情》を持ち［ゲストの変化］を遂げたとき、〈自己理解の深化〉や〈他者理解の深化〉からなる［人間理解の深化］が起こって、自分のことがよりよく分かるようになったり自分以外の人やシステムの理解が深まったことを考察した。［強要されたゲストの変化］の場合には、評価・感情は否定的なのに行動だけを変化させなくてはいけないために、相手のことを理解しようとは思えず、さらにいやな行動を取っている自分のことも否定したい気持ちになっているので自己理解も深まらない。〈否定的な評価・感情〉はそれほどまでに強く人間的成長に寄与しないものであると考えられる。［ホストの変化］がある場合も、ゲスト自身はホストの文化規範や文化実践に〈否定的な評価・感情〉を持っているのでホストの文化規範に対する理解は深まらない。後者２つの場合に［人間理解の深化］には至らないのは、その根底にホスト文化規範や文化実践に対して〈否定的な評価・感情〉があるからだということが本研究で明らかになった。

　第三章第三節では、ゲストが自分の文化規範や文化実践に対してもホストの文化規範や文化実践に対しても理解を深めた場合は、その結果両方に精通した〈バイカルチュラリズムの萌芽〉に繋がることを考察した（表５-１の⑫参照）。バイカルチュラリズムの定義として、ここでは緩く「両方の文化規範や文化実践の違いを認識しある程度は自らもホストの規範や実践に従って行動できるようになっている状態」という意味で用いた。なぜならば今まで考察してきたように、同一人物の中でもある差異に対しては《肯定的な評価・感情》を持ち［ゲストの変化］を遂げるが、別の差異に対しては〈否定的な評価・感情〉を持って［強要されたゲストの変化］を遂げたり、〈抵抗〉をして結局は［ホストの変化］によって居心地良く滞在を過ごしたことが語られたことから、成人の場合２つの文化を全く同程度に取り込むことは難しいと考えられるからである。だがそのように緩い定義に従っても、［ゲ

ストの変化］を遂げることによって帰国後もとの文化に戻ったときに、それまでは考えることもなかったり考えることもできなかったりしたようなことが視野に入るようになって〈新たな目標の設定〉が行われるようになることを第三章第四節で考察した。

このような一連の流れは、《肯定的な評価・感情》に発する［ゲストの変化］とともに〈自己の振り返り〉から導かれた［人間理解の深化］、〈バイカルチュラリズムの萌芽〉を経た〈新たな目標の設定〉に繋がる【人間的成長】であり、まずこれが教員の海外派遣プログラムの大きな意義である。すなわち、教員が自らの教育実践を振り返り、他国で行われている教育実践から学び吸収し自らの教育実践を変えた経験から、自己の教育の「枠組み」を広げて〈新たな目標の設定〉を行い、さらに自らの教育実践を改善していこうという態度を持つに至ったのである。異文化間学習が学習と捉えられる理由はここにあると考えられ、海外に行く場合にホストの文化実践を学習しに行くと考えるとたとえ旅行などの短期の滞在であっても結果が大きく異なってくるのではないだろうか。特に教員の場合は、佐藤（2009）が指摘するように「学びの専門家」であることが期待されるので、海外に派遣されるときこのような態度を持って臨むことが重要であろう。

ここで述べたような〈バイカルチュラリズムの萌芽〉は、派遣教員たちにとって2つの文化と接した結果として重要な体験と認識され、派遣後に自分の教える学校で国際交流を行ったり派遣教員自身がもっと異文化体験を積みたいという動機付けを与えていた。すなわち異文化体験の重要性を教員自身が身をもって学習したと思われる。高井良（1994）がいうところの、「子どもの学習の質が大きく規定される教職生活の広がりと深さ」が、海外派遣体験によって実現したことになる。これが2つ目の派遣の大きな意義である。

このような《肯定的な評価・感情》から発する一連の派遣教員の変化は、真似すべきモデルを示されてその通りに学習し行動を変化するものと考えられる。このような場合は、既にモデルがあるのでモデルの通りにすればいい

のである程度容易かもしれない。しかし〈否定的な評価・感情〉に発する［強要されたゲストの変化］を遂げた場合でさえ、〈反面教師〉としての学びがあったことも第三章第五節で考察した。〈反面教師〉の場合は、悪いモデルを示されるのだから、どのようにすれば悪い点を改められるかを考えなくてはいけない点で前者よりも困難度が増す。さらに［強要されたゲストの変化］が1個人の中であまりにも多方面にわたった場合は、〈否定的な評価・感情〉が強くて何を〈反面教師〉とすべきなのかも分からなくなる。心に余裕がなければできないことではあるかもしれないが、このような学びも実際に今回のデータに見られた。それもまた〈新たな目標の設定〉となっていたことは注目に値する。だがこのような〈反面教師〉とならない場合には、〈否定的な評価・感情〉が残り〈バイカルチュラリズムの萌芽〉には至っていなかった。

　第三章第六節では、［強要されたゲストの変化］および［ホストの変化］と〈バイカルチュラリズムの萌芽〉との関係を考察した。その結果、ホストの文化規範や文化実践に〈否定的な評価・感情〉を持っているときには〈バイカルチュラリズムの萌芽〉はないと判断され、直接的にゲストの成長を促すものではないことを確認した。

　第三章の各節で考察したことを総括すると、異文化接触による【人間的成長】を遂げるためには、ホストの文化規範や文化実践に対して《肯定的な評価・感情》を持つことが1番重要であり、【人間的成長】を遂げたいと思うならば、ホストの文化規範や文化実践に対して《肯定的な評価・感情》を持ち真似をすることで［ゲストの変化］を遂げることが〈バイカルチュラリズムの萌芽〉に肝要であること、自分の持った〈否定的な評価・感情〉を〈反面教師〉とする可能性はあるが、〈否定的な評価・感情〉は変えることが難しくそれを変えない限り異文化体験は〈バイカルチュラリズムの萌芽〉に繋がらず【人間的成長】を促進しないということであった。

　〈バイカルチュラリズムの萌芽〉を第一章第一節に掲載した小柳（2006）

の表1-1にあるパターン⑧と比較してみると、パターン⑧ではホスト国の文化規範に対しても母国の文化規範の対しても中立的な評価・感情を持っており、行動はどちらでもない自分の様式となっていて、本研究の結果とは異なる。パターン⑧は、バイカルチュラリズムとは異なり、江淵（2002：110）がメタカルチュラリズムの世界（第三の文化）と呼ぶものに相当すると考えられる。メタカルチュラリズムはバイカルチュラリズムの延長線上にあり、2つの文化のどちらでもありどちらでもない「第三の文化」の世界に生きる人間存在であると想定されている。

　本研究のデータからはメタカルチュラリズムの世界にいると考えられる語りは見られず、ホスト国と母国の文化規範や文化実践について中立的な評価・感情を持っていて、行動はそれぞれの国で使い分けているケースがあるだけであった。Shaules（2007）のYukoの例も日本と、インド、ヨーロッパ、米国のそれぞれの文化規範を使い分けている。小柳の研究対象者である留学生と本研究の研究対象者である派遣教員とでは違いが見られ、それは滞在年数も年齢も異なることが影響している可能性がある。本研究の研究対象者の滞在年数は最長2年間と比較的短期間であり、派遣された人々の年齢も比較的高かった（平均34.6歳）。派遣教員という期限付きでしかも身分を保障された研究対象者であったために、深く異文化に入り込まなくて良かったという可能性もある。だがもう一方で、この違いは江淵も示唆するように、メタカルチュラリズムの世界には一気に到達するのではなくバイカルチュラリズムを経る必要があることを本研究が示唆するものではないかと筆者は考える。すなわちそれぞれの文化には「枠組み」があることを異文化と接触することで初めて振り返り、自らがそれまでどのような意味の世界に住んでいたか、すなわち自分の文化の「枠組み」に気づき、ホストの文化にも同様に「枠組み」があることにも気づいてどちらにも中立な評価・感情を持つことが第1段階として起こった上で、次の段階として自分の様式である行動を取れるようになっていくと考えられる。

4. 異文化接触と【教員としての成長】の関係

　上記のように、第三章では異文化接触が人間的成長をどのように導くかを考察した。第四章では、さらにそのような人間的成長が【教員としての成長】に及ぼす影響を教育学的な見地から考察した。その結果、〈教育技術上の変化〉と〈指導技術上の変化〉からなる［教職技術上の変化］および〈自己受容感の育成〉にみられる［心理的な変化］という【教員としての成長】も促されていることが明らかになった。

　第四章第一節では、〈教育技術上の変化〉を考察した。その結果、派遣国で日本語教育に従事することによって自らが［ゲストの変化］を遂げたために、別の教え方の学習、教育技術の幅の広がり、自己の外国語能力の伸長、授業の改善、企画力の向上、パソコン能力の向上など、現代の教員に求められる資質能力が向上したと感じられていたことが明らかになった。

　さらに同節では〈指導技術上の変化〉を考察した。派遣国での多様な生徒との出会いから生徒に対して許容範囲が広がったり、異質な教員との出会いから心に余裕が生まれたりすることが見られた。高木（1997）は海外の日本人学校・補習授業校への派遣が「異質な同僚」との出会いの場となって教職における「中年期の危機」の克服の契機となり得る可能性を指摘するが、本研究での知見は、学校での同僚教員だけではなく、生徒や学校外の人をも含む「異質な他者」との出会いが派遣教員に変化をもたらしていることを明らかにした。このことは、派遣中には学校での人的交流だけではなく学校外での人的交流も【教員としての成長】に貢献するので、〈主体的な行動〉を持って様々な方面で交流を深める必要があることを示すと考えられる。

　第四章第二節では良好な自己受容状態にある教員は生徒の受容も適正に行うという理論に基づいて、様々な観点から派遣教員の自己受容感が増加したことを考察した。ここでは派遣地で［ゲストの変化］という「心のホメオスタシス」の克服をしたことで派遣教員自身の自己受容感が増し、それが帰国後の教育に影響を与えていることを明らかにした。

第一節　異文化適応＝人間的成長理論再考　369

　これらの【教員としての成長】は、派遣中に［ゲストの変化］を遂げたことから自分の教育実践のレパートリーを増やしたり、派遣中に生徒への対応の仕方を学んで生徒指導のやり方の「引き出しを増やし」たりして自己を受容した結果であると考えられる。すなわち、ここでも《肯定的な評価・感情》に裏付けられた［ゲストの変化］が推進力となっているのである。〈否定的な評価・感情〉を持ったことに対してはそれ以上の参加はないので、その点における成長はないと考えられる。ここから言えるのは、多くの点で【教員としての成長】を遂げたと感じる派遣教員は、それだけ多くの点で《肯定的な評価・感情》を持ち［ゲストの変化］を遂げたということである。

　［教職技術上の変化］は派遣前に持っていた教育技術や指導技術が、派遣中に異なるモデルを見て学習を深めることによって増し、教員としての幅が広がったものである。一方〈自己受容感の育成〉は、日本にずっといたならば自分の信じることを確かめる手段がなかったときに、それを映し出す鏡のような存在として異文化の教育実践を体験することによって、自分の教育実践の正当性を確認したり、派遣地で自らの教育実践を受け入れられることによって自己に対する自信を深めたりすることでなされていた。日本にいたときに感じていたマンネリの解消になったという語りも見られた。すなわち異なる地での成功体験が自らを受け入れることに繋がり、そのような〈自己受容感の育成〉を体験した教員が帰国後多様な生徒を受け入れることができるようになり、生徒にも多様性を学ばせたいという希望を持つ教員となるプロセスである。このような教員の育成が教員派遣で可能になっていることが、教員派遣プログラムの最大の収穫と言えるであろう。

　さらに本研究のこの知見は、これまで教員の認知・行動を変化させることに主眼を置いてきた教師教育の在り方へも新たな観点を提供すると考える。すなわち手持ちの技術では足りないから補うという否定的な観点に立った教員研修の在り方では、教員を肯定することにはならないのではないか。むしろそれまでの教員の努力を認めて自信を与え、教員自身が自分を受け入れそ

の結果生徒をそれまで以上に受け入れられるようになるような教員研修の在り方が今後模索されるべきではないのかということが、本研究の知見で言えると考えられるのである（表5-1の⑬）。このことは、教師疲弊のダイナミズムとして「孤立化」と「主体性の喪失」をあげた落合（2009：115）の結果とも一致している。落合は、「ゆとりのない教師が、対象者である生徒に「ゆとり」を持たせることができるであろうか。教師自身が納得していない教育実践が、教育効果を生むことができるであろうか。答えは否であろう」（同：119）と述べている。現場の教員を肯定し支えるような日々の教育実践や研修が、教育を難しくしている現在の教育現場に必要なのではないだろうか。図らずも海外派遣体験を俎上に載せた本研究が、教員を肯定することの大切さを明らかにしたと考える。

第二節　本書の意義

　本書では、感情心理学からの異文化接触研究と振り返りによる〈バイカルチュラリズムの萌芽〉という概念をもとにした研究枠組みを用いて、日本からの教員海外派遣プログラムで海外に滞在した経験を持つ教員を対象に異文化接触による人間的成長と教員としての成長を分析し明らかにすることを試みた。そして「異文化接触の際、ホストの文化規範や文化実践に対して《肯定的な評価・感情》を持つことでホストがモデルとなりゲストの行動が変化する。それによってゲスト自身の文化規範や文化実践への振り返りが起こりバイカルチュラルになるきっかけとなることで人間的成長を示し、それが教員としての成長にも繋がる」という図式を導き出した。本節では異文化コミュニケーション理論における異文化接触による個人の人間的成長理論への本研究の意義を述べたい。

　Kim（1995, 2008）のストレス-適応-成長ダイナミックスを代表として、異文化適応（すなわちホストの行動と同じ行動を取る）すれば成長するという異

文化適応＝人間的成長という考え方が先行研究で見られるが、本研究はそれについてそうであるという賛成の意見と必ずしもそうではないという不賛成の意見両方に理論的な支持を与えた。これが本研究の第1の意義である。以下でその2つの意見に対する理論的支持を説明する。

1.「適応する≠成長する」

　本研究では、人間的成長に結びつくような異文化接触の在り方と結びつかない在り方を区別した。その根底にあるのは、ホスト文化規範や文化実践に対する《肯定的な評価・感情》に支えられる［ゲストの変化］と、〈否定的な評価・感情〉から来る［強要されたゲストの変化］の区別であった。どちらも行動レベルではホストの文化規範や文化実践にゲストが合わせているので適応したと表面的には見えるのだが、情動レベルでは［強要されたゲストの変化］では行動との間にズレが見られる。このようなズレは以前から指摘されていたことであるが（たとえば箕浦，2002）、［強要されたゲストの変化］という概念でそのメカニズムを説明することができた。すなわち［強要されたゲストの変化］では〈バイカルチュラリズムの萌芽〉が少なく、自国の文化とホストの文化両方に《肯定的な評価・感情》が持てないことが多いのである。このように考えるとShaules（2007, 2010）が指摘する［強要されたゲストの変化］は異文化間センシティビティにほとんど貢献しないということの理由が説明できる。

　海外に滞在する人々は、このような［強要されたゲストの変化］を時には体験することがあることに意識的であれば、そのような事態に遭遇したときに〈愚痴の共有〉で緩和することができることを本研究では指摘した。通信機器が発達した現代では、海外に滞在するときに感じるストレスをemailやスカイプなどを使用して同じ短期滞在者として別の国に滞在している同期の人々との通信で緩和することも可能である。そのような時間をホスト国の人々との交流に使う方がいいという批判的な意見もありうるが、〈否定的な

評価・感情〉をため込んで一層ホストに対して否定的になるよりもよいと筆者は考える。しかし〈愚痴の共有〉では対処できないほどの〈否定的な評価・感情〉を持ったときには、それに対して意識的になり自らのメンタルヘルスを1番に考えて行動する必要がある。

また本研究では［強要されたゲストの変化］も〈反面教師〉として機能する場合には、他の人には同じ嫌な思いをさせまいとして〈新たな目標の設定〉に結びつくことがあることを指摘した。これはゲストが感じた〈否定的な評価・感情〉を、帰国後にホストとなったときに同じ立場にいるゲストに対して《肯定的な評価・感情》を持ってもらうための工夫を考え出すことを表す。しかし〈反面教師〉とならない場合には、〈否定的な評価・感情〉は長時間持続し帰国後も変わらないので個人の人間的成長には結びつかなかった。このように〈否定的な評価・感情〉を持つことが個人の人間的成長を阻害する要因であると考えられるので、人間的成長を遂げたいと願う場合には、特に自らが〈否定的な評価・感情〉を持っていることに意識的であるべきであろう。

異文化間トレーニングでは、自国で培われた文化規範でホストの文化規範に対して〈否定的な評価・感情〉を持たないような訓練が必要であることが分かっている。しかしこの分野では未だそのような訓練方法の開発は未熟であり、わずかにD. I. E. メソッド（八代等，2001：アルセン，1999）が提案されているが、その有効性は未知数である（小柳，2006）。

2．「適応する＝成長する」

今まで異文化に適応すれば人間的成長があると考えられてきたが、この適応する＝成長するという公式は限定された場合に当てはまることも本研究は明らかにした。それはゲストが自らの文化規範や文化実践を振り返りつつ、ホストの文化規範や文化実践に対して《肯定的な評価・感情》を持って自分の行動を合わせることで〈バイカルチュラリズムの萌芽〉が見られたときで

あった。［ゲストの変化］が〈自己の振り返り〉との相互作用からゲストに［人間理解の深化］、〈バイカルチュラリズムの萌芽〉を可能にして、広い視野を持ったことで〈新たな目標の設定〉を行うことが可能になり、これによって【教員としての成長】ももたらされていた。すなわち〈バイカルチュラリズムの萌芽〉には、自分の文化規範・文化実践にもホスト文化規範・文化実践にも《肯定的な評価・感情》を持つことが関わることが本研究の導き出した知見である。

　Kim（1995, 2008）のストレス－適応－成長のダイナミズムは異文化に適応すれば人間的成長があるという典型的なモデルであるが、本研究では人間的成長が見られない場合にはホストの文化規範や文化実践に対して〈否定的な評価・感情〉がそのもとにあること、［ホストの変化］があったときには、一見「居心地がいい」という感覚が持たれてゲストが適応しているかのように思われるかもしれないが、実際はそうではないこともあることの説明を可能にした。これは本研究が［ホストの変化］まで射程に入れて考察を進めたために得られた知見であると考える。実際 Kim（2008）は、異文化接触はゲスト、ホスト双方が影響を及ぼし合う過程であると述べているが、先行研究のいずれもそのような相互作用までを考察していなかった。［ゲストの変化］と［ホストの変化］両方をモデルに組み込むことで、異文化接触が上首尾に行けば、ゲストのみならずホストも成長を遂げられることを示したことが本研究のもう１つの意義である。これは多文化教育などにも応用できる知見であると考える。

3．〈自己の振り返り〉の視点の導入

　本研究では、派遣教員たちがホストの文化実践に自ら参加していくときに自国で行っていたやり方を振り返ったり、自国のやり方とホストの文化実践を比較している語りを見出した。振り返りという行為の重要性の指摘は、教育学の分野ではすでに以前から行われており（たとえば澤本（1998）がいう「省

察」が振り返りに相当すると考えられる）授業研究の1つの手法として使われてきた。ここで取られてきたのは、授業をビデオに収録して授業後になぜある特定の発言や行為を教員が行ったかを振り返るという手法である。このもととなったのはドナルド・ショーン（2007）の「反省的実践者は行為しながら考える」という考え方であるが、教員としての成長を促進する1つの方法として評価されている。

　この「振り返り」は異文化間学習にも十分効果的であることを本研究では指摘した。それは「魚が水の必要性に気づくのは、水中から出たときだけである。人にとっての文化も魚にとっての水のようなものである」（トロンペナールス＆ハムデン-ターナー，2001：35）と述べられているように、自分の文化から出て、ホストの文化と接触して初めて自分の文化の「枠組み」に気がつくからである。すなわち異文化間学習ではホストの文化も学習するのだが、それとともに自分の文化も改めて認識し自分の行動やその背後にある文化規範や文化実践を学習する過程でもある。この双方の学習過程が、その先に〈バイカルチュラリズムの萌芽〉を可能にすると考えられるのである。本研究は、今までホストの文化規範や文化実践を学習することが異文化間学習であるとされてきたことに加えて（下線は筆者が加筆）、自分の文化規範や文化実践の学習もまた含められることで異文化間学習が成立することを指摘した点で意義があると考える。

4．〈バイカルチュラリズムの萌芽〉の視点の導入

　本研究では〈自己の振り返り〉という概念を導入し、それが［ゲストの変化］と相まって〈バイカルチュラリズムの萌芽〉があることを指摘した。〈バイカルチュラリズムの萌芽〉を指摘する先行研究は江淵（2002）を除いてほとんど見られない。ごく近いものにAdler（1975）の第4の位相がある。これは自律（autonomy）の位相で、「感受性が高まり、第2の文化でうまくやるための技術や理解が獲得され、言語的にも非言語的にも他者を理解でき

るようになって、個人は柔軟になり第2の文化に適切に対処する技術を発達させる段階」であると述べられているが、データは示されていない。データから〈バイカルチュラリズムの萌芽〉を実証した点に本研究の意義がある。

　他の先行研究ではこの〈バイカルチュラリズムの萌芽〉の過程を越えた段階について言及するが、それはAdler（1975）では第5の独立（independence）の位相として、「どの人も文化や育ち方に影響されていることを認め、人間の多様さを進んで体験することができるようになる」と定義されている。たとえばBennett（1993）は適応（adaptation）の後に統合（integration）の過程、すなわち自己とホストの世界観を統合してアイデンティティが周辺化されるという段階に達するとしている。同様に小柳（2006）では、パターン⑧に至り自分の基準で行動を決定することできるようになることが人間的成長とされているが、本研究の知見はそれとは異なり、〈バイカルチュラリズムの萌芽〉によって〈新たな目標の設定〉が行われて【人間的成長】が遂げられていたとする。すなわち自文化にもホスト文化にも《肯定的な評価・感情》を持つだけでは自分の基準で行動を決定することができるようには直接的にならず、間にそれぞれの文化の「枠組み」を知り新たな「枠組み」をモデルとして〈新たな目標の設定〉が行われるようになり、それがさらに複雑化することによって自分の基準が用いられるようになると考えている。よってBennettや小柳で描かれていない〈新たな目標の設定〉に至る過程に〈バイカルチュラリズムの萌芽〉があることを描いたことも本研究の意義である。

5.〈馴化〉の概念の導入

　第二章第四節では、〈受け入れる心〉の形成要因として〈主体的な行動〉、〈馴化〉、〈「これもあり」〉、〈割り切り〉、〈「学ぼう」とする気持ち〉という5つの［形成促進要因］が析出されたが、この中の〈馴化〉の概念の導入は、先行研究ではOberg（1960）以外には見られない新たな知見であると言えよ

う。これがアジア圏に派遣された教員たちから出された概念であることに注目すべきであることを指摘した。このことは、今回の調査対象者の中にホストに対する暗黙の序列があり、序列の低いゲストは高いホストに対して〈「学ぼう」とする気持ち〉を持つが序列の高いゲストは低いホストに対して〈馴化〉するという正反対のベクトルを表す可能性があると考えられる。Bennett（1993）では自文化中心主義から文化相対主義への移行に関して、どのような促進要因があるのかは明らかにされていないが、新しい文化規範に沿って「自分でやってみる」(attempt)（同：47）という〈主体的な行動〉が取られると想定されているのだと判断される。これは〈馴化〉とは大きく異なるスタンスである。〈馴化〉の場合には、ゲストは〈主体的な行動〉を取らなくてもホストの文化に包摂されることによって変化が起こると考えられているのである。このような〈馴化〉の概念は、違いに「打ち勝つ」西洋的な動的志向とは違い、静的でアジアで共有される概念である可能性もあり、今後この分野の研究を行う必要性を示唆する。

6．異文化接触体験理解ツールとしての現象のネーミング

　本研究ではShaules（2007, 2010）で使用されている「抵抗」、「受け入れ」、「適応」、「逆転」と著者独自の「寛容」という用語を小柳（2006）の感情心理学で導き出されたパターンと組み合わせることで、異文化接触のときに起こる現象の心理的メカニズムを説明することができた。このようなネーミングは、異文化接触した当事者が自分の認知・行動・情動を理解するツールとしての役割を果たすと考えられると指摘したことが本研究のもう1つの意義である。これは、異文化体験の語りが多くの場合ナラティブになることが多いのは、説明するための用語がなかったためであることを説明する。先行研究を探して得られる文献に個人的な異文化体験談が多いのはそのためであると考えられる。つまりこれらのネーミングは、体験をメタレベルで考えるためのツールになりうると本研究では考える。

本研究は、研究対象者を派遣教員に限定したことによって限定的に【人間的成長】を捉えることができた。すなわち派遣前と派遣後の仕事の内容があまり変化しないために、変化をより鮮明に浮き上がらせることができたと考える。しかしここで明らかにされた用語は派遣教員だけに当てはまるものではなく、旅行者や海外駐在員など異文化接触をする人すべてに使用できるものであり、異文化接触によって【人間的成長】を遂げたいと望む人にその筋道を与えるものであると考えている。

7．〈自己受容感の育成〉の重要性の指摘

本研究では「教師の成長」に関わる先行研究レビューから、今までの「教師の成長」研究や教師教育では心理的な変化に関わる側面からのアプローチがなされていないことを指摘した。しかし本研究の結果、派遣体験が派遣教員に〈自己受容感の育成〉を可能にしていることが明らかになった。このことは、今後の教員の成長研究においては教育技術上の変化や生徒指導上の技術の変化という行動の変化とともに心理的な変化をも問う必要性を指摘するものである。また教員の成長研究が大きな影響力を持つ教員の研修においても、従来行われてきたような認知・行動への焦点化だけではなく情動にも光を当てる必要性があると言えるだろう。

このような指摘は、異文化コミュニケーションで既に問われていた認知・行動・情動という人間の3側面を、教師教育分野に応用することで初めて可能になったことであると考えられる。本研究の意義として、異文化コミュニケーションと教師教育の橋渡しをしたことが挙げられる。

第三節　本書の教員派遣プログラムへの示唆

本研究は、REXプログラムという教員海外派遣プログラムで派遣体験を持つ教員を対象に行ったものである。［ゲストの変化］、［強要されたゲスト

の変化］、［ホストの変化］、「抵抗」、「受け入れ」、「逆転」、「寛容」という概念に、感情の心理学からホストの文化規範に対する《肯定的な評価・感情》、〈否定的な評価・感情〉という概念を使って定義づけを行うことによって、派遣教員たちが自らの体験に意味づけする際のツールを提供した。研究の知見から教員派遣プログラムに対する示唆を述べ、今後同様のプログラムが実施されるようになったときの事前研修や派遣教員自身の体験をより有意義にするために使用されることを期待したい。

1．派遣する側への示唆

　異文化接触は全人格的な深い体験（手塚, 1997）ともなり得るので、海外に短期間行って帰ってくるという海外旅行とは異なることに意識的である必要がある。［強要されたゲストの変化］があることを意識してその低減や回避ができるような方法を事前研修で含める必要があるだろう。派遣プログラムに自ら応募した場合でも［強要されたゲストの変化］が起こることが見られ、校長や教育委員会から直接指名されて派遣された場合にも《肯定的な評価・感情》が多々表明されたこともあり、応募動機は直接的にはホストへのどのような評価・感情を引き起こすかにはあまり関係がないと言えるだろう。このことは派遣教員の人選のとき、様々な差異に対して教員が《肯定的な評価・感情》を持つ傾向にあるかどうかの判断の上で行われるような人選制度を作るべきであることを示唆する。

　海外に派遣されることは学校の仕事のレベルでも個人の生活レベルでも［強要されたゲストの変化］というストレスレベルが高くなる要素を含んでおり、1部の人がイメージとして持っているような「日本の生活から逃れて旅行をしに行くような休暇」ではないと言える。日本の文化規範に沿って否定的に評価しがちなホストの文化規範や文化実践を肯定的に捉えられるような見方の変換、ホストに肯定的に評価してもらうための行動の模索、良好な人間関係の構築、整わない設備のための生活の工夫、時には言語を一から学

ぶなど、恵まれた日本にずっといたならしなくてもよい努力を日々する必要があり、その結果異文化と接触することの意味を理解し後進を育てようという意識をした教員の【人間的成長】、【教員としての成長】が可能になることを本研究で示すことができたと考える。

　このように成長した派遣教員たちが帰国した後に、その体験を還元させる場を提供することが派遣した側の責任であろう。日本の国際化が喫緊の課題として浮上している現在、学校で国際化に対応できる日本人の育成を追求するならば、「教育実践の創造的な主体としての教師」（高井良，1994）の中で異文化接触をした経験を持つ教員の有効活用を教員個人の努力だけに任せるのではなく、組織的に行うことが重要である。

２．今後派遣される教員への示唆

　異文化接触ではホストの文化規範に対して、自国で培われた文化規範とは異なるという理由で〈否定的な評価・感情〉が引き起こされがちである。このことにまず留意する必要がある。その上で、〈否定的な評価・感情〉を〈受け入れる心〉に転換していく努力をすることに意味がある。それは自文化中心主義から文化相対主義への大きな変換である。文化相対主義ではホストの文化規範に対して《肯定的な評価・感情》が持たれ、それに沿って自らをホストの文化規範や文化実践に則って行動するように変化させることが【人間的成長】や【教員としての成長】をもたらすものであるからである。

　だがホストの文化規範や文化実践に則って行動する中にも［ゲストの変化］と［強要されたゲストの変化］の２つがあり、特に後者に気をつける必要があることを本研究で指摘した。［強要されたゲストの変化］はホストの文化規範や文化実践に合わせて行動しなければいけないと真剣に考えた結果引き起こされたものであるが、ストレス度が高く時にはカウンセリングを必要とする。派遣教員はもともと自らの教育能力を高めたいと真面目に考えて応募する場合が多く、その結果［強要されたゲストの変化］を起こす可能性

がある。ネットによるカウンセリング（宮城, 2005）の活用は1つの対処方法である。派遣教員は自分がホストの文化規範や文化実践に対して〈否定的な評価・感情〉を持ったとき［強要されたゲストの変化］が起こることを知っていると、自分の感情に対処しやすいだろう。

　同一の学校に派遣されていても、教員によって同じ学校の教育実践に対して《肯定的な評価・感情》が持たれてストレスがそれほど高くない場合と、〈否定的な評価・感情〉が持たれて［強要されたゲストの変化］が起こり高いストレスが感じられた場合があり、派遣国によって固有の文化規範がある、または文化実践が固定化されているとは言えず、あくまでも派遣教員が自国で培った文化規範に則してホストの文化規範や文化実践を評価するということが本研究でも明らかになった。すなわち何がストレスを引き起こすかは、個人によって違うのである。前任者からの話はあくまでもその前任者の個人的体験として語られるので、客観的な事実はないと考えて自分なりの体験をするつもりで派遣に臨むとよいだろう。

　派遣国では必ずしもホストのやり方すべてに従わなくても、［ホストの変化］によって日本で行っていた文化実践が好意的に受け入れられることがあることを本研究では明らかにした。しかしこれは〈主体的な行動〉でホストに働きかけた結果である。たとえばホスト国で他の教員とすぐには人間関係の構築が難しい場合には、現地教員よりも長く居残って自分の存在をアピールするなどの〈主体的な行動〉が取られたことが語られた。〈主体的な行動〉は［ゲストの変化］を遂げる際にも重要であった。現地の生徒のコントロールが難しい場合は、他の教員の授業を見せてもらってそこからコントロールの仕方を学ぶという〈主体的な行動〉が取られていた。このように自らの行動を変化させる場合にもそうでない場合にも、〈主体的な行動〉を取る事が肝要であることも本研究で明らかになった。

3．過去に派遣された教員への示唆

　本研究で明らかにしたゲストの文化規範や文化実践とホストのそれらの異文化間学習は、短期間の視察旅行では達することが難しい学習過程である。生徒を指導する立場の教員を比較的長期間海外派遣して、このような学習をさせる意味があることを派遣体験した教員なら誰でも認めることであろう。

　しかしこの学習過程は今まで用語が与えられていなかったために、面接調査の際にも派遣教員たちが自らの体験をどのように評価し言語化したらよいのか、また海外修学旅行の引率の際に生徒に何をどのように指導したらよいのかなどの迷いが見られた。そこで本研究が使用した自文化中心主義（すなわちゲストの文化規範や文化実践に対しては《肯定的な評価・感情》を持つがホストの文化規範や文化実践に対しては〈否定的な評価・感情〉を持つこと）などの用語を与えられると教員たちは自らの体験を言語化することができ、その意義を改めて確認することができると考える。このように自らの体験の意義を確認できた教員は、異文化接触をする生徒を指導するときに説明するツールを手に入れたことになる。たとえば海外修学旅行の意義は、自文化中心主義から文化相対主義への学習過程という目的を持つことであることを生徒の中に明確にすれば、成果がより明らかになるだろう。実際に生徒を指導する際にも、ホストの文化規範や文化実践に対して否定的な評価を下したときに自分の物差しとホストの物差しの違いによることを教員が説明できることで生徒の成長が促せる。国際交流プログラムの目的もより明確になるだろう。このように考えると、国際化が叫ばれている今の日本で、重要なことは英語を話せる日本人を作ることだけではなく、自分の文化も他者の文化も等しく尊重できる人材を育てることであり、自ら異文化体験をした教員たちが生徒に教えられることは豊富で教員たちの異文化体験の有意義さがより鮮明になる。今まで異文化接触で扱われたことのなかった派遣教員の異文化接触体験を俎上に載せた本研究の意義はそこにもあると考える。

第四節　今後の研究の課題と展望

　本研究は、日本から海外に派遣された経験を持つ現職教員の教員としての成長を理解するための研究として REX プログラムで派遣された教員を対象として行った。しかし本研究で得られた知見はこのプログラムで日本語教員として海外に派遣された教員という極めて限定された範囲の教員たちから導き出されたものであり、それ以外の教員派遣プログラム、たとえば日本人学校や青年海外協力隊の現職教員特別参加制度などで派遣体験を持つ教員の体験には敷衍できない部分もあるかもしれない。より多くの教員派遣プログラムの体験を持つ教員を対象に含め知見を積み重ね、異文化接触と教員としての成長の関係を理論的にも実際的にも精緻化していくことが考えられる。先にも述べたが教育実践の創造的な主体として教師を捉える（高井良，1994）ならば、国際化が喫緊の課題とされている現在、国際的な日本人を育成する主体は教員であり、教員自身が国際化とは何かを熟知しそれに基づいた教育実践を行う必要があると考えられるからである。

　本研究は、研究手法としてインタビュー調査を採用した。それによって質問紙調査と量的な分析では難しいと考えられる人々の評価や感情の動きの多様性が描けたと考える。これはインタビュー調査の最大の利点である。だがこの手法では経験を振り返って語ってもらうという制限がある。時間の経過と共に記憶の彼方に去ってしまった経験は語られることがなく、語られたのは特に記憶に強く残っていることであり、それをもとに教員の異文化接触体験という物語を筆者が再構築したことになる。それがインタビュー調査の限界であろう。最もよい手法は派遣教員を事前研修の段階から派遣の最後まで参与観察しケーススタディを積み重ねることだと考えられるが、その手法はこの研究テーマでは現実的には不可能である。ただ筆者との対話をすることがきっかけとなって埋もれていた記憶が呼び覚まされて語られたことも多々

第四節　今後の研究の課題と展望　383

あり、自らの体験を思い出すことができて良かったという感想をもらったこともたびたびあった。調査の限定もあるが利点もあるということであろう。

さらにインフォーマントが限定されるというインタビュー調査の限界があった。インタビューを承諾してくれた人々はある程度自らの異文化接触体験に対して肯定的な評価をしている人であり、インタビューを承諾してくれなかった人々の体験はすくい取れないのである。インタビューの承諾がもらえなかったのには教員の多忙と、体験に対する否定的な思いという2つの側面がある。実際週末に部活などで仕事をする教員の多忙さには驚かされることが多かった。インタビューを承諾してくれた教員の中にも、帰国した直後から駅と駅の間を走るような忙しさに逆カルチャーショックを感じている間もなかったと語るものがいた。だが自らの派遣体験を語りたくないという場合には、なぜそれほどまでに否定的に感じるのかについて語ってもらって、一緒に肯定的な話への語り直しができたら良かったという思いが残る。肯定的な評価や感情を持った部分で派遣教員が成長していると結論づける本研究が、そのような人々の気持ちを軽くすることに役立つことを祈っている。

本研究ではホストの文化規範に対して〈否定的な評価・感情〉を持っても〈受け入れる心〉が形成されるときの［形成促進要因］として、〈主体的な行動〉、〈馴化〉、〈「これもあり」〉、〈割り切り〉、〈「学ぼう」とする気持ち〉が析出されたが、これらの［形成促進要因］をどのように生み出すかという変容介入方法に対する示唆は限定的であることも課題である。これはこの研究の方法論がグラウンデッド・セオリー・アプローチであり、分析対象者の語りというデータに根ざした分析の結果を明らかにしたのであって、変容介入方法を問うたものではないためである。〈否定的な評価・感情〉を持って［強要されたゲストの変化］を強いられて苦しい思いをしている人に対して、「いずれ慣れますよ」とか「「これもあり」と思うことが大事です」などと言っても気休めにはなるかもしれないが納得して〈受け入れる心〉ができるとは考えにくく、異文化間カウンセリングなどの役割を果たすものではな

い。しかしこのような分析があって初めて変容介入方法が具体化されるものであると考える。今後はこの点に焦点化した研究がなされる必要があるだろう。

また本研究ではホスト国の文化的な違いは考察対象にしなかった。ホストとゲストの関係性が相互作用に影響を与えることは既に小柳（2006）で指摘されている。ホストとゲストの関係性はお互いが背景とする文化に影響される可能性は否めない。しかしその点を本研究では追求しなかった理由は、どのような国に派遣されても、派遣教員に共通する要因をデータから導き出すことが目的であったからである。また文化が本質的に固定したものであるという考え方を退けたかったという理由もある。本研究の目的は、どのようにホスト国が特徴的な文化を持っている／いないにせよ、調査対象者が差異であると認知した事柄に対する《肯定的な評価・感情》というコア・カテゴリーの抽出ができたことによって十分に達せられたと考える。しかし派遣国の違いが細かな評価・感情にどのように影響しているかを将来の研究では明らかにする必要があるかもしれない。

最後に本研究ではホストの文化規範に対して、Shaules（2007, 2010）で設けられているような深層的、表層的という区別を行わなかった。そのような区別は容易ではないと考えたからである。Shaulesが挙げる「生魚を食べる！嫌だな！」という例は、目に見える文化実践が嫌だと思われているのか、生魚を食べるという目に見えない文化規範が嫌なのかは明らかではない。さらに表層的な差異に対して〈抵抗〉を示す人は深層的な差異に〈抵抗〉を示すという相関関係があるのかなどの疑問に対しては、本研究のようなインタビュー調査は答えを持たない。むしろ操作的に表層的差異、深層的差異を定義づけた上で質問紙調査を行って、統計的処理によって回答を得る方がふさわしいと考える。それについては今後の課題としたい。

注

1) 過去には1件早期帰国があったことが報告されている(東京外国語大学留学生日本語教育センター,2010)。

引　用　文　献

Adler, P.S.(1975) The transitional experience: an alternative view of culture shock. *Journal of Humanistic Psychology*, 15 (4), 13-23.

Adler, P.S.(1986) Culture Shock and the Cross-Cultural Learning Experience. In L.F.Luce and E.C. Smith (eds). *Toward internationalism: readings in cross-cultural communication, 2nd edition.* Cambridge, MA: Newbury House Publishers, 24-35.

アルセン, G.(1999)『留学生アドバイザーという仕事：国際教育交流のプロフェッショナルとして』(服部まこと・三宅政子監訳) 東京：東海大学出版会. (Althen, G.(1995) *The Handbook of Foreign Student Advising, Revised Edition.* Boston, MA: Intercultural Press.

アンダーソン, B.(1997)『想像の共同体—ナショナリズムの起源と流行』(白石さや・白石隆訳) 東京：NTT出版. (Anderson, B.(1991) *Imagined Communities: Reflections on the Origin and Spread of Nationalism.* London: Verso)

安藤知子 (2000)「「教師の成長」概念の再検討」『学校経営研究』25, 99-121.

浅田匡 (1998)「教師の自己理解」浅田匡・生田孝至・藤岡完治編著『成長する教師：教師学への誘い』東京：金子書房, 244-255.

Bennett, M.J.(1993) Toward ethnorelativism: A developmental model of intercultural sensitivity. In R.M. Paige (ed.) *Education for the Intercultural Experience.* Yarmouth, ME: Intercultural Press, 21-72.

Berry J.W.(1997) Immigration, Acculturation, and Adaptation. *Applied Psychology, : An International Review*, 46 (1), 5-68.

Burns, R.(1982) *Self-concept development and education.* CA: Holt, Rinehart & Winston.

Church, A.T.(1982) Sojourner Adjustment. *Psychological Bulletin*, Vol.91, No.3, 540-572.

中央教育審議会：教員の資質能力向上特別部会（第11回）議事録　http://www.mext.go.jp/b_menu/shingi/chukyo/chukyo11/gijiroku/1322133.htm（2012年9月7日参照）.

Deardorff, D.K.(2009) (ed.) *The Sage Handbook of Intercultural Competence.*

Thousand Oaks, CA: Sage Publications.
江淵一公（2002）『バイカルチュラリズムの研究：異文化適応の比較民族誌』福岡：九州大学出版会.
Elbaz, F. (1987) Teacher's knowledge of teaching: Strategies for reflection. In J. Smyth (ed.) *Educating Teachers: Changing the Nature of Pedagocial Knowledge*. London: The Falmer Press.
藤岡完治（1998）「仲間と共に成長する―新しい校内研究の創造」浅田匡・生田孝至・藤岡完治編著『成長する教師：教師学への誘い』東京：金子書房, 227-242.
藤永保・斎賀久敬・春日喬・内田伸子（1987）『人間発達と初期環境』東京：有斐閣.
古田暁（1997）「日本社会の特徴と異文化コミュニケーション」石井敏・久米昭元・遠山淳・平井一弘・松本茂・御堂岡潔編『異文化コミュニケーション・ハンドブック第Ⅱ部第17章』有斐閣選書, 116-119.
グレーザー, B.G. & S シュトラウス, A. L.（1996）『データ対話型理論の発見』（後藤隆・大出春江・水野節夫訳）東京：新曜社.（Glazer, B.G. & Straus, A. L. (1967). *The Discovery of Grounded Theory: Strategies for Qualitative Research*. Chicago: Aldine Publishing.
Gullahorn J.T. and Gullahorn J.E. (1963) "An Extension of the U-Curve Hypothesis". *Journal of Social Issues*, 19, 33-47.
ホール, E.T.（1966）『沈黙のことば』（國弘正雄・長井善見・斎藤美津子訳）東京：南雲堂.（Hall. E.T. (1959) *The Silent Language*. New York: Anchor Books).
Hammer, M.R. (1999) A measure of intercultural sensitivity: The intercultural development inventory. In S. Fowler (Ed.), *Intercultural sourcebook: Cross-cultural training methods*, Vol.2, 61-72. Yourmouth, ME: Intercultural Press.
Hammer, M.R., Bennett, M.J. and Wiseman, R. (2003) Measuring intercultural sensitivity : The intercultural development inventory. *International Journal of Intercultural Relations*, Vol.27, Issue 4, 421-443.
姫野完治（2002）「協同学習を基盤とした教師教育の課題と展望―教師の成長に関する研究動向から―」『大阪大学教育学年報』7, 47-60.
ホフステード, G.（1995）『多文化世界：違いを学び共存への道を探る』（岩井紀子・岩井八郎訳）東京：有斐閣.（Hofstede, G. (1991) *Cultures and Organizations: Software of the mind*. New York: McGraw-Hill）
星野治賀子（2003）『海外日本語教師派遣における「教師の成長」と「経験の還元」―REX プログラム帰国教員の語りからの考察』お茶の水女子大学人間文化研究

科言語文化専攻日本語教育コース修士論文.
市川昭午（1969）『専門職としての教師』東京：明治図書.
今津孝次郎（1979）「教師の職業的社会化（Ⅰ）」『三重大学教育学部研究紀要（教育科学）』第30巻第4号，17-24.
今津孝次郎（1996a）『変動社会の教師教育』名古屋：名古屋大学出版会.
今津孝次郎（1996b）「岐路に立つ教師教育」『教育学研究』第63巻第3号，294-302.
石井敏・久米昭元・遠山淳・平井一弘・松本茂・御堂岡潔編（1997）『異文化コミュニケーション・ハンドブック』東京：有斐閣選書.
稲垣忠彦・寺崎昌男・松平信久編（1988）『教師のライフコース―昭和史を教師として生きて―』東京：東京大学出版会.
Jakobovits, L. A. (1974) Pscychological Bases of Second Language Learning. In F. Pialorsi (ed.) *Teaching the Bilingual*. Tuszon, AZ: University of Arizona Press, 107-121.
Kim, Y.Y. (1995) Cross-Cultural Adaptation: An Integrative Theory. In R.L. Wisemen (ed.) *Intercultural Communication Theory*. Thousand Oaks, CA: Sage Publications, Inc, 170-193.
Kim. Y.Y. (2008) Intercultural personhood: Globalization and a way of being. *International Journal of Intercultural Relations*, 32: 4, 359-368.
Kim, Y. Y. (2012) Cross-Cultural Adaptation. In V.S. Ramachandran (ed.) *Encyclopedia of Human Behavior (Second Edition)*. London: Academic Press, 623-630.
木下康仁（1999）『グラウンデッド・セオリー・アプローチ：質的研究の再生』東京：弘文堂.
木下康仁（2003）『グラウンデッド・セオリー・アプローチの実践：質的研究への誘い』東京：弘文堂.
木下康仁編著（2005）『分野別実践編グラウンデッド・セオリー・アプローチ』東京：弘文堂.
木下康仁（2007）『ライブ講義M-GTA：実践的質的研究法―修正版グラウンデッド・セオリー・アプローチのすべて』東京：弘文堂.
木原俊行（2004）『授業研究と教師の成長』大阪：日本文教出版.
Kirchhoff, C. (2010). Book Review: Deep Culture: The Hidden Challenges of Gobal Living. *Journal of Intercultural Communication*, No.13, 122-124.
Kirschenbaum , H. & Henderson, V.L. (eds) (1989) *The Carl Rogers reader*. London: Constable.

喜多恭子（2003）『在外教育施設派遣教員の帰国後の教育意識に関する実証的研究―東京都の場合―』東京学芸大学教育学研究科総合教育開発専攻多言語多文化教育コース修士論文.

国立教育研究所内日本比較教育学会「教師教育」共同研究委員会編（1980）『教師教育の現状と改革―諸外国と日本―』東京：第一法規出版.

小林幸江監修（2009）『REX教員の活動記録：REX教員から見た世界の学校』．東京外国語大学留学生日本語教育センター.

小池龍之介「小池龍之介の心を保つお稽古―「ありえる」と開き直れ」（2012年6月7日朝日新聞夕刊）．

小高さほみ（2010）『教師の成長と実践コミュニティ―高校教師のアイデンティティの変容―』東京：風間書房.

小松由美（2001）「気づきを中心とした異文化適応―海外派遣教員の事前研修において―」『異文化間コミュニケーション』No.4, 115-123.

小柳志津（2006）『感情心理学からの文化接触研究―在豪日本人留学生と在日アジア系留学生との面接から』東京：風間書房.

小柳志津（2012）「日本人引退在外シニアの対人交流：ホストとの対人交流・阻害要因の再考」『異文化コミュニケーション』No.15, 33-49.

久冨善之（1994a）「教師と教師文化：教育社会学の立場から」稲垣忠彦・久冨善之編『日本の教師文化』東京：東京大学出版会, 3-20.

久冨善之編（1994b）『日本の教員文化』東京：多賀出版.

久米昭元・遠山淳（2001）「異文化接触中心の理論」．石井敏・久米昭元・遠山淳編著『異文化コミュニケーションの理論：新しいパラダイムを求めて　第8章』有斐閣, 111-139.

レーブ, J., & ウェンガー, E.（1993）『状況に埋め込まれた学習』（佐伯胖訳）東京：産業図書.（Lave, J., & Wenger, E. (1991) *Situated Learning: Legitimate Peripheral Participation.* Cambridge: Cambridge Unniversity Press.）

Le Compte, M.D., & Preissle, J. (1993) *Ethnography and Qualitative Design in Educational Research, 2nd edition.* CA: Academic Press.

ルイス, M.（1997）『恥の心理学―傷つく自己―』（高橋惠子監訳, 遠藤利彦・上淵寿・坂上裕子訳）京都：ミネルヴァ書房.（Lewis, M. (1992) *Shame: The Exposed Self.* New York: Free Press.）

Lysgaard, S. (1955) Adjustment in a Foreign Society: Norwegian Fulbright Grantees Visiting the United States. *International Social Science Bulletin,* No. 7,

45-51.

馬渕仁（2002）『「異文化理解」のディスコース：文化本質主義の落とし穴』京都：京都大学学術出版会.

マツモト，デービッド（1999）『日本人の国際適応力：新世紀を生き抜く四つの指針』神奈川：本の友社.

松尾知明（1999）「文化多元主義から多文化主義へ—多文化教育のパラダイム転換へ向けて」『浜松短期大学研究論集』第55号, 103-120.

McFee, M. (1968) The 150% Man, a Product of Blackfeet Acculturation. *American Anthropologist*, 70-6, 1096-1107.

箕浦康子（1984）「文化とパーソナリティ論（心理人類学）」綾部恒雄（編）『文化人類学15の理論』東京：中央公論社, 95-114.

箕浦康子（編著）（1999）『フィールドワークの技法と実際：マイクロ・エスノグラフィー入門』京都：ミネルヴァ書房.

箕浦康子（2002）「異文化体験とストレス」大橋英寿編『社会心理学特論—人格・社会・文化のクロスロード』東京：放送大学教育振興会, 108-117.

箕浦康子（2003）『子供の異文化体験：人格形成過程の心理人類学的研究　増補改訂版』東京：新思索社.

三浦綾希子（2012）「フィリピン系エスニック教会の教育的役割—世代によるニーズの差異に着目して—」『教育社会学研究』第90集, 191-212.

耳塚寛明・油布佐和子・酒井朗（1988）「教師への社会学的アプローチ—研究動向と課題—」『教育社会学研究』第43集, 84-120.

宮城徹（2005）「省察的授業計画の過程研究—REXプログラム事前研修における『異文化適応』：『オーラルコミュニケーション入門』授業と研修修了生に対するインターネットカウンセリングの関連づけの試み—」『東京外国語大学留学生日本語教育センター論集』31, 125-139.

三輪建二（2009）『おとなの学びを育む：生涯学習と学びあうコミュニティの創造』東京：鳳書房.

文部科学省（2005）http：//www.mext.go.jp/b_menu/shingi/chousa/shotou/026）（2005年10月22日参照）.

文部科学省（2009）http：//www.mext.go.jp/b_menu/shingi/chousa/kokusai/004/shiryo/_icsFiles/afieldfile/2009/05/07/1263224_6.pdf（2013年4月21日参照）.

永井聖二（1977）「日本の教員文化—教員の職業的社会化研究（Ⅰ）—」『教育社会学研究』第32集, 93-103.

Nagata, A.L. (2005) Promoting Self-Reflexivity in Intercultural Education. *Journal of Intercultural Communication*, No.8, 139-167.

長野県国際教育研究協議会（2000）『海を渡った教師たち　長野県海外派遣教師の体験記』第Ⅱ編.

中柴春乃（1997）「在日ネパール人の異文化体験」『東京大学大学院教育学研究科紀要』37,155-164.

Oberg, K. (1960) Cultural shock: adjustment to new cultural environments. *Practical Anthropology*, 7, 177-182.

西穣司（1990）「教師の教育行為におけるルーティン化とその生成メカニズム―教師が依拠している知識に焦点を当てて―」『学校教育研究』第5号，72-84.

日本教師教育学会編（2002）『講座教師教育学Ⅲ　教師として生きる―教師の力量形成とその支援を考える―』東京：学文社.

落合美貴子（2009）『バーンアウトのエスノグラフィー：教師・精神科看護師の疲弊』京都：ミネルヴァ書房.

小熊英二（1998）『「日本人」の境界―沖縄・アイヌ・台湾・朝鮮植民地支配から復帰運動まで』東京：新曜社.

岡村達也（2000）「解題Ⅳ　教師を生きる」近藤邦夫・岡村達也・保坂亨編『子どもの成長教師の成長：学校臨床の展開』東京：東京大学出版会，311-331.

Pedersen, P. (1995) *The Five Stages of Culture Shock: Critical Incidents Around the World*. Westport, CT: Greenwood Press.

プラース，D.W.（1985）『日本人の生き方―現代における成熟のドラマ』（井上俊・杉野目康子訳）東京：岩波書店．(Plath, D.W. (1980) *Long Engagements, Maturity in Modern Japan*. CA: Stanford University Press.)

劉音・服部環（2012）「在日中華系留学生における異文化適応の促進要因について」『Tsukuba Psychological Research』43, 9-14.

斉藤泰雄（2007）「青年海外協力隊『現職教員特別参加制度』による国際教育協力活動」広島大学教育開発国際協力センター（CICE）『国際教育協力論集』第10巻第2号，41-53.

斉藤泰雄（2010）「青年海外協力隊「現職教員特別参加制度」の成立経緯と制度的特色」佐藤真久編『青年海外協力隊「現職教員特別参加制度」による派遣教員の社会貢献と組織的支援・活用の可能性』（文部科学省平成21年国際開発協力サポートセンター・プロジェクト報告書），19-31.

佐島群巳・小池俊夫編著（2010）『教職論：「よい教師」への扉を開く』東京：学文

社.

酒井朗（1998）「［中学校］多忙問題をめぐる教師文化の今日的様相」志水宏吉編著『教育のエスノグラフィー―学校現場の今』京都：嵯峨野書院, 223-248.

酒井朗（1999）「教師の成長をはぐくむ学校文化―日米間の比較をもとに―」藤岡完治・澤本和子編著『授業で成長する教師（シリーズ新しい授業を創る　5）』東京：ぎょうせい, 139-149.

佐藤郡衛（2005）「海外子女教育にみる「日本人性」の問題とその再考」佐藤郡衛・吉谷武志編『ひとを分けるものつなぐもの：異文化間教育からの挑戦』京都：ナカニシヤ出版, 7-34.

佐藤学（2009）『教師花伝書―専門家として成長するために―』東京：小学館.

佐藤良子（2001）「異文化適応の概念定義―海外駐在員妻にとって異文化適応とは？―」『異文化コミュニケーション研究』愛知淑徳大学大学院異文化コミュニケーション4, 43-56.

澤本和子（1998）「子どもと共に成長する教師」浅田匡・生田孝至・藤岡完治編著『成長する教師：教師学への誘い』東京：金子書房, 256-270.

Shaules, J. (2007) *Deep Culture: The Hidden Challenges of Global Living*. Clevedon: Multilingual Matters.

Shaules, J. (2010) *A Beginner's Guide to the Deep Culture Experience：Beneath the Surface*. Boston, MA: Intercultural Press.

渋谷真樹（2001）『「帰国子女」の位置取りの政治―帰国子女教育学級の差異のエスノグラフィー』東京：勁草書房.

重松マーフィー（2002）『アメラジアンの子供たち―知られざるマイノリティ問題』（坂井純子訳）東京：集英社新書.

島田希（2009）「教師の学習と成長に関する研究動向と課題―教師の知識研究の観点から―」信州大学教育学部附属教育実践総合センター紀要『教育実践研究』10, 11-20.

ショーン, D.（2007）『省察的実践とは何か―プロフェッショナルの行為と思考』（柳沢昌一・三輪建二監訳）東京：鳳書房. (Schön, D. (1983) *The Reflective Practitioner: : How Professionals Think in Action*. New York: Basic Books)

Shulman, L. S. (1986) Those Who Understand: Knowledge Growth in Teaching. *Educational Researcher*, Vol. 15, No.2, 4-14.

Shulman, L.S. (2008) *The Work of Dr. Lee Shulman*. http://www.leeshulman.net/domains-pedagogical-content-knowledge.html.（2013年9月25日参照）.

Spitzberg, B.H. and Changnon, G.（2009）Conceptualizing Intercultural Competence. In D.K. Deardorff（ed.）*The Sage Handbook of Intercultural Competence*. Thousand Oaks, CA: Sage Publications, 2-52.

Stonequist, E.V.（1937）. *The Marginal Man: A Study in Personality and Culture Conflict*. New York: Russell & Russell.

鈴木京子（2006）「教員の異文化体験研究の視座を求めて―企業駐在員研究が示唆するもの―」お茶の水女子大学大学院人間文化研究科『人間文化論叢』第8巻, 173-181.

スーパー, D.E.（1960）『職業生活の心理学』（日本職業指導学会訳）東京：誠信書房.（Super, D.E.,（1957）. *The Psychology of Careers: An Introduction to Vocational Development*. New York: Harper & Row.）

Taft, R.（1977）Coping with Unfamiliar Cultures. In N. Warren（ed.）*Studies in Cross-Cultural Psychology*, Vol. 1. London: Academic Press, 121-153.

戴エイカ（1999）『多文化主義とディアスポラ』東京：明石書店.

高井良健一（1994）「教職生活における中年期の危機―ライフヒストリー法を中心に―」『東京大学教育学部紀要』第34巻, 323-331.

高木光太郎（1997）「教師の成長と派遣―「中年期の危機」を視座として―」『東京学芸大学海外子女教育センター研究紀要』, 89-96.

田中里佳（2013）「教師の省察を深める学習環境について―変容的学習論の視点からの事例分析―」日本教師教育学会第23回研究大会発表資料.

譚紅艶・渡邉勉・今野裕之（2011）「在日外国人留学生の異文化適応に関する心理学的研究の展望」『目白大学心理学研究』第7号, 95-114.

手塚千鶴子（1997）「海外留学とカウンセリング」石井敏・久米昭元・遠山淳・平井一弘・松本茂・御堂岡潔編『異文化コミュニケーション・ハンドブック第Ⅲ部第4章』東京：有斐閣, 154-159.

東京外国語大学留学生日本語教育センター（2010）『国際理解教育の展望―REX 事前研修20年の歩み（REX 事前研修20周年記念報告書）』東京外国語大学留学生日本語教育センター.

東京外国語大学留学生日本語教育センター（2013）『REX プログラム第22期派遣教員帰国報告会報告書』東京外国語大学留学生日本語教育センター.

遠山淳（1999）「文化変化と創造性」石井敏・久米昭元・遠山淳・平井一弘・松本茂・御堂岡潔編『異文化コミュニケーション・ハンドブック第Ⅱ部第12章』東京：有斐閣, 89-93.

恒吉僚子（1999）「教師は多文化時代に対応できるか―教師の意識を問う」油布佐和子編『教師の現在・教師の未来：あすの教師像を模索する』東京：教育出版, 97-113.

泊野賢治、山田幸治、吉田美和、門倉りえ、児玉真樹子（n.d.）「教員長期研修における力量形成に関する研究」http://www.hiroshima-c.ed.jp/center/wp-content/uploads/kanko_butu/h24/kenkyu03.pdf（2013年9月8日参照）.

トロンペナールス, F. & ハムデンターナー, C.（2001）『異文化の波―グローバル社会・多様性の理解』（須貝栄訳）東京：白桃書房.（Trompenaars, F. & Hampden-Turner, C. (1993). *Riding The Waves of Culture: Understanding Cultural Diversity in Business*. London: Nicholas Brealey Publishing Ltd）.

Ward, C., Bochner, S. and Furnham A. (2001). *The Psychology of Culture Shock*. London: Routledge.

Ward, C., Okura, Y., Kennedy, A., Kojima, T. (1998) The U-Curve on trial: A longitudinal study of psychological and sociocultural adjustment during cross-cultural transition. *International Journal of Intercultural Relations*, Vol. 22, No. 3, 277-291.

山﨑準二（1993）「教師のライフコース研究―その分析枠組みの提起―」『静岡大学教育学部研究報告（人文・社会科学篇）』第43号, 177-192.

山﨑準二（2002）『教師のライフコース研究』東京：創風社.

山﨑準二（2012）『教師の発達と力量形成―続・教師のライフコース研究―』東京：創風社.

山﨑準二・小森麻知子・紅林伸幸・河村利和（1990）「教師の力量形成に関する調査研究―静岡大学教育学部の8つの卒業コーホートを同一対象とした1984年調査及び1989年追跡調査の結果の比較分析報告―」『静岡大学教育学部研究報告（人文・社会科学篇）』第41号, 223-252.

山﨑準二・榊原禎宏・辻野けんま（2012）『「考える教師」―省察・創造・実践する教師―』東京：学文社.

ヤマザキマリ（2012）『望遠ニッポン見聞録』東京：幻冬舎.

八代京子・荒木晶子・樋口容視子・山本志都・コミサロフ喜美（2001）『異文化コミュニケーションワークブック』東京：三修社.

資料1　REX インタビュー事前調査票

1. 名前＿＿＿＿＿＿＿＿＿＿＿＿＿＿＿＿＿＿＿＿＿＿＿＿＿
2. 年齢＿＿＿＿＿＿＿＿＿＿＿＿＿＿＿＿＿＿＿＿＿歳　REX＿＿＿＿＿期
3. 教職科目 [　　　　　　　　　　　　　　　] 科

（現在までの勤務校についての質問）
4. 現在の勤務校の名前＿＿＿＿＿＿＿＿＿＿＿＿＿＿＿＿＿＿＿＿＿＿＿＿＿＿＿＿＿
5. REX に行く直前の勤務校名＿＿＿＿＿＿＿＿＿＿＿＿＿＿＿＿＿＿＿＿＿＿＿＿
6. 現在までの教職期間＿＿＿＿＿＿＿＿＿＿＿＿＿＿＿＿年
7. REX に行ったのは教職何年目＿＿＿＿＿＿＿＿＿＿＿年目
8. 現在に至るまでの勤務校数＿＿＿＿＿＿＿＿＿＿＿＿校
9. REX に行ったのは何校目＿＿＿＿＿＿＿＿＿＿＿＿＿校目
10. 今までの担任歴＿＿＿＿＿＿＿＿＿＿＿＿＿＿＿＿＿＿＿＿＿＿＿＿＿＿＿＿＿＿
＿＿＿＿＿＿＿＿＿＿＿＿＿＿＿＿＿＿＿＿＿＿＿＿＿＿＿＿＿＿＿＿＿＿＿＿＿＿＿
11. 今までのクラブ活動顧問歴＿＿＿＿＿＿＿＿＿＿＿＿＿＿＿＿＿＿＿＿＿＿＿＿
＿＿＿＿＿＿＿＿＿＿＿＿＿＿＿＿＿＿＿＿＿＿＿＿＿＿＿＿＿＿＿＿＿＿＿＿＿＿＿
12. 今までの校務分掌歴＿＿＿＿＿＿＿＿＿＿＿＿＿＿＿＿＿＿＿＿＿＿＿＿＿＿＿
＿＿＿＿＿＿＿＿＿＿＿＿＿＿＿＿＿＿＿＿＿＿＿＿＿＿＿＿＿＿＿＿＿＿＿＿＿＿＿
13. 教師を志した理由＿＿＿＿＿＿＿＿＿＿＿＿＿＿＿＿＿＿＿＿＿＿＿＿＿＿＿＿
＿＿＿＿＿＿＿＿＿＿＿＿＿＿＿＿＿＿＿＿＿＿＿＿＿＿＿＿＿＿＿＿＿＿＿＿＿＿＿
＿＿＿＿＿＿＿＿＿＿＿＿＿＿＿＿＿＿＿＿＿＿＿＿＿＿＿＿＿＿＿＿＿＿＿＿＿＿＿

（東京外国語大学での研修について）
14. 何名で受けたか＿＿＿＿＿＿＿＿＿＿＿＿＿＿＿＿＿＿名
15. 一番心に残る授業は何であったか＿＿＿＿＿＿＿＿＿＿＿＿＿＿＿＿＿＿＿＿
16. 何が一番心に残ったか＿＿＿＿＿＿＿＿＿＿＿＿＿＿＿＿＿＿＿＿＿＿＿＿＿
＿＿＿＿＿＿＿＿＿＿＿＿＿＿＿＿＿＿＿＿＿＿＿＿＿＿＿＿＿＿＿＿＿＿＿＿＿＿＿
17. それが心に残った理由＿＿＿＿＿＿＿＿＿＿＿＿＿＿＿＿＿＿＿＿＿＿＿＿＿
＿＿＿＿＿＿＿＿＿＿＿＿＿＿＿＿＿＿＿＿＿＿＿＿＿＿＿＿＿＿＿＿＿＿＿＿＿＿＿

18. 同期の先生方の間に仲間意識や連帯意識はできたか
　　　できた　　できなかった　　どちらともいえない
19. 東京外国語大学の教員との間に信頼関係ができたか
　　　できた　　できなかった　　どちらともいえない
20. 東京外国語大学で研修を受けてよかったと思うか
　　　大変よかった　　よかった　　それほどでもなかった　　よくなかった
21. 東京外国語大学で受けた研修は、実際にREXで役に立ったか
　　　大変役立った　　役だった　　それほどでもなかった　　役に立たなかった

（REXにおける体験についての質問）
22. REXの滞在国＿＿＿＿＿＿＿＿＿＿＿＿＿＿＿＿＿＿＿＿＿＿＿＿＿＿
23. REXの滞在期間＿＿＿＿＿＿＿＿＿＿＿＿＿＿～＿＿＿＿＿＿＿＿＿
24. 帰国後の年数＿＿＿＿＿＿＿＿＿＿＿＿＿＿年＿＿＿＿＿＿＿＿ヶ月
25. REXで教えた学校名＿＿＿＿＿＿＿＿＿＿＿＿＿＿＿＿＿＿＿＿＿＿
　　　＿＿＿＿＿＿＿＿＿＿＿＿＿＿＿＿＿＿＿＿＿＿＿＿＿＿＿＿＿＿
　　　＿＿＿＿＿＿＿＿＿＿＿＿＿＿＿＿＿＿＿＿＿＿＿＿＿＿＿＿＿＿
26. REXで教えた形態　　①一人で　　②現地教師とティーム・ティーチング
　　　　　　　　　　　③一人のときと、現地教師とのティーム・ティーチング
27. REXで教えた学年＿＿＿＿＿＿＿＿＿＿＿＿＿＿＿＿＿＿＿＿＿＿＿
　　　＿＿＿＿＿＿＿＿＿＿＿＿＿＿＿＿＿＿＿＿＿＿＿＿＿＿＿＿＿＿
28. 一コマの長さ＿＿＿＿＿＿＿＿＿＿＿＿＿＿＿＿＿＿分間
28. １週間に教えた時間数＿＿＿＿＿＿＿＿＿＿＿＿＿時間
29. 授業以外の任務＿＿＿＿＿＿＿＿＿＿＿＿＿＿＿＿＿＿＿＿＿＿＿＿
　　　＿＿＿＿＿＿＿＿＿＿＿＿＿＿＿＿＿＿＿＿＿＿＿＿＿＿＿＿＿＿
30. 授業以外に行った活動＿＿＿＿＿＿＿＿＿＿＿＿＿＿＿＿＿＿＿＿＿
　　　＿＿＿＿＿＿＿＿＿＿＿＿＿＿＿＿＿＿＿＿＿＿＿＿＿＿＿＿＿＿
31. 使用した教科書＿＿＿＿＿＿＿＿＿＿＿＿＿＿＿＿＿＿＿＿＿＿＿＿
　　　＿＿＿＿＿＿＿＿＿＿＿＿＿＿＿＿＿＿＿＿＿＿＿＿＿＿＿＿＿＿
32. 困ったときに相談した人
　　　①管理職　　②同僚の先生　　③学校外の知り合い　　④家族

　　　　⑤REXで事前研修を一緒に受けた先生方　⑥その他（具体的に：　　　　　　）
33. REXでの家族形態　　①一人で　　②妻・夫と　　③妻・夫・子供と　　④子供と

（帰国してからについて）
34. REXの体験を話した人
　　　　①学校の管理職　　②同僚の先生　　③学校外の知り合い　　④家族
　　　　⑤REXで事前研修を一緒に受けた先生方　⑥その他（具体的に：　　　　　　）
35. 帰国して何が一番よかったか＿＿＿＿＿＿＿＿＿＿＿＿＿＿＿＿＿＿＿＿＿＿＿
　　＿＿＿＿＿＿＿＿＿＿＿＿＿＿＿＿＿＿＿＿＿＿＿＿＿＿＿＿＿＿＿＿＿＿＿
36. 帰国して何が一番困ったか＿＿＿＿＿＿＿＿＿＿＿＿＿＿＿＿＿＿＿＿＿＿＿
　　＿＿＿＿＿＿＿＿＿＿＿＿＿＿＿＿＿＿＿＿＿＿＿＿＿＿＿＿＿＿＿＿＿＿＿

（言語について）
37. （A）派遣国に行ってすぐの頃、現地の言語はどのくらい理解できましたか

	1かなりできる	2まあまあできる	3何とかできる	4あまりできない	5まったくできない
・読む	1	2	3	4	5
・書く	1	2	3	4	5
・聞く	1	2	3	4	5
・話す	1	2	3	4	5

　　（B）派遣国滞在の間に、現地の言語はどのくらいできるようになりましたか

	1かなりできる	2まあまあできる	3何とかできる	4あまりできない	5まったくできない
・読む	1	2	3	4	5
・書く	1	2	3	4	5
・聞く	1	2	3	4	5
・話す	1	2	3	4	5

資料2　インタビュー質問事項

① 教員を志望した理由は何だったのか
② 派遣までの勤務状況はどんな風だったのか
③ REXプログラムの応募理由はどんなものだったのか
④ 事前研修はどうだったか
⑤ 派遣されて最初にどんなことを感じたか
⑥ 他の教員との関係はどんな風だったか
⑦ どのようなサポートをもらったか
⑧ どのようなことで困ったか
⑨ 行く前の予想と違っていたことはあったか
⑩ 自由な時間は何をしていたか
⑪ 日本の教育との違いはあったか
⑫ 帰国後にできるようになったことはどんなことか
⑬ 日本語教育を行ってどのようなことを感じたか
⑭ 帰国後どのような感じで過ごしているか
⑮ 教員としてまた人間として成長した部分はどのような点か

資料3　分析ワークシート例（概念名1：〈教員としてのキャリア〉）

概念名1	教員としてのキャリア
定義	日本で教員だったことが派遣後にどのような影響を与えたか
ヴァリエーション	・で、僕は定時制にいたから余計に勉強が苦手な子とか勉強嫌いな子に対して、まず人間関係作って、で、学校に来させるようにして、というノウハウでやってきたので、ま、たぶん同じようにやってたんだと思うんですね。だけど、後から考えれば、アメリカの場合は、割と先生と生徒っていうのは、大人と子どもっていう訳ではないですけれども、位に下がるっていうか、だから逆に程度の問題ですけれども、あまりにも生徒のことを気遣う先生っていうのは逆にこう甘く見られてしまって、理由も何もなくお前は生徒だからこれはやっちゃ駄目っていう方が割と通る世界なのかなと思いましたね。 ・☆我々やっぱり現場でキャリアを積んできた人間なんで、だからそういう点で、その、何て言うんですかね、この積み上げてきた度合いもまた共有できてるっていうか、はい。それでいて、だからそこに望んでくるような人間なんて、基本的にみんなアクティブなんで。 　　☆やっぱり自分の方は準備力が違うので、そのやっぱり経験、そのときはやっぱり現場での教員のキャリアが違うんで、うん。 ・☆そのやっぱり私たちは、言い方悪くすれば、素人で、日本語を教えるものとしては、教員としてはやっぱプロですけど、日本語指導に関してはほとんど素人ですよね。 ・特に僕なんか36、7ぐらいの年に行きましたから、もう若者にあるような柔軟性っていうのはなくて、ええ、ある程度自分で仕事も一通りやってきたっていう自負もあるからですね、頑固ですよね。ええ、切り替えができないって言うか、捨てられない自分が重すぎるって言うか、そういうのがあってですね、ええ、苦労したんですね、半年ぐらいは。 ・☆1回教壇に立ってから学ぶ立場になるって言うのは、全然視点

	も違うし、先生の教え方とか、いろんな見方も変わってきますので、そういうところでも勉強になったと思いますし、それは必ず今度自分がまた再び教壇に立つときに、役に立つものだと思いますしね。 ・だから多分N先生は高校で、その結構いい高校だったから、そういう免疫がなかったんだと思うんですけど、私は結構転々としている分、免疫があったので、まあまあまあまあ可愛いぐらいで、全然問題なかったですね。クラスルームコントロールはもちろん、はい。授業中に最初はやっぱり、もの食べてたりとか、もう彼らは普通なので、習慣だから、はい、もう普通にこの辺バナナとかリンゴが置いてあるし、まあ、飲み物はもちろん向こう乾燥がひどいから、飲まざるを得ないので、もうそれも普通ですし、あと最初やっぱガムかむ子がすごく多かったんですけど、それだけはもう最初にいけないって言って、いけないとこはいけないと。で、それ以外はま、お茶は絶対いい。で、果物も置いててもいいけど食べちゃいけないとか、その辺のルール作りっていうのは、ちゃんとしましたね。だからもうそういうところが、やっぱここでの経験、今までの教員の経験がなければ、そのもう1人の日本人の先生のように、その学級崩壊ですよね。授業、まあ、授業崩壊ですよね、してたと思うんですけど。まあ、その辺は全然問題なかったですねえ。 ・☆もともとデザインとかもの作ったりするのやから。 ・☆で、そういう今までも教員経験があったし、授業って自分でやるものだと思っていたのが、
理論的メモ	A：日本でやってきたことが派遣国では通じないことが分かった K：元々教員をしていたために蓄積がある。準備力もある L：教員としてはプロであるという自負がある一方で、日本語指導の素人だという自覚がある M：日本で教員をしていたために苦労した O：元々教員だったので、帰国後に体験が役に立つと考えている

	P：日本で教員だったので生徒のコントロールが問題なかった
	V：元々デザインが仕事であったことを語っている
	Y：教職経験から授業は自分でやるものだと思っていたが（実際は違った）

あ と が き

　本書は、お茶の水女子大学大学院人間文化創成科学研究科から2013年3月に博士学位（社会科学）を授与された博士論文「教員の異文化体験―異文化適応・人間的成長・教員としての成長―」を公刊のため加筆・修正したものです。ここに至るまでの道のりを振り返ってみると、実に長い長い旅だったと改めて思います。

　私は23歳で日本を出てオーストラリアに渡り、アメリカ留学を経て29歳で帰国しました。帰国後は生まれ育った日本の生活に戻ったはずなのになぜかしっくり溶け込めず、その理由を考え続けてきました。答えが学問を追究することから得られるのではないかと漠然と考えて、その機会を待っていました。下の子どもが中学校に入学してある程度家庭が落ち着いてから社会人としてお茶の水女子大学大学院の門戸を叩いたとき、すでに40歳半ばを過ぎていました。入学した大学院には私よりも年上の先輩がいて粛々と学問に打ち込んでいるという環境に恵まれて、ある程度の年を取っても学問に迷いなく精進することができました。

　博士前期課程では、自分がオーストラリアという国に強く影響を受けたのでオーストラリアについて研究しようと思いました。しかし研究していくうちに、自分の中に起こった異文化接触による変化は、オーストラリアという1つの国の事情だけを研究していても根本的には理解できないことに気づきました。私が経験した異文化による変化はオーストラリアから受けた特別な影響というわけではなく、異文化を体験した人ならば誰にでも起こりうる可能性がある事象なのではないかと徐々に気づき始めたのです。博士後期課程に入ってからいろいろな文献を読み始め、異文化が人間にどのように作用するのかという私の残りの人生を賭けて研究できるテーマを見つけることがで

きました。

　異文化接触によって人間の中に大きな変化が起こることを理論的に追求し論文にまとめることができたのは、現在お茶の水女子大学名誉教授の箕浦康子先生、その授業を一緒に受講していた小柳志津首都大学東京国際センター准教授、ディープ・カルチャー・セミナーの主催者でもあり順天堂大学国際教養学部教授のジョゼフ・ショールズ先生との出会いがあったからです。箕浦先生の授業から、異文化接触の際に認知・行動・情動の間にズレが起こることがあることを初めて学びました。さらに認知・行動・情動に加えて評価が重要な役割を示すことを指摘した小柳先生の博士論文で目を開かされ、ショールズ先生のセミナーでは異文化接触が人間の深部にまで影響を与えることを学びました。先生方の並々ならぬご造詣、ご教示に深く感謝しています。

　博士前期課程では、現在上智大学教授の酒井朗先生に質的研究法の手ほどきをしていただきました。そこから出発して立教大学教授の木下康仁先生のM-GTA研究会に参加するようになり、木下先生のスーパーバイズのもとで研究会発表をさせていただきました。また東京学芸大学で開催されていた現目白大学学長の佐藤郡衛先生の自主ゼミで、多くの方とご一緒にグラウンデッド・セオリーについて学ぶこともできました。本研究の分析にM-GTAの手法を用いることができたのは、これらの先生方や皆様のご指導のお陰です。

　しかし博士後期課程で学んでいる途中、研究、教育、家庭全てに全力で取り組んだ結果病を得ることになり、4年間研究から遠ざからざるを得なくなりました。その後再び研究を続け論文を完成することができたのは、本研究の主査になってくださったお茶の水女子大学大学院教授浜野隆先生のお力添えによるものです。先生のご指導のおかげで文章を洗練し論文としてまとめることができました。

　論文副査としてお茶の水女子大学大学院の先生方に大変お世話になりまし

た。准教授冨士原紀絵先生はいろいろな相談に気さくにのってくださいました。また佐々木泰子教授、米田俊彦教授、池田全之教授からの深い意味を問うご質問やご姿勢に啓発され、自分の考えを一層深められたと感じます。

　もっとも重要な方々として、本研究のための調査にご参加くださり自らの異文化体験を語ってくださったREX教員の皆様、REX教員の方々をご紹介くださった東京外国語大学大学院国際日本学研究院留学生日本語教育センター長伊東佑郎先生、同教授藤森弘子先生、同教授藤村知子先生、現在公益社団法人日本語教育学会理事兼事務局顧問中野佳代子さん、公益財団法人国際文化フォーラム室中直美さん、大阪府立天王寺高等学校校長谷井隆夫先生、REX-NET代表で新潟県直江津中等教育学校教諭渡辺政寿先生、前REX-NET代表渡辺希さん、また最初にREXプログラムの存在を教えてくださった早稲田大学非常勤講師星野治賀子さんにも御礼申し上げます。皆様のご協力によってこそ本研究は可能になりました。

　本書の出版にあたり、独立行政法人日本学術振興会より平成27年度科学研究費助成事業（科学研究費補助金）（研究成果公開促進費　課題番号15HP5177）の交付を受けました。出版までご指導いただいた風間書房の風間敬子氏に深謝いたします。

　最後になりますが、積み重なる本で狭くなった食卓で長期間食事に耐えてくれた夫鈴木敏郎と次女鈴木有加里、そしてパリやロンドンからいつもエールを送ってくれる長女鈴木絵里加に特に感謝の気持ちを伝えたいと思います。みんなのおかげでここまで頑張ることができました。

　皆様、本当にありがとうございました。

　　2015年11月

　　　　　　　　　　　　　　　　　　　　　　　　　　鈴　木　京　子

著者略歴

鈴木　京子（すずき　きょうこ）
1976年　お茶の水女子大学文教育学部文学科英文学英語学専攻卒業
1977年から2年間　オーストラリアクイーンズランド州教育省日本語教師
1979年から3年間　オーストラリアグリフィス大学アジア・国際学部日本語専任講師
1985年　米国コーネル大学大学院修士課程言語学科言語学専攻修了（Master of Arts）
2001年　お茶の水女子大学人間文化研究科発達社会科学専攻社会臨床論コース修了
　　　　（人文科学修士）
2005年　お茶の水女子大学人間文化研究科人間発達科学専攻教育臨床論コース単位取
　　　　得満期退学
現　在　首都大学東京国際センター特任助教
　　　　博士（社会科学）

主な著書・論文
「人間的成長の観点から見た異文化適応概念の再考論－教員の異文化体験の分析から－」『異文化間教育』42号、2015年
「教員の異文化体験－REXプログラムに参加した教員の聞き取り調査から－」『異言語と出会う、異文化と出会う』成蹊大学人文叢書8、風間書房、2011年（分担執筆）
「異文化体験と教員の成長－企業駐在員適応研究が教員の異文化体験に示唆するもの－」『人間文化論叢』第8巻、2006年
「海外派遣による教育実践体験と教員の成長－REX（外国教育施設日本語指導員派遣事業）帰国教員の調査から」『異文化コミュニケーション』No.8、2005年

教員の異文化体験
―異文化適応・人間的成長・教員としての成長―

2015年12月20日　初版第1刷発行

　　　　　著　者　　鈴　木　京　子
　　　　　発行者　　風　間　敬　子

発行所　　株式会社　風　間　書　房
〒101-0051　東京都千代田区神田神保町1-34
電話 03(3291)5729　FAX 03(3291)5757
振替 00110-5-1853

印刷　藤原印刷　　製本　高地製本所

ⓒ2015 Kyoko Suzuki　　　　　　　NDC分類：370
ISBN978-4-7599-2114-4　　Printed in Japan

JCOPY〈(社)出版者著作権管理機構　委託出版物〉
本書の無断複写は、著作権法上での例外を除き禁じられています。複写される場合はそのつど事前に(社)出版者著作権管理機構（電話03-3513-6969、FAX 03-3513-6979、e-mail: info@jcopy.or.jp）の許諾を得て下さい。